新曲綫 New Curves | 用心雕刻每一本……
http://site.douban.com/110283/
http://weibo.com/nccpub

用心字里行间 雕刻名著经典

第11版

当代广告学

〔美〕威廉·阿伦斯　迈克尔·维戈尔德　克里斯蒂安·阿伦斯　著
丁俊杰　程　坪　陈志娟　等译

人民邮电出版社
北　京

图书在版编目（CIP）数据

当代广告学（第 11 版，通用教材版）/（美）阿伦斯（Arens, W. F.），（美）维戈尔德（Weigold, M. F.），（美）阿伦斯（Arens, C.）著；丁俊杰，程坪，陈志娟 等译 .
- 北京：人民邮电出版社，2013.6（2022.12 重印）
ISBN 978-7-115-31649-3

Ⅰ . ①当…　Ⅱ . ①阿… ②维… ③阿… ④丁…　Ⅲ . ①广告学—教材　Ⅳ . ① F713.80

中国版本图书馆 CIP 数据核字（2013）第 085237 号

William F. Arens, Michael F. Weigold, Christian Arens
Contemporary Advertising, 11th Edition
ISBN 0-07-352991-5

当代广告学（第 11 版，通用教材版）

◆ 著　　　[美] 威廉·阿伦斯　迈克尔·维戈尔德　克里斯蒂安·阿伦斯
译　　者　丁俊杰　程　坪　陈志娟 等
策　　划　刘　力　陆　瑜
责任编辑　颜林柯
装帧设计　陶建胜

◆ 人民邮电出版社出版发行　北京市丰台区成寿寺路 11 号
邮编　100164　　电子邮件　315@ptpress.com.cn
网址　http://www.ptpress.com.cn
电话　（编辑部）010-84931398　（市场部）010-84937152
三河市少明印务有限公司印刷
新华书店经销

◆ 开本：850×1092　1/16
印张：23.75　　彩插：12
字数：670 千字　　2013 年 6 月第 1 版　　2022 年 12 月第 10 次印刷
著作权合同登记号　图字：01-2012-9288

定价：98.00 元

本书如有印装质量问题，请与本社联系　电话：（010）84937152

这条世界野生生物基金会（www.worldwildlife.org）的街头广告由南非奥美 RS–T&M（Ogilvy & Mather RS–T&M）广告公司制作，非常直观地向行人表现了濒危动物所面临的困境。（见正文第 8 页）

有时，社会阶层会影响到我们如何看待自己，如何使自己与更大的社会组织相融合。这则小马（Pony）运动鞋广告针对强健运动员，而不是运动鞋的价格。（见正文第 31 页）

跨国广告指在国外投放的广告，跨国广告若想成功，广告主就必须认识到那些经常是很微妙的环境差异和文化差异。路虎的这条广告中没有任何涉及到车的图片和文字，但却可以使读者感受到是在旷野中潜行的路虎惊起了层层飞鸟。虽然广告本身很微妙，但却能为国内和国外的读者受众理解。该广告获得了戛纳广告节铜狮奖。（见正文第 21 页）

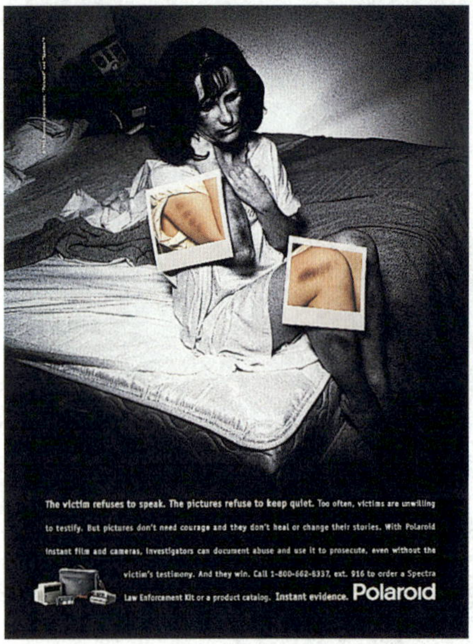

见正文第 34 页

高关注度的购买活动往往意味着更复杂的购买后评价，而且，为了避免认知失调，人们会花费很长的时间。比如，如果有人刚刚花了大价钱从 Sub-Zero 公司（www.subzero.com）购买了一台定制的嵌入式冰箱，他就更有可能对这种能巩固其购买决策的广告感兴趣。（见正文第 35 页）

在这只外卖茶杯上，色彩与图案的结合给人饱满而醇厚的感觉，刺激着消费者放纵自己，给自己来一杯好茶。（见正文第 54 页）

由于直复营销推广能在非常个人化的层面接触消费者，因此说服力强、发人深省。为了给自己的精品电影和发行公司招来新顾客，音像 451 店（www.filmgalerie451.de/allwlh.htm）“意外”地丢失了会员卡，上面有昆廷·塔伦蒂诺和罗曼·波兰斯基这些大导演的签名，当然都故意安排在人们有可能发现它们的地点。这种高超而低成本的手法使得该广告获得了戛纳广告节直复营销门类中的银狮奖。（见正文第 60 页）

和消费品市场一样，企业市场和政府市场也可以按不同方式来划分。德国一家广告公司为比斯利组装产品（www.bisley.com）创作的这条广告非常巧妙，广告针对的不是消费者，而是那些有可能在自己的业务中用到这些产品的人。重新组装英国国旗的这个创意使得该广告赢得了戛纳广告节金狮奖。（见正文第 45 页）

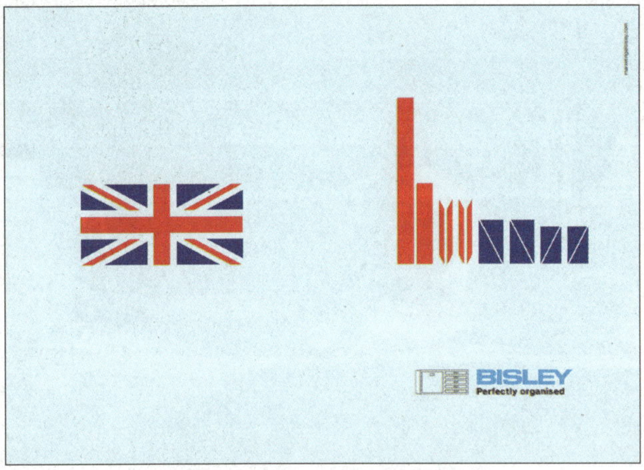

为了应付日益增长的经营预算，非营利组织的大部分广告都用于募集资金。雨林行动网（www.ran.org）发布了这条广告，意欲引起人们重视原始森林遭受破坏。（见正文第 159 页）

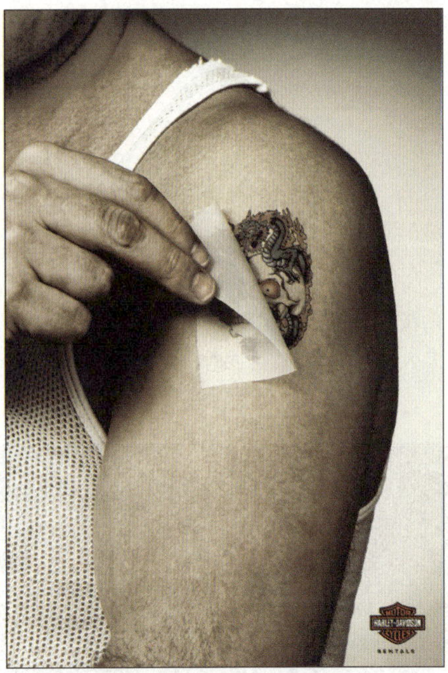

广告主常常利用消费者的自我概念来引起他们对某一产品的关注与兴趣。奥美 RSTM 广告公司创作的这条获 2004 年戛纳广告节铜狮奖的广告更进了一步：它向消费者表明，他们完全可以通过租一辆哈雷（Harley-Davidson）摩托车偶尔一展自己狂野的一面。（见正文第 24 页）

行为细分是构建消费品市场的最佳途径之一。购买行为变量，如消费者寻求的利益，决定了如何进行细分。在这条广告中，保时捷（www.porsche.com）针对那些追求性能的人展开诉求，对于这些人而言，速度意味着一切。（见正文第 39 页）

产品讯息可以为品牌提供一个整体形象。作为一种计划内传播，广告有助于传递产品讯息，因此，企业必须创作出与预期形象相符的广告，选出发布广告的适当媒介。多年来，戴比尔斯（DeBeers，www.adiamondisforever.com）一直坚持不断地、有计划地创作优雅而浪漫的讯息。在最近的一次促销活动中，戴比尔斯大力赞扬常被人遗忘的右手，说它也应该拥有属于自己的戒指。（见正文第 91 页）

季节性用途是区分用户的一种常用方法。事实上，购买时机为销售创造了最好的机会。为此，哥伦比亚体育服饰公司（Columbia Sportswear，www.columbia.com）在秋冬两季——雪上运动高峰季节之前和期间发布了这幅广告。（见正文第 40 页）

除了传统媒介，我们还有很多方式可以传递讯息。当纽约市市长迈克尔·布鲁伯格宣布说因为削减预算要关闭几处消防站时，纽约市的山地假日公司（Hill Holiday）为消防队员们发起了这场游击广告战。他们将火焰的影像投射到纽约市几大楼宇的外墙上，同时打出讯息，呼吁市民们要求市长撤销关闭消防队的命令。（见正文第 100 页）

作为一种补充，许多网站会给访客提供留言和粘贴链接的虚拟游客留言板。NEC 将这一小小的顾客留言板概念化，使它成为其生态林项目的中心（网址：http：//eco.adnec.com/eco/ecotonoha2.html）。每当达到 100 个签名，NEC 就会在澳大利亚袋鼠岛种一棵树。每天，一棵新的、独一无二的虚拟树会从访客留下的叶子上开始“生长”。该网站使电子制造商 NEC 得以宣传其保护大自然的理念，并赢得了戛纳广告节网络广告全场大奖。（见正文第 108 页）

定位有助于实现产品的差异化，因而无论是对广告主还是对消费者来说都很重要。这条在中国台湾地区发布的柔滑女性剃须刀广告采用了一种反其道而行之的手法来给产品定位——表现产品不能做什么。模特浑身上下都贴满了邦迪创可贴，充分显示了广告公司高超的幽默感。该广告为广告公司赢得了戛纳广告节铜狮奖。（见正文第 87 页）

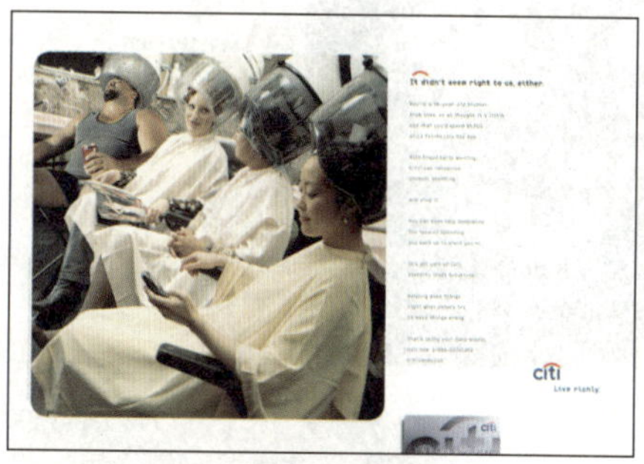

为了将花旗银行的电视广告转化为平面广告，法伦全球广告公司的创意总监史蒂夫·德里格斯将噩梦般的真实画面与引人注目的标题相结合来演绎花旗银行的“身份失窃”系列电视和平面广告。该系列广告曾获得过广告大奖。有了花旗集团的反欺诈服务，无论是主管还是员工，都能避免或大或小的信用卡非法盗用事件。（见正文第 194 页）

针对人们回避问题、解决问题的愿望进行诉求，这种广告以被动生成动机为基础。加州健康部（California Department of Health）的这条广告劝阻人们吸烟。广告上，一名典型的万宝路牛仔嘴里衔着一支疲软的香烟，暗示吸烟会导致阳痿。文案模仿香烟包装上的标准警告标志，强化了广告中的视觉含义。（见正文第 174 页）

直复营销是一套互动营销体系，买卖双方都有发言权。直复营销的目的在于刺激消费者，促使他们以查询信息、光顾店铺或实际购买的形式做出反应。对于像英国全国防止虐待儿童协会（NSPCC）那样的社会机构，直复营销可以在基本目标市场之外产生更为持久的强力影响。这幅在戛纳国际广告节上赢得金狮奖的海报使得该机构在短短六周的时间内接到的受虐青少年求助电话上升了 124%，其网站的访问量也从 4 000 人增加到了 32 000 人。（见正文第 135 页）

大力士鲁曼防盗门（Master Lum）是在广告中运用非文字表达的典范。在这类广告中，知名品牌完全可以凭借其名字或标志在消费者中的知名度而大获其利，无须再着一字。（见正文第 177 页）

由于网址能给消费者提供与企业发生联系的途径，因此属于联络媒介的一种。宝洁公司产品丹碧丝（Tampex）采用了融广播、平面、电子邮件以及弹起式广告为一体的整合营销传播活动，指导女孩子们访问网站 www.beinggirl.com，并注册参加抽奖活动。“女孩文化”专家劳伦·格林菲尔德（Lauren Greenfield）的摄影和女孩子们在真实生活中遇到的问题使得平面广告的魅力相得益彰。李奥贝纳（芝加哥公司）的广告活动在商业上取得了巨大的成功，不仅在四个星期内给网站带来了 200 000 次的访问量，还赢得了戛纳金狮奖。（见正文第 135 页）

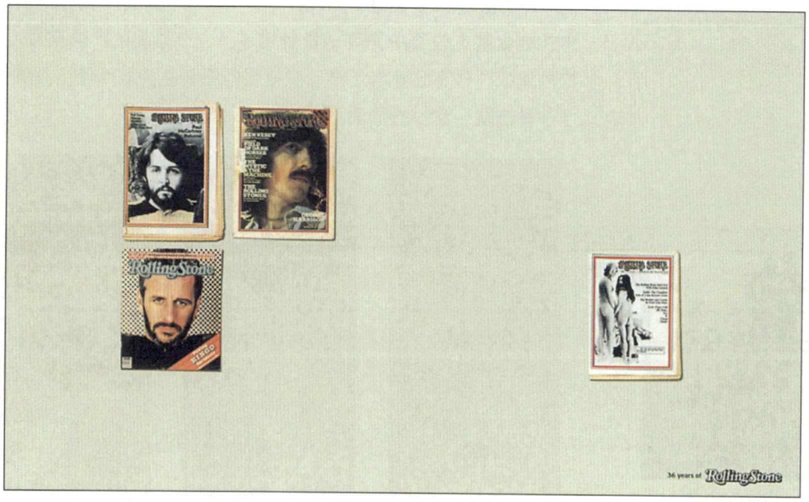

杰出的广告应该非常引人注目、令人叹服或者令人信服，能给受众留下产品或服务的长久印象。广告主一般以一个标题或图片作为广告的开端，迅速抓住受众并与他们产生共鸣。20 多年来，《滚石杂志》(Rolling Stone，www.rollingstone.com) 创作的广告一直都令人难忘。这条广告是在乔治 · 哈里森 (George Harrison) 去世之前发布的，广告采用了《滚石》杂志过去的封面来强调对自己的标志性音乐家——披头士——的报道，并对约翰 · 列侬 (John Lennon) 的去世表示敬意。(见正文第 173 页)

温哥华的一家广告公司——三思广告公司 (Rethink) —— 为宣传 3M 公司 (www.3m.com) 的新型苏格兰盾安全玻璃，想出了一个新花样：他们将 300 万假美元放在用这种安全玻璃制作的箱子内，只有最上面一层的 500 美元是真的钱。玻璃箱就安放在该广告公司的办公室外面。很多过路的人都试图撬开这个箱子，但没有一个人能打开玻璃。虽然这次宣传活动只持续了一天半的时间 (由于安全原因箱子被撤除)，但广告却引起了全国性的关注，而其整个预算只花费了 6 000 美元。(见正文第 178 页)

电视能赋予品牌特定的个性，有传递大创意的独特能力，同时可与众多的利益相关者进行沟通。雀巢奇巧 (Kitkat) 巧克力的这条广告用一种喜剧般的、近乎即兴的表现手法，讽刺性地模仿了模特代言人的做法，在戛纳广告节上一举夺得银狮奖。(见正文第 267 页)

从远处看去，你会看到一辆路虎车的轮廓。到东非旅游，最著名的座驾是什么？当然是路虎。有共鸣，有关联。该广告不愧是戛纳广告节银狮奖得主。（见正文第 175 页）

CP+B 为维珍航空公司（www.virgin-atlantic.com）创作的网络广告在金铅笔广告奖中勇夺一枝金铅笔（一个珍贵的广告奖项）。轻松的旗帜广告充分显示了维珍航空服务的利益，从而使该品牌保持了一种幽默、愉悦的情调。（见正文第 285 页）

旗帜广告虽然只在电脑屏幕上占有极小的空间，但在过去的几年中却有了长足的进步。惠普（www.hp.com）的这条广告将访客吸引到一个网站上，让他们在那里制作自己个性化的母亲节贺卡。该广告获戛纳广告节金狮奖。（见正文第 284 页）

在为国际市场准备广告时，美术指导必须确保广告的语言以及形象对于目标受众来说不会太陌生。南非发布的这条乐高（Lego，www.lego.com）广告无须长篇大论，也无须醒目的标题，从乐高海洋中探出头的一只乐高潜望镜足以激起世界各地组合积木玩家的热情。（见正文第 219 页）

在设计广告时，布局图可以让创作人员提前知道所有组合元素的排列方式。广告公司和客户都利用布局图来评估或进一步推敲广告的外观和感觉。为了宣传大众甲壳虫的上市，大众南非公司（Volkswagen South Africa）的广告表现非常巧妙，广告中甲壳虫的外壳看上去就像一个准妈妈的肚子。（见正文第 193 页）

一些图像非常切题，无须任何文字即可一目了然。葛鲁伯罗特（Globetrotter）户外装备公司的这条广告就将巨型海豹舒服地蜷缩在自己皮下的状态与在露营睡袋中睡觉的状态联系到一起。两者看起来非常相似。这个精彩的创意在戛纳广告节上获得了铜狮奖。（见正文第 183 页）

派克钢笔的这幅广告采用了简练的文案和简单的图形，但却非常有效。该广告获得了戛纳广告节铜狮奖。你认为其成功的关键是什么？（见正文第 207 页）

多乐士油漆广告将这些树上的鲜花烘托得更加美丽。利用现成环境来突出广告的这种创意手法令人过目不忘，使该广告荣获了戛纳广告节金狮奖。（见正文第 302 页）

对于经常上网的人来说，在电脑中看见由其他电脑创作出的广告是司空见惯的事情。Pot 面的这条广告由于采用了非传统的表现手法而在戛纳斩获金狮奖。经过设计师之手，Pot 面的网站看起来像一个搞笑的论坛而非一条广告，网站以画廊、舆论调查、幽默文章以及互动游戏为主。（见正文第 226 页）

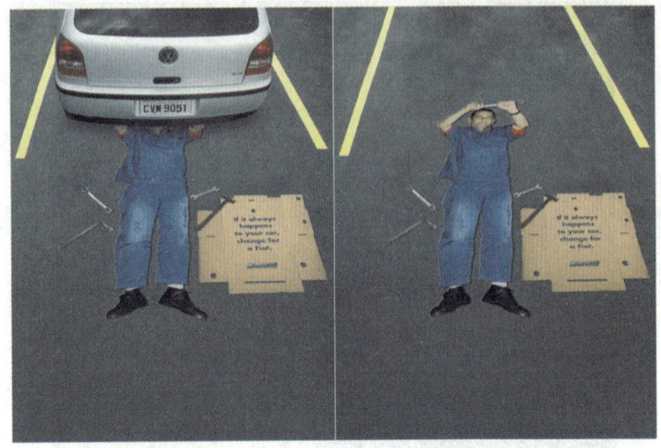

户外广告不光只有路牌一种，到停车场取车的消费者完全有可能在那里碰到菲亚特如此具有创意的广告。广告采用了照片粘贴画，使广告人物栩栩如生。你能想象得出这对那些确实想发动车的人会产生什么作用吗？广告的天才创意为自己赢得了戛纳广告节铜狮奖。（见正文第 306 页）

在采用路牌广告活动时，成功的广告主会将文案保持在最低限度。Electronlux 吸尘器的这幅广告的讯息非常简洁，但却给人留下了非常深刻的印象。该广告获戛纳广告节金狮奖。（见正文第 300 页）

广告以几个不同动物的动画及其相应英语名称为主，意在引起人们对提高英语水平的关注。该广告获戛纳广告节金狮奖。（见正文第 285 页）

索尼 PlayStation 这条名为“人山”的 30 秒电视广告在拍摄技巧和叙事风格上美轮美奂，产生了强烈的视觉效果，从而获得了戛纳广告节全场大奖。广告在巴西拍摄。画面一开始：一位年轻人紧盯着天空，而音响则伴以雪莉·坦帕演唱的经典歌曲 Get on Board Li'l Children，节拍越来越快。现在，画面上已经人头攒动，都在奔向什么东西，只是观众并不知道是什么东西。每一个镜头的处理都非常仔细、非常巧妙，色彩饱满、逼真。画面中，人越聚越多，人群最终变成了一座“人山”——而这种效果只有依靠摄影特技的帮助才可能实现。最后，出现字幕：“大家齐开心。”（见正文第 270 页）

巴西高档社区的居民根本无法拒绝奥美广告巴西公司为贝卡国际（Beka）美发沙龙创作的这些招贴。创意的灵感来自该社区茂盛的绿色植物，于是他们决定用模特和植物共同打造自己的精彩广告。（见正文第 302 页）

化石手表（www.fossil.com）将这种特制礼品包装作为礼品赠送给消费者。包装盒模仿了一种自动盒罐，而且可以重复使用。这种新奇的礼物比一般的钥匙链或铅笔更有吸引力。外壳上的文字说明了里面手表的品质和风格。对于拿到礼品的人，这种包装发挥着提示的作用；而对于看到这种包装的人，它又发挥着广告的作用。（见正文第 314 页）

国家地理频道的这组公共汽车广告设计充分体现了对交通工具广告别出心裁而又十分贴切的运用。设计者巧妙地利用车门的开合创造出奇妙的视觉效果，从而成为大家的话题。该广告获戛纳广告节铜狮奖。（见正文第 307 页）

为了从其他展位中脱颖而出，太平洋圆顶屋（Pacific Domes，www.pacificdomes.com）公司为这次《指环王》商业展示会制作了这个独特的球形圆顶屋。（见正文第 312 页）

看板成本高，绚丽多姿，带有动画，主要集中在大城市的中心地区。看板集动作、色彩和闪烁的图案于一身，一般设置在人流较多的路段，以引起人们的注意。（见正文第 303 页）

内容提要

这是一部源于美国畅销于全球的广告学教科书，自第一版始，先后被翻译成法语、西班牙语、俄语、韩语、汉语等多种文字出版发行，在美国、加拿大、欧洲、俄罗斯、韩国，有900多所大学采用本书作为教材，受到学界和商界两方面的认可和赞誉，被公认为该领域的一本经典教科书。本通用教材版译自被作者称为25周年“银婚纪念版”的英文本第11版，在此基础上删减了部分章节、案例与练习，篇幅更加紧凑，内容更加精炼。

本书分5编，共15章。开篇先对广告作了一个概述，随之探讨了营销战略与广告战略的制定，包括营销与消费者行为、市场细分与营销组合、调查、营销与广告策划以及媒介战略策划等内容。整合营销的思想贯穿全书始末。本书还详细探讨了广告创作，包括创意战略与创意过程、创意的实施以及广告制作。同时，本书对印刷媒介、电子媒介、数字互动媒介、户外媒介、陈列媒介和辅助媒介等的运用作了细致阐述。

本书既适合作为高等院校普通文科、新闻、传媒和工商管理类专业广告学课程教材，同时，由于它一直以来实践应用导向的特点，因此也适合广告界的从业人员参考阅读。

中译版序：向前辈致敬

十多年前，机缘巧合，在我们受广告人书店徐智明先生之托翻译完《当代广告学》第6版，正欲与该书的版权所有人商谈版权事宜之际，华夏出版社找到了我们，说他们已购买了《当代广告学》第7版的中文版权，并从徐智明先生处得知我们已翻译完第6版，因此希望我们能翻译第7版。于是，我们在第6版的基础上重新翻译了第7版。翻译半年，编辑加工又是半年，第7版于2000年年初推出精装本。此书一经推出便受到了业界的追捧，成了一本专业畅销书。书中完备的专业术语表，生动、典型和前沿的广告案例，尤其是其中的两个附录“营销计划大纲”和“广告计划大纲”，曾帮助过许多尚处在初级阶段的中国广告人规范自己的专业术语和文本。

时间一年年过去，《当代广告学》的中译本也不断地推出一个又一个版本，迄今已翻译至第11版；出版社由华夏变成了人民邮电；翻译团队的成员也发生了变化。尽管发生了这些变化，但它的基础和核心没变，主译者一直没变，从而保证了翻译风格和翻译品质的一致。

第6版全部由丁俊杰、程坪翻译，第7版由于增加了数字技术内容，而当时的我们对这一领域还相对陌生，于是经华夏出版社推荐，在翻译团队中增加了苑菲和张溪（后均留学美国），由他们主要负责“科技点滴”板块的翻译工作。到第8版时换成了钟静和康瑾（现一为联合大学广告学教师，一为中国传媒大学广告学教师），第11版则在第8版原班人马的基础上增加了联合国教科文组织—中国传媒大学“媒介与女性”教席的研究人员陈志娟。

翻译的艰辛自不必说。凡是认真对待翻译的人，都知道个中滋味。11年过去了，现在回忆起来，我们翻译第6版时背靠背、彼此沟通交流，为一个术语的贴切翻译而争论的情景还历历在目。虽然第6版中译本最终未能出版，但它是后续各个中译版的基础。正是因为当时对待它的一丝不苟，才使后续各个版本能在较短时间内顺利出版。至今，我们仍可在网上看到“向译者致敬”的评语。这，无疑得益于第6版，也是对译者的最高奖赏。

广告是社会生活最直接的反映，与时俱进的“当代性”正是本书极力彰显的一大特色。作者在写作第7版时，网络刚刚兴起，因而作者在书中增加了“科技点滴”板块，对新生的数字技术进行介绍。随着数字技术的日渐成熟，第7版的“科技点滴”逐渐演变成一章中的部分内容，直至最后变成独立的一章——作者专辟了一章来讲解网络广告和数字技术在广告中的应用。

本通用教材版删除了原书的第2、第3和第4章，还删除了各章中一些与主题关联相对不那么密切的案例和图片，压缩了篇幅，使之在结构上更紧凑，在内容上更本土化，更适合中国学生的需求。

十二年弹指一挥间，曾与本书现在的责任编辑戏言，说要申报同一主译翻译同一作者同一作品时间最长、版本最多的吉尼斯世界纪录。而当年在书中侃侃而谈、风趣幽默并“终其一生而为之劳作”的老阿伦斯已经完美谢幕，将接力棒交给了自己的儿子克里斯蒂安·阿伦斯。他若知道自己引以为傲的这本教材曾影响过许多中国广告人和广告学子，他的在天之灵该会多么欢欣！而我们，也可以告慰这位几十年辛勤劳作，为后人留下宝贵财富的广告前辈。

作为本书的译者，我们深深地为这位曾经“帮助界定了广告学教材应该如何编写”的广告老兵的坚守而感动。在此，谨向这位前辈致敬！

丁俊杰、程坪

2012年9月

献给 Don Ritchey、Larry Mattera、Allan Moller、Tom Michael、Barney Thompson、Wayne Jones、Carlos Cortez 和 Jim Priddy

在生命的旅途中，我们是如此幸运，总有这几位好友一直陪伴左右。谢谢，哥儿们。

——威廉·阿伦斯

献给 Debbie

我一生的伙伴。

——迈克尔·维戈尔德

献给 Meghan 和 Jonah

我生活中的两个核心！我非常爱你们。

——克里斯蒂安·阿伦斯

大约30年前，我父亲踏上了他终其一生而为之劳作的艰辛旅途。作为一个奋斗中的商人，他觉得自己有必要掌握广告，因为他完全没有这方面的知识背景。在他看来，掌握一门知识的最佳途径就是学着去写它，就像谚语所说："一旦你能教，你就掌握了。"8年后，在另一位作者考特·博韦的协助下，《当代广告学》的第一版终于面世。寒来暑往，我父亲仍然坚持不懈地编写这本我们家亲切地称之为"书"的教材，而且此后完全是凭他自己的一己之力，没有合著者，也没有招聘灵感四射的广告专业大学生帮忙。其实我父亲是个具有企业家情结的人，在经营众多其他事业的同时，他一直都在坚持写这本"书"。在他极其多变的从商生涯中，惟一不变的，就是这本"书"。

在我9年前踏入广告圈之后，父亲不厌其烦地试图劝我加入他这本"书"的写作队伍。说实话，亲眼目睹他为了这本书多年来那么辛苦，他的建议对我并无吸引力。但经不住他不断的甜言蜜语，我终于答应帮他一把，就从这个银婚版开始。令我难过和遗憾的是，在这个版本的后期制作期间，我父亲一病不起，不久与世长辞。他没能看见这个新版本的成品，但我相信，看见我俩的名字都在封面上，他一定会非常高兴的。我愿意将本书后续版本献给我的父亲，比尔·阿伦斯，一名广告老兵。他帮助界定了广告学教材的写作标准，但自己却并没有拘泥于本"书"。他是一位好父亲、好丈夫、好朋友，对大家而言，他则是一位好老师。

——克里斯蒂安·阿伦斯

前言

《当代广告学》的这个版本是本书的银婚纪念版，无论从哪个衡量标准来看，25 年都是漫长的一段时间。想想 1982 年第一版出版时的情景，当年，罗纳德·里根总统尚在第一届任期之中，美国社会正遭遇短暂但严重的经济衰退，失业率接近 10%；柏林墙还矗立在德意志民主共和国和德意志联邦共和国之间；更加商业友好的（美国）联邦通讯委员会修改了欺骗性广告的定义；索尼推出了第一款便携式 CD 播放机；电影 *ET* 向卖主们充分显示了植入式广告的威力；强生公司有效地运用公共关系成功地处理了一起药品污染事件。而在媒介领域，汤姆·布罗考从《今日》去了 NBC 主持新闻；CNN 成立还不到两年；黄金档节目 *Dallas* 的收视率高居尼尔森收视率调查报告的榜首；只有不到三分之一的美国家庭能收看到有线电视；万维网毫无踪影。1982 年，圣路易斯红雀棒球队（St. Louis Cardinals）还是世界棒球联赛冠军。不过，有些事的变化也许没有那么大。

25 年来，《当代广告学》一直在向学生们介绍迷人的广告世界。虽然历经了 10 个版本的变迁，但本书始终和广告操作、广告行业以及广阔社会的变化与时俱进。即便只是简单地提到这些变化：病毒式营销、广告公司联合、手机、互联网、整合营销传播、全球化、消费者保护主义、法律与政策变化、反营销、新兴媒介的诞生以及 HDTV 等，都充分显示了 25 年前的世界与现在是多么不同。因此，无论是对于教授广告学知识的人，还是对于一本旨在讲解广告学的教材，所面对的挑战都是如何在反映这些重大变化的同时又坚持广告学的原理与实务。我们认为，《当代广告学》之所以能持续被众多美国高校选作教材，原因就在于它同时兼顾了两者。

本书的这一版也标志着作者队伍的扩大。威廉·阿伦斯自本书第一版起便是本书的作者，第 11 版又加入了迈克尔·维戈尔德（Mike Weigold，佛罗里达大学的一位获奖学者）和比尔的儿子、我们亲密的合作者克里斯蒂安·阿伦斯（广告专业人士）。虽然作者队伍扩大了，但我们的写作始终遵守一个信念，那就是，《当代广告学》应该如实揭示广告的实际操作——在学术的骨架上添加血和肉，并且要以满腔的真诚和热情来做。我们相信，教授广告的最佳途径就是还其本来面目：广告是一个行业，是一种营销工具，是一个创意过程，是一门运用多种艺术和科学元素的动态混合学科。

本书读者对象

在当今这个社会里，人们的生活、工作无不受着广告的影响，事实上，在人们的生活中，大多数人有时也成了广告的制作者——不管是为学校的洗车铺设计传单，还是为家庭旧货交易写分类广告，或是为某家公司、某个慈善机构或政治人物设计制作完整的宣传活动。

在 20 世纪上半叶，广告一直被视为一种极具美国风格的东西，但现在已不再如此。事实上，早在1917年，英国小说家诺曼·道格拉斯（Norman Douglas）就曾断言广告会在全球蓬勃发展，他说："通过广告，你可以发现一个国家的理想。"当时，广播和电视尚未出现。今天，我们的声音已不再局限于20世纪的媒介空间。随着互联网和各种在线数据库服务的问世，任何个人和团体都可以将广告讯息传递给世界上成千上万的人——而且是即时。广告正在经历历史性的巨变——从卖方独断的一言堂变成完全民主的对话。突然之间，人人都有了发言权。

这使得今天学习广告比以往任何时候都显得更为重要。不仅对工商专业或新闻专业的学生来讲——他们将来或许会在这一领域谋求一份职业，而且对社会学、心理学、政治学、经济学、历史学、语言学、自然科学或艺术专业的学生来讲也同等重要。他们中的大多数将成为广告的使用者，而所有的人都将成为广告的终身消费者。

无论主修什么专业，学习广告学都将使学生掌握一种宝贵的工具，对将来的工作大有裨益。学习广告将教会他们：用战略的眼光进行思考和计划；收集并分析初级和二级调查数据；计算并评估各种行动方案；在创造性解决问题的过程中与人合作；分析具有竞争性的各个提案；理解别人的行为方式与动机；清晰简明地表达自己的观点；说服别人接受自己的观点；欣赏和评价不同创意成果的美妙之处；运用数据进行翔实、自信、令人信服的表述。

除此之外，主修工商专业、新闻专业和传播专业的学生还可以通过学习广告获得其他一些具体的好处。比如，他们可以学会：

- 辨明广告真正的经济、社会与文化作用，以及反过来，辨明社会价值观对广告的影响。
- 了解广告是如何支撑新闻业以及广告与整个传媒业的关系。
- 理解营销和广告对工商业和国民经济全球性的重要影响。
- 在更广阔的工商业和营销背景中理解广告的战略作用。
- 评估和欣赏广告所要求的那种独特的艺术创造力和专业技巧。
- 了解广告业及其相关领域的从业人员都做些什么、怎么做，以及目前在这些领域里日益增多的就业机会。

以21世纪学生为导向的特点

《当代广告学》的任务一直是揭示广告的实际操作。现在，《当代广告学》第11版问世了，我们的初衷依然不变。我们还相信，应该采用一种切合21世纪学生实际情况的教学方法，以轻松活泼的方式将广告知识传授给学生。

出于上述考虑，《当代广告学》的银婚版设计了大量专门针对学生的独到之处。

荣获大奖的装帧设计

25年来，《当代广告学》一书一直因其精美、轻松和独特的装帧设计而有别于同类书籍，对于一本专门讲授广告设计与制作美学的教科书来讲，这是必不可少的一个重要特点。开阔、疏朗的版面因纸张的高品质而得到彰显，使得本书多姿多彩、魅力无穷，更适合学生阅读。全书所有编、章的概览以及各章的学习目标、重要术语，全部采用了粗体印刷，从而使本书更便于阅读。

丰富的图片

示范是最好的教学方法，因此，我们每一章都配有近期获奖的、代表业界最优秀广告作品的彩色图片。事实上，《当代广告学》可能是目前市面上可以见到的图片最多的广告专业教科书。所有主流媒体——印刷、电子、数字以及户外——均在书中占有相应的篇幅。我们在挑选案例和图片时非常精心，要求它们本身既具备很高的品质，同时又必须切合读者的实际。

此外，我们还采用了从企业对企业广告和消费品广告中选出的一些地方性广告、全国性广告和国际性广告，图片说明详细地讲述了发生在许多广告背后的故事，并对这些广告如何说明书中所讨论的概念加以诠释。

本书运用了大量的模型、样板、图片和图表对书中的论述进行图示讲解，其中某些还包含了涉及广告概念和广告业的宝贵信息，另一些则向读者展示了客户管理流程、调查流程、客户策划流程、媒介策划和制作流程。

实用的对照表

广告学是一门包含多种训练的应用学科，广告专业的学生和广大从业人员均要面对的一个两难问题是：如何处理并组织大量的信息，同时将这些信息和数据创造性地转换成有效的广告活动。为此，我们在书中配置了大量的对照表，这些对照表有规律地穿插在课文中，非常方便、非常实用，因而深受学生的欢迎。这些对照表可以刺激记忆、组织思维，并且巩固重要概念。其中包括如何撰写有效广告文案的对照表，国际媒介策划的对照表，如何创作有效电视广告的检验标准和撰写新闻发布会的要点等。在以后的日子里，读者们会发现这些对照表将在制定营销与广告计划、撰写和设计有效广告、选择和安排媒介、评估广告提案，以及制定广告决策的过程中具有很高的专业价值。

学习辅助材料

每一章后面均附有供复习和讨论用的问题。这些辅助材料有助于学生学习各个章节并消化所学的内容。本书涉及到的关键概念和术语均以黑体字的形式出现，并在首次提及该概念或术语时给予定义，书末集中附有这些术语的完整专业术语表。

教师参考：第11版的战略调整

我们一直坚持的目标是澄清广告学中经常出现的模糊概念，我们的方法是使学生尽可能多地与广告实践发生切实的联系，同时让他们清楚地了解广告在市场营销管理与人类沟通过程中所能发挥的重要作用。为了达到这个目的，我们在第 11 版对书中的内容进行了大幅度的修改和完善。

由于整合营销传播变得越来越重要，也由于广告在营销组合中的角色变化，我们在上几版对章节的顺序进行了调整，并增加了大量的新内容。在第 11 版，我们依然保留了这种结构，以便尽早说明现在的卖主如何将自己的广告与其他营销传播工具进行整合。比如，紧接在第二编有关营销、广告和媒介策划的章节之后，我们用整个第三编来讲解直复营销、人员推销、销售推广、公共关系、事件与赞助以及企业广告。我们之所以这么安排，原因很简单：当广告主和广告公司计划这些活动时，他们同时也在策划广告。不过，有些教授也许愿意在讲完广告之后再讲这些内容。

我们还纳入了有关广告经济、关系营销与整合营销传播、新型数字互动媒体以及全球性/国际性广告等方面的新内容，相信《当代广告学》既能与时俱进，又能面面俱到。

时效与简明

在第11版，我们首先保证所有统计与图表都具有很强的时效性。《当代广告学》采用了最新的学术及专业资料，从而使读者可以通过本书对广告的学术和实践有一个最新的、彼此关联的认识。这一版将涉及最近的一些重要研究课题，如广告与销售推广对品牌形象的影响、关系营销、整合传播和网络广告。而且我们在适当的地方对基础模型进行了重新设计，以促进读者对人类传播、消费行为、营销调研以及整合营销传播等这些复杂过程的理解。

在最近这几版，参考我们学术审稿人的建议，我们增加了一些新的材料，以便使本书在理论结构上更加清晰。其次，我们对本书的篇幅进行了调整。在增加涉及广告经济、人员推销、事件赞助和数字互动媒介等方面新材料的同时，我们仍旧保持着适当的篇幅。所有的插图、图片、板块信息和整体设计都只有一个目的：使本书保持活泼、轻松、迷人、简洁的色彩——这正是《当代广告学》一书的特色。

与其他综合性广告专业教材相比，《当代广告学》可以说是现在市面上最简明的教材之一。

侧重整合营销传播

这些技术革新的一个结果以及由此而引发的市场分流便是大型广告主及广告公司对关系营销和整合营销传播的日益重视。为此，我们将整合营销传播思想与课文巧妙地编制在一起，贯穿全书。我们首先在第1章介绍了整合营销传播这个概念；其次，在第二编阐述了整合营销传播对营销、广告和媒介策划的影响；然后，我们用第三编来说明企业如何通过广告与其他营销传播工具的整合来建立关系；最后，在第五编，我们阐述了各主要媒介对整合营销传播过程的作用。在整个第11版，我们引用的都是有关课题的最新调查数据和研究成果。

本书用途

《当代广告学》适用于普通文科、大众传播、新闻和工商专业的本科学生。但由于其实用方便的操作方法、深入细致的内容讲解以及对营销管理的侧重，因此，许多私立学校、大学选修课程以及广告管理课程，也都广泛选用这本教材。本书选用的那些优秀获奖广告作品也为艺术专业、平面设计专业的学生以及业内专业人员了解广告界最优秀的作品提供了宝贵的指导。

本书所收入的许多故事、资料和技巧均来自作者本人在营销传播和高等教育中的亲身经历，其余的则来自作者在广告界的朋友或同事。我们相信，本书不仅对（大家）目前学习广告知识具有宝贵的指导意义，对将来的实际工作也同样具有宝贵的指导意义。总之，我们希望读者能通过本书体验到广告世界的情感与人性——无论将来是准备投身广告事业，还是与广告从业人员合作，抑或只是为了做一个更加成熟的消费者。

威廉·阿伦斯
迈克尔·维戈尔德
克里斯蒂安·阿伦斯

致谢

用学生的话讲，不管编写哪门学科的教材，其过程都像写学位论文一样，不死也得脱层皮。而如果没有来自专业领域的众多个人和企业的支持和协助，编写一本广告学教材几乎是不可能的。因此，我要深深地感谢广告界方方面面（广告公司、广告客户、媒介以及下游组织）的许多个人和组织，感谢他们的专业帮助和个人鼓励。他们是美国4A协会的Joyce Harrington、John Wolfe和Burtch Drake；广告教育基金会的Paula Alex和Linda McCreight；广告委员会的Paula Veale；美国电话电报公司的Sheldon Hochheiser；新美国金融集团的Shawn O'Neill；Deutsch纽约分公司的Vonda LePage；BBDO广告公司的Roy Elvove；百事可乐公司的David DeCecco；Farago伙伴公司的Peter Farago；博达大桥广告公司洛杉矶公司的Larry Jones以及穆斯·科德罗·陈广告公司的Jo Muse。当然，这里提到的只是我们要感谢的众多人中的几位，我们要感谢的人远远不止他们。

我要感谢麦肯全球的Susan Irwin，感谢她多年来的友情和支持，感谢她在麦肯的同事们所做出的巨大努力以及他们为本书"尾声"提供的完美的万事达卡系列广告。同样，我也非常感谢盛世公司洛杉矶、东京、纽约分公司以及丰田美国销售公司的每一个人，感谢他们在我们编写广告制作这一章以及该章的丰田广告案例时所给予的宝贵支持和坦诚合作。具体是：感谢丰田和盛世的Yukie Kasugai、Deborah Meyer和Steve Jett；洛杉矶的David Martin、Lisa Christensen、Doug Van Andel、Lorraine Apler Kramer、Max Godsil和Damon Webster；纽约的Monica Hudson、Kevin Roberts和Bob Isherwood；以及东京的Jack Mickle。另外，我还要感谢盛世芝加哥公司的Brannon Wait，在他的提议下，我们从一开始就抱成了一团。

对于我们的"广告概述"一章，我非常感谢穆斯·科德罗·陈伙伴公司的朋友们，感谢他们让我们分享本田思域的有趣故事。非常谢谢Shelley Yamane、Wilky Lao和Jo Muse。

互联网广告这章需要进行重大调整和更新，因此，我要对博达大桥旧金山公司前高级互动媒介总监John Keck致以深深的谢意，感谢他所奉献的大量时间、智慧和资料。

向我所有的加拿大朋友们致以深深的谢意，感谢他们的热情、坦诚以及慷慨付出的时间、咨询和资料，尤其是Taxi公司的Paul Lavoie、Daniel Rabinowicz和Ann Boldt；柯赛特传播–营销公司的Pierre Delagrave、Normand Chiasson和Manon Caza；Optimum公司的Marcel Barthe；Impact调查公司的Francois Descarie；Publicis/BCP战略创意公司的Yves Gougoux以及Grenier传播的Normand Grenier。

感谢戛纳国际广告节的朋友们，感谢他们为在这个新版本中集中呈现这些戛纳奖得主的作品而给予的支持和协作。我知道这会给他们增加很多工作，对此我表示真诚的感谢。尤其要感谢 Terry Savage、Amanda Benfel 和 Monika Barrau，因为制作戛纳广告节的光盘要求 DRC 电影制片厂的法国电影摄制组给予专业而精心的配合：Dominique 和 Raphael Rollin 及 Michael Verheyden，他们的工作都非常出色。我要特别感谢最近这两年从戛纳获得的大量的个人帮助，首先感谢光盘制作助理 Severin Ledresseur，然后是 Elena Vorobyeva（现在莫斯科 Euro RSCG Moradpour 公司）。

有意思的是，《当代广告学》现在已在俄罗斯及独联体国家得到广泛的使用。最近几次访问莫斯科，我不仅受到了热情的款待，获得了大量的帮助，并得到了许多人的有益建议，如 Maxima 广告公司的 Vladimir Estafiev 博士；Depot WPF 的 Alex、Natasha Andreev 和 Natalia Pavlenkova；Bonar 媒介的 John Bonar；Euro SRCG Moradpour 公司 的 Edouard Moradpour；独联体广告联合会主席 Sergei Pilatov 以及第一届 Almaty 国际广告节主席 Elena Mamai。我还要特别感谢我的翻译 Anton Uspensky、Natalia Mospanova 和 Elizaveta Zakharova，感谢他们的友谊和帮助。谢谢你们所有人。

我必须向我的几位业界老友致以特别的谢意，他们无私的奉献、持之以恒的支持和明智的见地是我的无价之宝，我心怀感激，他们是：麦肯广告公司的 Susan Irwin；精信（Grey）广告公司的 Jan Sneed；《广告时代》杂志社的 Rance Crain；特劳特伙伴公司的 Jack Trout；墨西哥瓜达拉哈拉市 Merchan-Design 公司的 Jorge Gutierrez Orvañanos；和已从广告委员会退休的 Brad Lynch。当然，还有我多年的好友，瑞斯 & 瑞斯公司的 Al Ries。

另外，我还要感谢 Tom 和 Dena Michael，Carlos 和 Yolanda Cortez，Bob 和 Demmie Divine，Jim 和 Diana Priddy， Rudy 和 Martha Gonzales，Charles Salik，Sid 和 Iris Stein，E. L.Deckinger 教授，Jann Pasler、Jack Savidge、Barnard 和 Sylvia Thompson，Ann Ritchey、LeAnna Zevely、Carol Wexler、Sergei 和 Natasha Stikhin 以及 Alan 和 Rita Moller，感谢他们所给予的精神支持、鼓励、慷慨的帮助和友谊。特别感谢 John Nauman 的大力支持和鼓励，感谢 Stanley D.Woodworth、Sid Bernstein、Don Ritchey、Stanley Urlaub 和 John O'Toole——逝者已逝，但精神长存——所给予的长久的、大力的支持。

截稿期的逼近使我的家庭生活变得一团糟，因此在此我要感谢我儿子威廉和克里斯蒂安，感谢他们经年累月对我的理解和鼓励，感谢他们见证我的写作岁月并最终承认他们爸爸的作者身份，这对我无疑是最高的奖赏。感谢我妻子奥利维娅，感谢她明知我的写作前途未卜，却始终如一、忠贞不渝，以极大的耐心尽力保证让我每天吃上可口的晚餐。

从事如此浩大工程所得到的乐趣与你们的合作对象直接相关。因此，我要感谢为第 11 版而走到一起来的学生、研究生和教授团队的敬业精神，他们主要来自圣迭戈州立大学、加利福尼亚州大学圣迭戈分校和出版服务公司。有些人付出很多，却很少索取，将这个写作过程当做一次愉快的体验，他们是 Sandra Castellanos、Melissa Ditalo、Sarah Black、Mary Zimmer、Dale Teplitz、Ted Young、

Lori Martinsek、Aimee Ehrs、Carol McGillivray 和 Brandon Warga。感谢肯尼索州立大学的 Tom 和 Betty Pritchett，他们承受着截稿期的压力，精心设计出题库。特别感谢光盘制作行家 Kelly、Jake 和 Kevin Segraves，感谢他们高超的技术和专业精神。

最后，我还要特别感谢我能干的编辑助理兼调研经理 Sarah Steinberg，她对细节、写作技巧的关注以及她无与伦比的聪明才智，使得与她合作成为一段令人愉快的经历。我真心感谢能有机会与她共事。

我一直对麦格劳–希尔/欧文出版集团中我们这个出版团队的技能和奉献精神心存感激。有趣的是，这个团队看起来正渐入佳境。这个版本的制作还有几位新人的加盟，他们的技术和自信心使得这项工程充满乐趣。谢谢你们：John Biernat、Andy Winston、Anna Chan 和 Dan Silverburg。麦格劳–希尔/欧文的《当代广告学》团队成员还包括 Kristin Bradley、Mike Hruby、Greg Bates、Debra Sylvester、Cara David、Lori Kramer 以及 Sue Lombardi。此外还要感谢 Jerry Saykes、Steve Patterson 以及 Gary Burke，感谢他们在我需要精神支持和智力帮助的时候及时伸出援手。谢谢你们所有人，再次感谢大家使不可能的事成为现实。谢谢你们对完美所抱有的耐心和执著，谢谢你们的友谊。感激之情无以言表。

我还要感谢美国广告学会（American Academy of Advertising）、美国新闻与大众传播教育协会（American Association of Education in Journalism and Mass Communications）和美国营销协会（American Marketing Association）。这三个组织出版的刊物和举办的会议为交换思想和专业成长提供了宝贵的平台。

我要对众多教师、教授、学者以及学术圈中的朋友致以深深的谢意，他们坚持不懈的调研、写作和教学使得本书的水平切实得到了极大的提高，他们的创新思维和独到见解是本版写作过程中的宝贵财富。如果读者喜欢本版的变化和新增内容，那么他们才华横溢的建议功不可没；如果不喜欢，则责任全在我。他们是（但不止于）：哥伦比亚学院的 Shanite Akintonde；Stephen F.Austin 州立大学的 Linda Bond；波士顿大学的 Chris Cakebread；密苏里大学—哥伦比亚分校的 Cynthia Frisby；Herkimer 郡社区学院的 Janice Jenny；华盛顿州立大学的 Tien-Tsung Lee；乔治华盛顿大学的 Lynda Maddox；Hudson Valley 社区学院的 Karen Marbot；Anstin 社区学院–Cedar 公园校区的 Ina Midkiff；Niagara 郡社区学院的 David Nemi；Evangel 大学的 Nancy Pace-Miller；Monroe 社区学院的 Carmen Powers；宾夕法尼亚州印第安那大学的 Lisa Scuilli；约克学院的 Lewis Small；佐治亚州立大学的 Corliss Thornton；宾夕法尼亚州州立大学的 Leslie Turner 以及巴克郡社区学院的 Joan Weiss。最后，我必须感谢韦恩州立大学的 Hugh Cannon——我的好友、慷慨大方的朋友，他富有见地的指导和充满智慧的建议极大地丰富了最后的三个版本，衷心感谢他所付出的努力和贡献。

谢谢大家，是你们每一个人的努力才使得这项工程得以完成。

威廉·阿伦斯

我要感谢法伦全球广告公司的每一个人，感谢你们同意为本教材的配套光盘而接受我们的采访，尤其要感谢 Fred Senn、Michael Buchner、Ritchie Emslie 以及 Joel Rodriguez；同时感谢 Rosemary Abendroth 和 Brenna Brelie，谢谢他们的大力支持并耐心地安排我们的访问。感谢州际饭店集团的 Verchele Wiggins 和 Steve Ekdahl，谢谢他们对快捷假日酒店广告所提供的专业见解。感谢我们的光盘制作人兼编辑 Rick Armstrong 在整个制作过程中付出的耐心和给予的鼓励。

感谢 Elizabeth Page、Mollie Bridgeman、Edelman 和联合利华的大力支持，感谢他们善意地同意我们在本书中使用多芬的“过去与现在”广告故事。感谢联合利华和奥美为我们提供精彩而动人的“真实的美丽”广告系列。

此外，我还要感谢麦格劳-希尔/欧文出版集团中的许多人，包括 Andy Winston、Anna Chan、Trent Whatcott 和 Kristin Bradley，感谢他们对这个版本的支持。感谢 Gordon Jepson 帮助我加入这项工程。

感谢我的系主任 John Sutherland，感谢我在佛罗里达大学广告学系那些可爱的同事们，感谢他们的支持和鼓励，感谢他们使得佛罗里达成为一个特殊的工作场所。

深深地感谢我的合著者克里斯·阿伦斯和比尔·阿伦斯，感谢他们的支持，感谢他们愿意让我加入这个写作团队。

最后，感谢 Debbie Treise 对本书的贡献，也感谢她在我职业生涯和生命中所给予的支持、忍耐和帮助。

迈克尔·维戈尔德

简要目录

目 录

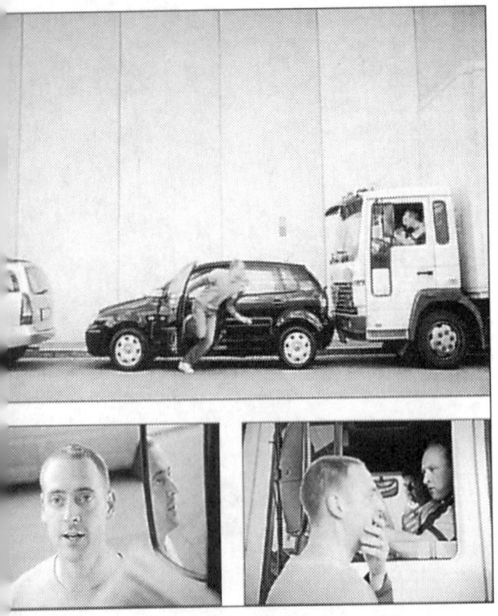

第三编 广告与其他传播组合元素的整合

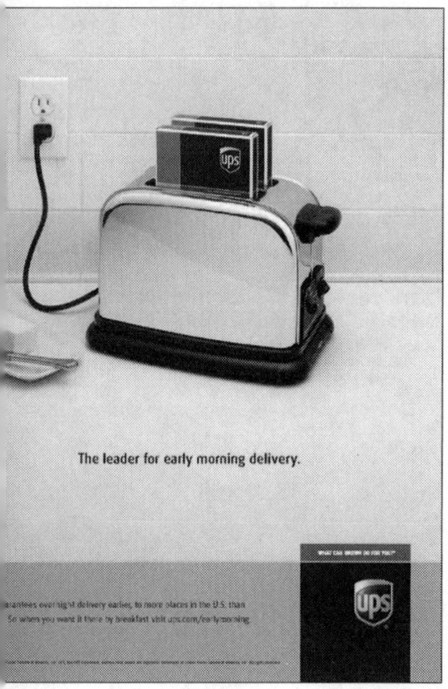

第四编　广告创作

第五编 广告媒介的运用

Meet the women, read their stories and see their beautiful curves.
Roll over each woman to see more.

第 1 章

当代广告概貌

目标 提出广告的定义，介绍广告这个行业。使读者了解什么是广告，什么不是广告，以及广告在传播过程中的独特作用；了解广告如何在营销过程中发挥作用；掌握广告学与广告业常用的基本术语。这些基本点将为后面的具体内容学习搭建一个框架。

阅读本章，你可以学会：

1. **界定**广告并分清广告与其他营销传播形式的区别。
2. **了解**广告传播活动过程与人类基本传播活动之间的区别。
3. **界定**广告并识别营销策略中的四种因素。
4. **认识**广告在营销战略中的角色。
5. **了解**消费品市场和工业品市场之间的区别。

什么是广告

作为消费者，我们每天都要面对成百甚至上千条商业信息。它们以迷你车所运用的那些广告形式出现——杂志广告、路牌、电影贴片广告、网站和产品实物宣传，或者以电视广告、优惠券、邀请信、赞助活动、电话营销或电子邮件等形式出现。而这些只是众多企业和机构用来吸引顾客、客户和潜在顾客，并与他们保持联系的众多手段之一。你也许会简单地把它们全都视为“广告”。但实际上，上述所有这些不同工具的正确名称应该是**营销传播**（marketing communication），广告只是众多营销传播工具中的一种。

那么，什么是广告？

在 20 世纪初，被今天的人们誉为现代广告之父的阿尔伯特·拉斯克尔（Albert Lasker，拥有一家杰出的广告公司——罗德暨托马斯广告公司，即福康贝尔丁公司的前身，AT&T 的现任广告代理公司）将广告定义为“由因果关系驱使的印刷形式的推销术”。但这是在收音机、电视机和互联网出现之前很久的事。当时，工商业界和广告世界的本质与范畴都极为有限。一个世纪以后，我们这颗星球发生了巨大的变化，工商业的本质和需求发生了变化，广告的概念与实践也同样发生了变化。

今天，广告的定义已经大为扩展。例如，新闻记者可能将广告定义为一种传播过程、公关过程或劝服过程；工商界人士又可能把广告视为一种营销过程；经济学家和社会学家则可能关注其经济、社会或伦理方面的意义；而有些消费者则可能干脆把广告看做垃圾。每一种观点都应该引起我们的重视，不过现在，我们会采用下面这个功能性的定义：

> **广告**（advertising）是由可识别的出资人通过各种媒介，通常是有偿的、有组织的、综合的和非人员性劝服的，进行有关产品（商品、服务和观点）的信息传播活动。

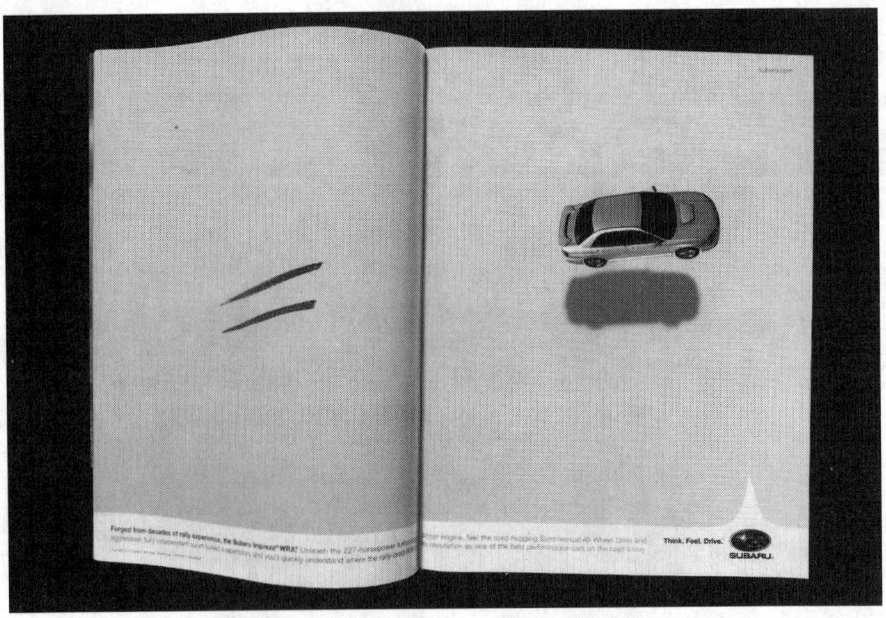

广告一般都与产品（商品、服务和观点）有关。在斯巴鲁（Subaru Impreza WRX，www.subaru.com）汽车的这幅双页广告中，广告上的汽车就好像要“跃出页面”，完全是一副证明拉力车传统的架势。

下面，让我们将这个定义分解开来，对其中的各个部分进行分析。首先，广告是一种*传播活动*。它确实是一种非常有*组织*的应用传播形式，由文字和非文字元素*构成*，以填充由出资人所指定的特定空间和时间。

其次，广告针对的一般是群体而非个体，因此，是*非人员的*或者说是*大众化的*传播。这些群体可能是**消费者**（consumers），他们购买迷你车之类的产品只是为了个人使用；或者也有可能是生意人，购买一批车用作商业或政府之用。

绝大多数广告都是*有偿的*，通用汽车、沃尔玛商场、可口可乐或是你附近的健身馆都会付钱给报社、电台或电视台，让它们发布供我们听、看、读的广告。不过，也有一些广告主不必付钱，如美国红十字协会（American Red Cross）和美国癌症协会（American Cancer Society）等这类全国性组织，他们的公益讯息是免费发布的，因为他们是非营利的。同样，张贴在学校布告栏上的舞会公告也无需付费，但这也是一种广告，是一种有组织的、非人员的劝服传播过程。

当然，大多数广告都会力图*劝服人*——说服某人改用某一产品、服务或观点。有些广告，如法律公告则仅仅进行告知而非劝服，但它们仍然属于广告，因为它们符合广告定义的所有其他要素。

除了可以促销有形的**商品**（goods），如柑橘、麦片、橄榄油等，广告还有助于宣传银行、美容师、自行车修理铺、收账员和电话公司等的无形**服务**（services），越来越多的人利用广告倡导各种各样的**观点**（ideas），有经济的、政治的、宗教的和社会的。在本书中，**产品**（product）一词涵盖商品、服务和观点几个意思。

广告要*表明*其出资人，这似乎毫无疑问。出资人显然也希望要表明，否则，他们干吗花钱做广告？广告与*公共关系*的一个基本区别就在于许多公关活动（如宣传活动）并不公开提及出资人。我们将在随后的章节中对广告和其他营销传播形式之间的区别进行讨论。

最后，广告经由我们称之为**媒介**（medium）的某一传播渠道到达受众。广告媒介是一种有偿的、用来向其目标受众表现广告的手段。因此，我们拥有广播广告、电视广告、报纸广告等。当你告诉某个人最新款的迷你库帕 S（Mini Cooper S）有多可爱时，这就是我们有时候称之为*口碑*（word-of-mouth，WOM）的广告。口碑或口传虽然是一种传播手段，但并不是一种广告媒介。它未经组织、公开赞助或有偿支付。过去，广告主利用传统的**大众媒介**（mass medium）——广播、电视、报纸、杂志和海报——传递他们的信息，但是今天，科技的发展使他们可以通过各种*寻址媒介*（如直邮）和*互联媒介*（如互联网和报刊亭）有效地到达受众。除此以外，广告主还利用大量新兴的*非传统媒介*到达他们的受众，如购物推车、充气模和 DVD 光盘等。媒介空间和时间的策划、排期以及购买对广告效果都有着极为重要的意义，因此，我们将用整整五章的篇幅对此加以阐述，其中一章安排在第二编，四章安排在第五编。

上述是对广告所做的一个非常好的功能性定义。我们将在本章对广告的一些重要层面作简要的探讨。首先，为了更好地认识广告如何在实际生活中成为一种有组织的传播形式，我们将观察它的*传播层面*；然后，*营销层面*将向我们展示广告在商业活动中的作用。

传播：广告的独特性

首先，广告是传播活动——一种特殊的传播活动。微软和百事达的广告代理公司麦肯广告公司（McCann Worldgroup）认为，广告就是“巧传真实”，这就意味着有良心、讲道德的广告主和他所雇用的广告代理公司必须同心协力，找出并运用最好而又富有创意的方法将自己的故事真实地告诉市场。为了取得成功，他们必须对广告传播过程的元素有所了解，而广告传播过程又是从人类的基本传播过程演变而来的。

人类传播过程

从我们出生的第一声啼哭开始，我们的生存便要倚仗我们告诉别人、劝服别人和吸引别人注意的能力。随着我们的成长，逐渐学会了倾听别人发出的讯息并对此作出反应，图表 1-1 中的传统传播模型概括了人们在非正式口头传播过程中分享某一观点时所发生的一系列事件。当我们称之为**信源**（source）的一方形成观点，将其**编码**（encode）为**讯息**（message），然后通过某一**渠道**（channel）传递给我们称为**受者**（receiver）的另一方时，传播活动便开始了。受者必须将讯息**解码**（decode）才能理解讯息。为了作出反应，受者还要形成新的观点，将其编码，然后将新的讯息通过某一渠道或媒介送出。对原始讯息的理解或反应构成**反馈**（feedback），它也可以影响到新讯息的编码。当然，所有的这些过程都发生在一个以**噪音**（noise）——由其他信源同时发出的多种讯息不协调的混合体——为特色的环境中。

如将这一模型应用于广告，我们则可以说信源就是出资人，讯息即广告，渠道便是媒介，受者就是消费者或潜在的消费者，而噪音是竞争广告发出的喧嚣。但这个模型对于发生在广告或其他有偿营销传播中的过程来说则显得过于简单，它并未将构成广告讯息所固有的结构或创意纳入其中。我们还必须考虑许多相关的复杂问题，尤其是现在面临着*互动媒介*的到来。互动媒介使消费者得以收集他们所需要的信息，即时操纵在电视或电脑上看到的东西，进而参与传播活动。

图表 1-1
人类传播过程

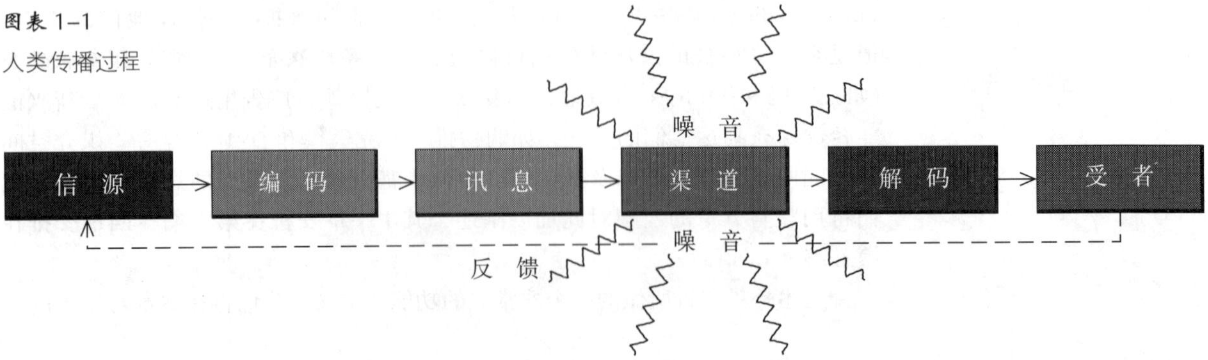

传播过程在广告中的应用

拉特格斯大学的芭芭拉·斯特恩 (Barbara Stern) 将广告视为一种有组织的表达文本，截然不同于口头表达的口传。她提出了一个更为复杂的传播模型，这一模型源自传统的口头传播模型，但比非正规的口头表达更适用于广告的“综合商业表达形式”。斯特恩模型认为，在广告活动中，信源、讯息以及受者均具有多个层面，有些层面存在于现实当中，有些则存在于现实的另一个不同层面当中——存在于广告讯息自身文本的虚拟世界当中。

信源层面：出资人、作者和人物

在口头传播中，信源一般是在向某一个人或某一群人讲话的某个人；但在广告活动中，究竟谁是传播过程中的真正信源，谁是广告中提及的出资人呢？毫无疑问，现实生活中的**出资人**（sponsor），即广告主，应该对该传播过程负法律责任，并确实有信息要传递给实际消费者。正如图表 1–2 斯特恩模型显示的那样，从出资人通往实际消费者的路径是一条漫长的循环路径。在一开始，出资人一般并不制作信息，这个角色通常由出资人的广告代理公司或其他专家扮演。因此，传播活动的**作者**（author）实际上是某个文案人员、美术指导，或更常见的，是广告公司里的一群创作人员。他们接受出资人的代理费，为其创作广告讯息。他们虽然存在于现实的世界里，却不与读者和观众直接见面，然而他们却在文案的写作和讯息的构成中扮演着关键角色。

与此同时，广告文案中又包含了一些真正的或虚构的代言人——**人物**（persona），他们赋予广告某种声音或基调，对消费者来讲，这些代表着出资人的人物就是讯息中的信源。但人物讲的话是由广告的作者创作的，其目的是为文案服务，而这一层面并不存在于现实世界，只存在于广告的虚拟世界中。

图表 1–2
斯特恩的广告传播过程模型

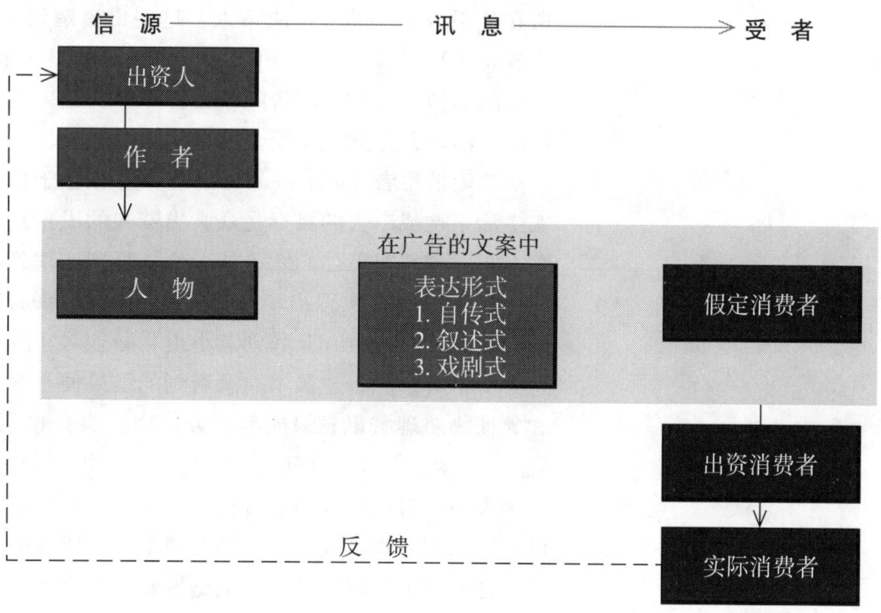

讯息层面：自传式、叙述式和戏剧式

广告的讯息表现形式具有多个层面。广告是对现实生活的艺术模仿，因此，其讯息一般采用某一种或某几种表现形式：自传式、叙述式或戏剧式。在**自传式讯息** (autobiographical message) 中，对一个虚设的受者“你”，讲述我个人亲身经历的故事；有的广告则会采用**叙述式讯息** (narrative message)，用第三人称向虚设的受者讲述他人的故事；而在**戏剧式讯息** (drama message) 中，广告角色干脆直接在虚设的受者面前进行表演。

由此可以看出，广告讯息的作者要作出的最重要决策，便是选择什么样的人物和表现形式来表达广告主的讯息。创意小组首先要考虑，是哪些情感、态度及动机在驱动着自己目标受众中的一部分特定顾客，然后运用自己的传播符号创作出相应的人物、讯息和形象，将这些文字或图像符号进行组合编排，并安排在最适宜发布该讯息的媒介上。讯息的表现形式既可以是一条长30秒的戏剧式电视广告；一幅自传式黑白整版杂志广告；也可以是一本长达几页的彩色手册；或者是整合多种讯息风格的互联网站。总之，讯息只存在于广告的文案当中。若想让广告获得成功，创意人员必须具备丰富的技巧，而正是这种创造才使广告有别于其他传播形式。为此，我们将第四编全部用于讨论广告创意这个课题。

受者层面：假定的、出资的和实际的消费者

广告的接受者同样具有多面性。首先，在文本中，每一条广告都假定有接受者，这些**假定消费者** (implied consumer) 虽然是广告人物讲话的对象，但并不真实。创意人员把他们想象得很理想，几乎完全符合广告文案的要求。实际上，他们只是广告情节的组成部分。

如果我们站在广告文案之外来看，就会发现头一组受众实际上就是出资人所在公司或组织的一帮决策人，这些**出资消费者** (sponsorial consumer) 是决定广告是否可以发布的“守门员”。因此，在广告尚未真正获得机会去劝服某位真实的消费者之前，广告的作者首先要劝服出资方的主管或经理，他们掌握认可广告活动并为此提供资金的权力。

实际消费者 (actual consumer) ——相当于口头传播过程中的受者——在现实生活中构成广告的目标受众，出资人的讯息最终针对的就是他们。只有在出资人同意的情况下他们才可能看到、听到或读到讯息。

实际消费者在思维和行为方式上与假定的消费者甚至出资消费者大为不同，因此，广告主（及其创意小组）必须对实际消费者如何选择、如何理解讯息有所了解。广告主最不愿意看到的结果便是被人误解。可惜，广告中的词语和象征物对理解讯息只能起部分作用，媒介也同样会起作用。正如马歇尔·麦克卢汉 (Marshall McLuhan) 所说的，“媒介是一种讯息”。但斯特恩模型并没直接说明广告主可以通过各种大众媒介、可寻址媒介和互动媒介来传播他们的讯息。在如今科技飞速发展的形势下，印刷媒介和电子媒介之间的界限正变得越来越模糊了：我们可以在电脑屏幕上看文案，很快人们便可以将电视屏幕上

出现的画面打印下来。那么，这又将如何影响人们接受和理解广告讯息的方式呢？斯特恩认为有必要对这一领域进行更进一步的研究。

此外，受者本身的独特性也相当重要，但出资人却对他们知之甚少，甚或一无所知。在第 2 章我们将会看到，态度、感知、个性、自我评价以及文化只是影响人们接受和反馈讯息，以及在市场中作为消费者如何行动的众多因素中的几个因素。

前面提到过，广告主的讯息每天都必须与几百条其他商业或非商业讯息竞争，这样使得问题变得更加复杂，我们把这些“其他讯息”称为噪音。只有等消费者作出了反应，信源才能明确知道讯息是否被对方接受，以及对方是如何接受的。

反馈与互动

反馈之所以重要是因为，只有通过反馈才能完成这一循环，证明讯息确实被对方接收到了。除了传递的方向是从受者到信源外，反馈采用同样的“信源—讯息—受者”的传递模式。

广告的反馈有多种表现形式：兑换优惠券、登录网站、电话咨询、光顾商店、销售增长等。如果某一广告反响过低，说明其传播过程中的某一环节中断了。因此我们就要问：产品是否对路，讯息是否清晰，我们使用的媒介是否恰当？如果没有反馈，这些问题便无从回答。

过去，消费者的反馈很少能采用与原始讯息相同的渠道。而如今，凭借着科技，广告的受者不再是冷冰冰的大众讯息的被动接受者，他们已成了主动的决策人，可以自主挑选和接收所需的产品信息。随着互动媒介，如互联网的发展，他们甚至可以利用初始讯息发送人的渠道即刻将反馈返回信源。

这使广告主有机会与自己的顾客建立更深入的关系，对出资人和消费者都将更为有利。

营销：决定使用哪种广告类型

现在，我们已对广告的传播层面有了一定的了解。下面，让我们来看一看广告的营销层面，因为这才是界定广告商业角色的因素。每一个商业机构都要进行各种不同的活动，人们一般将这些活动分为三大功能：

- 运营(生产/制造)
- 财务/行政管理
- 市场营销

主修工商管理专业的学生要学习几门与上述某个或全部基本功能相关的课程：涉及采购与制造的课程与运营职能相关；而涉及会计与产业关系的课程则与财务/行政管理领域相关。虽然目前有许多学生在新闻学院或传播学院学习广告，但广告实际上属于营销这个大范畴，是其中的一个特殊领域。其他课程还包括市场调查、消费者行为、分销和销售管理等。

在所有企业功能中，营销是惟一产生收入的企业功能。没有收入，企业自然无法收回最初的投资，也就无法支付员工的工资，无法发展壮大，也无法赚取利润。因此，营销极为重要。

什么叫营销

长久以来，“营销”这一概念始终是在产品的供需基础上发展而来的。营销与广告有着密切的联系，因此，我们必须对营销有所了解，我们给出的定义如下：

> **市场营销或营销**（marketing）指对观念、商品及服务进行策划并实施设计、定价、分销和促销的过程，其目的是引起交易，从而满足个人或组织认知的需求、欲望和目标。

我们将用整个第二编来讨论营销战略和广告战略制定。因此，现在我们必须认识到，营销是一个**过程**（process），是一连串按顺序发生的、经过策划的活动或方法，其最终目的是在赢利的基础上满足消费者的需求。这一过程包括开发产品、战略性制定价格、通过分销网络使消费者有机会获得产品，以及通过销售和广告活动对产品进行推广。营销过程的终极目标是实现产品和服务与

这条世界野生生物基金会（www.worldwildlife.org）的街头广告由南非奥美 RS-T&M（Ogilvy & Mather RS-T&M）广告公司制作，非常直观地向行人表现了濒危动物所面临的困境。（见彩插）

有此需求的消费者之间的交换，为企业创造利润。广告恰好能发挥告知、劝服和提醒消费群或市场的作用，使企业的产品和服务实现满足消费者或市场需要的价值。今天，甚至许多非营利机构都利用营销过程来开发和提升自己的服务，满足自己的支持者或成员的需求。

广告与营销过程

广告有助于企业实现自己的营销目标，市场调查、销售和分销活动也具有同样的作用，所有这些营销活动均会对企业选择哪种广告类型产生影响。若想了解在特定的环境中使用哪种广告更有成效，广告专家就必须对整个营销过程作全面的了解。

企业或机构根据各自特定的营销战略采用多种不同的广告类型。营销战略将决定谁是广告的目标受众、广告的发布范围有多大、将采用何种广告媒介，以及广告要完成什么任务（图表 1–3 是根据战略营销元素划分广告的一些方法）。这些营销战略决定广告将采用什么样的技巧。

识别目标市场与目标受众

企业的营销活动总是针对人口中特定的一部分人——其**目标市场**（target market）——而展开的。同样，广告也是针对特定的一群人展开的，我们称之为**目标受众**（target audience）。如果我们看见一条对我们没有吸引力的广告，那么，这条广告很可能就不是针对我们所属的这个人群中的任何一个人的。例如，义齿保护膏的电视广告就不是针对年轻人的，因为他们既不属于本广告的

图表1–3
广告的分类

按目标受众划分

消费品广告：针对那些购买产品自用或供他人使用的人。

工业品广告：针对那些购买或指定产品和服务用于再生产的人。

- 同业广告：针对经销产品与服务的中间商（批发商和零售商），他们购买产品再转售给顾客。
- 专业广告：针对那些遵守某一道德规章或行业标准的专业人员。
- 农业广告：针对农牧业人员。

按地理区域划分

地方性广告：又叫零售广告，由商业企业所做，其顾客只来自某一城市或当地销售区域内。

区域性广告：只针对某一区域而非全国范围内所销售产品的广告。

全国性广告：针对全国几个地区的顾客。

国际性广告：针对国外市场。

按媒介划分

印刷广告：报纸、杂志广告。

广播（电子）广告：广播、电视广告。

户外广告：户外、交通广告。

直邮广告：通过邮政系统和e-mail发布的广告。

互动广告：通过互联网、电脑亭等发布的广告。

按目的划分

产品广告：促进产品与服务的销售。

非产品广告（企业或机构广告）：提升某一机构的责任感或理念而非具体产品的广告。

商业广告：具有赢利目的，促销产品、服务或观点。

非商业广告：由慈善机构或非营利机构，市政机构、宗教团体或政治组织出资或为这些团体制作的广告。

行动广告：旨在引起受众的直接行为。

知晓广告：旨在树立某一产品的形象，使受众熟悉产品的名称和包装。

目标市场，又不属于本广告的目标受众。目标受众主要分为两大类：消费者和工商企业。

消费品市场

我们日常通过大众媒介——电视、广播、报纸和杂志——所见的大部分广告都属于**消费品广告**（consumer advertising）。这类广告一般由产品或服务的生产厂家出资制作，主要针对消费者——那些购买产品自用或供他人使用的人，包括由零售店和商业机构出资制作的**零售广告**（retail advertising）。消费品广告还包括非商业性的公益广告，如美国癌症协会的广告。

顾客是活生生的人。因此，广告专业人员必须了解人的行为方式和思维方式——他们为何购买？都购买些什么？这需要很高的技巧。实际上，这属于营销的另一个领域——消费者行为。广告主对人们的购买行为了解得越多，就越能引起预期顾客对自己产品的普遍认知。

企业市场

公司运用**工业品广告**（business advertising）到达那些购买或指定商品与服务用于再生产的人。这类广告一般都刊登在专门的商业刊物或专业期刊和直邮品上，或出现在交易会上。由于企业广告又叫**企业对企业广告**（business-to-business advertising，即 B2B advertising），极少使用消费品大众媒介，因而它们一般很少为普通消费者所见。不过，也有一些企业对企业广告，例如计算机制造商的、联邦快递的，会出现在电视黄金时段和消费品杂志中。

除了普通的企业广告外，还有三种较为特殊的企业广告：同业广告、专业广告和农业广告。**同业广告**（trade advertising）的对象是中间商，包括批发商、经销商和零售商，广告主希望借同业广告使自己的产品获得更多的分销渠道。例如，新奇士刊登在《加利福尼亚州杂货店》（*California Grocer*）这类刊物上的同业广告，其目标就是希望开发更多的经销店或增加现有经销店的销售量。

针对教师、会计师、医生、牙医、建筑师、工程师、律师等这类专业人士的广告被称为**专业广告**（professional advertising），这类广告一般刊登在专业社团出版的正式出版物上，如美国医学会出版的《眼科学档案》（*Archives of Ophthalmology*）。专业广告有三个目的：劝服专业人员（受过专业训练、遵守特定行业伦理守则的人）向自己的顾客推荐或指定某一产品或服务；为自己的工作需要而购买某一品牌的设备或物资；个人使用某一产品。

企业利用**农业广告**（agricultural/farm advertising）促销农事上使用的产品与服务，其对象是农村家庭或受雇于农业相关行业的个人。农业广告一般向农场主显示他们所做广告的产品将如何提高效率、降低风险、增加收入。

工商业客户大多知识丰富、老练精明，在作出购买决策之前，他们一般都要求广告主提供详细的技术信息。因此，从事企业广告的人应该比那些从事消费品广告的同行具备更丰富的产品专业知识和工作经验。

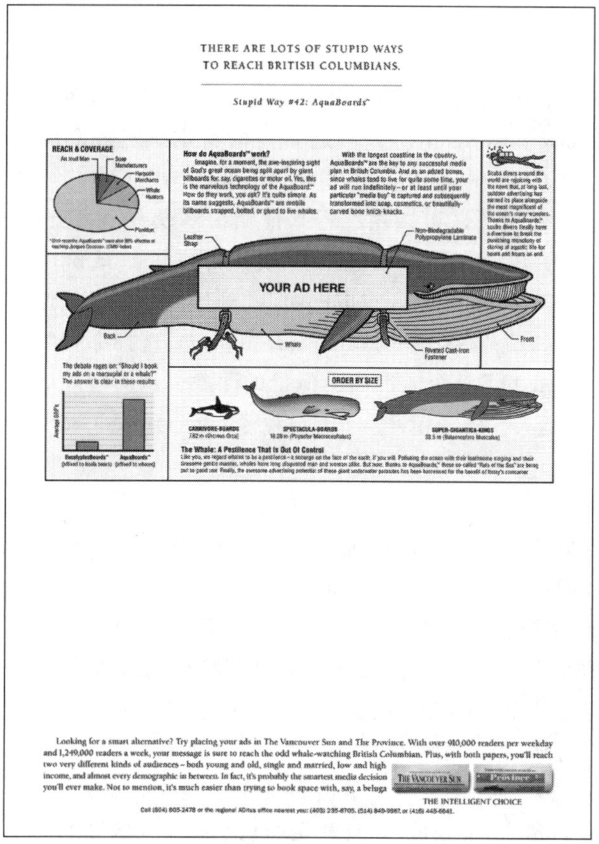

同业广告并不直接针对消费者，而是针对那些购买——或者影响购买——某一产品或服务用于再生产的人。《温哥华太阳报》(*Vancouver Sun*) 这条巧妙的广告主要针对加拿大当地企业中关心如何到达绝大多数英籍哥伦比亚人的企业，为他们提供一种"明智的选择"。

专业广告包括教育、会计、医药、牙科、工程、法律等领域的广告。在这幅广告中，理疗癌症评估中心（Rational Therapeutics，www.rationaltherapeutics.com）向消费者提供癌症独特疗法的医学信息。这样，它实际上也向其他医生推销了自己的服务。因此，这幅广告既可以看做一幅消费品广告，又可以看做一幅专业广告。

实施营销战略

企业一旦决定了自己产品的目标市场，就可以设计出相应的战略，为那个市场服务并从中获取收益。我们将在第 3 章讲到，营销战略是各战略元素的特定组合，营销者对这些元素握有控制权，如：产品概念、定价、分销和传播。为了便于记忆，营销者通常把它们称为 4P：产品（product）、价格（price）、渠道（place）和促销（promotion）。这些元素中的任何一个都会影响到广告的类型。

产品：商品与服务分类

例如，针对 Altoids 牌薄荷糖或汰渍牌洗涤剂这类大众日用品品牌，企业通常会采用消费者商品包装广告这种形式；宝马/迷你经销商服务中心或税务代理公司往往采用服务广告；而科技产品制造商则会采用高科技广告。换句话说，广告专家会视每一个具体产品种类的不同而分别采用相应的广告形式。

价格：定价策略

企业的定价策略也会影响到广告的风格，不与其他企业在价格上进行竞争的企业一般会采用**形象广告**（image advertising）来创造企业的特定感觉或品牌个性，他们也可能采用**常规价格广告**（regular price-line advertising），不在广告中表现价格，至少不突出价格。当然，还可以用广告来证明价格没有经过折扣。注重价格竞争的企业则会采用减价广告、清仓广告或特价广告。**减价广告**（sale advertising）和**清仓广告**（clearance advertising）促销削价商品，以加快销售或将季节性商品清出仓库；**特价广告**（loss-leader advertising）选择那些削价幅度很大的商品促销，给人们留下了整个店铺商品低价的印象，从而增加店铺的客流量。

渠道：分销元素

营销战略的第三个元素——分销——也会影响到广告主采用何种广告。全球性卖主，如可口可乐、丰田和柯达等，可能利用**全球性广告**（global advertising），在世界各地投放的广告均使用统一的讯息。另一些企业则可能利用**国际广告**（international advertising）在国外市场促销自己的产品，其广告可以视各国不同的情况而使用不同的讯息，甚至可以在当地创作。国际广告这一课题如今已变得非常重要，因此，我们将随时对此加以探讨。

在国内几个地区出售产品并利用主要大众媒介的企业称为全国性广告主，其广告称为**全国性广告**（national advertising）。有些企业只在某一大区域或两三个省（州）销售产品，他们可以采用**区域性广告**（regional advertising），在地方媒介或全国性媒介的地区版上发布广告。此外，还有一些企业和零售商只在较狭小的贸易区域内销售商品，他们一般利用**地方性广告**（local advertising），在地方媒介或直邮品上发布广告。

促销：传播元素

营销战略的最后一个元素是传播元素，我们在本章一开始就讲到，广告只是营销传播工具中的一种。**营销传播**（marketing communication，通常叫做 *marcom*）指企业或团体为支持自己的营销目标和战略而创作和传播的，所有经过策划的讯息。除广告以外，其他重要的营销传播工具还包括人员推销、销售推广、公关活动和辅助材料。企业根据自己的营销需求、营销目标和营销战略决定是否使用这些工具，以及使用几种工具。

每种营销传播工具都会为卖主提供特定的机会和利益。例如，**人员推销**（personal selling）是指推销人员通过面对面或电话营销直接与顾客打交道的方式进行销售，它具有只通过人的相互作用才会形成的那种灵活性。因此，人员推销是传递信息、演示产品，尤其是销售高档产品（如汽车、房地产、家具和大多数生产资料）的良好工具。人员推销的弱点是成本高昂。因此，在营销组合中侧重于人员推销的企业往往在广告方面的投入低于其他企业。

全球性企业不仅要在本国做广告，还要在海外做广告，这样才能实现自己营销战略中的分销计划。为了向新加坡消费者推销锐步夜间安全跑鞋，萨奇萨奇广告公司（Saatchi & Saatchi，进入中国后的合资公司称为盛世长城广告公司，为适应国内读者，后面称盛世公司——译者注）采用了这一条纯画面的广告，克服了所有由语言导致的一切障碍。

作为一种营销工具，广告使卖主到达的潜在消费者比销售人员所能到达的要多，而成本却较低。此外，广告本身所具备的创意又使得卖主能为其品牌传递出某种形象或个性，充满象征性的意义和利益，推销人员绝对做不到这一点。实际上，在所有营销传播工具中，只有广告才具备这种能力。不过，广告在信用方面不太尽如人意。广告可以打造品牌价值。在树立品牌知名度、品牌熟悉度、品牌形象和巩固以往购买决策方面，广告都不失为营销传播工具中的上选。

广告适用广告主的不同目的。有些广告旨在帮助广告主获取利润，有些广告则是由非营利性团体出资做的；有些广告试图刺激目标受众立即采取行动，而有些广告则仅仅想让受众知晓或了解广告主的承诺。

例如，为了促销商品与服务，企业可以使用**产品广告**（product advertising）；而为了推销观念，某一机构则可以使用**非产品广告**（nonproduct advertising）。同样，宣传银行业务、保险或法律服务的广告也属此类。

同样，在商业广告追求利润的同时，政府部门和非营利组织的**非商业广告**（noncommercial advertising）也在全世界遍地开花，号召人们捐钱捐物、做义工或改变某种消费行为。

有些广告要受众马上采取行动；有些则有较长远的目的。比如，**知晓广告**（awareness advertising）的目的就是为某一产品树立形象，赋予其充分的竞争力，使受众在下一次购物时选择这一特定品牌。

直邮广告则属于**行动广告**（action advertising）又叫**直接反应广告**（direct-response advertising）之列，因为它追求受众的即刻反应。电视和收音机里的绝大多数广告均为知晓广告，但也有部分是知晓广告和行动广告的混合体。比如，一条60秒的电视广告，可能是前50秒用于树立形象，而后10秒用于公布当地的某一免费电话号码，人们可以立即查询。

销售推广（sales promotion）是为了促使人们立即采取行动而作出刺激的一种传播工具，这些刺激包括优惠券、免费样品、竞赛或购物返款等。销售推广通过提供附加价值而增加销售，因此是一种非常有效的工具。销售推广常常与广告联合使用，从而达到更好的促销效果。不过，与人员推销一样，销售推广的成本也非常高；另外它还有一些缺点，我们将在第10章对此加以讨论。广告公司只是创作并发布媒介广告，而大多数销售推广活动则是由精于此道的企业设计的。

公共关系（public relations，PR）承担着经营企业与其各种“公众”的关系的责任，在许多方面很像营销，是一个全面综合的过程。公共关系中的“公众”可以包括顾客，但绝不仅限于此。公共关系还涉及员工、持股人、商贩、供应商、政府管制部门和新闻媒体等。因此，公关不止是一种营销传播工具。然而，由于公共关系擅于以较低的成本为企业赢得知名度和信誉，因此营销人员常常把多种**公共关系活动**（public relations activity）作为自己营销组合的一部分。这些活动往往被称为**营销公关**（marketing PR），包括宣传、新闻发布、赞助，特别事件以及被称作**公共关系广告**（public relations advertising）的一种特殊广告（这种广告利用媒介广告的组织，以有偿的形式达到公共关系的目的）。虽然公关和广告非常相似，但公关要求其创作实施人员具备不同的技巧，而且往往由公关公司而非广告公司的专业人员来实施。

除了大众媒介广告外，企业还运用多种不同的促销工具传播有关自己及其品牌的信息，这类**辅助材料**（collateral material）包括传单、手册、目录、招贴、销售工具、产品说明、使用说明，等等。这类材料有的可能很便宜，但有的费用也可能高得惊人。由于它们能为现有顾客和潜在对象提供大量的信息，因而在完成销售和巩固以往销售决策方面举足轻重。制作辅助材料的人可能为企业的广告代理公司服务，但常见的情形是，这些人在企业之外的平面设计公司、包装设计公司或独立的影视制作公司供职。

整合营销传播

近年来，随着新型媒介的大量出现以及竞争成本的上升，精明的营销人员一直在努力从自己的营销传播经费中取得更多的回报，结果是企业管理层越来越认识到：（1）大众媒介广告的效益已不同以往；（2）消费者比以往任何时候都更成熟、精明，而且对社会持怀疑态度；（3）企业在广告承诺和实际行动之间存在着巨大的差距；（4）从长计议，培养与顾客之间的良好关系远比实现单纯的交易更为重要。因此，目前的发展趋势便是将广告主由各不相同传播代理机构创作的，并由各不同部门发布的所有讯息整合起来，从而保持其统一性和连贯性。这个过程称为整合营销传播（IMC），它不仅仅是一个非常重要的营销趋势，而且还可能是21世纪商业的必然要求。不但如此，它还会对企业采用的广告产生非常重要的影响，我们将在随后的章节对此加以探讨，并贯穿于全书。

重要术语

营销传播
广告
消费者
商品
服务
观点
产品
媒介
大众媒介
信源
编码
讯息
渠道
受者
解码
反馈
噪音
出资人
作者
人物
自传式讯息
叙述式讯息
戏剧式讯息
假定消费者
出资消费者
实际消费者
营销
过程
目标市场
目标受众
消费品广告
零售广告
工业品广告（企业对企业广告）
同业广告
专业广告
农业广告
形象广告
常规价格广告
减价广告
清仓广告
特价广告
全球性广告
国际广告
全国性广告
区域性广告
地方性广告
人员推销
产品广告
非产品广告
非商业广告
知晓广告
行动广告
直接反应广告
销售推广
公共关系
公共关系活动
营销公关
公共关系广告
辅助材料

复习题

1. 美国癌症协会的广告是否符合广告的标准定义？
2. 广告与公共关系活动的区别在哪里？
3. 在营销传播过程中，信源、讯息和受者各涉及哪些层面？
4. 噪音的含义是什么，它对广告主会产生什么影响？
5. 企业的三大职能领域是什么？哪一个职能与广告的关系最密切？
6. 目标市场有哪两大类别？
7. 除了消费品广告，制药公司还可以选择哪种类型的广告？
8. 构成企业营销战略的四大因素是什么？它们如何影响企业所采用的广告类型？
9. 知晓广告的目的是什么？
10. 为什么当今整合营销传播非常重要？

第 2 章

营销与消费者行为：广告活动的基础

目标 认识营销过程在经营活动中的重要性，明确在市场中表现企业及其产品的广告和其他营销传播工具的作用。广告从业人员要想获得成功，就必须了解营销活动与消费者行为之间的关系。从理论上讲，正是这个关系塑造了有效的广告创意。

阅读本章，你可以学会：

1. **认识**营销的定义及广告在营销大环境中的作用。
2. **讨论**产品效用概念以及它和消费者需求之间的联系。
3. **认识**营销过程中的主要参与者。
4. **了解**消费者感知过程并理解为什么广告人常说“感知就是一切。”
5. **描述**消费者购买行为背后的基本动机。
6. **讨论**影响消费者行为的不同因素。
7. **解释**广告主如何处理认知失调。

广告的营销大环境

任何一位广告主都面临着这样一个永恒的挑战：如何通过媒介将自己的产品、服务及观念有效地传递给买方。要做到这一点，他们必须首先理解产品与市场之间的重要关系，这种关系恰好是市场营销的分内之事。

一个企业的繁荣昌盛，关键在于它是否有能力吸引并留住那些愿意而且能够为本企业的产品和服务付费的顾客。这就意味着企业必须能识别自己的潜在顾客——他们住在何处？在哪里工作？如何休闲？然后，还要了解他们的需要、欲望和企盼；为满足这些欲望而制造产品、提供服务；最后，还要用能与之形成共鸣的方式和他们沟通，将那些信息传递给他们。

营销与广告的关系

我们在第 1 章已经讲过，**市场营销**或**营销**（marketing）是企业策划并实施其产品概念、产品定价政策、产品促销与分销的一个经营过程，这个产品既可以指商品，也可以指服务、品牌甚或观念。营销的终极目的是引起交换，满足个人或团体感知到的需要和欲望，实现他（们）的目标。

广告只不过是营销活动所运用的促销或传播过程中的众多工具之一，但如何做广告，在哪里发布广告，这些在很大程度上都取决于营销组合的其他因素以及广告的预定对象。

顾客需要与产品效用

对营销的这一界定表明，*顾客需要和产品满足需要的能力*之间的特殊关系是一个非常重要的因素，我们称之为产品的效用。**效用**（utility）是产品满足功能性需求和象征性（或心理）需求的能力，而广告的一大功能便是传播这种效用。因此，有的广告夸产品性能如何好，有的广告则说产品如何高贵、如何性感、如何有身份等。*广告实验室* 2–A 将对需要与效用之间的重要联系进行讨论。

企业通过营销调查来发现市场上有什么需要和欲望，以便根据政治、经济和社会趋势来确定产品的共同特点，其目的是利用这些信息*塑造产品*，即设计产品，再通过制造、重新包装或广告，更加充分地满足顾客的需要和欲望。

例如，福特汽车专门针对新新人类以及婴儿潮一代开发出一款名为 Focus 的低价位、运动紧凑型汽车。可供选择的附件包括运动行李架、别致的可移动宠物架，还附带一个可折叠的食物盘。所有这些设计都可以防止物品在座位上四处滑动。公司还为购买者提供花式或漩涡式车厢外表以及不同材料的座位面料，如羊毛、针织品或合成橡胶。

工商界人士往往对营销过程不够重视，有些企业向市场推出一种产品，但自己并不清楚该产品对顾客而言有什么效用，却指望着广告能将产品推销出去。

交换、感知与满足

营销的目的在于“引起交换，最终满足个人或团体感知到的需要、欲望和目标”。这个定义中表示了三个重要的概念：*交换*、*感知*和*满足*。下面，就让我们对此逐一进行简释。

广告实验室 2-A

了解需要与效用

无论什么样的产品，一般的网球拍也好，高级赛车也好，甚至银行快捷和气的服务也好，高品质本身并不能实现销售，还需要营销人员及时将产品提供给消费者并宣传其优点。

任何产品，其成功的关键都在于它必须满足消费者的需要。产品满足这些需要的属性被称为效用，有五种功能性效用对消费者非常重要，它们是：形态效用、任务效用、所有权效用、时间效用和地点效用。产品既可以提供功能效用，也可以提供心理效用。

企业在生产有形物品（如自行车）时，便创造了形态效用；为他人发挥作用，便是提供任务效用。但单单制造或修理一辆自行车并不能保证消费者会满足，必须首先要有消费者想要自行车或想修理自行车才行，否则，需要既不能得到满足，产品效用也无从谈起 。因此，营销决策要指导生产和运营。

即使在提供了形态效用和任务效用之后，生产厂家也必须考虑消费者如何才能拥有该产品。这就涉及到分销、定价策略、供货、购买协议、配送，等等。人们一般用钱来交换所有权效用。 一辆仅供展出而不出售的自行车，再别具一格也不具备所有权效用，因为顾客无法购买它。

在消费者正好需要该产品的时候给他们提供这个产品，我们称之为时间效用。因此，营销的另一个要求就是：在消费者需要的时候，手头上就要有充足的果酱、汽车和银行出纳。

地点效用指将产品放到消费者能够方便地获得的范围内，这一点也是经营成功的重要因素。顾客不可能跑到遥远的地方去买自行车或汽车，更不可能为满足日常消费需要而长途跋涉。这就是银行设立分行，汽车加油站、卖食品的 24 小时便利店如此之多的原因。

最后，如果产品能满足消费者的象征性需要或心理性需要，如性感或社会地位，消费者还能获得心理效用。心理效用一般通过产品促销（广告）来完成，可以满足消费者自尊和自我实现的需要。

无论是心理效用还是形态、任务、所有权、时间、地点这类功能效用，产品效用都是保证营销成功的一个基本因素。

实验室应用

从一家周刊上选择一幅广告，按心理效用和形态、任务、所有权、时间、地点等功能效用，具体说明该广告提供了产品的哪些效用。

交换：营销和广告的目的

交换（exchange）指个人或组织用一件有价值的物品同其他个人或组织交换另一件物品。交换是营销学的传统理论核心。我们每个人都会参与交换活动，这不过是人类满足自身利益自然属性的一部分。买主参与交换，以求获得更多的东西改善自己的处境；而卖主参与交换，则是为了扩大经营，赚取利润。

营销推动了这种交换，因而更加提高了我们获得满足的潜力。那么，营销是如何做到这一点的呢？方法很多，如：开发人们可能想要的产品与服务；给它们确定适当的价位；将它们放置在方便的地点；通过广告和其他传播工具向人们宣传这些产品与服务。广告给人们提供信息，使大家意识到某些产品的存在以及他们可以选择不同品牌的机会，广告还向人们传递有关产品特点与实惠、各种价格选择以及产品出售地点方面的信息。在直复营销的情况下，广告甚至还可以完成销售。

感知就是一切

准备参与交换活动的人有时会感到担心，他们可能害怕交换是不平等的，即便交换完全公平，他们也会有这种顾虑。这就是感知的问题。如果顾客对产品了解不多，他们的这种不平等感就会更加强烈。在这种情况下，知情一方（卖方）必须向买方（也许通过广告）保证等价交换的可能性。如果卖方能够提供买方正好需要的信息与刺激，双方可能会承认这是一桩感觉上等价的交换。然而，若没有这种感觉，交换便不可能发生。例如，如果人们认为美国在线（AOL）许诺的利益不值得他们为此每月掏出 24.95 美元，他们就不会去购买这种服务，无论美国在线在广告上投入有多大。

由此可以看出，营销实际上涉及顾客感知的两个层面：顾客对产品与服务的感知；卖者对顾客的需要、欲望和目的的感知。

因此，广告主必须首先了解自己的顾客来自何处。他们的需求是什么？他们的欲望是什么？他们如何看待我们？一旦广告主深入了解了自己的顾客，他们就能更有效地调整或修正对其产品的顾客感知（知晓、态度、兴趣），调整和修正顾客对其产品满足顾客心中认定的欲望和需要（效用）的能力（价值）的信念。

广告可以利用各种手段来达到这个目的。比如，电视广告可以利用适当的灯光或音乐烘托气氛，在吸引顾客注意力的同时，引发他们实现某一需要或欲望的情感。如果消费者已经注意到了产品的存在及其价值，而他们决定要满足的欲望或需要又正好与产品提出的许诺相吻合，他们就很有可能采取行动。由于感知对广告主来说极为重要，因此我们将在后面对此进行更加详细的论述。

满足：顾客的目标

即使交换完成，*满足*仍然是个问题。产品必须让顾客一用到它便觉得满意，否则，他们就会认为自己得到的不是等价交换。满意引发更多的交换——心满意足的顾客会反复购买，而且会告诉自己的亲朋好友。良好的口碑会带来更多的销售量和良好的声誉。因此，满足应该既是顾客追求的目标，也是成熟卖主的基本目标。

广告提醒顾客他们为何要购买该产品，帮助他们说服持怀疑态度的亲朋好友，使他们能够劝服其他潜在顾客采取购买行动，这一切，*巩固*了他们的满足感。但是，如果产品的性能不好，由此产生的负面影响恐怕更难控制。实际上，烂产品配好广告很快就可以毁掉一个企业。广告越好，尝试产品的人就越多；而尝试产品的人越多，一旦不满意，反感的人就越多，而且，他们还会转告自己的亲朋好友。

因此，我们可以说营销是企业通过满足自己顾客的需要和欲望从而获得利润的一个过程。

营销过程的主要参与者

人们的需要和欲望每天都在变化，而卖主为了吸引顾客的注意力和兴趣，又不断地为那些不再受顾客青睐的产品做广告，这使得营销过程变幻莫测。有时，似乎每个人都在寻找交换的机会；有时，又似乎一个人都没有。营销交换取决于参与营销活动的三方：*顾客*、*市场*（一群顾客）和*卖主*。

顾 客

顾客指消费产品或服务的个体或团体，一般分为三大类：现有顾客、潜在顾客和影响中心。

现有顾客（current customer）指已经购买过某企业的某种产品的顾客，实际上，他们也许会定期购买这种产品。衡量一家企业是否成功的一种方法就是计算其现有顾客的人数及其重复购买的次数；**潜在顾客**（prospective customer）指将要进行交换或正在考虑进行交换的人。**影响中心**（center of influnce）指其观点或行为受他人尊敬，能够影响他人的现有顾客、潜在顾客或意见领袖。一个影响中心往往是联结众多潜在顾客的桥梁。

市 场

营销过程的第二个参与者是**市场**（market），即一群有共同兴趣、需要和欲望，愿意使用某一特定产品或服务，有能力做出购买决策，花钱满足自己的需要或解决问题的现有顾客、潜在顾客和非顾客。一个市场很难将每一个人都包容进去。企业一般向以下四大类市场做广告：

1. **消费者市场**（consumer market，也译作“消费品市场”。——译者注）包括购买产品和服务供自己使用的人。消费者市场是一个巨大的市场，第3章将论述划分消费者细分市场的方法。
2. **企业市场**（business market）由购买原材料、配件或服务进行转卖或进入再生产过程，或指导自己生产的组织构成。作为消费者，我们自然会更关注消费品的营销与广告，消费品营销商自然比工业品营销商更依赖于广告。然而，实际上，有一半营销活动是针对企业市场的。因此，企业市场是一个非常重要的领域，要求具备特殊的技巧。

   经销商市场（reseller market）购买产品再转卖给他人。新奇士首先要说服食品批发商和杂货零售商经销他们的水果品牌，否则，他们的水果根本无法销售给消费者。

   工业品市场（industrial market）由购买产品进行再生产的企业组成。
3. **政府市场**（government market） 为市、州、联邦和其他政府活动采购产品。
4. **跨国/全球市场**（transnational/global market）包括上述三种市场位于国外的部分。每个国家都有消费者、经销商、企业和政府，对当代的广告主来讲，面向国外市场既意味着挑战，也意味着重要的机会。

宣传企业的社会责任和具体产品优势的企业广告非常有用，因为这些广告可以强化买主的购买决定。通过在广告中重申这些优势，路虎车（Land Rover）再次向顾客保证他们所作出的购买决策是正确的，希望借此提高顾客的喜爱程度，在下次购买时仍然考虑购买路虎。

卖 主

参与营销过程的第三方为**卖主**（marketer），指任何一个准

跨国广告指在国外投放的广告，跨国广告若想成功，广告主就必须认识到那些经常是很微妙的环境差异和文化差异。路虎的这条广告中没有任何涉及到车的图片和文字，但却可以使读者感受到是在旷野中潜行的路虎惊起了层层飞鸟。虽然广告本身很微妙，但却能为国内和国外的读者受众理解。该广告获得了戛纳广告节铜狮奖。（见彩插）

备出售产品、服务或观念的个体或组织。要想成功，卖主们都必须在做广告之前首先了解自己的市场。

消费者行为：广告战略的关键

看看你的同班同学，看看你的同事，你对他们了解多少？你能描绘他们的生活方式吗？你知道他们爱用哪种产品吗？他们是常下馆子还是自己做饭？打网球吗？如果答案为“是”，那么，他们买什么牌子的设备？你知道他们收听哪个电台、看哪种电视节目吗？他们看报纸吗？如果你是三洋公司的广告经理，打算向他们宣传一种新型 DVD 播放机，你会采用哪种诉求？你会选择哪种媒介到达他们？

了解消费者的重要性

为了使个体和由这些个体组成的群体（市场）对自己的产品保持兴趣，广告主花费了大量的金钱。要想获得成功，广告主必须了解是什么原因造成了自己潜在顾客目前的行为方式。广告主的目标是掌握充分的相关市场信息，然后得出买主的准确形象，找出彼此沟通的共同基础（和符号）。这涉及对**消费者行为**（consumer behavior）的研究：购买和使用商品与服务来满足自己某一需要和欲望的人们都有哪些心理及情感过程和行为。

消费者决策过程：概述

当媒介将某一广告讯息传递给我们时，我们的大脑便快速运转，做出判断。我们称这一过程为**消费者决策过程**（consumer decision process），图表 2–1 的概念模型表明了消费者购买决策过程的各个基本环节。对于简单的、习惯性的、低参与度的日常购物，购买决策过程通常非常简短；但在高参与度的状态下，消费者延长购买决策过程的情形并不少见。

无论这个过程长还是短，都会有很多社会和心理变量在消费者的行为中发挥作用。这些变量包括一系列受各种影响形成的个人子过程。

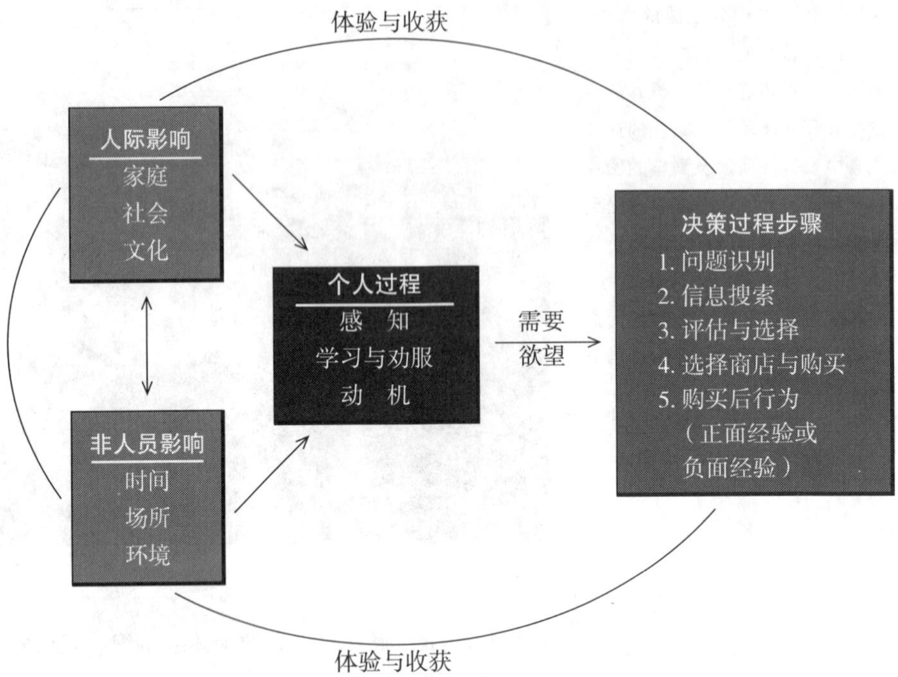

图表 2–1
消费者基本决策过程由消费者在购买期间或事后经历的几个基本步骤构成。广告可以在此过程的任何一个点影响消费者的态度。有关整个过程的模型，请参考《当代广告学》网站工具库 RL5–1。

三个**个人过程**（personal process）引导着我们处理原始信息（刺激）并将此转化成感受、思想、信念和行动。这三个个人过程就是*感知过程*、*学习与劝服过程*以及*动机过程*。

其次，我们的心理过程和行为均受两组因素的影响：**人际影响**（interpersonal influence）包括*家庭*、*社会*和*文化*影响；**非人员影响**（nonpersonal influence）往往不以消费者的意志为转移，包括*时间*、*场所*和*环境*影响，这些因素又会进一步影响到个人的感知、学习和动机过程。

经过这些过程和影响之后，我们面临着整个过程中最为关键的决策——买还是不买。但迈出这最后一步往往还需要另一个环节，即**评估备选方案**（evaluation of alternatives）。在这个环节里，我们要选择产品的品牌、大小、风格、色彩等。如果我们仍旧决定购买，那么，**购买后评价**（postpurchase evaluation）将极大地影响我们后续的所有购买活动。

和营销传播过程一样，购买决策过程也是循环往复的。广告主掌握了这个过程，就可以使自己的讯息更好地到达消费者，并使之产生效果。

消费者行为中的个人过程

假设你是广告部经理，准备向职业运动员和体育运动参赛者宣传一种高科技的、富含维生素的新饮料。假设叫“麦芽大力士”，那么，你的第一个目标是什么呢？

促销新产品的首要任务是创造产品的知名度（*感知*）；其次是为潜在顾客提供足以打动他们的产品信息（*学习与劝服*），以便他们发现利益，并在知情的状态下做出决策；最后，你希望广告激发顾客的欲望（*动机*），促使他们自愿尝试产品以满足自己的需要。如果他们发现麦芽大力士的确令人满意，他们多半会继续购买。消费者行为中的这三个个人过程：感知、学习与劝服以及动机对广告主尤为重要。通过研究三个个人过程，广告主就可以清楚地判断人们是如何看待自己的广告讯息的。

消费者感知过程

消费者对一大堆相同产品中每一种不同品牌的感知，决定着他会使用哪一种。因此，感知问题是广告主必须跨越的第一个，也是一个最大的障碍。有些卖主花费了几百万美元进行全国性广告、销售推广、售点展示和其他营销传播活动，最后却发现许多消费者根本没记住他们的产品或促销活动。为什么会是这样？答案就在感知规律上。

我们用**感知**（perception）一词来指我们个人感觉、消化和理解各种刺激的方式。这一定义表示，在消费者的感知过程中有好几个重要因素，如图表 2–2 所示。

刺　激

刺激（stimulus）是我们通过感觉器官接收到的物理信息。当我们观看一辆新车时，我们就已经接收了一系列刺激，我们可能会注意到漆的颜色、皮革的气味和引擎的声音；而当我们看报纸上的一则剧院广告时，我们也会注意到一组按广告形式精心组合的字体、绘画和图片。这些都是刺激。

广告刺激有多种表现形式：本地百货店的橱窗展示、康宝西红柿汤罐头上的鲜亮标志，甚至滑雪板上附带的红色价签，均可算作广告刺激。这些东西从本质上讲都是物理性的，可以刺激我们的感觉器官，虽然强度不同，却可以测定。

感知过滤层

感知的第二个重要因素是个人感觉和消化刺激信息的方式。任何信息在被感知之前必须首先通过一系列**感知过滤层**（perceptual screen）——让人们下意识回

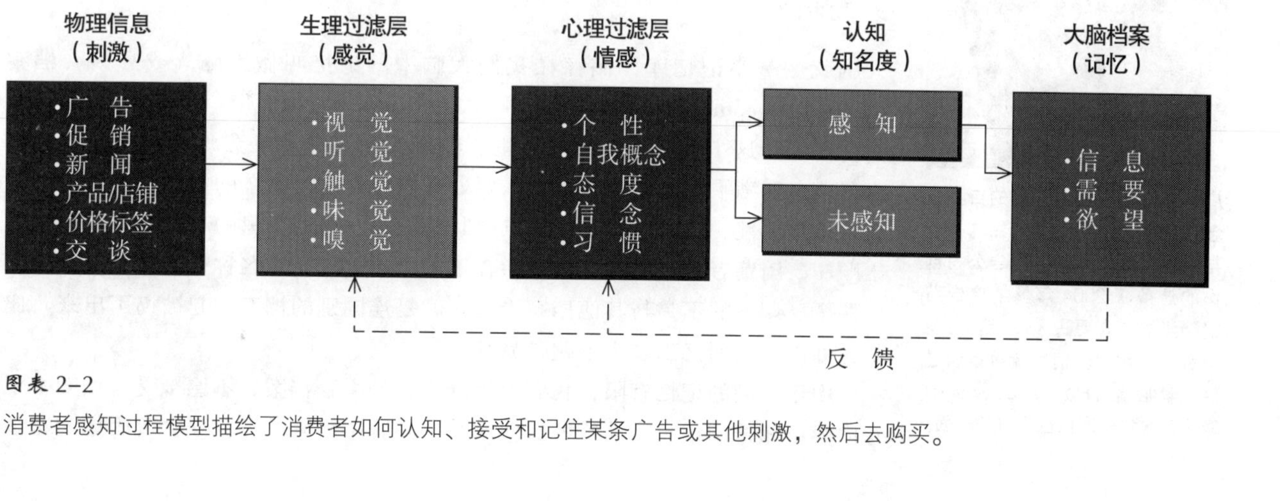

图表 2–2

消费者感知过程模型描绘了消费者如何认知、接受和记住某条广告或其他刺激，然后去购买。

避自己不需要的讯息。过滤有两种类型：生理过滤和心理过滤。

生理过滤层（physiological screen）由五种感觉组成：视觉、听觉、触觉、味觉和嗅觉。这五种感觉识别进入的信息，衡量实物刺激的范围和强度。比如视力不好的人无法看清《体育画报》（*Sports Illustrated*）上的广告，同样，如果某家具店的电视广告音乐与其讯息不相称，观众就有可能调台换频道，甚至关掉电视。如果观众无法理解广告主的讯息，他们就会滤掉这些讯息，也就不会有感知产生，家具自然卖不出去。

我们不仅受自己感觉器官的限制，而且还受情感和兴趣的限制。每个消费者都会根据自己的主观情感标准，用**心理过滤层**（psychological screen）来评估、过滤信息并赋予信息个人色彩。这些过滤层基于人的先天因素（如消费者的个性、人类本能需求）和后天因素（如自我感觉、兴趣、态度、信念、以往经验和生活方式）来评估信息，帮助消费者归纳大量的复杂信息。

作为消费者，我们每天接触的信息已经过剩，无意当中会滤掉或修正许多砸向我们的感觉，拒绝那些与我们以往经验、需要、欲望、态度和信念相矛盾的东西。我们会注意到某一些，但又会忽略另一些。这种现象被称为**选择性感知**（selective perception）。

认 知

感知过程的第三个要素是**认知**（cognition），即理解刺激。一旦我们识别刺激并允许其穿透我们的感知过滤层，我们就可以理解并接受这个刺激。现在，由于感知已经完成，刺激到达消费者的现实层面。

但我们每个人的现实世界都是不同的。例如，你也许会以为塔可钟公司（Taco Bell）宣传的墨西哥煎玉米卷是一种“墨西哥风味”的食品，你以为这就是事实。但没准哪天从墨西哥来了一个人，告诉你塔可钟的快餐墨西哥煎玉米卷一丁点儿也不像地道的墨西哥煎玉米卷。他的看法是以另一种感知为依据的，与你的迥然不同。因此，广告主必须找到大家共同的感知作为其广告讯息的基础。

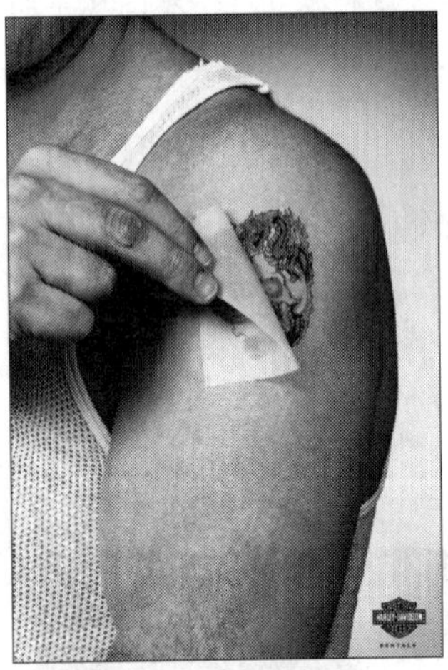

广告主常常利用消费者的自我概念来引起他们对某一产品的关注与兴趣。奥美 RSTM 广告公司创作的这条获 2004 年戛纳广告节铜狮奖的广告更进了一步：它向消费者表明，他们完全可以通过租一辆哈雷（Harley-Davidson）摩托车偶尔一展自己狂野的一面。（见彩插）

大脑档案

大脑就像一座记忆库，储存在我们大脑中的记忆叫做**大脑**（或感知）**档案**（mental/perceptual file）。

在当今这个传播过度的社会里，刺激无时无刻不在轰炸着我们的感觉器官，信息塞满了我们的大脑档案。要处理像广告这类复杂的信息，我们的大脑就要按重要性、价格、质量、特点或其他因素，对档案里的产品和其他信息排出顺序。消费者很难在一个档案中存下七个以上的品牌名称——多半只能记住一两个。剩下的不是与其他档案弄混，就是连同别的档案一起被扔了出来。比如，你能快速回忆出多少个跑鞋品牌？

由于我们的记忆有限，我们拒绝开发新的大脑档案，不愿接受与档案中现存内容不相符的信息。消费者从使用某一品牌中得来的经验又会巩固他们对该品牌的感知，这种成见是很难被广告之类的东西改变的。不过，一旦新的感知真的进入了我们的大脑档案，新信息就会改变我们心理过滤所依仗的资料库。

既然感知过滤是广告主面临的一个重大挑战，那么了解消费者大脑档案（记忆）中都有了些什么也就很有必要了。如果可能，应让档案中的内容朝着有利于广告主产品的方向变化。这样，我们就来到了消费者行为的第二个过程——*学习与劝服*。

学习与劝服：消费者如何处理信息

我们每往大脑中增加一份新档案，也就在经历一次学习过程。许多心理学家都认为，学习是人类行为中最基本的过程。虽然在广告主看来，由于感知发生在学习之前，因此感知是最重要的，但实际上，感知和学习是一个统一体，二者相互重叠。

从定义上讲，**学习**（learning）是思考过程或行为中为巩固经验而发生的一种相对持久的变化。和感知一样，学习过程一方面不断清除大脑中的旧档案，一方面又往旧档案里增添新内容。我们的习惯和技巧正是通过学习获得的。学习还有助于培养兴趣、态度、信念、偏好、偏见、情感和行为标准，正是这些因素影响着我们的感知过滤活动和最终的购买决策。

有关学习的理论

有关学习的理论有很多，但广告主通常根据消费者在做出购买决策时所付出的心力（高或低）而将它们中的绝大多数分为两大类：*认知理论*和*条件作用理论*。**认知理论**（cognitive theory）把学习过程看做大脑记忆、思考和合理地应用知识来解决实际问题的一个过程。这一理论能准确地描绘我们怎样从他人——比如父母——的经验中进行学习，怎样对复杂的购买进行评估。**条件作用理论**（conditioning theory），也叫做**刺激—反应理论**（stimulus-response theory），将认知看做一个试错的过程。图表 2–3 是对这两种理论的简单图示。

条件作用理论更适用于消费者日常简单基本生活品的购买，如香皂、麦片、牙膏、纸巾等，这也正是强化广告在杰出的产品性能和良好的服务伴随下发挥其重要作用的地方。如果学习得到充分的强化，并足以导致重复行为的产生，也许购买习惯就会形成。

学习与劝服之间有着密切的联系。如果促销传播活动（如广告或人员推销）改变了人们的信念、态度或行为意图，**劝服**（persuasion）就成功了。广告主自然非常关注劝服及其发生过程。

详尽可能性模型

研究人员们发现，劝服消费者的促销传播途径有两个：*有意劝服路径*和*无意劝服路径*。至于广告主选择哪条路径，和学习理论一样，这要取决于消费者对产品和讯息的重视程度。重视程度越高，选择有意劝服路径的可能性就越大；重视程度越低，选择无意劝服路径的可能性就越大。

看一下图表 2–4 上的**详尽可能性模型**（Elaboration Likelihood Model），我

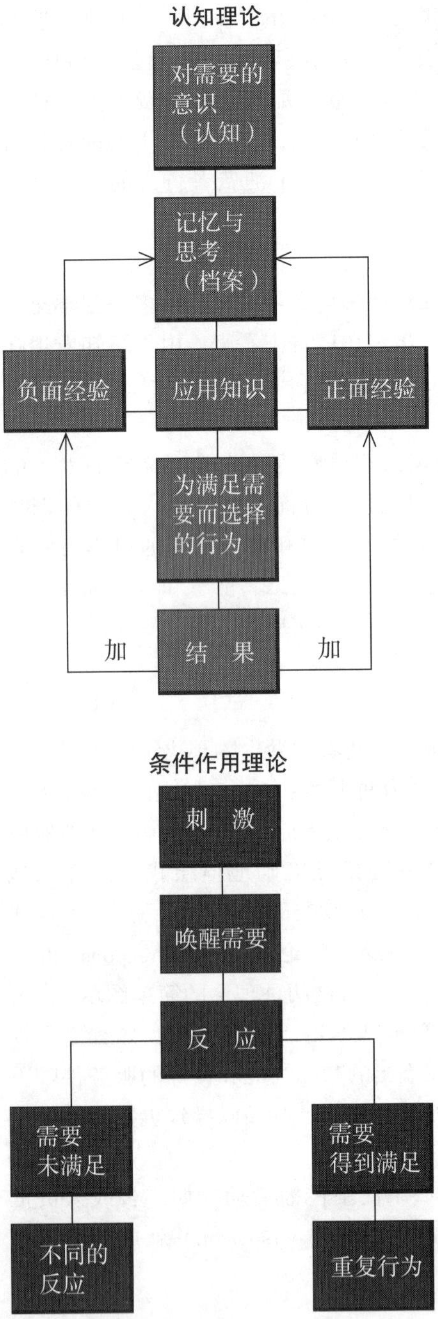

图表 2-3
认知理论将学习视为一种大脑处理过程；条件作用理论则将学习当做一种试错过程。

们就可以理解这两种路径是如何发挥作用的。在**有意劝服路径**(central route to persuasion) 状态下，消费者对产品或讯息的关注程度较高，因此他们会注意与产品有关的中心信息，诸如产品的属性与利益、对有利性能的演示或心理影响。由于他们的关注程度较高，所以一般会更深入、更详细地认知和理解广告所传递的信息，进而对产品产生信心，对品牌产生积极的态度，并由此产生购买的意图。

假设你现在上街买一件贵重物品，比方说，一架新相机或一台电脑，由于所购物品相对较贵，你的重视程度也就相应较高。也许你会请教几个朋友或家人，也许你会多逛几家商店，比较一下型号和价格，也许你还会非常仔细地阅读有关这类产品的广告，了解各种产品的特性和优点。这就是有意处理过程。在这种情况下，一条结构巧妙、信息丰富的广告无疑会具有很强的劝服力。

无意劝服路径（peripheral route to persuasion）完全不同于有意劝服路径，它更像刺激—反应式学习。不上街购物的人一般对产品讯息的关注程度较低，他们很少甚至不会去注意或理解广告的中心信息，因此，劝服的直接效果也较差。即使消费者能形成品牌信任、态度和购买意图，程度也十分有限。不过，这些消费者也可能会因为广告的娱乐因素而注意到其中的某些外围成分——比方广告中的图片、色彩或演员。无论他们对这些外围成分的感受如何，这些非产品成分都会使他们对广告形成积极的态度。日后，如果他们有机会购物的话，在他们需要对品牌做出判断时，这些与广告有关的意义便有可能促使他们对某一品牌产生有利态度或购买意图。

在产品差别不大的情况下，广告主也许希望我们采用无意处理方式。他们的广告更注重形象或娱乐而非产品特性。许多关注度低的日常生活用品，诸如肥皂、麦片、牙膏和口香糖等，一般会采用这种广告。

但是，如果某个产品有明显的优势，广告主的目标就应该采用有意劝服途径，以增加消费者对讯息的关注度，这就是为什么我们可以看到大量比较广告的缘故。

重复对学习和劝服过程非常重要，就像学生参加考试之前要复习重要内容以便记住它们一样，广告主也必须不断地向潜在顾客和现有顾客重复关键信息，他们才会记住产品的名称和好处。重复讯息能促使人们想起过去曾经接触过的广告中的重要信息，因此顺利地穿透消费者的感知过滤层。

学习引发态度和兴趣

态度（attitude）指我们后天获得的对某一观念或事物的看法，是我们后天养成并坚持的积极或消极的评价、感受或行为倾向。获得消

图表 2–4
详尽可能性模型

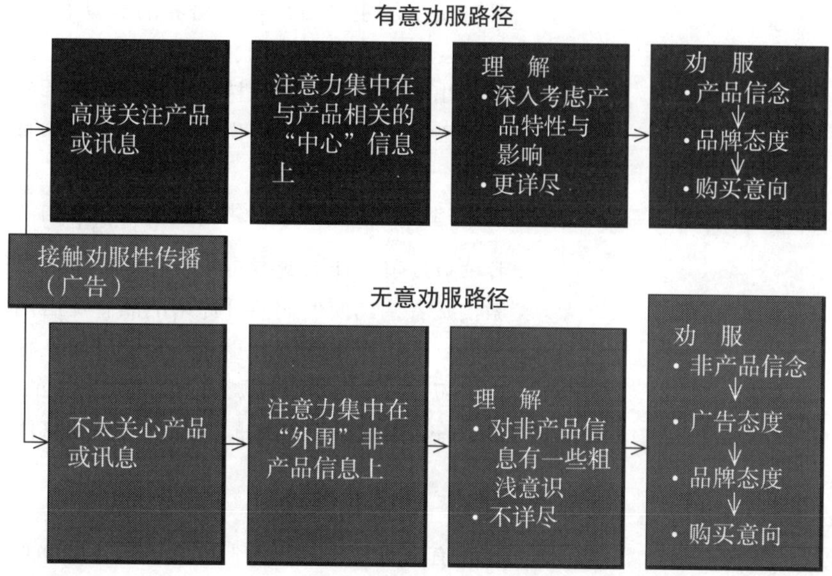

费者的积极态度是广告主取得成功的重要保证，广告主只能要么利用、要么改变消费者的态度。

例如，在日本的家庭中，洗碗机不是常见的家用电器。这不单是因为日本人家中没有多余放洗碗机的地方，还因为日本家庭主妇对使用省力器具会心生不安。因此，生产商设计了节省空间的小型洗碗机，并在促销时强调干净卫生的主题，而不提及其便利性这一诉求。

对于产品种类中大家熟悉的、经常购买的成熟品牌，消费者的品牌兴趣在驱动购买行为方面意义重大。**品牌兴趣**（brand interest）指个人对某一品牌的接受程度或好奇程度。赏心悦目的广告可以巩固消费者对品牌的兴趣，降低他们同一产品因厌倦使用老品牌而选择其他品牌的可能性。

学习行为导致习惯和品牌忠诚

习惯（habit）是后天养成的行为模式，甚至可以说几乎或完全是无意识的，是学习的自然延伸。

绝大多数消费行为都是习惯性的，这里有三个原因：安全、简单和本能。首先，无论我们通过什么途径（有意路径或无意路径）做出购买决策，如果我们发现产品、品牌和服务不错，我们便会觉得安全，习惯促使我们重复购买。

其次，习惯就是简单。如果考虑其他选择，我们就必须进行判断、比较，然后再做出决策，既繁难又费时，有时还要冒点险。

最后，因为习惯让我们觉得安全和便捷，我们的日常生活均按习惯行事。想象一下，你每做一次购买决策都要重新考虑一次，这根本不可能，也不现实。因此，我们在生活中出于本能必然会运用习惯。

品牌卖主的主要目标就是培养消费者的品牌忠诚度。**品牌忠诚度**（brand loyalty）是重复购买习惯和持续广告巩固的直接结果，是消费者通过意愿或行为而表现出来、有意或无意持续购买某一品牌的购买决策。之所以会发生这样的事，是因为消费者认为他们购买的这个品牌具备合理的产品特性、形象、质量或价格。

为了追求品牌忠诚，广告主制定了三个与习惯相关的目标：

1. 打破旧习惯：让消费者忘掉已有的购买习惯，尝试新东西。广告主常常刺激消费者，诱使他们离开原来的品牌或店铺。
2. 培养习惯：鼓励消费者重复购买自己的品牌或再次光顾自己的店铺。
3. 巩固习惯：提醒现有顾客他们原先购买的价值，鼓励他们继续购买。例如，许多杂志向自己的固定订户提供续订优惠价格。

学习决定需要和欲望

学习过程有长有短，只要我们的大脑进行感知加工活动，我们就是在学习。当我们看见一条味美多汁的食品广告时，我们可能就会突然感到饥饿——我们需要食物！在我们核对记忆档案中的信息、比较新旧感知时，新的学习活动又产生了，需要就可能变成欲望，进而触发下一个个人过程——动机。

消费者动机过程

动机（motivation）指促使我们付诸购买行动的潜在驱动力。这些驱动力来自我们想满足自身需要和欲望的有意识或无意识的目的。**需要**（need）是驱动我们行事基本的、但往往是本能的动力；**欲望**（want）则是我们在生活中认识到的“需要”。

动机无法直接观察到。我们看见一个人吃东西，会认为他饿了，其实未必。除了饥饿以外，人们还有其他多种吃的原因：想合群、用餐时间到了，或因为紧张或无聊。

人们通常为了满足某种需要而受驱动，这些需要也许是有意的，也许是无意的；有可能是物质的，也有可能是心理的。

为了更好地理解是什么在驱动着人们，亚伯拉罕·马斯洛（Abraham Maslow）创立了**需求层次**（hierarchy of needs）这一经典模式，见图表 2–5。马斯洛坚信，较低级的、生理的和安全的需要支配着人类的行为，这些需要应当

图表 2–5

需要层次表明人们会根据事物的重要性来满足自己的需要。生理和安全需要排在最前面。

在广告中，讯息必须符合市场的需要，否则广告不会成功。

广告主运用市场调查来了解自己市场的需要层次，然后再利用这些信息来决定自己的营销组合。

需 要	产 品	促销诉求
自我实现	高尔夫球课程	“充分开发你的潜力”
尊 重	豪华轿车	“道路尽在掌握”
社 会	项链坠	“向她表示你在乎”
安 全	轮 胎	“越过障碍”
生 理	早餐麦片	“自然能量之源”

图表 2-6

罗西特和珀西的八种基本购买使用动机

被动生成（信息性）动机
1. 解决问题
2. 回避问题
3. 不完全满足
4. 混合手段—回避
5. 正常消耗
主动生成（转换性）动机
6. 心理满足
7. 智力刺激或精通
8. 社会认可

在较高级的、经过社会后天习得的需要（或欲望）产生意义之前首先得到满足。

许多广告的基本促销诉求都是许诺能满足某一层次的需要。因此，广告往往表现人们的社会成就、自尊和自我实现这类较高级的需要，许多广告还表现个人成就所带来的满足感。

我们每个人都有需要和欲望，但我们往往意识不到它们的存在。在笔记本电脑出现之前，人们根本没有意识到需要它。但是，一旦消费者意识到自己的需要和欲望与某种产品相关，变化过程就开始了。消费者首先权衡自己的需要，或者认可它并采取行动；或者不理睬它。一旦认可了需要，便会将满足该需要当做自己的目标，从而产生达到某一特定结果的意图（动机）。与此相反，否认需要就会打消采取行动的念头，进而也不会设定什么目标，更不会有购买的动机。

现在的研究人员将马斯洛的需要与动机学说转换成了更便于营销商和广告主运用的战略性概念。例如罗西特（Rossiter）和珀西（Percy）就提出了八种基本购买使用动机（见图表 2-6）。他们将前五种动机视为被动生成（信息性）动机，将后三种视为主动生成（转换性）动机。

被动生成（信息性）动机

消费行为中最常见的动力是**被动生成动机**（negatively originated motive），诸如解决问题或回避问题。例如，某样东西用完了，这时，我们的大脑便处在一种被动状态中。为了消除这种感觉，我们就会积极寻找新产品或替代品。于是，在购买付诸行动之前，我们会一直受这种想法的驱使。如果购买的东西令人满意，压力或动机便解除。

这种动机又叫做**信息性动机**（informational motive）。因为在这种状态下，是消费者主动寻找信息，以便解除心理压力。罗西特和珀西指出，实际上，这类动机还可以被称为“解除”动机，因为它是靠解除人的被动状态来发挥作用的。

被动生成动机是影响人类行为的有力工具。孩子与汽车（Kids and Cars）的这条广告提出了电动车窗的潜在危险，警示读者，使他们养成在孩子身边采取安全行为的习惯。

主动生成（转换性）动机

主动生成动机（positively originated motive）向人们许诺某种正面奖赏而非解决或降低某种被动状态，其目的就是利用主动巩固来加强消费者的动机，促使消费者了解或寻求新产品。

三种主动生成动机——心理满足、智力刺激和社会认可——又称为**转换性动机**（transformational motive），因为消费者希望将此转换成某一种感觉、智慧或社会意识。上述三种动机还可以称为“回报”动机，因为转换也是一种回报形式。

对某些消费者而言，购买某一特定产品（比如一套新衣服）也许代表着被动生成动机（他们其实并不想为此而花钱，但工作又使

主动动机向消费者提供奖励，而不是像被动动机广告那样处理回避问题。达拉斯兰博基尼（Lamborghini，www.lamborghinidallas.com）的这条广告以权威和尊严感为诉求点，希望激发高端跑车消费者的购买冲动。

他们不得不买）；但对另一些消费者而言，这也许代表着主动生成动机（他们喜欢逛商店买新衣服）。这表明广告主要了解的是两个不同的目标市场，有可能需要完全不同的广告策略。

在创作讯息之前，广告主必须仔细考虑引导消费者动机的那个目标。如果智利的饭店广告将自己描述成一个浪漫的地方，而智利的绝大多数顾客的真实目标却是为了满足自己少花钱填饱肚子的需要，那智利饭店就犯了大错了。

人际因素对消费者行为的影响

对广告主而言，只知道个人的感知、学习与劝服以及动机过程还不够，一些重要的**人际影响**（interpersonal influence）会影响到——有时甚至还会控制——上述过程。它们还指导消费者的行为。在此，我们将这些因素分为消费者的家庭、社会和文化环境。

家庭影响

从小，家庭交流就影响着我们作为消费者的社会化程度，即我们对许多产品的态度和我们的购买习惯。这种影响一般强烈而持久。如果一个人在童年时所受的教育就是“正确的”头痛止疼药应该是拜耳公司的阿斯匹林，家用电器的“正确”名称应该是通用电气公司。那么，他成年后的购买行为在无形当中就已经形成了。

社会影响

我们生活的社会对我们有着巨大的影响，当我们将自己归属于某一社会阶层，或与某一参照群体挂钩，或看重某些舆论领袖的观点时，这些都会影响到我们对生活的认识，影响到我们的感知过滤层活动，并最终影响到我们购买产品。

社会阶层：我们所属的群体

社会学家一般将社会划分为**社会阶层**（social classes）：上层、中上层、中下层等。他们认为同属某一阶层的人往往具有相近的态度、身份符号和消费模式。因此，同一人群内，人们往往具有相似的行为模式和产品使用方式。

参照人群：与我们有关的人群

如果我们很看重某些人的意见，我们大多数人就会在意自己在他们面前的形象，我们甚至会模仿自己所属群体中某些人的行为，这便是参照人群的威力。**参照人群**（reference group）指我们试图模仿或其观点能左右我们的人，可以是私人性质的（如家人、朋友或同事），也可以是和个人无关的（如政党、宗教社团和专业协会）。同伴是一种特殊的参照人群，他们对我们的信仰和行为方式影响极大，他们决定着什么品牌“酷”或不“酷”。为了获得同伴(同学、同事）的接纳，我们可能会去购买某一款式或品牌的衣服，选择特定的地方居住，培养能被他们认同的行为习惯。

但有时，一个个体会受到两个参照人群彼此相对立的影响，这时他不得不从中做出选择。

舆论领袖：我们信任的人

舆论领袖（opinion leader，也译作“意见领袖”）指其信仰或态度受那些在某些具体活动上兴趣相同的人尊重的个人或组织。任何一个领域（体育、宗教、时装、政治）都有舆论领袖，他们既可能是某位学识渊博的朋友，也可能是某位我们认为可靠的专家。我们常常这样推理：“如果泰格·伍兹认为耐克生产的高尔夫球棒最好，那肯定就好，因为在此项运动方面他比我更老练。”因此，舆论领袖的购买习惯和证言对广告主相当重要。

如果广告主要挑选某位舆论领袖充当企业或产品的代言人，那么，广告主必须对自己的目标市场有全面的了解。企业的主管即使与代言人无关，也必须跟着市场的口味和兴趣转。与市场不协调的代言人只会损害自己的声誉——进而损害企业的名誉。

有时，社会阶层会影响到我们如何看待自己，如何使自己与更大的社会组织相融合。这则小马（Pony）运动鞋广告针对强健运动员，而不是运动鞋的价格。（见彩插）

文化和亚文化的影响

文化对消费者有着巨大的影响。**文化**（culture）指同一社会群体共同遵守的一整套信仰、态度和行为规范，一般代代相传。美国人喜欢热狗、花生酱、玉米棒子和苹果派。加拿大、俄罗斯、德国……每个国家都有自己钟爱的东西。广告主发现，与其去改变这些口味，不如去适应这些口味。

全球性卖主特别关注购物环境。因为在所有经营活动中，营销活动最容易因文化上的过失而受到损害。

例如，在美国的消费者营销活动中人口因素和心理因素举足轻重，但在日本，年龄和性别却更能说明消费者的行为和生活方式。因为日本人的收入和资历基本上成正比，而不同的性别对应不同的标准。因此，在为外国消费者创作广告时，卖主必须时时考虑诸多环境因素：文化趋势、社会道德、时尚变化、市场起伏、产品需求和媒介渠道等。

国民收入较低的国家，贵重物品的需求量也较低，因此，轿车广告主的创意策略可能只会瞄准一小部分富裕的上层消费者。在一个中产阶级较为庞大的国家，同是这个广告主，就可以采用大众营销方式，将轿车定位为中产阶级的产品。

美国和加拿大的文化中还包含着众多亚文化，其中一些还有相当大的规模。这些亚文化可能基于种族、国籍、宗教、语言，也可能基于地域上的接近。广告主必须了解这些亚文化，因为它们之间的差异会影响到消费者对产品和广告讯息的反应。

亚文化群往往将自己的信仰和价值观代代相传。种族、宗教信仰和民族背景会影响消费者对服饰样式、食物、饮料、交通、个人用品以及家具等的偏好。

显然，许多人际因素共同影响着消费者的行为，它们对我们的大脑档案(记忆)、过滤活动和随后的购买决策有着重大的影响。了解这些人际影响有助于卖主制定恰当的国内、国际广告战略。

非人员因素对消费者行为的影响

许多非人员因素也会影响到消费者的最终购买决策。最重要的**非人员影响**(nonpersonal influence)——时间、场所和环境，一般都不以消费者的意志为转移，但广告主却可以对此加以控制。

时间

老话说“时机就是一切”，此话当然也适用于营销和广告。某次周末特卖也许对顾客是一种附加奖励，很容易通过他们的感知过滤层，促使他们进入商店。但广告主如果到周日晚上才为这次特卖活动做广告，就无疑是在浪费广告费了。

同样，消费者的某一特定需要也会因时间的不同而产生变化。1998 年，天气预报说厄尔尼诺现象将导致一个异常潮湿的冬季，结果引得许多全国性广告主以及许多卖日用纺织品、靴子、雪铲和岩盐的小零售商纷纷亮出了自己的特别广告。正如我们在有关媒介的章节中所述，企业的所有营销活动（包括广告）都必须根据消费者的“生物钟”来安排。

场所

即使消费者已经决定要买某种产品，但如果他们不知道去哪里买或无法在方便的地方或自己偏爱的地方买到这种产品，他们仍然会犹豫不决。同样，如果消费者一直相信某一品牌是一种特制商品，但有一天这种商品却突然满大街都是，那么，他们心目中原有的产品“特殊”感就会荡然无存。因此，卖主在策划分销战略时会仔细考虑消费者的需要，用大量的广告向消费者宣传购物场所的便利。

环境

许多**环境因素**（environment）——生态的、社会的、政治的、技术的、经济的、家庭的以及售点位置等，均可以影响到人们的购买决策。例如，在经济萧条时期，广告主根本别指望通过那些缺钱购物的消费者的感知过滤层。但在收银机

广告主日渐意识到说英语的社会并不是美国市场的全部。在美国，还存在着少数族裔和其他语言文化，如果对他们的文化有所了解，便可以掌握巨大的市场。在这里，美国陆军（www.goarmy.com）向讲西班牙语的美国受众表示，图中的士兵听从了自己的心愿，而“别人正在效仿他”。

旁边进行诱人的陈列，倒可以增加廉价冲动型小商品的销售。广告主必须考虑购物环境对消费者决策过程的影响。

同样，技术发展水平也会对经济与社会产生影响，进而影响某些产品与服务的广告主的前途。例如，在不生产电脑的国家，电脑部件（如软盘驱动器和微处理器）可能很不好卖。

购买决策和购后评价

现在，我们已经了解了消费者购买决策过程的各个组成部分，下面就让我们仔细看看在特定环境下购买过程是如何发生的。广告实验室 2-B 向我们展示了广告主的手法，但从消费者的角度来看这个过程也很重要。我们假设有克里斯这么一位消费者，他正打算购买一个新的 MP3。

> 克里斯是一名州立大学的学生，领取部分奖学金，还有一份兼职工作，但他仍然必须小心翼翼地过日子，因为学费、书费以及其他费用都不是一个小数目。
>
> 一天，克里斯正在翻阅一本消费者电子杂志，突然看见一幅新型高端 MP3 的广告：精美的图片表现出 MP3 的现代风格和不经意的设计，广告文案则突出 MP3 播放器的独特风格，整条广告散发出高科技的光芒——正是克里斯想要的那种！广告说：“技术2000 专卖。”
>
> 只一刹那，克里斯完成了从感知到动机的过程：去买！他非常投入，并希望自己的个人努力有所结果。
>
> 第二天，克里斯去了技术 2000 店。在寻找广告中宣传的那款 MP3 时，他又碰到了许多其他款式和型号的 MP3，而且全都身出名门。

这时广告已经产生了作用，购买决策过程已经开始。然而，在做出购买决策的时候，消费者一般会寻找、考虑和比较其他品牌。

消费者会权衡可供选择的其他品牌，我们称之为**参考组**（evoked set）。此时，他们会设定一套**评估标准**（evaluative criteria），对参考品牌的特点和好处进行评判，但并非所有的品牌都能进入参考组。实际上，基于自己的记忆（大脑档案），消费者通常只会考虑四五个品牌——这才是广告主真正的竞争对手。如果哪一个品牌都不能达到标准的要求，消费者就有可能推迟决策或完全放弃购买。

> 克里斯最后找到了做广告的那款 MP3，但它在货架上显得比在广告中要大些。在它旁边，还摆放着另外两款不错的 MP3——两种都很迷人，价格都不菲。在试音

在广告制作中运用消费者行为原则

当宝丽来公司（Polaroid）急需抓住摄影爱好者的注意时，他们聘请了利奥纳德/莫纳汉公司（Leonard/Monahan）的创意人员为自己设计系列广告，要求广告表现出即拍即得胶片比其他摄影产品的过人之处。创意设计小组遇到的第一个挑战是如何突破消费者的抗拒心理，即由感知过滤层开始的接受障碍；其次，创意小组还要运用抵得上千言万语的图片，同时还要避免落入俗套。

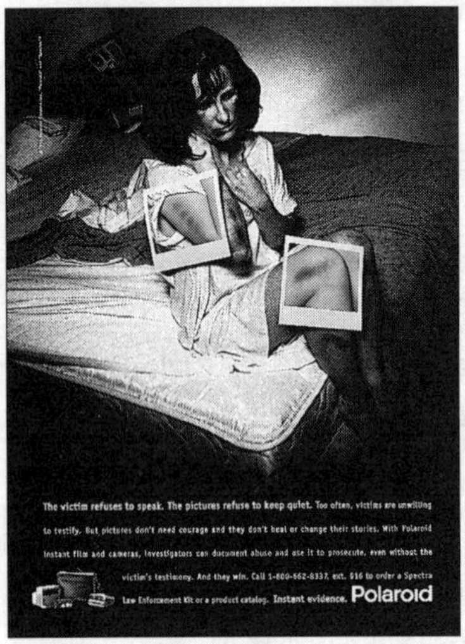

见彩插

广告的标题——“受害人拒绝讲，但照片拒绝保持沉默。”——一下就抓住了人们的注意力，表现出了大创意。照片中被殴打的受害人的黑白图像反映出了被拍摄对象的阴郁基调，同时又让宝丽来的彩色图像呼之欲出，强烈地表现出真实的自然状态。广告由于展示了宝丽来相纸的优点以及成功运用的方法（调查、起诉、胜诉）而使产品显得真实可信。副标题“直接证据”总结了产品的特点，帮助潜在消费者回忆产品的优点。这些因素清楚地向那些非常关心自己购买决策的消费者展现了产品的利益。

实验室应用

从流行杂志中挑选一幅广告，说明图像、文字以及整体设计是如何完成以下任务的，提出具体细节支持你的答案：

1. 穿透消费者的感知过滤层。
2. 刺激消费者的了解欲望。
3. 利用消费者现有的感知档案。
4. 刺激消费者的欲望与需要，引发动机。

响效果的同时，克里斯开始掂量款式和设计的独特性：“这个好像笨了点”，“这个放在口袋里正好”，“这个我个人用挺好，不过，跑步时用就不知好不好了”。

借助有意路径处理方式，克里斯在款式、技术、机器的潜在长处及价格（那些机型之间的差价都不超过 35 美元）上掂量来掂量去，最后还是认定广告上的那款 MP3 是最佳选择，最令人满意。克里斯的朋友中还没有人有这款 MP3 呢。在克里斯签支票买MP3 时，购买决策过程便宣告完成。

在回家的路上，**购买后评价**（postpurchase evaluation）活动开始。克里斯突然意识到有些朋友可能会反对他买这款 MP3。也许，花这么多钱买这么一个高档 MP3 是不大理智。克里斯开始担心，然后开始盘算。

“这的确是个很棒的 MP3，质量优良，就该值这个价，再说，我还会用它做很多事呢。”

购买后评价的一大特点是认知失调。**认知失调学说**（theory of cognitive dissonance）又称为**购买后失调**（postpurchase dissonance)，该学说认为人们总想通过减少认知（他们的感知或信念）与现实间的不协调来尽力证实自己的行为是正确的。事实上，调查显示，为了抵消这种失调，消费者实际上更乐意阅读自己购买过的品牌的广告，而非新品牌或竞争品牌的广告。

高关注度的购买活动往往意味着更复杂的购买后评价，而且，为了避免认知失调，人们会花费很长的时间。比如，如果有人刚刚花了大价钱从 Sub-Zero 公司（www. subzero. com）购买了一台定制的嵌入式冰箱，他就更有可能对这种能巩固其购买决策的广告感兴趣。（见彩插）

回到宿舍，克里斯将杂志放到书桌上，在广告那一页贴上标签，好让同屋的人看到。然后给一位朋友打电话，描述自己的这次购买过程，特别强调 MP3 的技术、其卓越的设计和它可能带来的乐趣，还有，价格如何昂贵。

在购买后这段时间，消费者可能会对这次购买感到满意，进而肯定自己的决策；反之，这次购买就会因某种原因而令人不满。无论哪种情形，购买后评价反馈都会更新消费者的大脑档案，影响到消费者将来的品牌感知和类似的购买决策。

克里斯经历的这个过程在高关注度的购买决策活动中很普遍。当然，如果克里斯要做的购买决策只涉及到一包口香糖，这个过程就会简单得多。

克里斯也许代表着一群特定的消费者，这对卖主来讲很重要。卖主希望找到自己的目标市场，并为这些具有相似性格、相似需要、相似动机和购买习惯的消费群体制定出有效的营销战略。这是市场细分和营销组合的研究对象，也是第 3 章的重点。

重要术语

营 销
效 用
交 换
现有顾客
潜在顾客
影响中心
市 场
消费者市场
企业市场
经销商市场
工业品市场
政府市场
跨国/全球市场
卖 主
消费者行为
消费者决策过程
个人过程
人际影响
非人员影响
评估备选方案
购买后评价
感 知
刺 激
感知过滤层
生理过滤层
心理过滤层
选择性感知
认 知
大脑档案
学 习
认知理论
条件作用理论
刺激—反应理论
劝 服
详尽可能性模型
有意劝服路径
无意劝服路径
态 度
品牌兴趣
习 惯
品牌忠诚度
动 机
需 要
欲 望
需要层次
被动生成动机
信息性动机
主动生成动机
转换性动机
社会阶层
参照人群
舆论领袖
文 化
亚文化
环境因素
参考组
评估标准
认知失调学说
购买后失调

复习题

1. 什么是营销？广告在营销过程中扮演着什么角色？
2. 产品效用与广告有什么联系？
3. 为什么说感觉上的等价交换是一个重要的广告问题？
4. 顾客与市场有什么区别？市场有哪些不同种类？
5. “消费者行为”这一术语指什么？为什么说它对广告主很重要？
6. 哪个消费者行为过程对广告主的挑战最大？
7. 劝服的有意路径与无意路径有什么区别？
8. 被动生成动机和主动生成动机对广告主具有什么重大意义？
9. 国际市场中影响消费者行为的环境因素有哪些？
10. 认知失调学说与广告有什么关系？

第 3 章

市场细分与营销组合：广告战略中的决定性因素

目标 揭示卖主如何利用潜在顾客的行为特征将其吸引到细分市场上来。没有哪一种产品或服务可以使每一个人都高兴，因此，卖主需要选择销售潜力最大的特定目标市场，这样，他们便可以将与产品有关的元素组合（4P），包括广告，和目标市场的需要或欲望进行匹配。

阅读本章，你可以学会：

1. **掌握**细分消费品市场与企业市场的方法。
2. **解释**整合过程及其对营销和广告的重要性。
3. **讨论**目标营销如何影响公司的广告战略。
4. **描述**营销组合的各个要素及其中广告的作用。
5. **解释**品牌术的目的及其重要性。

市场细分过程

从第 1 章我们已经了解到，随着越来越多的产品进入市场，争夺消费者的金钱和青睐，营销战略和广告战略也在随着这些变化而发展。20 世纪 50~60 年代，卖主们在自己的产品中注入新的、不同的特性，以便在广告中表现这些特性，于是，独特销售建议（unique selling proposition，USP）便占据了统治地位。然后，到了 60~70 年代，由于仿冒产品充斥大众市场，市场细分战略开始大行其道。这意味着广告主必须制定产品与营销组合，以满足某些特定市场细分的需要和欲望。此后，随着主流市场细分的饱和以及产品生命周期的缩短，卖主们又发明了一些新的方法，诸如定位法、营销战、缝隙市场营销法、微观营销，乃至现在的一对一营销。其实，所有这些方法都是在基本市场细分战略基础上的变形，只是如今的细分市场规模变得越来越小。凭借着现代技术的发展，企业现在可以一方面更好地满足小型细分市场的需要，一方面仍能赚取利润。广告人员必须对市场细分的原理有深入全面的了解。在 21 世纪，如何找到有利可图的细分市场将是他们面临的更大挑战。

营销人员和广告人员不断地扫瞄市场，试图从中发现不同消费群的需要和欲望，从而找到能更好地满足他们的方法。如今，**市场细分**（market segmentation）过程实际上是一种两步式战略：首先，在较大的消费品市场或企业市场中识别出具有某些共同需要和特征的人群（或企业）；然后根据他们对产品效用的共同兴趣，将这些人群聚合（综合）成稍大的细分市场。这个过程可以使企业选择到规模大小足以供自己瞄准的细分市场，为制定恰如其分的营销活动组合——包括广告——打下良好的基础。

一个市场往往由众多的细分市场构成。企业可以针对每个细分市场采用不同的产品和营销战略，也可以集中所有的营销活动只针对一个或几个细分市场。无论采取哪种做法，都不简单。在本章，我们首先要了解卖主如何识别并划分消费品市场；然后，了解他们细分企业市场的技巧；最后，我们还要探讨企业可以选择的各种战略方法——包括广告，以达到企业的产品与市场进行匹配并从交换中获利的目的。

细分消费品市场：找到正确的利基市场

“共同特征”（shared characteristics）这一概念在市场细分过程中相当关键。营销人员和广告人员都知道，消费者的需要、欲望和记忆会留下许多“蛛丝马迹”，即那些可以揭示他们家居何处、在何处工作、购买何物以及如何休闲的信号，而卖主则可以通过跟踪这些蛛丝马迹来发现并锁定具有相似需要和欲望的消费者群体，进而针对他们创作讯息，并在恰当的地点采用恰当的方式向他们传递讯息。市场细分的目的就是要找到特定的缝隙，或者说市场中的空间，这正是广告主的产品或服务要去填充的位置。

卖主将这些共同的特征按行为、地理、人口统计和消费心态分类，以此来确定和细分消费品市场。卖主的目的是双重的：第一，识别出有可能做出反应的人；第二，对这些人进行充分的描述，以便更好地了解他们，针对他们构建营销组合，最终通过有效的广告或其他传播形式到达他们。

行为细分是构建消费品市场的最佳途径之一。购买行为变量，如消费者寻求的利益，决定了如何进行细分。在这条广告中，保时捷（www.porsche.com）针对那些追求性能的人展开诉求，对于这些人而言，速度意味着一切。(见彩插)

行为细分

细分市场的最佳方法之一是按消费者的购买行为来分类，我们称之为**行为细分**(behavioristic segmentation)。行为细分市场由许多变量来决定，但其中最重要的变量有*用户身份*、*使用率*、*购买时机*和*利益追求*。这些分类可以向我们揭示谁是我们目前的顾客、他们何时购买产品、为什么购买产品、消费多少产品。

用户身份变量 许多市场都可以按潜在顾客的**用户身份**（user status）进行细分，依据这种方法，研究人员斯蒂芬（Stephen）和泰伦荷兹（Tannenholz）将消费者分成了六大类。

*专一用户*最具有品牌忠诚度，无须对他们进行大量的广告宣传和促销。*准专一用户*使用A品牌，但如果一时无法得到A品牌而替代品牌正在进行折扣促销，他们就可能会选择替代品牌。*折扣用户*指竞争品牌B的准专一用户，他们不会以全价购买A品牌，但对A品牌印象颇佳，很乐意在A品牌打折时购买。*知晓而未尝试用户*指同类产品的用户，但并非出于A品牌的讯息而购买产品，因此，不同的广告讯息也会发生作用，这批人的市场潜力不大。*尝试/拒绝用户*出于A品牌的广告讯息购买了产品，事后发现并不喜欢该产品，此时，广告再多也无济于事，只有对A品牌进行重组才能招回这批顾客。*泛品牌用户*认为两种或更多品牌都具有优越特性，他们可以用全价购买这些产品。他们是品牌转换的主流，最易因自己变幻不定的期望和要求而受劝服性广告的影响。因此，他们应该是品牌广告的主要诉求目标。

使用率变量 一般说来，让重度使用者增加使用量比让轻度使用者增加使用量来得容易。运用**用量细分**（volume segmentation）方法时，卖主通过测定产品

季节性用途是区分用户的一种常用方法。事实上，购买时机为销售创造了最好的机会。为此，哥伦比亚体育服饰公司（Columbia Sportswear，www.columbia.com）在秋冬两季——雪上运动高峰季节之前和期间发布了这幅广告。（见彩插）

的**使用率**（usage rate）来确认产品的轻度、中度和重度使用者。我们经常见到这样的情形：20%的人口消费80%的产品。卖主要找到的正是那20%的人口，其广告要针对的也是那20%。

卖主若能发现自己产品重度使用者的共同特点，便可以确认产品的差异，进而更有效地重点进行广告活动。例如，那些自理差旅费的独立商人、那些法伦环球公司（Fallon Worldwide）称之为“马路战士”的人，他们便是廉价连锁旅馆的重度使用者，有些人一年会有100个晚上在旅途中。在给假日饭店快捷店（Holiday Inn Express）创作广告时，法伦还发现，马路战士通常在周一的开始做旅行计划，喜欢收看ESPN、CNN和天气频道。这些情报对法伦公司的媒介人员安排广告排期大有裨益，使他们得以了解在什么时候、什么地点更容易到达目标受众。

某种产品的卖主有时会发现自己的顾客同时也是其他产品的重度用户，此时则可以按其他产品的使用率来界定目标市场。

购买时机变量　卖主还可以根据买主何时购买或使用某一产品或服务——**购买时机**（purchase occasion）——来识别他们。例如，乘飞机旅行的旅客既有出差的，也有度假的。因此，一家航空公司可能会促销公务旅行，而另一家却可能促销旅游。购买时机会受需要频次（经常或偶然）、爱好（如糖果、电脑游戏），或季节（如滑水用品、雨衣）的影响。卖主一旦掌握了某一人群的共同购买时机，便能确定潜在的目标细分市场，进而便能更好地决定何时投放自己的特定产品，如何促销某些种类的产品。

利益追求变量　卖主可以按消费者所追求的利益对消费者进行细分。消费者从

他们所购买的产品中追求不同的**利益**（benefit），如：高品质、低价格、身份象征、性感、好味道、健康意识等。除了这些有形的利益以外，顾客还常常受标志——品牌名称所能代表的身份地位或社会参照群体归属感——的驱动购买产品。因此，许多消费者态度调查都将**利益细分**（benefit segmentation）列为调查的首要目标，这也是许多广告活动成功的基础。

有些产品类别具有很明显的*品牌转换性*：这次这种品牌卖得很好，下次另一种品牌卖得很好。调查人员发现，产生这种品牌转换现象的原因是消费者为了适应自己此一时彼一时的不同“需要状态”，因此，软饮料公司不仅要争取*喝的人*（用户），还要争取*喝的次数*（时机）——基于消费者在做出选择时所重视的产品利益。通过权衡时机性动机的重要与否，广告主可以判定自己是否有必要给产品重新定位。

通过行为细分，我们只是为营销和广告方面完成了识别潜在对象的第一步，制定详尽的顾客资料是第二步，这一步涉及到运用地理、人口统计和消费心态特征。

地理细分

界定市场的一种简便方法是运用**地理细分**（geographic segmentation）。在同一个国家（或世界），某一地区的人和其他地区的人具有不同的需要、欲望和购买习惯。比如，美国阳光地带诸州（指美国南缘自加州起东至北卡罗来纳州和南卡罗来纳州一带。——译者注）的居民购买防晒霜的较多，而加拿大人则会购买一些佛罗里达人可能在商店里连见都没见过的对付冰雪的专用设备。

卖主在分析地理资料时，会按地区、县、城市的大小、特定位置以及店铺类型等因素来研究自己的销售。很多产品在城市相当好卖，但在郊区或乡村则不好卖，反之亦然。在第 6 章，我们将会看到，这些信息对于制定广告媒介排期非常重要，因为卖主的预算有限，只有向潜力最大的市场进行广告宣传，才能获得最大的利益。

人口统计细分

人口统计细分（demographic segmentation）是一种根据人口的统计特征：性别、年龄、种族、受教育程度、职业、收入以及其他可以量化的因素，对人口进行细分的方法。人口统计细分经常与地理细分相结合，以便为广告选择目标市场，这种做法被称为**地理人口细分**（geodemographic segmentation）。

地理资料和人口资料能提供有关市场的信息，但却很难提供有关个体心理方面的信息。卖主希望到达现有或潜在的顾客，但即使处于同一人口统计或地理细分市场的人，也具有全然不同的产品偏好和电视收视习惯，单凭人口标准一项很难说明人们的购买行为。出于这一原因，卖主又开展了对*消费心态*的研究。

消费心态细分

对于某些产品，顾客更易受情感诉求和文化价值观诉求的影响而改变自身的行为，因此，一些广告主便通过**消费心态细分**（psychographic segmentation）来界定消费品市场。**消费心态法**（psychographics）依据人们的心理因素——价值观、态度、个性和生活方式，将消费者归类，把人视为有感情、有倾向的个体，并按照他们的感觉、信仰、生活方式以及他们所使用的产品、服务和媒介来进行划分。

最著名的消费心态划分系统也许是VALS（价值观与生活方式）分类系统，这是SRI商业咨询调查公司（SRI Consulting Business Intelligence，简称SRIC-BI）开发的一种产品。VALS根据消费者具备的两个要素——**首要动机**（primary motivation）和**资源**（resource）将他们分为八组。根据SRIC-BI的调查，许多个体主要受以下三种因素中某一种因素的驱使：理想（或者说基本原则）、成就（成功或成绩的有形标志）以及自我表现（对经历或冒险的欲望）。除此之外，人们拥有资源的水平千差万别，包括金钱、智力或自信。VALS将资源最少的人置于VALS框架的下方，将资源最多的人放在上方（见图表3–1）。

根据SRIC-BI的说法，VALS的目的在于帮助卖主确认谁是目标市场，揭示目标人群的购买习惯和行为特点，找出目标群体居住的聚集地，确定与他们沟通的最佳方式，了解目标人群为什么会如此行事。这一系统已经被应用于很多领域，如：新产品开发与设计、目标营销、产品定位、广告讯息制定、媒介策划，等等。

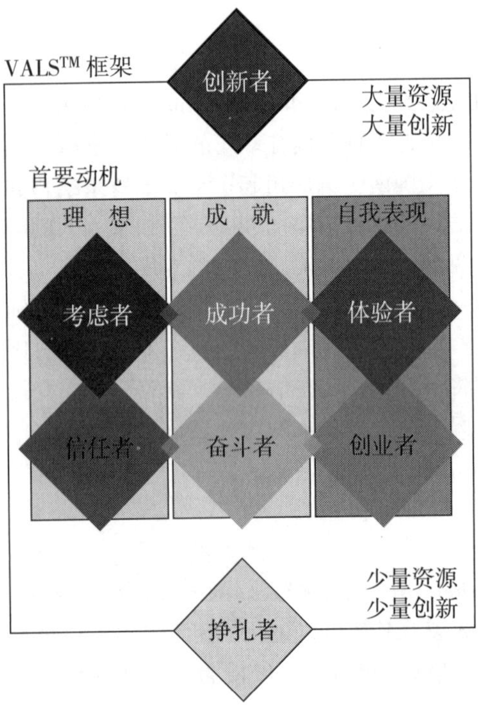

图表 3–1

VALS分类系统将消费者按资源（心理的、身体的、物质财富与能力）的多少进行划分，将资源最多的置于图表上部，资源最少的置于图表下部。图表按消费者制定决策的出发点进行细分：理想、成就或自我表现。交叉部分说明有些类型可以一起考虑，比方，卖主可以将考虑者与信任者划为一类。

曾有这样一个案例，一家国外汽车制造商运用VALS来给自己的一款运动型汽车重新定位，之前的电视广告活动曾经获过奖，但在提升销售额方面毫无建树。通过运用VALS，公司用主题为“打破规则”的新广告活动瞄准了一个新的“反叛型”消费群体。除了广告外，一切都没有变动，但在六个月内销售额却上升了60%。

后来，SRIC-BI又开发出了其他的VALS产品，如日本VALS，专门用来判断在日本价值观和社会行为的变化对消费者的影响；还有GeoVALS，判断目标顾客的居住地与他们行为之间的关系。所有这些都有助于广告主选择最佳地点，有助于确定目标直邮对象，使广告投入的效益最大化。

最近，罗珀·斯塔奇全球公司（Roper Starch Worldwide）开发了自己的ValueScope服务系统，协助卖主发现全球“市场空间行为中的共有模式”，以便实施全球范围的广告活动。该模型采用了消费者行为的三个动机——国籍、生命阶段和价值观——来定义六种消费者细分群体：创造者、寻乐者、小富即安者、奋斗者、虔诚者、利他主义者，看上去和VALS非常相似。罗珀研究的另一个有趣点是，发现了全世界人们共有的前10种价值观（见图表3–2）。

另一种消费心态细分表名叫MindBase（心态描述），由杨基诺维奇合伙公司（Yankelovich Partners）开发（见图表3–3）。

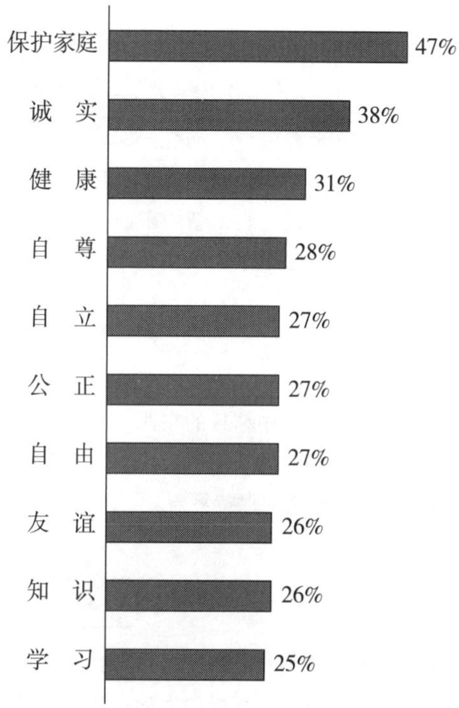

图表 3–2
全世界人们共同享有的前 10 种价值观

MindBase 和 VALS 一样，也是将消费者划分成八类消费心态，比如“我有紧迫感”（座右铭：风险与收获并存）、“我权衡再三”（座右铭：防患于未然）等诸如此类的表述。在发现拥有相似人口统计背景的人在动机和感觉上却大相径庭后，杨基诺维奇开发出了这套系统。公司的数据同样表明，人们在接收营销讯息和依赖媒介方面也大不相同。

西蒙斯公司（Simmons）也提供了一种消费心态划分工具，名为 BehaviorGraphics（行为画像），这种分类方法按照消费者的态度和生活方式分类，包括有关消费者喜欢什么产品、消费什么媒介的信息。该工具将消费者划分为31 个细分群，将其命名为标新立异者（深受媒介和流行风格吸引的十几岁青少年，这个群体中使用互联网的人数比另外 30 个群体多）、孩子中心者（中产阶级家庭，其活动和媒介消费围绕着孩子而运转），以及讽刺挖苦者（主要为年轻人，收看喜剧中心的电视节目，热衷体育）等。

消费者细分方法的局限性

赞成上述消费心态细分体系的人宣称，这些方法帮助找到激励消费者的那些情感因素。然而，由于许多产品的市场是由众多形形色色的具有交叉特点的消费者构成的，因此对消费心态的研究事实上并不一定能提供多少真正的价值，尤其是这些方法往往过于简化消费者的个性和购买行为。而有些方法，如VALS，又因为太复杂且缺乏相应的理论支持而受到批评。

尽管如此，卖主仍然有必要监测和了解自己的顾客。这不仅能帮助他们选择目标市场，制作与其产品属性和形象相称的广告，还有助于他们制定有效的媒介计划，并合理地规划自己的广告预算。

细分企业市场与政府市场：了解组织购买行为

企业市场（business market），或者工业品市场，指那些购买产品或服务用于自身经营的制造商、政府机关、批发商、零售商、银行和其他机构。这些产品包括原材料、电子部件、机械设备零部件、办公用品、交通工具，或用于维持经营的服务等。许多面向企业市场的卖主一般会将产品出售给**经销商**（reseller），比如向消费者再出售商品的零售商。

确认潜在的企业目标市场和确认消费品市场一样复杂，用于识别消费品市场的许多变量同样适用于企业市场，如地理和行为（购买时机、利益追求、用户身份及使用率）。

当然，企业市场也有其特殊性，他们的采购人员都很专业，使用系统购买程序。

企业采购程序

在评判某一新产品时，企业人士所采用的程序远比第 2 章所描述的普通消费者

MindBase 分类

我善于表达

我的座右铭是：及时行乐

我充分享受生活，不怕表现自己的个性；我主动、热心；我真真切切地抱着“活在当下”的态度，坚信未来是无限的，只要听从自己的想法就好。

我有紧迫感

我的座右铭是：风险与收获并存

我在个人生活和职业生活方面都胸怀大志；我认为自己是个沉着冷静、资源丰富的人；我决心向世界表明，无论我做什么都是最出色的：从职业生涯到家庭生活和社会生活。

我开足马力

我的座右铭是：时间就是一切

我很忙，希望一切都有控制和从简；我是一个要求高而畅所欲言的消费者，寻求便利、尊重和帮助，以便我能有更多的时间去做生活中重要的事。

我很稳重

我的座右铭是：做正确的事

我认为我是积极的人，我从家庭和家人那里获得力量；我努力过一种诚实的生活，在个人生活和市场中做决策时听从自己的直觉。

我脚踏实地

我的座右铭是：脚踏实地才是真

我根据自己的能力寻求生活道路，知足常乐；我希望提高自己的生活品质，扩展自己，尝试新的东西，并用沿途的新体验和新产品来犒劳自己。

我成熟

我的座右铭是：感觉与敏锐

我聪明、正直，天生喜欢生活中精致的东西；我对自己和我所服务的企业都抱有很高的期望值；我立志工作出色，但会在工作和丰富经验之间保持平衡。

我权衡再三

我的座右铭是：防患于未然

我是个成熟的人，我喜欢规划自己的生活道路，以便实现这些规划；我过着一种健康、积极的生活；我努力保障我的未来安全、回报高并持久。

我奉献

我的座右铭是：家是心灵的港湾

我比较传统，置身于家庭的舒适温暖中；有人也许会说我的信念比较传统，但这对我意义重大；我对自己的生活感到满足并从中获得精神支撑；我喜欢按部就班，不会为了好奇而使用新鲜玩意儿或新奇技术。

图表 3-3

杨基诺维奇合伙公司的 MindBase 系统发现了人们共有的行为模式

的购买程序复杂得多，也严格得多，因此企业市场的卖主在设计自己的广告时必须对此加以考虑。

大公司一般设有采购部专门执行采购任务，他们判断市场对产品的需要量，分析采购提案，权衡各方报价，寻求用户和经理的认可，提出申请，下订单，并监督产品采购的全过程。这种计划性采购决策过程具有一定的合理性，但近来的调查表明，专业采购员往往表现出相当严重的品牌倾向行为，诸如愿意给自己倾心的品牌支付较高的价格，特别是当采购员担心所采购的产品不好会带来不利后果时，情形更是如此。也就是说，采购人员把著名品牌当成了一种降低风险的手段。此外，即使产品非常不一样，他们对品牌的感觉也不会受产品类别变化的影响。这意味着广告在企业对企业的营销中发挥的作用比我们

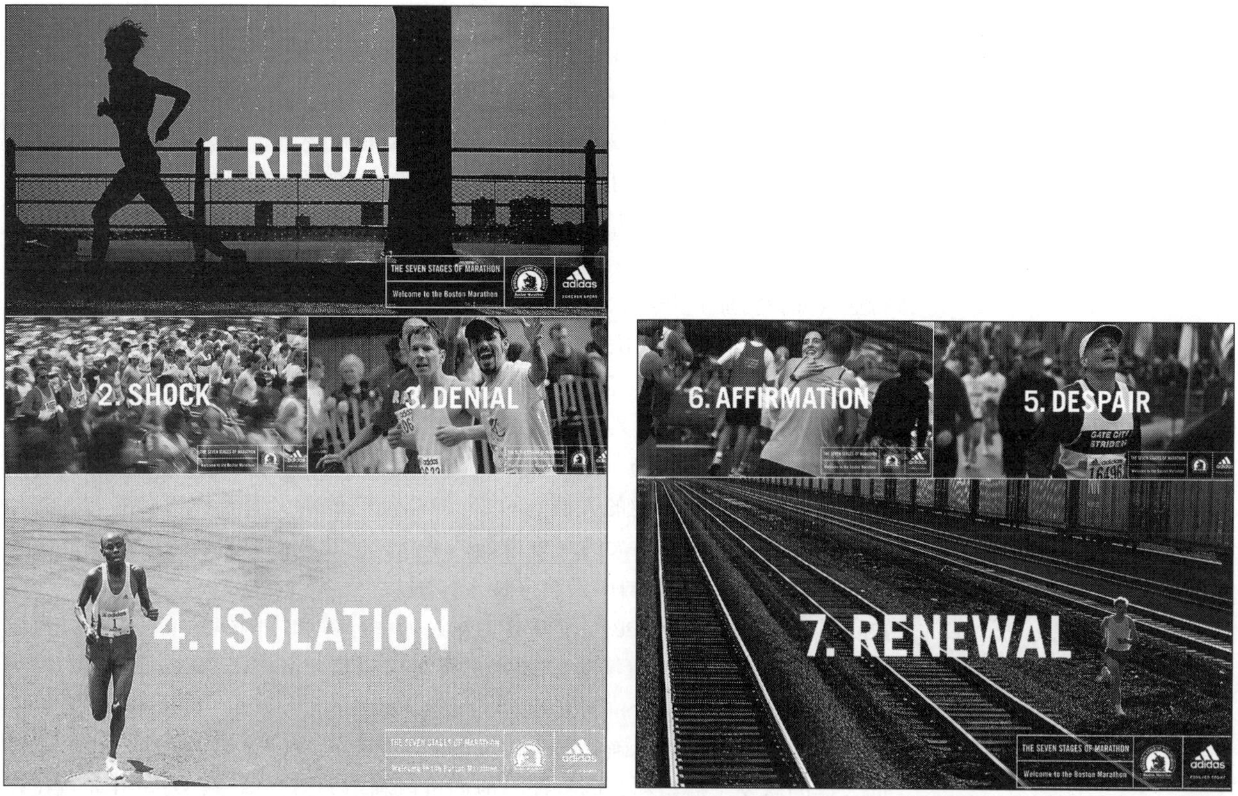

阿迪达斯（www.adidas.com）的广告利用了目标市场——全世界通过运动成就界定自我的年轻运动员——的态度和生活方式。这组广告在波士顿马拉松赛事的间歇发布，旨在运动员获得一定成绩的同时激励他们，并强化运动员共同奉行的核心价值观，这也正是阿迪达斯希望体现的。

以前想象的要大。

和消费品市场一样，企业市场和政府市场也可以按不同方式来划分。德国一家广告公司为比斯利组装产品（www.bisley.com）创作的这条广告非常巧妙，广告针对的不是消费者，而是那些有可能在自己的业务中用到这些产品的人。重新组装英国国旗的这个创意使得该广告赢得了戛纳广告节金狮奖。（见彩插）

在企业市场，完成一次销售可能需要几个星期、几个月甚或几年的时间，特别是面对政府机关这样的买主。采购决策往往不仅取决于价格和质量，还取决于产品展示、交货时间、销售条件和供货保障这些因素，因此，卖主往往会在广告和促销诉求中不断强调这些问题。

在确定目标市场以前，企业市场的卖主应当对不同细分市场的购买决策过程加以考虑。比如，新企业可以瞄准小公司，他们做出购买决策的时间一般较短，或者采用只收取代理佣金的代表，让他们去拜访那些需要较长时间才能做出购买决策的大型潜在客户。客户的决策可以指明广告应在什么媒介上发布。

市场集中

许多国家的工业用品市场多半集中在某一地区或几个大都

市。例如在美国，工业品市场在中西部、南部和加利福尼亚州相当集中。市场集中可以减少广告主的地理目标数量。

再者，企业卖主面对的用户要比消费品卖主少，不到15%的美国制造企业雇用着近65%的产业工人，占全部生产资金的80%多。顾客规模对市场细分极为重要，一家企业既可以将其营销和广告力量集中在几家大客户身上，也可以集中在多个小客户身上，或二者兼顾。

企业卖主也可以按终端用户进行细分，例如，一家企业既可以专门为某一行业（如银行业）开发软件，也可以为各行业开发通用的软件。当然，这些决策会影响到广告的媒介决策。

聚合细分市场

一旦卖主认清并确定了具有共同特点的（行为的、地理的、人口统计的或消费心态的）产品大类市场，他们便可以着手进行市场细分的下一步：（1）选择对产品效用共同感兴趣的人群；（2）根据他们的购买潜力和利润潜力，将他们重新组合或聚合成稍大的细分市场。下面，就让我们来看看这个过程能为李维·施特劳斯公司的美国市场发挥什么作用。

首先，公司管理层必须了解各市场区域牛仔裤和休闲裤的市场潜力，也就是需要找到整个美国市场对裤子的**主要需求趋势**（primary demand trend）。为此，他们采用了各种营销调查技术（见第4章）。

然后，管理层必须确认居住在自己的零售商周围的休闲服装市场中各个不同人群的需要、欲望和共同特征。他们可以利用大型营销信息公司（如克拉瑞塔斯公司）的服务来收集涉及人们购买行为的数据，得出全国各地理市场的情况。

李维斯发现自己在美国的潜在顾客市场相当庞大：学生、蓝领工人、单身青年、专业人士、家庭主妇等等。然后，又按人口统计、生活方式和购买特征测定和分析了各主要零售区域的家庭群，将他们划分为66种不同的地理人口细分市场，所有这些人都有服装需要，其中许多人可能喜欢李维斯品牌的风格、声望或结实耐用。

选择喜欢产品效用的人群

接着，李维·施特劳斯选择了这样一些人群：他们喜欢李维斯服装的效用或利益——适于穿着上班或游玩、舒适、有型、价格合理、耐用等特点——且有经济实力购买。所有喜欢这些特点的消费群组成了李维斯服装的整个潜在市场。

市场细分的一个难处在于如何估算企业在瞄准（1）整个市场或（2）具体某一细分市场时可能实现的利润。服装市场的竞争极其激烈，但1 000的10%总比100的90%大。因此，像李维·施特劳斯这种公司来说，目标市场必须是庞大的大众市场，否则就无利润可言。

联合各群体组成目标细分市场

企业必须找出相对同质（相似）并具备良好利润潜力的群体。市场调查数据有助于发现大量人口统计和生活方式上的群体，如多民族家庭，单身青年，以及文化程度低、收入低、租住房屋或公寓的老年人。由于他们很少购物，也很少使用信用卡，所以，这些群体不是百货商场中名牌消费品的首选目标。

其他细分市场的潜力较大——中上收入、信用卡使用程度高于中上水平的中等、青年家庭，把这些群体和相似群体内的青年职业新贵和新晋者细分市场综合到一起，李维·施特劳斯公司的目标市场便可以涵盖青年至中年这一大群体。按全美国人口计算，约为 2 000 万户家庭。虽然这个市场并未将每个人都包含进去，但已足以形成一个庞大的、利润潜力可观的大众细分市场。这些人可能会喜欢李维斯 550s 的款式与舒适，以及他们所熟知并信赖的该品牌的传统，企业可以专门针对这群人的特殊需要、欲望和自我形象展开广告诉求。

目标营销过程

市场细分过程完成后，企业便可以进入**目标营销过程**（target marketing process）。这个过程将决定广告的内容、外观以及感觉。

目标市场的选择

目标营销的第一步是预测哪一个新开发的细分市场具有最大的利润潜力，哪个市场最容易渗透。企业将一个或多个细分市场定为自己的**目标市场**（target market），即企业希望对之进行诉求、为之设计产品、开展营销活动的一组细分市场。企业可以将另一组细分市场作为二级目标市场，投入部分人力和财力。

让我们来看看最有可能成为宽松式牛仔裤目标市场的人群：中高收入、中高文化程度、喜欢李维斯服装款式、舒适与时尚的青年人和中年人。这部分人代表着服装市场的很大一部分，如果能争取到这部分人，将产生可观的利润。李维斯提供了潜在消费者所需和所想的东西：随着他们一同成长的牛仔裤的款式和风格，还有针对成年人的体形，令他们穿着更舒适的设计。

营销组合：产品与市场配合的战略

一旦企业确定好了自己的目标市场，便能知道应该将自己的精力、人力、物力和财力准确地投向什么地方，这时便可以形成产品概念，甚至可以为目标市场进行专门设计（如特殊的颜色或尺寸），制定恰当的价格，决定是否招商，还可以制定最具说服力的广告讯息。

正如第 2 章所述，一种产品具有多种效用，即消费者心目中的一系列价值。出于这种考虑，卖主和广告主一般都会尽量为自己的基础产品形成一个完整的**产品概念**（product concept），即消费者认可的产品所具备的能满足功能性、社会性、心理性以及其他欲望和需要的或实用或象征的一组价值。

企业可以采取多种战略来巩固自己的产品或服务概念，从而对营销交换（销售）施加影响。卖主将这些活动划分为四大类：（1）产品；（2）价格；（3）分销和（4）传播。而他们组合这些不同元素的方式就构成了企业的营销战略——我们通常称之为**营销组合**（marketing mix）。为方便起见，营销教育家杰尔姆·麦卡锡（E.Jerome McCarthy）提出了一种便于记忆的方法，即 4P（four Ps）：产品、价格、渠道和促销。

广告实验室 3-A

了解产品元素——星巴克咖啡

美国咖啡巨人的开端其实始于一个人的梦想，他的细心和执著最终造就了今天这个广为人知的咖啡帝国。在1983年的一次意大利之旅中，霍华德·舒尔茨（Howard Schultz）在米兰和威洛纳（意大利北部小镇，相传朱丽叶和罗密欧的故乡。——译者注）发现了一些咖啡吧，并爱上了它们。这些咖啡吧里飘荡着咖啡与社交活动的混合气息，他相信美国人也一定会喜欢这种情调。

当时，星巴克是西雅图市一家拥有11家分店的小型烘焙咖啡连锁店，舒尔茨负责营销工作，他竭力向公司管理层灌输他开设咖啡吧的设想，然而反应平平，他们并不打算涉足饮料行业。但舒尔茨坚持自己的观点。1987年，他离开星巴克，自己开设了一连串咖啡吧，取名为Il Giornales。两年后，由于得到投资人的支持，他很快获得了巨大的成功，买下了星巴克的全部产权。如今，他已成为一家号称在北美、拉美、欧洲、中东和环太平洋地区设有10 000多家分店公司的首席全球战略设计师和主席，该公司每周向数千万美国人提供咖啡。星巴克终于成了家喻户晓的名字。

对舒尔茨而言，成功最关键的因素是统一的产品质量。他说："我们的长远目标是追上世界上最著名、最受人尊重的咖啡品牌。"

由于在管理上对产品质量有统一要求，因此，在纽约喝到的双城拿铁咖啡的味道和在西雅图喝到的一样；你偏爱的浓咖啡会在煮好后10秒内注入你的咖啡杯。对细节的注重为星巴克在高档咖啡类中赢得了地位。

当然，好产品自然也是由训练有素、心情愉快的员工准备和供应的，这也能为公司增加利润。在《财富》"2006年你最想工作的百强企业"的调查中，星巴克排名29。星巴克的管理人员相信，如果公司关心员工，员工也会相应地关心他们的服务对象。在星巴克，每周工作至少20小时的员工享有全面福利，包括牙齿护理、全面保健、配眼镜和隐形镜片等待遇——条件是只需在公司工作90天。星巴克甚至给同性恋员工也提供这样的福利待遇。为了进一步确保产品质量的一致性，星巴克实施了一套程序，监督向他们提供原材料的海外生产厂家的工作环境。

如今，咖啡市场竞争激烈，但星巴克通过不断地推介新产品，仍然保持着领先的地位。1995年，它与百事可乐结为搭档，生产福乐倍喜来（Frappuccino）饮料；1996年，它又和德丽耶皇牌冰激凌公司（Dreyers Grand）开办了一家合资企业，共同经营"星巴克咖啡冰激凌"。1998年和1999年，星巴克推出了一种由茶、水果汁和冰混合的饮料，起名茶夕（Tiazzi），后来又收购了一家总部设在俄勒冈的茶叶公司茶庄（Tazo）。2002年，星巴克长长的创意产品线中增加了瓶装浓咖啡DoubleShot的名字；到了2005年，星巴克又与Jim Beam Brands合作，推出星巴克咖啡Liqueur。因此，如果你这几天正好在喝咖啡，没准儿喝的就是星巴克生产的咖啡——尽管标签上没这么说。

实验室应用

广告的一条基本法则是，如果产品不好，再精巧的广告也无力回天。找出一种你认为成功的产品，分析使该产品获得利润、独具个性的要素，是否有与星巴克相类似的产品要素?如果有，是什么要素?

4P是记忆营销组合基本要素的一种简便方法，但每一要素又包含着诸多可供企业用于调整其产品概念、改进销售的营销活动。

广告与产品要素

在确定营销组合时，卖主通常从**产品要素**（product element）入手，其主要活动一般包括产品的设计方法、分类方法、定位方法、品牌策略和包装方法。上述任何一点都会影响到产品的广告方法。

产品生命周期

营销人员认为，正像人类要经历从婴儿到死亡的各个生命阶段一样，产品（尤其是产品品类）也会经历**产品生命周期**（product life cycle，见图表3-4），

任何产品都不可能保证打动每一个顾客，因此广告主必须仔细选择自己的目标市场。哈雷·戴维森摩托车（Harley-Davidson，www.harley-davidson.com）的这条广告瞄准了那些认为拥有一台哈雷摩托就可以使自己更显得特立独行的少数消费者。

而产品在生命周期中的位置则会影响到目标市场的选择以及所应采用的广告形式。产品生命周期分为四个阶段：引入期、成长期、成熟期和衰退期。

当企业向市场上推出某种新产品品类时，没人知道这种产品。但通过市场细分，企业或许就可以找出自己的目标，也就是那些勇于尝试新产品的人——**早期接受者**（early adopter），然后直接针对他们促销这个新产品品类。目的是刺激市场的**初级需求**（primary demand），即消费者对整个产品品类而非某一特定品牌的需求。

图表 3-4

各产品品类的产品生命周期曲线各不相同，随着产品所处的时期不同，营销战略和营销目标也应进行相应的调整。

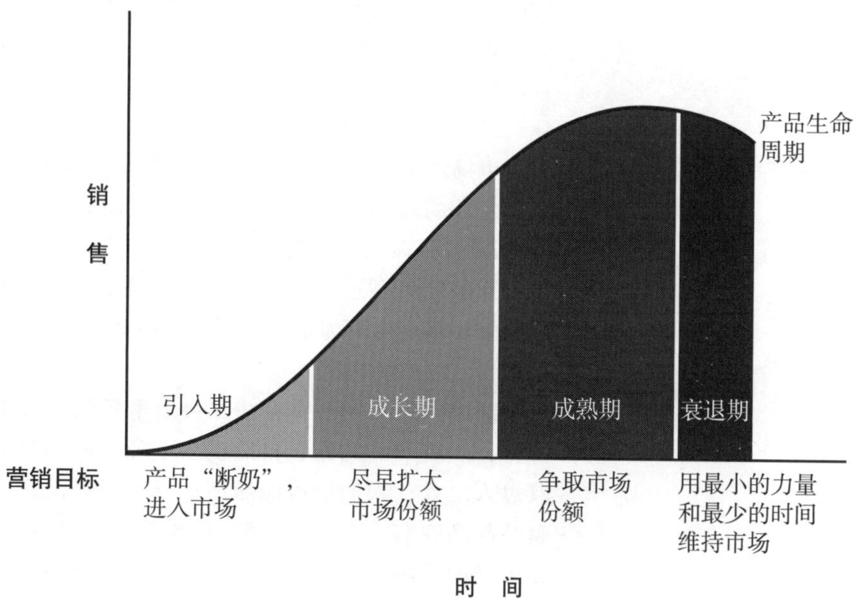

广告主运用各种战略延长产品的成熟期。宝洁（网址：www.pg.com）在大众商品连锁店中将无线互动式话筒置放在货架上，向走近的顾客播放有关产品的信息，以便测试佳洁士牙膏的两种新口味效果如何。

在产品**引入期**（introductory phase，又叫先锋期），任何新产品品类都会让企业付出高额的代价：教育顾客、建立广泛的经销网络、刺激需求。在该阶段，企业必须花费大量的广告费建立自己的市场领导地位，力争在成长期开始之前就赢得较大的市场份额。

20世纪80年代后期，当手机刚刚面市时，广告主不得不首先培育足够的消费需求，以便通过分销渠道将产品拉入市场，我们把这种做法称为**拉式战略**（pull strategy）。广告传播则向广大消费者宣传这种新产品及其系列，解释什么叫手机，它如何工作，以及拥有一部手机的好处。与此同时，针对零售商的**销售推广**（sales promotion）活动则采用**推式战略**（push strategy）来鼓励经销商和批发商储备、展示和宣传这种新产品。

当销量飞速上升时，产品进入**成长期**（growth stage）。这一时期的特点是市场快速扩大，越来越多的顾客受大众广告和口碑的影响，一而再、再而三地进行购买活动，竞争对手出现，但早已确立了领导地位的企业仍是最大的获利者。此时，按销售总额的百分比计算，广告费支出所占比例会有所下降，企业首次实现大量利润。

进入**成熟期**（maturity stage）后，由于竞争产品的增加和新顾客人数的萎缩，市场逐渐饱和，行业销量趋于稳定，竞争进入白热化，利润减少。在此阶段，企业纷纷加强自己的促销力量，但着重向顾客突出**选择性需求**（selective demand），强调自己品牌的微妙优势，此时，销量的增长以牺牲竞争对手为代价（征服性销售）。在这个淘汰过程中，市场细分战略、产品定位战略和价格促销战略都变得更为重要。一些弱小企业半途夭折，剩下的则奋力拼杀，以图扩大自己的市场份额。

到成熟期后期，企业往往会力争延长产品的生命周期。没有革新和营销支持，名牌产品的销量自然就会下降；而如果被宣传的品牌无法让人感受到其过人之处，人们就可能随便选择一种最便宜、最方便的品牌。康奈尔大学食品与品牌实验室的布赖恩·万辛克（Brian Wansink）教授认为，之所以有那么多老旧品牌死亡，其部分原因是生命周期的缩短，但更主要的是由于忽略了营销造成的。他指出，衰老的品牌其实拥有巨大的品牌资产，企业面临的挑战在于决定哪一个品牌能够重获新生以及如何去做。在今天，在开发新产品费用高昂的情况下，重振品牌就成了一种应尽量采用的适宜之选。企业可以为品牌寻找新用户，为产品设计新用途，改变包装规格，设计新的标识，改进产品质量，或者采用一些促销方式来增加产品的使用率。

最后，由于过时、技术革新或新消费口味的出现，产品难以重获新生，最终进入**衰退期**（decline stage）。这时，企业便可能停止所有促销活动，迅速停止产品的生产，如转盘式录音机和密纹唱片；或仅用少量的广告维持，让产品逐步自行消亡，大多数针织品品牌就是这么做的。

产品分类

企业对自己产品分类的方法在确定产品概念和营销组合方面起着相当重要的作用。如图表 3–5 所示，划分有形产品的方法有许多：按市场、按买主的购买习惯、按消费程度、按产品明确程度或按其物理属性。

与有形产品不同，**服务**（service）是一些*无形的*利益，能满足人们的某些需要或欲望。因此，我们才有第 2 章所述的*任务效用*。

按市场	按消费程度与产品明确程度	按购买习惯	按物理属性
消费品 日常生活用品与服务（食品、衣物、家具、汽车等） 工业品 用于再生产的产品（原材料、农用设备、机械产品、工具、设备等）	耐用品 周期较长、更换频率较低的有形产品（汽车、卡车、冰箱、家具等） 非耐用品 供一次或几次使用、通常需定期更换的有形产品（食品、香皂、汽油、食用油等） 服务 可供销售的活动、利益或满足感（旅行、理发、法律与医疗服务、按摩等）	便利品 不用费力而经常购买的产品（香烟、食品、报纸） 选购品 要花较多时间比较价格、质量、款式、保修等条件，不常购买的物品（家具、汽车、衣物、轮胎等） 特制品 具有独特特点的产品，消费者不惜费时费力去购买，哪怕该产品价格昂贵（别致的电子设备、女士特制时装、计算机部件等） 非追寻的商品 潜在顾客尚不需要（如保险）或不知道自己能买（新产品）的商品，因此他们没有主动去寻找	包装商品 麦片、润发剂等 硬商品 家具、家电 软商品 衣物、床上用品 服务 无形产品

图表 3–5
产品分类

在市场早已被各种竞争讯息塞满的情况下，沃尔沃（www.volvo.com）一直凭借对安全的突出表现使自己的产品脱颖而出。事实上，由于安全在消费者的心目中早已与沃尔沃这个品牌名称交织在了一起，业界也认为沃尔沃完全可以号称自己拥有“安全”。

产品定位

一旦广告人员掌握了产品所处的生命周期、分类及其现阶段被市场认知的程度，便可以着手制定第一个战略决策——给产品**定位**（position）。定位战略的基本目的是在潜在消费者的心目中形成某种概念。李维斯有“牛仔裤”，联邦快递有“隔夜送达”，而沃尔沃则有“安全”。正是由于在消费者心目中为品牌创造了独特的定位，卖主们才帮助消费者记住了这个品牌及其所代表的意义。

产品的定位有多种不同方法，通常根据它们实现独特性的方式、所提供的不同利益、它们针对的特定细分市场以及它们的分类方式进行排列。施乐复印机后来将自己重新定位为“文件公司”，从狭小拥挤的复印机市场转向正在成长的更广阔的文件处理市场。这次，施乐一举改写了自己身处的这个行业，使自己区别于竞争对手，为自己树立了新的老大地位。

产品差异

产品差异是产品专门针对某一特定细分市场的偏好而设计的产品差别。在广告中，最重要的是能实实在在地告诉潜在消费者你的产品新颖、与众不同。然而遗憾的是，随着竞争压力的日益增强、产品革新与新技术的不断涌现以及对流通的各种限制，新产品开发的周期已大为缩短。结果，许多品牌经理发现自己推出的新产品“只有85%的新意”，这就难怪很多“新”产品都没有给消费者留下任何印象。其实，有时只要增加一种新颜色就足以使产品形成差异，吸引一批新顾客。当然，并不是所有的产品差异都要那么明显，产品间的差别有时是显性的，有时是隐性的，有时是诱导性的。

消费者能明显感受到的产品间的差异叫做**显性差异**（perceptible difference）。例如思乐宝因其独特的口味而初获成功，为了向全美国消费者宣传这一差异，公司运用了各种非传统的营销技巧，包括独家赞助纽约的一家广播电台40天。与此相反，**隐性差异**（hidden difference）不明显，三叉戟（Trident）牌口香糖看上去和尝起来都与别的品牌没有什么区别，但其差异在于它使用的是人工糖精。隐性差异可以加强产品的吸引力，但广告必须让消费者对此有所了解。

对于许多产品种类，如阿斯匹林、食盐、汽油、包装食品、白酒和金融服务，广告可以为其带来**诱导性差异**（induced difference）。例如各银行、经纪人事务所和保险公司提供的服务和金融产品几乎是一样的，但他们却可以利用广告和促销使自己有别于他人。

新奇士的成功强有力地证明，是否能让功能相近的产品和服务形成差异感，有赖于是否能一致而有效地运用品牌术、包装术和广告。

产品品牌术

对所有产品来说，造成产品差异的基本手段是**品牌**（brand），品牌指标明产品及其产地，并使之与同类产品形成区别的文字、名称、符号或图案的结合体。没有品牌，消费者便无法区分甲产品和乙产品，而广告主则几乎无法对产品进行宣传。

品牌决策是一件很难的事情，生产厂家可以为自己生产的每一种产品确定一个**独立品牌**（individual brand）。例如，联合利华在经营牙膏时就各打各的旗号。这类企业的每种产品一般各瞄准一块特定的目标市场，为每种品牌设计不同的个性和形象，但这种经营战略费用非常高昂。

排名	品牌名称	2005 年品牌价值（10 亿美元）
1	可口可乐	67.5
2	微软	59.9
3	IBM	53.4
4	通用电气	47.0
5	英特尔	35.6
8	诺基亚	26.5
6	迪斯尼	26.4
7	麦当劳	26.0
9	丰田	24.8
10	万宝路	21.2

图表 3–6
世界上最具价值的品牌

另一种办法是采用**家族品牌**（family brand），即在同一名称下推销不同产品。亨氏（Heinz）在促销番茄酱的同时，也希望借此打开其调味品的销路。这种决策比较合算，但如果其中有一种产品不好，便会殃及同品牌的所有其他产品。

对于生产厂家而言，推销**全国性品牌**（national brand，又叫“厂家品牌”）的费用极其高昂，因此，一些企业便采用自有标牌战略，将产品生产出来之后卖给转卖商（经销商或批发商），由他们冠以自家的品牌。**自有标牌**（private label）一般在大型连锁店中以较低的价格出售，这些品牌能否成功地树立品牌形象，使其广为人知，取决于分销商和零售商的努力。如果品牌成功，他们就是最大的受益者。

品牌决策至关重要，因为一家企业所拥有的品牌也许就是它最重要的资产。商业周刊》的品牌价值年度报告将可口可乐列为世界上最具价值的品牌，微软、IBM、通用电气公司、英特尔和诺基亚则紧随其后（见图表 3–6）。一些企业不惜花费巨资获得使用另一家企业品牌名称的权利，我们称这种品牌为**特许品牌**（licensed brand）。如新奇士维生素、可口可乐服装、保时捷太阳镜和米奇手表。

创造品牌名称是产品差异化的关键，没有品牌名称，消费者便会对产品产生笼统的印象，无法区别。大企业实际上可以同时管理众多不同的产品和品牌名称，例如宝洁众多的著名产品。

品牌术的作用

对于消费者来说，品牌有利于人们快速地认知和区分产品。同时，品牌又担负着向消费者和生产厂家保证产品的稳定品质、质量标准的可靠性、品位、规格，甚或心理满足感，进而增加商品价值的任务。

品牌在形象、寓意及联想上必须要有独特之处，这有赖于卖主是否能明确地表示自己产品的差异，是否能有力地传达产品的价值。比如，产品必须口感更好，或能将衣服洗得更干净，或包装在更利于环保、更可爱的容器内。在为已经立足的品牌，尤其是差异明显的品牌制作广告时，若能利用品牌本身的定位，则会收到更好的效果。理想的状态是：消费者一看到货架上的品牌，便马上能理解品牌的承诺，对其质量有信心。当然，他们必须熟悉并且相信该品牌的承诺——这正是广告要做的工作之一。正如我们在第2章中指出的那样，广告主的目标是品牌忠诚度——因为这不仅有利于消费者，也有利于广告主本身。对于消费者来说，品牌忠诚度能使自己减少购物的时间；而对于广告主，品牌忠诚度能建立**品牌资产**（brand equity），即消费者、经销商、批发商甚至竞争对手经过较长时间形成的对某一品牌的全部感受和看法。简而言之，品牌资产就是品牌的资本价值。

品牌资产大便能在很大程度上为产品的卖主保驾护航：顾客忠诚、价格稳定、利润长久。一名忠实顾客所能带来的利润可能是一名流动顾客的九倍。但培育品牌资产需要时间和金钱。品牌价值和品牌偏好能带来市场份额，但往往只有那些广告费支出最多的广告主才能赢得市场占有率和品牌忠诚度。要想提高品牌忠诚度，需要增加200%~300%的广告费用才能产生明显的效果。智威汤逊广告公司前主管夏洛蒂·比尔斯（Charlotte Beers）提出了“品牌管理”的重要性，她相信企业只有整合自己的所有营销传播活动——从包装到广告到促销到宣传，保持其讯息的持续性，才能保持和加强品牌在现实生活背景中的个性。

产品包装

在这只外卖茶杯上，色彩与图案的结合给人饱满而醇厚的感觉，刺激着消费者放纵自己，给自己来一杯好茶。（见彩插）

产品的包装是产品的一个要素，也是决定产品在零售点命运的一种外在媒介。事实上，包装可以是特定品牌体现其差异化的一个优势，也是卖主在售点进行沟通的最后机会。因此，包装设计师（他们有时在广告公司工作）必须让包装刺激、迷人，同时又具备其应有的功能。包装设计中要考虑的四大因素为：识别；容纳、保护与便利；消费诉求和经济。这些功能甚至可以变成产品广告的**文案要点**（copy points），即广告主题。

识 别

包装是一种非常重要的识别手段，以至于一些企业长期使用同一包装和标志设计，多年不变。这是因为商标名称、商标或标志物的独特组合经过包装设计得到突出后，可以迅速地标明产品的品牌，将其与竞争对手区别开来。例如，传统的可口可乐瓶形极其特殊，人人皆知，以至于到了20世纪90年代可口可乐公司再次向美国市场推出这种瓶形。在许多国际市场，公司从来没有停止过使用这种瓶形，因为它极易使可口可乐与其他可乐产品相区别。

包装必须清晰明快，具有很强的视觉效果，这样才能穿透顾客的生理过滤层。产品特点必须一目了然，色彩组合要使产品卓然独立。为了穿透消费者的心理过滤层，包装设计必须反映出产品设计的格调、形象和个性。对许多产品种类来说（如酒类、化妆品类），包装质量在很大程度上会左右消费者对产品质量的感觉。

容纳、保护和便利

包装的基本目的是容纳和保护产品，使其方便使用。卖主既要设计出有趣的包装，又要通过包装确保产品新鲜，保护其内容物不会因运输、水蒸气（对冷冻食品而言）、油污、虫害和异味而受到损害，同时，包装还必须符合法律规定的保护要求。

零售商希望包装便于码放和陈列，同时希望包装规格齐全，能满足顾客的不同需要；消费者则希望包装便于携带、打开和储藏。因此，这些都是设计包装时应该考虑的重要因素。但是，不能为了求方便而牺牲包装的保护功能，例如，豁口对于倒水更加方便，但同时又可能削弱包装的坚固程度。

消费诉求

包装设计中的消费诉求是多种因素——规格、颜色、材料和形状——结合的结果。某些色彩对消费者具有特殊的含义，哪怕是微小的一点儿改变都可能在销量上造成高达20%的变化，而且这种情况并不少见。

在大家都已具有环保意识的今天，绿色营销对许多企业和消费者而言都是一个重要的课题。新技术使得有利于生态保护的包装成为可能，且能应用于多种产品。如今，很多企业都在广告中宣称自己的包装符合环保要求。

包装的形状还能产生奇异、幽默或浪漫的消费诉求。情人节糖果的心形包装能让人马上就知道这是什么产品，有些企业的产品包装则可以再次利用，如装卡夫奶酪的小罐，奶酪吃完后，小罐子还可以用来装果汁。有些罐头和瓶子甚至还具有收藏价值（如芝华士）。这类包装确实物超所值，让买主所花的钱又增加了附加价值。

经　济

包装中所含的识别、保护、便利和消费诉求的成本会增加产品的基本生产成本，但如果能因此而吸引更多的顾客，则又远远可以抵消这一部分成本的增长。这些利益可以为消费者带来极大的差异，并影响到产品概念及广告方式。

广告与价格要素

很多企业，尤其是小型企业，都要求其广告人员提供有关定价战略的思路，这是因为营销组合中的**价格要素**（price element）极大地影响着消费者的品牌感知。

影响价格的重要因素

企业一般根据市场对产品的需求量、生产成本、分销成本、竞争状况和企业目标来确定自己的产品价格。不过，有趣的是，根据预期的产品概念，企业往往只有几种价格方案可供选择。

市场需求

如果产品供应量比较固定，而对该产品的欲望（需求量）却在增加，那么价格一般会上升；如果供过于求，则价格趋于下降。这一点会对广告讯息有很大的

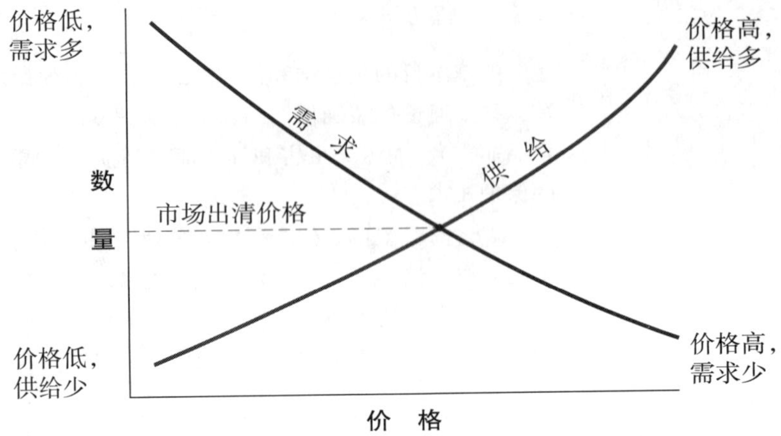

图表 3–7
本图表描绘了需求与价格、供应与价格的曲线。需求曲线显示不同价位的购买量；供给曲线则显示不同价位的供给量。两线相交点被称为市场出清价格，此时供求平衡。从理论上讲，这个价格就应该是产品的售价。

影响（见图表 3–7）。

生产与分销成本

商品价格中有一部分是生产成本和一部分分销成本，如果这些成本增加，必然会转嫁给消费者，否则，企业便无法冲抵其日常费用开支，将被迫停产。这时，常用的一种广告战略就是在广告中突出表现制造产品的材料，这有助于证明生产厂家为什么必须向消费者收取这部分成本。

竞　争

卖主们相信，对很多产品种类来说，消费者更关心的其实是与竞争对手的产品相比，他们心里感受的那个价格，而不是产品的实际价格。对广告主来说，要想在激烈的价格竞争和波动中，让消费者保持那种感觉无疑是一种挑战，但却至关重要。不过，保持价值感正是优秀广告的基本属性之一。

企业目标与战略

企业的目标也会影响到价格。在推出新产品时，企业往往会在初期定出较高的价格，以抵消新产品的开发费用和启动费用。但是，如果企业的目标是将该品牌定位为针对广大目标市场的便利品，那么广告就应该强调产品的经济实惠。

价格还取决于企业的营销战略。可以运用形象广告来支持较高的价格。许多高价位的产品就一再声明自己确实比其他品牌更值钱，关键在于价格必须与品牌形象统一，天美时手表绝对卖不出劳力士的价格。

产品进入成熟期以后，企业目标便倾向于增加（至少保持）市场份额。为了实现这一目标，竞争性广告和促销活动达到白热化，价格趋于下降。

其他影响因素

经济状况、消费者收入与品位、政府管制、营销成本以及其他因素均会影响到产品的价格，进而影响到广告。营销管理人员必须考虑到所有这些因素，从而制定出恰当的定价战略，创作出能支持产品价格的广告。

广告与分销（场所）要素

在创作第一条广告之前，首先必须决定产品的场所或**分销要素**（distribution element）。卖主必须明白，像价格一样，分销手段也必须与品牌形象一致，广告实验室 3-B“星巴克与场所要素”能使我们更加透彻地理解星巴克的分销战略。企业一般采用两种基本分销方法：直接法和间接法。

直接分销

如果生产企业直接将产品出售给终端用户或消费者，那么他们采用的就是**直接分销法**（direct distribution），例如雅芳采用厂家销售代表而非零售商的形式将产品直接出售给消费者。在这种情况下，广告费用全部由生产厂家自行承担。

如今发展最快的一种直销方法叫做**网络营销**（network marketing），又叫多层营销（multilevel marketing）。个人在其中充当某制造商或自有标牌卖主的独立分销商，向亲朋好友推荐产品，劝说他们消费这种产品，并发展其他人参加。通过这种循序渐进的、口传的过程，这批人逐渐形成独立分销商的“购买俱乐部”，购买并使用直接从厂家批发来的产品，同时向更多的朋友和熟人推销该产品。

由于他们推销的通常是针对消费者的产品（这类产品一般需要大量的广告和促销费用），绝大部分营销传播活动都以口传的形式进行，因而节省了大量的资金。公司也提供精美的包装、产品目录、使用手册以及其他销售材料，以成本价出售给分销商。

间接分销

生产厂家一般不直接向终端用户或消费者出售其产品，大多数企业通过由转销商网络组成的分销渠道销售自己的产品，**转销商**（reseller，又叫中间商）是活动在生产厂家与消费者或工业采购员之间的商业公司，进行贸易而非生产活动。转销商包括批发商、零售商、厂家代表、经纪人和分销商。**分销渠道**（distribution channel）由所有参与产品流通过程并对产品享有权益的公司或个人组成。

间接分销渠道使产品得以轻松而实惠地流向消费者。例如，家电公司与某地区的独家代理商签订合同，由其从厂家购买产品转卖给当地的经销商，再由他们转卖给消费者。很多工业企业通过销售代表或代理商将产品卖给原始设备制造商（OEM），供他们将其作为部件用于自己的生产，然后再将他们的产品卖给消费者。

企业的广告取决于企业采取什么样的产品分销方式，我们所看到的很多广告是由经销商或零售商而非生产厂家来承担的。分销渠道中的各成员会在促销上大力支持自己所代表的生产厂家。

营销战略的一部分是要明确分销某种产品需要花费多少资金。例如，宝洁公司几乎向每家超市、折扣店、药店和杂货店都供应自己的佳洁士牙膏，而其他产品也许每 50 000 人才需要一家经销店。消费产品生产厂家一般采用三种

星巴克与场所要素

营销战略中的“场所”或分销要素总是与企业的成功息息相关。你的产品也许是世界上最好的，但如果你的潜在顾客找不到它，就不会有人购买它。

星巴克（www.starbucks.com）的出现改变了人们对咖啡的看法，从很大程度上讲，这可以归因于他们对场所要素的创造性使用。你会发现，在每个市场区域中，星巴克的位置都坐落在客流量大、容易找到的地方。在有些地方，你甚至可以在每一个街角看到星巴克。虽然普通消费者感觉星巴克似乎有点过多，但实际上，每一个零售场所都是经过精心选择和策划的。

对于星巴克这样的企业而言，街道空间的作用就和销售空间的作用一样。从这一方面来考虑，买断一处现成咖啡吧就如同可口可乐买下某家超级市场中的货架一样。星巴克的管理层认为，连锁店的扩展就像咖啡吧和服务本身一样，也是企业成功的一部分。自星巴克开张以来，分店像雨后春笋般遍布了这个星球的各大城市，而且毫无止步的迹象。

在商店以外的地方，星巴克的独特咖啡混合品也开始在一些精选的航线、餐馆、饭店以及超市中出现。另外，星巴克还有一些其他收获，包括开办了一家经营目录分销的邮购公司；与巴诺书店进行横跨全美的联合经营；与波士顿的星市场结为搭档；向华盛顿州渡运系统、荷兰—美国西部巡游、西雅图西飞高庄园以及芝加哥瑞格利田园销售咖啡。星巴克甚至还在网络泡沫中插了一脚。从2001年起，星巴克开始在自己的一些咖啡吧中设置高速无线网络终端，它的顾客可以在店内一边上网浏览、发送电子邮件，一边惬意地享用咖啡。

显然，星巴克意图全面渗透每一个咖啡市场。在消费者购买日用百货的时候，他们可不想为了喝咖啡专门跑一趟星巴克。因此，星巴克咖啡现在也开始与超市中的其他特制咖啡直接展开竞争。1998年，卡夫食品公司与星巴克签订了一项协议，同意向美国境内的25 000多家杂货店分销星巴克的咖啡豆。星巴克的其他场所战略还包括让自己的最新产品DoubleShot挤进超市。另外，星巴克还在开发和完善新饮品的过程中与百事公司合作，利用百事公司强大的分销网络，将自己的产品销往各个角落，从而使自己更接近最初的梦想——打造“星巴克星球”。

实验室应用

运用你在广告实验室3-A中所用的产品，比较星巴克与你的产品使用的分销（场所）原则。另外，如果在其他地点投放你的产品与服务，你应该考虑哪些因素？如何与星巴克进行比较？

分销战略：密集分销、选择性分销和独家分销。

密集分销

由于**密集分销**（intensive distribution）的作用，几乎每家店铺都有软饮料、糖果以及其他便利商品出售。事实上，消费者毫不费力就可以买到这类商品。商品的单位利润一般都很低，但销售量却很大。生产厂家的全国性广告通常负有销售使命，一方面，刊登在行业杂志上的广告将产品推入零售“管道”；另一方面，刊登在大众媒介上的广告则刺激消费者将管道中的产品拉向自己。生产厂家根据自己对战略的调整，或更倾向于推式，或更倾向于拉式，与之相应的促销也会对准贸易系统或消费者，以便形成品牌销量（见第7章）。

选择性分销

通过**选择性分销**（selective distribution）限制零售店的数目，生产厂家可以降低分销和促销成本。生产厂家也许会使用全国性广告，但销售压力则通常要由零售商承担。有时，生产商也会采用**联合广告**（cooperative advertising）的形式和其他许多汽车生产厂家的经销商一样，丰田的经销商也通过区域性联合广告的形式与厂家共同分担广告费。例如，丰田东南分销网（www.jmfam ily.com/SET/default.htm）名下的 165 位经销商就共同分担了这条印刷广告的费用。

分担零售商的部分广告费用。比如李维斯的零售商可能从生产厂家那里获得大量的广告补贴，以便在当地宣传李维斯的服装。作为回报，零售商必须卖力地宣传，并以显著的位置陈列这家生产厂家的服装。

独家分销

有些生产厂家将**独家分销**（exclusive distribution）权指定给某一地区的一家批发商或零售商，高级时装、高档家电和家具就经常采用这种方法。在市场覆盖方面的损失常常可以通过维护高档形象和高价得到补偿，更何况独家分销协议还会迫使生产厂家和零售商在广告活动和促销活动中紧密合作。

垂直营销体系：特许经营的发展

要创造效益，同一分销渠道的成员必须彼此密切合作才行，这就导致了垂直营销体系的产生。**垂直营销体系**（vertical marketing system，简称 VMS）是一种集中计划、集中管理的分销体系，向一批店铺或其他行业提供货物或服务。

垂直营销体系有多种形式，近 25 年来，发展最快的形式是**特许经营**(franchising) ——如麦当劳等，零售经销商（或被授权商）支付一笔费用，获准在母公司或制造商（授权商）的指导下进行经营。据估算，美国 50%的零售额是通过被授权商来实现的。

特许经营和其他垂直营销体系给生产厂家和零售商带来了许多优势：集中调配营销力量、节省资金以及保证广告上的一致，也许，最重要的是，有利于消费者进行识别。每当有一家新的麦当劳开业，这家特许经营店便马上会有顾客上门。此外，一条报纸广告就可以促销同一经营区域内的所有零售连锁店；许多卖主还发现，特许经营是将其服务推向全球市场的最佳途径。

广告与传播(促销)要素

企业一旦落实产品、价格和分销，便着手计划自己的营销传播活动，广告只是其中的一个组成部分（见广告实验室 3–C）。

传播要素（communication element）包括买主与卖主之间所有与营销相关的传播活动。各种不同的营销传播手段共同构成了**传播组合**（communications mix），这些手段可以分为人员传播和非人员传播活动。

人员传播（personal communication）包括所有与顾客之间的人际接触；**非人员传播**（nonpersonal communication）活动则借助某种中介作为传播工具，包括广告、直复营销、某些公关活动、辅助材料和销售推广。现在，成功的营销经理往往把所有这些因素结合到一起，形成整合营销传播方案。

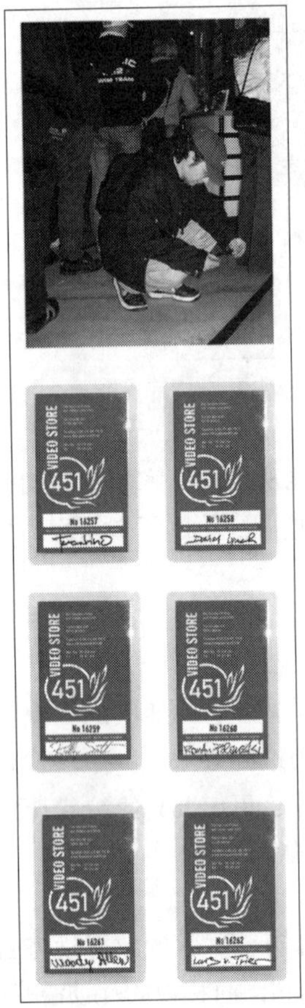

由于直复营销推广能在非常个人化的层面接触消费者，因此说服力强、发人深省。为了给自己的精品电影和发行公司招来新顾客，音像451 店（www.filmgalerie451.de/allwlh.htm）“意外”地丢失了会员卡，上面有昆廷·塔伦蒂诺和罗曼·波兰斯基这些大导演的签名，当然都故意安排在人们有可能发现它们的地点。这种高超而低成本的手法使得该广告获得了戛纳广告节直复营销门类中的银狮奖。（见彩插）

人员推销

有些消费品由售货员在零售店中出售，有些则由销售人员直接登门推销。人员推销在企业对企业的营销中非常重要，这种方式可以营造面对面的氛围，使卖主获得有关顾客需要和欲望的第一手资料，而客户在这种情形下也更难以拒绝。我们将在第 7 章对人员推销作更进一步的讨论。

广　告

广告有时又被称为大众销售或非人员推销，其目的通常是向客户宣传和提示某一特定产品和服务，劝服他们购买和使用这些产品和服务。有时，广告甚至能够完成销售，如邮购订单。

有些产品对广告的依赖非常重，此时，广告便发挥着主导传播作用。以下因素是广告取得成功的重要基础：

- 较强的基本需求趋势；
- 显著的产品差异；
- 对消费者而言非常重要的隐性品质；
- 施展情感诉求的机会；
- 支持广告的充足资金。

在具备这些条件的行业里，如化妆品业，企业可以花费大量资金来做广告，广告成本在销售成本中所占的比重也非常高。对完全没有差别的产品，诸如食糖、食盐和其他原材料或设备，价格一般是最主要的影响因素，广告的作用最小。

直复营销

直复营销（direct marketing）就像是把商店搬到了顾客面前，通过广告和产品目录与消费者直接沟通的邮购行便属于一种直复营销企业，它们建有自己的顾客数据库，采用不同媒介与他们沟通。

现在，由于企业发现了控制、成本效率和责任制的诸多优点，因此，直复营销业迅速发展。例如，许多企业采用**电话营销**（telemarketing，一种直复营销技巧）的方式，通过人与人的电话接触来提高生产率。在直邮广告后接着使用电话，企业可以大幅度提高消费者的反应率；再者，通过电话营销，企业还可以编制宝贵的现有顾客和潜在顾客数据库，以备将来邮寄和促销之需。

公共关系

许多公司采用各种公关活动，诸如**宣传**（publicity，新闻发布、专题故事等）和**特别事件**（special event，如开放日、生产场地观光、贵宾聚会、大型开幕式）来补充（或取代）自己的广告，向不同受众传递有关企业及其产品的信息，建立企业的信誉和形象。正如阿尔和劳拉·里斯指出的那样，由于几十年的滥用和过度承诺，广告的效果和可信度如今已大打折扣，而公共关系活动(详见第8章）却成了建立品牌的一种特别可信的工具，应当始终是企业传播组合中不可或缺的一个组成部分。

辅助材料

辅助材料（collateral material）指企业制造的、用于整合和补充其广告或公关活动的多种辅助性材料，包括手册、目录、说明书、图片、销售材料、促销产品和年度报告。辅助材料的设计应该使企业的形象或品牌定位在顾客心目中得到加强。

销售推广

销售推广（sales promotion，也译作“促销”，详见第7章）是一种特殊的传播手段和活动，通过引起顾客和分销网络成员即刻和明显的行为，在短期内弥补营销组合基本要素的不足。这类广泛的活动包括贸易优惠、免费样品、产品展示、代金券、抽奖、优惠券和奖励等。

有些促销活动主要与营销组合的传播功能有关（产品展示、大型活动、贸易展览）；有些与产品因素（免费样品、奖励）或价格因素（优惠券、批量折扣、月末减价）的关系更为密切；有些则补充分销因素（贸易优惠、销售竞赛）。

营销组合小结

确定好目标市场和营销组合各要素之后，企业就有了一套完整的向该市场进行营销的产品概念和战略基础，现在便可以将其战略和战术编制成书面营销计划和广告计划。作为策划的一个过程，企业还要运用营销与广告调查。

价格与促销

星巴克将自己的产品划在“讲究的”咖啡一类——换句话说，它将自己的产品定位为优质产品，这就意味着它可能比超市中的一般咖啡售价要高。然而，由于星巴克的目标市场是年龄在20~49岁较年轻的人口群体，因此必须小心自己的价格水平。

为了提高知名度，许多新企业不惜斥巨资做广告，但实际上并不一定非如此不可。星巴克肯定从来没有想过自己会在如此短的时间内建立这种品牌忠诚度，但他们确实尽力这样做了，而且只用了少量的广告。并不是他们不相信广告，而是他们没有那么大的实力。因此，他们将重心放在了创造产品价值和提供优质服务上。

最初，公司采用的唯一促销要素是公共关系和一些小型的销售推广活动，目的是引起人们对他们“讲究的”咖啡产生一些初步的认知和兴趣。随着消费者认知和兴趣的提高，星巴克的促销活动也逐渐多了起来。

为了表现自己对社会的关心，星巴克还投身于慈善活动。事实上，它是CARE——一家国际救援与开发组织——目前最大的企业资助人，该组织的目的在于帮助公司咖啡种植基地所在的社区。

随着咖啡文化的蓬勃发展，咖啡市场的竞争也更加激烈，这迫使星巴克不得不在广告上投入更多的资金，以维护自己的市场份额。最初，星巴克用了1 780万美元开展直接反应广告活动，还通过目录和互联网出售带有星巴克标志的大号咖啡杯、咖啡豆研磨机、咖啡蒸煮机和精美食品等。虽然星巴克仍在继续参与社区的公共关系活动，但他们也认识到了投资大众媒介广告的必要性。1997年，借古柏-西弗尔斯坦伙伴公司(Goodby Silverstein & Partners)之手，星巴克发动了其历史上最大的广告突击战，推出了三条电视广告和三条广播广告。1997年秋天，星巴克更换了广告代理公司，聘请了天高西部公司，从那之后，星巴克又用过若干家顶尖广告公司的创意智慧，包括盛世公司。

目前，星巴克的广告重心一分为二：促销星巴克旗下的各种不同产品，专注于国外慈善活动的营销项目。随着更多像星巴克这样的企业将业务拓展到全球领域，很多专家认为，未来我们将有可能看到更多与慈善事业相关的广告，因为这些公司试图在全世界维护它们的正面形象。

实验室应用

在为你所选的产品或服务（见广告实验室3-A、3-B）制定营销组合时，请考虑这最后两个因素：价格与促销。你的产品应该定什么价？为什么？你应该具备什么信用条件？你应该运用什么媒介来宣传你的产品与服务？为什么？你认为星巴克应该在更传统的大众媒介上做广告还是应该坚持公共关系？你建议星巴克采用哪种“创意声音”？

重要术语

市场细分
行为细分
用户身份
用量细分
使用率
购买时机
利　益
利益细分
地理细分
人口统计细分
地理人口细分
消费心态细分
消费心态法
首要动机
资　源
企业市场
转销商
主要需求趋势
目标营销过程
目标市场
产品概念
营销组合
4P
产品要素
产品生命周期
早期接受者
初级需求
引入期
拉式战略
销售推广
推式战略
成长期
成熟期
选择性需求
衰退期
服　务
显性差异
隐性差异
诱导性差异
品　牌
独立品牌
家族品牌
全国性品牌
自有标牌
特许品牌
品牌资产
文案要点
价格要素
分销要素
直接分销法
网络营销
分销渠道
密集分销
选择性分销
联合广告
独家分销
垂直营销体系
特许经营
传播要素
传播组合
人员传播
非人员传播
直复营销
电话营销
宣　传
特别事件
辅助材料

复习题

1. “共同特点”这一概念与市场细分过程之间有什么联系？
2. 你如何运用价值观与生活方式体系(VALS) 为你所选择的某一产品制定营销战略？
3. 企业市场的细分与消费品市场的细分有什么区别？
4. 在确定营销组合要素时，要考虑的最重要的因素有哪些？
5. 产品与产品概念之间有什么区别？
6. 除本章提到的产品定位案例外，你还知道哪些案例？
7. 产品生命周期对企业所采用的广告有什么影响？
8. 影响产品价格的因素有哪些？
9. 基本分销方法对广告有什么影响？
10. 哪种产品特点需要大量广告？哪种需要少量的广告？为什么？

第 4 章

调查：为广告策划收集信息

目标 了解广告主如何获得市场信息以及如何在营销和广告决策过程中运用调查结果。

阅读本章，你可以学会：

1. **了解**调查如何帮助广告主找到细分市场，并识别目标市场。
2. **掌握**调查流程的基本步骤。
3. **掌握**正式调查与非正式调查、初级信息与二级信息之间的区别。
4. **掌握**定性调查和定量调查的方法。
5. **明确**“效度”与“信度”的定义与解释。
6. **了解**调查问卷设计过程中的重要问题。
7. **了解**国际广告主在国外收集调查资料时面临的挑战。
8. **了解**广告测试的利弊。

调查在营销与广告中的必要性

每年，企业都会将大量资金（高达数千万美元）投入广告创作与促销活动中，希望自己的顾客与潜在顾客能够注意到这些活动，或与它们产生某种联系。于是，他们花费更多的资金在印刷媒介和电子媒介上发布自己的东西，希望自己的顾客能够看见或听见，然后有所反应。

广告价格不菲。因此在没有很好地了解谁是自己的顾客、他们都接触些什么媒介、他们想要什么以及喜欢什么这些问题之前，广告主投入那么多钱就太冒风险了。因此，广告主有必要进行调查。调查可以给营销决策和广告决策提供有力的依据。没有这些信息，广告主就只好凭直觉和猜测行事，而在如今这个日新月异、高度竞争的全球经济状态下，这无异于自取灭亡。

什么是营销调查

用于收集、记录、分析新信息，帮助管理者制定营销决策的系统程序被称为**营销调查**（marketing research）。营销调查有别于*市场调查*，后者是收集某一特定或细分市场的信息。营销调查具备多种功能：协助识别消费者需要和细分市场；为开发新产品、制定营销战略提供必要的信息；帮助管理者评估营销规划与促销活动的效果；此外，营销调查还有利于财务规划、经济预测和质量控制。

企业通过营销调查收集大量不同的信息。也许，用一位调查人员提出的3R最便于我们理解调查对营销的作用：*吸纳*（recruit）新顾客、*留住*（retain）老顾客、*重新赢回*（regain）失去的顾客。

例如，为了*吸纳*新顾客，调查人员可以研究不同的细分市场，用适当的产品和服务，设计出与卖主相匹配的*产品属性模式*。广告主有许多问题需要解答：消费者想要什么样的新产品？我们应该有什么想法？对我们的顾客来说，什么才是最重要的产品特点？对产品外观和性能进行哪种变化才能增加产品的销量？什么价位才能既保持品牌形象、创造利润，又能吸引消费者，让他们买得起？这些问题的答案关系到产品设计和营销决策，直接影响着产品的本质、内容、包装设计、定价以及广告。

另一方面，为了*留住*现有客户，广告主可以运用*顾客满意度调查*。同样，顾客交易*数据库*也可以指明顾客满意或不满意的原因。现在，企业已经意识到，与顾客个人保持良好的关系是达到最佳销售效果的一个途径。因此，顾客满意度调查便成了营销调查中发展最快的一个领域。

前两种调查所获得的信息有助于解决第三个问题——*重新赢回*失去的顾客。例如，如果一家办公设备生产厂家通过调查发现要求维修的电话增多，通常那就意味着客户随之可能会取消服务合同，公司就可以密切关注现有客户的动向，采取预防性措施。此外，广告主还可以检查老顾客的服务记录（如果记录属实的话），针对他们的情况设计一些营销活动或广告诉求，再把他们争取回来。

什么是广告调查

在设计任何广告活动之前，广告公司必须了解消费者对产品的感觉，对竞争对手的看法，对品牌形象和企业形象的信任度，以及哪些广告提出了最重要的诉求。若想得到这些信息，广告主可以利用*广告调查*。营销调查提供的是营销决策所需的信息，而**广告调查**（advertising research）提供的却是广告决策所需的信息。从定义上看，广告调查是为了帮助广告公司制定或评估广告战略、单条广告或整个广告活动而对信息进行系统的收集和分析。

本章将着重讨论信息收集对制定广告计划和广告战略的重要意义，观察广告公司在广告发布前、发布后如何运用调查对广告效果进行检验，另外还要学习一些具体的调查技巧。

在广告决策中运用调查

广告调查的目的各不相同，但总的来说，大多数广告调查可以分为四类：*战略调查*、*创意概念调查*、*事前测试*和*事后测试*。

1. *广告战略调查*——用来帮助确定产品概念或帮助选择目标市场、广告讯息或媒介载体。
2. *创意概念调查*——在概念阶段测定目标受众对不同创意思路的接受程度。
3. *广告事前测试*——用来在广告活动展开之前诊断可能出现的传播问题。
4. *广告事后测试*——帮助营销人员在广告发布后对广告活动进行评估。

如图表 4-1 所示，卖主在不同的广告活动阶段会采用不同的广告调查方法，在每一个阶段，他们所运用的技巧也有很大差别。在学习调查过程之前，我们先要对每一种调查进行简要的讨论。

广告战略调查

企业将创意组合的各个要素——包括*产品概念*、*目标受众*、*传播媒介*以及*创意讯息*——混合在一起，制定出广告战略。为了获得有关这些不同要素的信息，企业可以运用**广告战略调查**（advertising strategy research）。

产品概念

正如我们在本章一开始看到的那样，广告主必须了解消费者如何看待自己的品牌，他们还希望了解是哪些因素导致了消费者的第一次购买，进而逐渐形成品牌忠诚。通过这些信息，他们力图为自己的品牌建立一个独特的*产品概念*，即我们在第 3 章讨论过的那一系列能给消费者带来效用性和象征性利益的价值。

这种信息才能帮助广告主为品牌制定出有效的定位战略，经过一段时间以后，广告可以逐渐形成或修正品牌的定位和形象。事实上，这正是广告最重要的战略利益之一。但若想有效地利用媒介广告，就必须首先利用战略调查为创意人员制定出可资遵循的蓝图。

广告对不同的产品种类——甚至同一种类中的不同品牌——的效果不会完全相同，也就是说，每个品牌都应该根据自己对特定消费者的需要、欲望和动机的了解来制定相应的创意规划。只有经过一段时间的正确培育（比如一两年），品牌资产才能建立起来。

扬·卢比凯广告公司创建了一种名为 BrandAsset Valuator 的品牌评估模式，以确定如何树立品牌并让其富有生机，该模式按差异化、关联性、声誉和熟

	广告战略调查	创意概念调查	广告事前测试	广告事后测试
时　间	创意工作开展之前	广告制作开始之前	提交完稿和图片之前	广告发布之后
调查问题	产品概念定义 目标受众选择 媒介选择 讯息要素选择	概念测试 名称测试 口号测试	平面测试 电视故事板事前测试 广播广告事前测试	广告效果 消费者态度变化 销售额增加
技　巧	消费者态度与广告语情况调查 媒介调查	自由联想测试 定性面访 陈述比较测试	消费者评审小组 配套样品 组合测试 故事板测试 构图手段 心理评级衡量	辅助回忆法 自由回忆法 态度测试 问询测试 销售测试

图表 4–1

不同广告阶段的调查类型

知度依次来衡量品牌。按照扬·卢比凯的理论，品牌要想生存，必须首先形成差别，即必须具备某种独特之处和不同之处；其次，还必须让目标市场感觉到该品牌与其需要和欲望之间的联系；最后，还必须通过声望和知名度确立地位。只有完成了所有这些步骤，一个品牌才可能取得领导者的地位。

紧随扬·卢比凯之后，其他一些公司也开发出了自己的品牌资产调查方法。1998 年，WPP 集团推出了一种名为“BRANDZ”的调查工具。2000 年，恒美全球推出了“品牌资本”，李奥·贝纳公司推出了“品牌证券”的品牌调查。所有这些调查方式的目的都是为了在花费巨资做广告之前了解消费者如何与品牌产生联系。

目标受众选择

创意组合的第二个要素是目标受众。在第 2 章和第 3 章我们已经指出，没有哪个市场可以将所有人全部包容进去。因此，调查的主要目的是对某一品牌的目标市场与受众进行全面的了解，营销人员希望弄明白到底哪些顾客才是这种产品的主要用户，然后仔细研究他们的人口统计特征、地理特征、消费心态以及购买行为。

任何新产品面临的最大困难，无一例外是预算问题，任何一家企业都不可能有足够的资金同时有效地覆盖所有地理定义或人口定义上的市场。因此，广告主便经常采用*主导概念法*，即调查哪些市场（地理的或其他因素的）对产品销售最重要，然后集中精力瞄准最有可能获得广告优势的市场。

媒介选择

为了制定媒介战略、选择媒介载体并评估其效果，广告主会进行媒介调查。**媒介调查**（media research）是广告调查的一个分支，广告公司通常向调查业辛迪加购买调查资料，这些调查业辛迪加——如 AC 尼尔森公司、阿比创公司、西

蒙斯公司 (Simmons) 监测并发布广播、电视、报纸等的到达率和效果评定。

讯息要素的选择

广告战略中的最后一个要素是讯息要素。通过调查消费者对产品和品牌的好恶，企业希望找到大有前景的广告讯息。例如，卡夫食品公司希望能找到一些办法劝服家长从那些廉价品牌转而消费加工奶酪。尽管它的卡夫单片(Kraft Singles) 品牌在加工奶酪切片类产品中属领导品牌，但公司仍然担心品牌没有跟上市场的整体增长。

卡夫公司实施了一系列消费者态度定性调查，希望了解女性尤其是妈妈们是如何感觉“卡夫单片”这个品牌的，并期望从中找出广告的潜在主题。

根据这些信息，广告公司采用概念试验来确定哪些讯息要素方案最有可能成功，这便是针对制定创意广告概念的第二类调查。

制定创意概念

一旦企业要制定广告战略，企业（或其广告代理公司）就开始为广告活动制定创意概念。在决定到底应该采用哪一个概念的时候，调查再次发挥作用。

从全部调查结果中，卡夫研究人员发现有两个广告概念能防止妈妈们受到竞争品牌的影响：第一，表现孩子们有多喜欢卡夫单片；第二，强调卡夫单片品牌含有孩子所需的钙。智威汤逊准备了两条试验性的电视广告，并就此举行了由妈妈们参与的小组访谈，希望得到妈妈们的反应。谈话在主持人的主持下进行，每个小组都观看广告，而她们对广告的反应则由单向玻璃后面智威汤逊以及卡夫的工作人员加以测量、记录并观察。马上，问题就浮出了水面：孩子们喜欢卡夫口味的这一条广告，概念上不是很容易理解；宣称卡夫含有钙成分的这条又不是很有说服力。妈妈们说，“它当然含钙了，它是奶酪嘛。”于是广告公司不得不尝试寻找新的方法来传播信息。

智威汤逊公司将受试的广告融合在一起，创作了一条新的广告：几个小孩正在大嚼蜜糖烤奶酪三明治，画外音说，五个孩子当中有两个摄入的钙含量不足。然后又做了几场消费者小组访谈来测试。这次，妈妈们都认为广告中孩子们狼吞虎咽三明治的场面传达了好味道的主题，但是五分之二的孩子缺钙的说法却让一些妈妈感到特别惭愧。

为了弱化这一讯息，广告公司把旁白换成了女性，并引进了早期广告策略中曾用过的牛奶仙子形象，从而使整条广告的调子轻松下来。这样似乎很奏效，于是广告公司继续进行文案测试。

事前测试和事后测试

广告预算往往是企业营销预算中最大的一块，因此，广告主极其重视广告效果也就不足为奇了。广告主想知道自己花了钱都能得到什么，自己的广告是否奏效。而且他们希望在他们的广告启动之前得到一些保证。

测试的目的

广告主利用测试来确保其广告资金得到合理的使用，这是他们的一个主要手段，可以防止严重的失误，尤其是在判断哪种广告战略或媒介最有效的时候，还可以使广告主对（销售结果以外的）广告活动的价值进行一番衡量。

为了提高设计出最有效广告讯息的可能性，很多公司都采取了**事前测试**（pretesting）。有些广告公司在向客户提交广告之前，会对所有广告文案进行事前测试，看是否存在沟通上的空白点或讯息内容上的缺陷。如果不对广告进行事前测试，广告主就可能遭遇来自市场的意外反响。先灵加拿大公司（Schering Canada）就因为没有进行事前测试，结果在广告推出后恶评如潮，不过，大部分不利反应比较含蓄：消费者只是跳过广告页或换频道，但销售却会受到隐形的不良影响。因此，在广告发布之后也必须对广告效果进行测试。**事后测试**（posttesting）也称为*广告追踪*，可以为广告主未来的广告活动提供有用的指导。

测试有助于广告主制定重要决策

广告主运用事后测试帮助自己决定一系列变量，为了方便起见，我们可以把这些变量记为 5M，即*产品*（merchandise）、*市场*（market）、*动机*（motive）、*讯息*（message）和*媒介*（media），其中许多变量在事后测试中也可以测量。不过，事后测试的目的是评估而不是诊断。下面，我们就对这 5M 做一个简要的概述。

产　品 为了统一起见，我们在此用 merchandise 一词指*产品*，企业可以在事前测试一系列因素：包装设计、广告如何给品牌定位或广告传播产品特点的效果。

一些调查人员采用一种名为*利益测试*的方法。他们向一组参加小组访谈的受试者展示产品的 10~12 个利益，以便从中发现这组人认为最有说服力、最令人信服的产品利益。

市　场 广告主可以通过事前测试广告战略或某一特定广告在代表不同**市场**（market）的受众人群中的反应，从中获得信息以指导他们修正自己的战略，将广告瞄准另一个市场。广告主希望通过事后测试了解自己的广告活动是否成功到达了自己的目标市场。知晓度的变化和市场份额的扩大是其中的两项指标。

动　机 广告主无法控制消费者的**动机**（motive），但却可以控制针对这些动机的广告讯息。事前测试有助于广告主找到最能针对消费者需要和动机的好方法，事后测试则可以评价效果如何。

讯　息 事前测试有助于判断出广告是优秀还是平庸，有助于站在客户的角度判断**讯息**（message）说了些什么，说得如何。广告主可以借此测试广告标题、正文、插图、字体或讯息设计思路。最重要的是，事前测试可以为改进广告提供指导。

不过，事前测试也不是万灵丹，了解广告是否真正有效的唯一办法是通过不断的跟踪监测或事后测试。通过事后测试，广告主能够判断出人们看见、记住和信任广告讯息的程度。消费者的态度变化、感觉变化和对品牌兴趣的变化、消费者对广告语的记忆或对广告主的识别均标志着广告的成功。

媒 介 媒介广告的价格正在急剧上升，因此，如今的广告主更有必要做到有的放矢。事前测试得到的信息会影响到媒介决策的几个方面：媒介种类、媒介细分、具体媒介载体、媒介版面与时间单位、媒介预算以及排期标准。

媒介种类（media classes）指对媒介进行的较宽泛的划分，如平面、电子、数字互动、直邮和户外等。通常，在同一大类下又可分为几个**媒介细分**（media subclasses）——报纸、杂志、广播、电视等；具体的**媒介载体**（media vehicle）指具体的某一个节目或刊物；**媒介单位**（media unit）指一条广告的长度或大小，如半版、整版、15 秒、30 秒或 60 秒等（见图表 4–2）。

广告发布后，事后测试可以判定媒介组合是否有效地到达了目标受众，传递了预期的讯息。我们将在第 12 章至第 15 章对受众测量进行深入的讨论。

一家企业的广告预算到底应该多大才算合适？各不同市场和媒介应当分配多少资金？具体到某一产品又该分配多少资金？这是所有广告主一直面对的问题。广告主可以利用一些事前测试技术，在推出全国性广告之前找出最佳投入水平。

媒介排期也是一直困扰许多广告主的一个问题。通过事前测试，广告主可以测试消费者在不同季节、不同日子对某一产品广告的反应，还可以测试经常性广告是否比偶然性或一次性广告更有效，测试全年性广告是否比礼品购买季节的集中性广告更有效。

总体效果 最后，广告主还希望判定广告的总体效果，评估广告对其目标的完成情况。而事后测试最有助于明确是否应该继续发布广告，如何继续，有无更改的需要，以及未来的广告投入。

调查过程的步骤

调查过程一般分为五个基本步骤（见图表 4–3）：

1. 形势分析与问题界定。
2. 非正式调查（试调查）。
3. 设定调查目的。
4. 正式调查。
5. 调查结果的解释与汇报。

图表 4–2
媒介分类

媒介种类	印 刷	电 子	数字互动	直 邮	户 外
媒介细分	报纸	电台	互联网	目录	户外
	杂志	电视	电脑亭、ATM	手册	交通工具
媒介载体	《纽约时报》	KNX-AM	雅虎电子邮件	Speigel	路牌
	《世界时装之苑》	Ellen DeGeneres	Facebook		巴士长椅
媒介单位	半版	30 秒广告	条幅广告	16 页	30 幅海报
	整版	信息性广告	ATM 视频	信纸大小	车内广告牌

图表 4-3

营销调查过程始于对企业形势的评估和对问题的界定

第一步：形势分析与问题界定

营销调查过程的第一步是*形势分析和问题界定*。许多大型企业设有自己的专属调查部门，营销部一般配有专门的**营销信息系统** (marketing information system，简称 MIS)，这是一套能连续不断地、有条理地提供制定营销决策所用信息的复杂程序，这些体系保证管理者在需要信息的时候能得到所需的信息。

第二步：非正式（试）调查的实施

调查过程的第二步是运用**非正式调查** (informal research) ——又叫*试调查* (exploratory research)，对市场、竞争和企业环境进行更深入的了解，以便更好地界定问题。正如我们从假日快捷酒店案例中看到的，调研人员可以与公司内部的知情人士和公司外部的批发商、分销商、零售商、顾客，乃至竞争对手探讨这些问题。谁最有可能提供最多的信息，他们就找谁。

调查信息分两种：*初级信息与二级信息*。就某一具体问题直接从市场中收集到的信息叫做**初级信息** (primary data)，收集初级信息花费较高，所需时间较长。因此，在试调查阶段，调查人员往往利用二级信息。**二级信息** (secondary data) 指本公司或其他机构过去收集或公布的信息，通常不是为本目的而专门收集的，这种信息是现成的（既可以是内部的，也可以是外部的），收集二级信息比收集初级信息更快捷、更便宜。

整理内部二级信息

企业记录往往是宝贵的二级信息资源。产品发货数字、公司收入、保修卡记录、广告费支出、销售费用、顾客来信以及与销售人员的会谈记录等，都是非常有用的内部信息。

周密的营销信息系统有助于调研人员分析销售信息，审核过去的跟踪调查，检验原来的营销调查信息。这些信息有可能产生出别致的标题或定位陈述。

收集外部二级信息

用很低的代价，甚至无须任何代价就可以从政府部门、市场调查公司、贸易协会、各种商业刊物或电脑数据库中获得大量的信息，绝大多数大公司都可以从任何一家调查辛迪加那里了解到有关本行业的信息。比方，作为某大型营养食品公司的广告经理，你准备向市场推出一种新的维生素品种，这时，你就可能要了解目前市场对维生素与别的食物补充剂的需求量、竞争对手数量、每家投入的广告数量以及本行业面临的挑战与机遇。

但我们也必须认识到二级信息存在的一些潜在问题：信息可能过时，因而不能采用；许多信息和要解决的问题之间缺少关联性；有些通过调查获得的信息是错误的，因此结论不可靠；有时信息源本身可能不可靠。此外，由于互联网的出现，现在可资利用的信息太多，难以筛选，要将它们浏览完需要大量的时间。

第三步：调查目的的确立

在试调查完成之后，企业可能还需要更多的信息，这时只能通过初级调查才能获得这些信息，如：明确自己的顾客究竟是谁？他们对本公司和竞争对手的认识如何？而要做到这一点，企业必须首先要确立具体调查目的。

调查项目开始时，应该编制一份关于调查问题简洁的书面说明。企业必须明确自己要做出的决策，为调查指明方向。一旦企业了解了情况，就能明确地设定具体的调查目的。例如，一家百货商店注意到自己的市场份额正在缩小时，也许会如此表述自己的问题和调查目的：

市场份额

我公司的销售额虽然依然呈上升趋势，但已势头大减，没能带来股东所期望的利润。去年，我们男鞋部的市场占有率下滑了 10%，女式高档服装部下滑了 7%。调查显示，我们的销售量是被同商场内的其他百货商店夺去的，顾客搞不清我们的市场定位。我们必须明确在未来的市场中如何给自己定位。

调查目的

我们必须解答以下问题：（1）谁是我们的顾客？（2）谁是其他百货商店的顾客？（3）这些顾客喜欢我们的什么？喜欢竞争对手的什么？不喜欢什么？（4）我们目前给人的印象如何？（5）我们必须怎么做才能澄清印象或改善印象？

这种陈述问题的方式既具体又可以测定，决策点清晰，问题之间彼此相关、相互联系。调查结果将为公司制定新的定位战略提供必要的信息，定位战略进而推动营销计划和广告计划的制定，使企业的未来走上正轨。

第四步：正式调查的实施

如果某家企业想直接从市场上收集某一具体问题的初级信息，它可以利用**正式调查**（formal research）。正式调查分两种形式：定性调查和定量调查。

为了获得对市场、消费者或产品的总体印象，广告主一般会从**定性调查**（qualitative research）入手。这种方法既可以使调研人员了解被抽取样本人口的观点，又可以了解问题本身。然后，他们可以运用实地调查或其他**定量调查**（quantitative research）方法找出有关具体营销形势的确凿数据。老练的广告公司会在这两种方法之间保持平衡，巧妙地避免它们各自的缺陷并将两者结合起来（见图表 4–4）。

本节我们将讨论广告主在定性和定量调查中经常采用的基本方法，然后，我们将看看他们如何在测试广告中应用这些技巧。

	定　性	定　量
收集数据的主要技术	小组访谈和深度访谈。	全面调查和科学抽样。
问题类型	为什么？通过什么思考过程？用什么方式？与其他什么行为或想法有关？	多少？
访问员的职责	关键：访问员的思路必须立得住脚，并根据受访对象的反应来组织和调查问题，最好由受过严格训练的专业人员担任。	重要，访问员只需能看懂大纲即可，他们不必即兴发挥，无须太多培训，有责任心的员工即可胜任。
提出的问题	每一组之间、每一场访问之间的问题顺序和段落要有变化。增加新问题，去掉老问题。	每一场访问都应毫无差别，问题顺序和段落要小心掌握。
访问数量	若访问场数少，时间可以稍长。	大量访问，以便得到能科学反映情况的样本。
结果类型	设计前提、获得情报、改进语言、精炼概念，使数据具体化，给广告文案提出诊断意见。	试验前提、优化因素，为数学模型和推算过程提供资料。

图表 4–4

定性调查与定量调查的区别

定性调查的基本方法

为便于他人交流自己的想法与感受，调查人员采用定性调查方法进行深入开放式的诱导，而不是做“是与否”的问答。有些营销人员将此称为动机调查。然而，无论问题设计得多么巧妙，有些问题仍然会令消费者回答起来不太舒服。比如，在问到为什么要买一辆标志身份地位的车时，很少有消费者愿意承认是因为该车让他们觉得自己是个有地位的人，他们多半会回答说是因为该车便于驾驶或比较实惠，或性能可靠。定性调查一般采用投射技术或深度调查技术。

投射技术　广告主通过**投射技术**（projective technique）来了解人们潜藏的或下意识的感觉、态度、兴趣、观念、需要和动机。调查人员间接地问一些问题（诸如：“你认为在此购物的人都是些什么样的人？”）尽量让消费者无拘无束地表达自己对问题或产品的真实感觉。但这种技术要求调研人员必须具备老练的调查技巧。

深度调查技术　**深度调查技术**（intensive technique），如深度访谈，也要求调研人员小心对待、合理控制。在进行**深度访谈**（in-depth interview）时，设计周密而结构松散的问题有助于访问员挖掘受访对象更深层的感受。

尽管深度访谈有助于揭示个体的动机，但这种方法代价高昂、费时颇多，而且老练的访问员也供不应求。

最常见的一种深度调查技术是**小组访谈**（focus group）。在这种活动中，公司邀请六名以上人员作为目标市场的典型代表参加小组座谈，就产品、服务或

小组访谈是深度调查技术的一种，可以用来评估广告中各要素和广告活动的效果。小组访谈与全面市场调查配合使用时效果最好。

营销状况等展开讨论。座谈会的时间一般以一个小时或稍长为宜，由一位经验丰富的主持人控制与会者的自由漫谈。与会者之间的互动会揭示出每个人对产品的真实感受或行为。通常在单向玻璃墙后面还有另一批调查人员对小组访谈的实况进行记录、观察或录像。

参加小组访谈的人并不一定绝对代表真实的人口样本，但他们的反应却有利于解决以下几个问题：提供候选代言人的可行性资料，判定视觉元素和战略的效果，区别广告中哪些因素不够清楚、哪些承诺不太可信。小组访谈最好能与全面调查配合使用。事实上，从小组访谈获得的反馈往往有助于设计正式调查的问题。如果在全面调查之后进行小组访谈，则小组访谈可以使原始数据更加充实。

定量调查的基本方法

广告主通过**定量调查**（quantitative research）获得有关某一特定市场状况和形势的确凿数据。用于收集定量信息的基本方法有三种：观察法、试验法和全面调查法。

观察法 调查人员运用**观察法**（observation method）监测人们的行为，他们或许会站在马路边上统计经过某一路牌的人流量，或许会通过连接在电视机上的仪器统计电视观众的数目，或到超市观察消费者对某一产品的反应。大多数观察法调查都由大型独立营销调查公司来操作。

科学技术极大地丰富了观察的方法，附在每件消费者包装商品上由12位数组成的**通用产品代码**（Universal Product Code，即UPC，我国称之为条形码。——译者注）便是其中之一。

调查人员利用扫描仪阅读条形码，便可以得知正在出售的是哪种产品，其销售情况如何。条形码不仅可以提高收银台的工作效率和准确性，还能使店铺和生产厂家对库存进行及时调控，为店铺和生产厂家提供涉及价格、店内促销、优惠券以及广告效果方面准确的售点信息。

试验法 调查人员利用**试验法**（experimental method）来测定真实的因果关系。这是一种科学的调查方法，调查人员将试验组的刺激加以改变，然后将其结果与未改变刺激的控制组的结果进行比较。这种调查方法一般用于新产品上市或新广告活动启动之前。营销人员选择一个孤立的地理区域——我们称之为**试验市场**（test market），只在那个地区推出产品；或在面向全国铺开之前，先在那个地区进行新广告活动或新促销活动的试验。比方，广告主可以在甲地投放某条新广告，但却不在乙地投放，然后将两地的销售情况进行比较，从而判断广告的效果。不过，在运用这种调查法时，调查人员必须进行严格的控制，只有这样，才能准确地判断那些影响到结果的变量。但因为每个营销变量并不容易控制，因此这种方法比较难以实施，且费用高昂。

全面调查法 **全面调查法**（survey）是收集初级信息常用的一种方法，调研人员通过询问现有或潜在顾客来获得有关他们的态度、想法或动机方面的信息(政治民意调查最为典型)。全面调查可以通过人员面访、电话、邮寄或互联网的形式来实施，每一种方式都有明显的优点和缺点（见图表 4–5）。本章后半部分我们将对与全面调查有关的一些重要问题加以探讨。

测试广告的基本方法

虽然没有绝对可靠的方法可以预测每条广告的成功与失败，但只要运用得当，事前测试与事后测定可以给广告主提供有用的信息。

事前测试 广告主经常运用各种定性调查方法和定量调查方法测试广告受人喜欢的程度和消费者对广告的理解情况。

例如，如果现在测试的是平面广告，那么广告主往往直接提问：这条广告对你说了些什么？这条广告是否能使你对本公司产生任何新的或不同的认识？如果会，是什么？广告是否反映了你想参与的活动？广告可信吗？广告是否影响到你对其宣传的商品的感受？有什么影响？你喜欢这些广告吗？

图表 4–5
信息收集方法比较

	面 访	电 话	邮 寄	互联网
资料收集费用	高	中	低	低
资料收集时间	中	低	高	中
特定预算的样本量	少	中	多	多
信息量/受访者	高	中	低	低
分散样品到达率	无	可能	有	有
具体地点到达率	有	可能	无	有
与受访者之间的互动	有	有	无	无
面访员偏向程度	高	中	无	无
反馈偏差严重程度	低	低	高	中
直观刺激展示	有	无	可能	有
访员培训要求	有	有	无	无

对照表

广告事前测试方法

平面广告

____ **直接提问法**。提出有关广告的具体问题，常用于开发早期测试备选广告。

____ **小组访谈法**。控制下的自由漫谈方法，一般由六人或六人以上调查对象组成座谈小组。

____ **优点排序法**。调查对象观看两条或以上广告，然后将它们按某一标准顺序排列。

____ **对比法**。调查对象比较同一组中的每一条广告。

____ **卷宗测试法**。一组调查对象观看的是一套与其他广告和评论文章穿插在一起的受试广告卷宗，另一组看的则是将受试广告抽掉后的卷宗。

____ **模拟杂志法**。将受试广告“插进”一本杂志里，然后将它留给调查对象看一段时间(此法也可用于事后测试)。

____ **知觉含义调查法**。调查对象定期看到广告。

____ **直邮测试法**。将两条或两条以上的备用广告寄给邮寄目录上的不同潜在对象，测试哪条广告引起的订购数量最大。

电台广告

____ **中心场所投射测试法**。调查对象在购物中心这类中心场所观看受试的电视广告。

____ **活动房测试法**。调查对象在购物中心的活动房中收看电视广告，然后向他们赠送被宣传产品的优惠券；另一组样本只得到优惠券，未看电视广告。调查人员测定两组调查对象的优惠券使用差别。

____ **剧场测试法**。电子设备使调查对象得以在剧场观看电视广告时表示自己的好恶。

____ **现场电视广播测试法**。受试电视广告通过闭路电视或有线电视播放，通过电话访问调查对象或在收视范围内对店铺的销售量进行审核。

____ **销售试验法**。在两个或两个以上的地区播放备选广告。

生理测试

____ **瞳孔仪**。观测调查对象瞳孔放大的程度，大致能得出调查对象的反应。

____ **眼波记录**。将调查对象的眼睛运动轨迹叠印在广告上，观察其选择的方向，以及吸引并保持其注意力的地方。

____ **电流测定仪**。利用微弱电流测量调查对象的汗腺活动。一般说来，广告越叫人紧张，测试效果越好。

____ **音调分析**。将消费者的反应录下来，然后用电脑测量他们在受到情感刺激时音调发生的变化。

____ **大脑活动分析**。用扫描仪监测调查对象大脑的反应。

通过**直接提问法**（direct questioning），调查人员可以推导出受访者的全部反应，进而推断出广告讯息对文案关键点的传递力度。在广告创作早期，用直接提问法测试备选广告效果尤其明显。在那个阶段，调查对象的反应和信息最好掌握。平面广告的事前测试方法很多，如：小组访谈法、优点排序法、对比法、卷宗试验法、模拟杂志法、知觉含义调查法和直邮测试法（见对照表：广告事前测试方法）。

有几种专门用于事前测试广播和电视广告的方法：**中心场所测试法**（central location test）向调查对象播放被试广告的录像带，地点一般是在购物中心，在播放之前和之后均向调查对象提出一些问题；**混杂测试法**（clutter test）将被试广告与其他非竞争性的控制广告放在一起，播放给调查对象看，以此来判断广告的效果，测定调查对象的理解变化与态度变化，发现广告的弱点。

事前测试面对的挑战 不能说哪种方法是事前测试广告变量的最佳方法。不同的方法测试不同的方面，每种方法都各有优劣势，这对广告主无疑是一个巨大的挑战。

对照表

广告事后测试方法

____ **辅助回忆法（认知—读者人数）**。唤起调查对象的记忆，向他们展示特定的广告，然后问他们过去是通过什么途径接触到这些广告的：读到的？看到的？还是听到的？

____ **自由回忆法**。不经提示，问调查对象是否看过或听到过广告讯息。

____ **态度测试法**。用直接提问、语义分化试验或松散问题测量调查对象在看过广告后的态度变化。

____ **查询测试法**。向某一广告的读者或观众分发额外的产品信息、产品样本或优惠券，反响最强烈的广告一般效果也最好。

____ **销售测试法**。对已实现销售的测定，将销售情况与广告力量进行比较；用控制试验测定不同市场的不同媒介；用消费者购买测试测定某一广告引起的零售量；用店面库存审核对照零售商库存在广告前后的存量变化。

事前测试有助于区分强势广告和弱势广告。但由于测试是在人工状态下进行的，因而调查对象有可能假设自己是专家或评论家，答出无法反映其真实购买行为的答案；此外，他们还有可能为了迎合访问员而捏造观点，或者不情愿地承认自己受到广告的影响，或支持他们认为自己喜欢的广告。

调查人员在要求人们给广告排序时碰到不少问题，调查对象往往把给他们留下最佳第一印象的广告列为第一名而不计其余（**晕轮效应**，halo effect）。另外，调查对象对涉及购买行为问题的回答也可能不可靠，因为购买意向不等于购买事实。

虽然有这些困难，但归根结底涉及到一个字——钱。小广告主很少进行事前测试，但他们的风险也不会很大；如果广告主投入上百万资金制作新广告，那么必须事前进行测试，确保新广告有趣、可信、受人欢迎、便于记忆，进而提升品牌形象。

事后测试法　事后测试一般比事前测试费用更高，也更费时，但它可以在真实的市场状态下对广告进行测试。与事前测试一样，广告主在事后测试中同样也采用定性方法和定量方法。大多数事后测试技术可归为五大类：辅助回忆法、自由回忆法、态度测试法、查询测试法和销售测试法（见对照表：广告事后测试方式）。

有些广告主运用**态度测试法**（attitude test）来衡量广告为本企业及其品牌或产品树立有利形象的能力。通常说来，如果消费者的态度是往有利的一面改变，他们购买本公司产品的几率就增大。

事后测试面对的挑战　每种事后测试方法都有其局限性。**回忆测试法**（recall test）能揭示广告各要素（如大小、色彩或主题等）的效果，但这种方法只能测量调查对象注意到了什么，却无法测出他们究竟买没买产品。

在测量销售效果方面，态度测试法通常比回忆法更有成效。态度的变化与产品购买的关系更为密切。掌握了消费者的态度变化，经营人员就更有信心在知情的状况下制定广告计划。遗憾的是，很多人觉得明确和表达自己的态度是件很困难的事。对于成熟的品牌，（消费者的）品牌兴趣也许更能说明销售情况。现在，广告主已经开始着手这方面的评估了。

查询测试法（inquiry test）——消费者对广告的反应表现为进一步寻求信息或索取免费样品——能够测试某条广告引人注目的能力以及其可读性和可理解性，还能使人较好地控制驱动阅读者行为的变量。如果运用多胞胎投放测试方式的话，这种测试方法效果更佳。用查询测试法来测试小版广告也比较有效。

遗憾的是，查询测试法有时也不能完全反映消费者对产品的真实兴趣，而且有时要好几个月才能得到反馈。如果广告是企业营销计划的主体或唯一变量，则**销售测试法**（sales test）比较能反映广告的效果。然而，通常影响销售的还有为数众多的其他变量（如竞争对手的活动、季节，甚至天气等）。销售反馈可能不及时，而销售测试——尤其是实地调查——往往成本较高，费时较长。

不过，对于消费者包装商品来说，由于百货店扫描仪的普遍使用，销售测试的成本已经大大降低。最后，销售测试法更适宜于判断广告活动的效果而不是某条广告或某个广告成分的效果。

第五步：调查结果的解释与汇报

调查过程的最后一个环节是对数据进行解释和汇报。调查的费用非常高昂，其主要目的是要解决问题。因此，最后的报告必须便于企业的管理者理解，并符合他们的需要。

图表很有帮助，但必须用管理者看得懂的语言加以解释。在报告中应避免诸如“方差模型的多元分析”这类专业术语，方法描述、统计分析和原始数据应控制在一份附录里。报告应对问题和调查目标进行说明，对结果进行小结，并最终形成结论。调查人员应该向管理层提出行动建议，报告应该以正规陈述的形式出现。这一方面便于管理层进行反馈，另一方面可以突出重点。

广告调查中的重要问题

营销人员在实施初级调查时，通常最关心调查发现的准确性。尤其在实施正式的定量调查和对国际市场进行调查时，这个问题更加重要。

正式定量调查实施中应该考虑的因素

定量调查要求正规的设计和严格的数据收集及列表标准，以保证其准确性和适用性。在实施正式调查时，广告人员必须认真考虑一些问题，其中最重要的问题是调查是否真实、可靠。

效度与信度

假设现在你计划推出一种新玩具，你想判断市场对它的态度，这个市场由1 000万个个体组成。你将样品拿给5个人看，其中4个说喜欢，相当于有80%的有利态度。但是，这个试验真实有效吗？几乎可以说不。具有**效度**（validity）的试验，其结果不应有任何偏向，应该反映出市场的真实状况。5个人还不足以构成最小的样本量，因此，即便你让这5个人看过你的玩具，他们反映出的结果也可能产生偏差。

如果你用另外5个人重复这一试验，你就有可能得到完全相反的回答。因此，你的试验还缺乏**信度**（reliability）。要让试验可靠，该试验就必须可以重复。也就是说，每次试验的结果应该比较接近（见图表4–6）。

效度与信度有赖于几个关键因素：抽样方法、调查问卷设计、数据列表与分析方法。

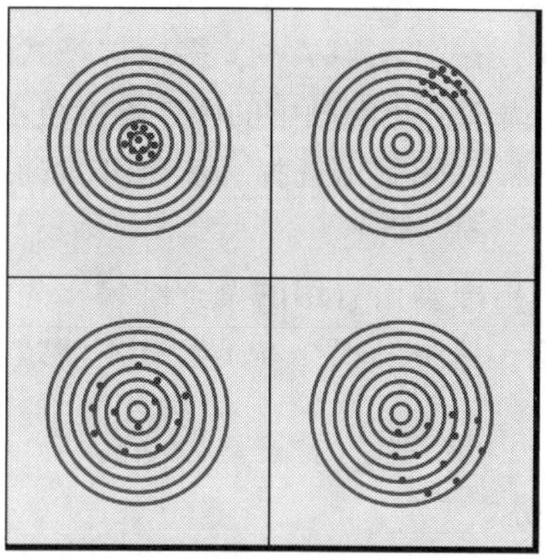

图表 4-6

信度/效度图表。采用镖靶类比形式，靶心代表某一人口群的实际均值（比如说某一人群的平均年龄）。上面两靶表明信度高——或重复高，镖呈集中分布状态；如果信度下降，镖呈随意散布状态，分布的区域广泛且不定向，如下边两靶所示；左边两靶表明效度高，镖均围绕靶心分布；右边两靶代表效度低，镖全偏向一边，说明在测试过程中有偏差出现；右上靶为同一年龄段成员（效度或重复高），但他们的年龄并没有反映出这一人群的平均年龄（信度低）；左下靶表示平均年龄样本的测试效度高，但因为包含的年龄段太广，因而不可靠；左上靶为最真实的图形。

抽样方法

企业很想了解消费者在想些什么，但又不可能挨个去问，可是调查又必须反映潜在顾客**母体**（universe，即整个目标人口）的情况。于是调查人员要从这些人中挑选出他们希望能代表母体特点的**样本**（sample）。要实现这个目的，他们必须明确要调查谁？调查多少样本？如何挑选调查对象？因此，确定**样本单位**（sample unit）——被调查的个体、家庭或企业——非常重要。

抽取的样本量要足够大，这样才能保证调查的精确性和稳定性。一般说来，样本量越大，其结果越可靠。不过，样本量即便很小，小到只占人口的1%，只要抽样方法正确，也可以保证其信度。抽样的方式有两种：随机概率抽样和非概率抽样。

由于母体中每个人被抽中的机会均等，因此，**随机概率抽样**（random probability sample）的准确度最高。例如，如果调查人员想了解某一社区对某一问题的看法，他就可以随机在该社区中选取部分成员。但这种方法也有其难点，就是必须对每个单位（个人）进行了解、登录和编号，这样才能保证每个人被选中的机会均等。这是一项费用大得惊人，有时甚至不可能完成的工作，尤其是为全国性产品的客户进行这种调查的时候。

非概率抽样（nonprobability sample）与随机概率抽样相反，不按机会均等的形式抽取样本，因而无法保证样本的代表性。因此，调查人员对反应的效度也不那么有把握。不过，大多数营销调查和广告调查所需的只是市场数据的一般情况。例如，在购物中心进行的非概率抽样顾客访问也许已足以确定顾客的购买偏好、形象感知和态度。

如何设计问卷

设计一份好的调查问卷需要大量的专业知识，问卷如果设计得不好，便会出现较多偏差，受人指责。较为典型的错误包括：问题类型错误、问题过多、问题形式错误（如问题太难以回答或用图表进行表述）或用词错误。

让我们看一下这个简单的问题："你使用哪种肥皂？"调查对象搞不清楚这里的"肥皂"指什么：手洗肥皂、香波、洗衣肥皂、洗衣剂，或者洗碗剂？"哪种"又表示什么？指品牌、大小、还是种类？最后，"用"又是什么意思？某人购买（也许是为别人）什么，他自己又用什么，出于什么目的？实际上，一个人可能会根据不同情况使用好几种不同的肥皂。因此，这个问题不可能有准确的答案。更糟糕的是，如果消费者真的回答了这个问题，调查人员也不会明白答案的确切含义，得出的结论便很可能并不正确。出于上述原因，调查问卷必须事先经过测试（见对照表：如何编写有效问卷）。

有效的调查问题应该具备三个重要属性：重点突出、简洁、明确。问题必须围绕调查的主题，尽可能简短，表述简单而清楚。

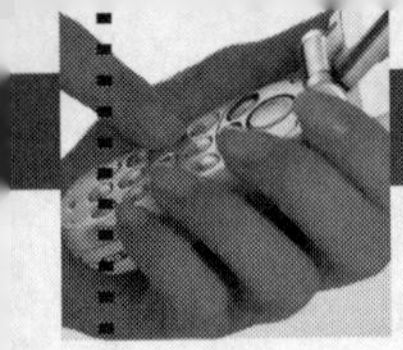

对照表

如何编写有效问卷

____ **列出具体的调查目标。**避免花费资金收集无关的资料。

____ **写出简短的问卷。**调查对象没有义务保持耐心，问卷过长有可能使他们不认真或草率地回答问题。

____ **清楚地表述问题。**避免误解的可能，应避免笼统或模棱两可的问题。

____ **先写出大概提要，**然后再润色。

____ **采用简短的调查说明。**包括访问员的姓名、组织名称和问卷目的。

____ **让受访对象轻松自在。**用一两个轻松易答的问题作为开始。

____ **问题的编排应逻辑流畅。**在问具体问题之前先问一般性问题。

____ **避免那种暗示出答案的或诱导性问题。**这会使结果出现偏差。

____ **安排几个查验性问题。**用于检查前面的答案，以确保答案的效度。

____ **将人口性问题（年龄、收入、教育状况等）和个人问题安排在问卷的最后。**

____ **事先测试问卷。**用 20~30 个样本，检查他们能否正确地理解问题，所需的信息是否都已包含在内。

最常见的问题形式有四种：开放式、两分式、多项选择式和语义分化式。但在这四种类型中，提问的方式又多种多样。例如，在图表 4–7 中，多项选择式中可以再增加一些问题；语义分化问题中的中性答案可以取消，迫使调查对象在两极之间做出选择；而两分式问题则存在着明显的偏差。

问题应该产生出准确而有用的调查结果。先选取小部分样本进行试验，从中发现样本是否有不清楚、偏向或模棱两可之处。

数据制表与分析

收集好的资料必须经过证实、编辑、编码和制表，要对答案进行检查，剔除错误的和不一致的。例如，某人的答案使用的是“两年”，而另一人的答案使用的却是“24 个月”。这类答案必须修改成统一的单位，才能编制出正确的图表。如果问卷显示答卷人对问题有误解，这份答卷要剔除。最后，对数据要进行计算和总结，此项工作一般由计算机来完成。

很多调查人员喜欢使用交互表（如按年龄和教育程度分布的某一产品的使用情况）。SPSS 和 SAS 这类软件程序可以使小广告主和大公司一样具备在个人电脑上编制图表和运用高级统计技术的条件。现在，多种交互制表已成为可能，但调查人员必须利用专业技术和想象力来挑选那些表现出强烈关联性的数据。如果样本量小，使用附加交互表会明显地降低样本的信度。

图表 4–7
对调查问题的不同叙述方式。

类　别	问题实例
开放式	你如何描述（店名）广告？
两分式（封闭式）	你认为（店名）广告吸引人吗？ ____ 是 ____ 否
多项选择式	以下哪种情况最符合你对（店名）广告的看法？ ____ 现代　____ 没有说服力 ____ 精明　____ 过时　____ 可信
语义分化式（量化表）	请在下列量化表中列出你对（店名）广告的评分。 __ 1 __ 2 __ 3 __ 4 __ 5 差　　　　　优秀

收集国际市场的初级资料

面向国际市场的生产厂家在收集初级资料时会面临不少困难。首先，国外调查的费用往往比国内调查的费用高得多。许多卖主惊奇地发现，在五个国家调查的费用是在一个国家调查的五倍，在这里没有规模经济。

但广告主又必须弄清自己的广告讯息在外国市场是否能发挥作用。例如，当麦斯威尔公司发现德国人不太看得起美国咖啡后，不得不对自己“了不起的美国咖啡”广告进行一番修改。

此外，调查控制和调查指导也是一个问题。有些公司想通过总部指导调查，但预算费用却打到下属公司的头上，结果导致双方的争端。同时，这还意味着该项目将由不太了解所在国的人来负责，进而有可能使得到的调查数据无效。广告主需要的不仅是有关某个国家文化的客观情况，还需要理解和体会该文化特征与习惯的微妙之处，这对并非生活在当地或操当地语言的人来说是一项艰巨的工作。明智的国际广告主往往与自己设在各国的本土办事处合作，在收集国外初级资料时利用当地的双语营销人才。

在国外实施第一手调查可能会问题重重。首先，调查人员必须使用当地语言，问卷翻译很容易把原文弄偏；其次，很多民族对陌生人持怀疑态度，不愿对他们谈论个人生活。美国一些公司就发现在日本邮寄调查和电话访问根本行不通，他们只好采用费时又费钱的人员访问方式。

尽管存在着这些问题——或许正是因为有这些问题，全球性广告主才有必要进行调查。在所有发达国家都可以找到合格的调查人员，大型国际调查公司在大多数发展中国家都设有本土分支机构，其中那些最大的、为最大的跨国客户服务的公司按照他们专业的常规操作方法，在全球实施调查。

重要术语

营销调查
广告调查
广告战略调查
媒介调查
事前测试
事后测试
市　场
动　机
讯　息
媒介种类
媒介细分

媒介载体
媒介单位
营销信息系统
非正式调查/试调查
初级信息
二级信息
正式调查
定性调查
定量调查
投射技术
深度调查技术

深度访问
小组访谈
观察法
通用产品代码
试验法
试验市场
全面调查法
直接提问法
中心场所测试法
混杂测试法
晕轮效应

态度测试法
回忆测试法
查询测试法
销售测试法
效　度
信　度
母　体
样　本
样本单位
随机概率抽样
非概率抽样

复习题

1. 调查对广告主处理营销中的 3R 挑战有什么帮助？
2. 举例说明营销调查和市场调查之间的区别。
3. 哪种数据收集起来成本更高？初级还是二级？为什么？
4. 你个人是如何运用观察调查的？
5. 人们运用定量调查或定性调查评估电影吗？为什么？
6. 哪种调查方法成本最高？为什么？
7. 晕轮效应对某条软饮料广告的事前测试会有什么影响？
8. 在什么情况下，调查结果具有效度却缺乏信度？
9. 你如何设计一场控制试验来测定某男装连锁店的广告？
10. 在什么条件下，调查有助于国际广告主制定广告战略？举例说明。

第 5 章

营销策划与广告策划：自上而下式、自下而上式与整合营销传播

目标 阐明营销策划与广告策划的过程。广告主和营销人员要了解制定营销计划和广告计划的各种方法，此外，他们还必须了解如何分析形势，确定切实可行的目标，制定实现这些目标所需要的战略，确定营销传播的预算。

阅读本章，你可以学会：

1. 了解市场营销计划的作用与意义。
2. 了解市场营销与广告计划之间的联系。
3. 弄清营销与广告计划中目标与战略之间的区别。
4. 掌握什么叫满足需求式目标和销售定向式目标。
5. 探讨自上而下营销、自下而上营销和整合营销传播策划的适用性。
6. 了解广告预算是如何确定的。
7. 了解新产品上市如何运用市场份额（市场占有率）预算方式。

营销计划

尽管 BBDO 在激浪的广告中动用了出色的创意思维，但激浪的案例事实上还证明了一点，即商业上的成功往往更依赖于周密的营销与广告策划，而不是广告创意。但是，现在每年仍然有不少企业由于缺乏前期策划而浪费成千上万可观的资金做无效的广告。

营销策划的重要性

由于营销通常是企业唯一的收入来源，因此，营销计划书无疑是企业最重要的文件。

营销计划书（marketing plan）包括所有与企业、其服务的市场、产品、服务、顾客、竞争状况等有关的客观事实。它促使各部门——产品开发部、生产部、销售部、广告部、信贷部、运输部——围绕顾客展开工作。最后，营销计划书还要明确一定时间内达到的目标，以及为实现这些目标所采用的战略和战术。

书面营销计划必须反映出企业上层的目标，并与企业的使命与能力相吻合。根据企业的规模或生产品种的多寡，计划书可以长而复杂，也可以简单扼要。正规的营销计划书通常每年要进行审核和修订。策划不是一时的事，它是一个包含着调查、制定、实施、评估、审核、再制定连续不断的过程。

营销计划书对广告的作用

营销计划书对企业的广告规划有着深远的影响，它有助于管理者分析并改进公司的所有运营活动，包括营销和广告活动；它支配着广告在营销组合中的作用，使广告活动得以更好地实施和控制，并保持其持续性。营销计划书还能确保广告预算得到最有效的分配。

成功的企业绝不把广告计划与营销割裂开来，他们把两者都视为取得成功的关键基石。企业可以选择自己如何策划，但大多数仍然采用传统的自上而下的营销模式，还有一些采用自下而上的模式。现今，越来越多的企业开始采用整合营销传播（IMC）模式。在探讨整合营销传播的运用之前，我们先对自上而下和自下而上式做一个简要的介绍。

自上而下式营销

传统的**自上而下式营销**（top-down marketing）计划仍然是最常见的策划模式，已有 30 多年的历史，符合大多数企业所采用的层级制度，一般适用于计划推出全新产品的企业。如图表 5–1 所示，自上而下式计划有四个主要部分：形势分析、营销目标、营销战略和营销战术（或行动纲领）。大企业的营销计划书比较大，有时还可以进行扩展，增加其他内容。书末附录 A 为一个完整的自上而下式营销计划提纲。

形势分析

形势分析（situation analysis）部分对企业的现行状态以及造成此状态的原因进行客观实际的陈述，列举所有涉及企业沿革、成长、产品与服务、销量、市场份额、竞争状况、所服务的市场、分销体系、以往广告活动、营销调查结果、企业能力、优缺点以及其他任何相关内容的客观事实。为了成功地设计未来，

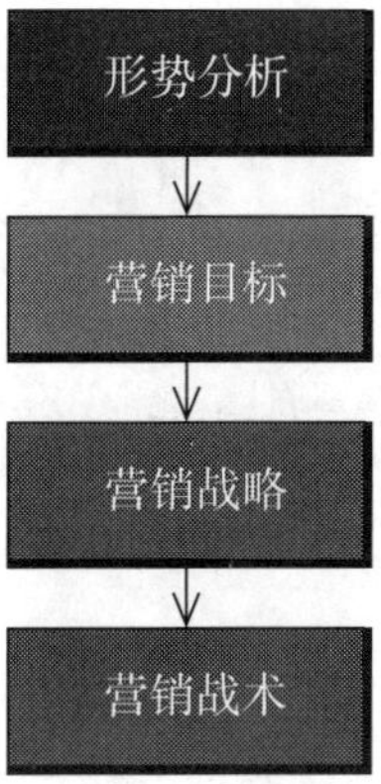

图表 5-1

传统自上而下式营销策划

企业主管必须在数据的准确性及其解释上取得一致。形势分析对照表列出了需要考虑的最重要的因素。

以往的信息一旦收集完成，工作重心便转移到公司无法控制的由外在关键因素（如政治、经济、社会、技术或商业环境因素）决定的潜在威胁或机会上。

营销目标

下一步是确定具体的营销目标，为此，必须对企业的营销预算、生产预算、市场状况和竞争状况加以考虑。

营销目标是对企业的现有形势进行分析，对未来管理趋势进行预测以及对企业目标分层进行审核的必然结果。比方，对于**企业目标**（corporate objective)，一般按利润、投资回报率或净值、盈利比率、增长率或企业声誉加以说明。**营销目标**（marketing objective）源自企业目标，与目标市场的需要和具体销售目标有关。这类目标被称为总体*需要满足式目标*和具体*销售定向式目标*。

为了改变管理层的观念，使他们对企业职能的认识从生产产品或服务转变为满足目标市场的需要，企业制定了**需要—满足式目标**（need-satisfying objective)。首先，这能使企业具备更宽的眼界来认识自己的业务。比如，露华浓（Revlon）创始人查尔斯·雷夫森（Charles Revson）就曾经说，化妆品公司的产品是希望，而不是唇膏；保险公司出售的应该是金融保障，而不是保单。由于顾客的需要会发生变化，因此思维狭窄必然会阻碍一个企业在市场中的发展，使产品与市场脱节。

其次，通过设定需要—满足目标，经理们迫使企业不得不揣摩顾客的心理，他们不得不问“我们打算为顾客做什么?”以及“那对我们的顾客有什么价值?”确定市场最好的办法之一就是首先考虑顾客需要什么，然后确定能够满足这些需要的产品。

第二种营销目标是**销售定向式目标**（sales-target objective)，是一定时期内实现的、具体的、量化的、现实的营销目的。销售定向式目标可以归纳为“我们打算为自己做些什么?”销售定向式目标还可以用几种方式加以表示：销售总量；以产品、细分市场或顾客类型计算的销售量；总的或某一产品种类的市场份额；总的或某一产品种类的销售量增长率；总毛利或产品品种毛利。以激浪为例，他们就采用了多种方式来衡量销售目标：箱销售量、市场份额、增长份额。

营销战略

营销战略（marketing strategy）说明企业计划如何实现自己的营销目标(见广告实验室 5-A：营销战的战略)。营销战略一般包括三个步骤：（1）确定具体的目标市场；（2）确定战略定位；（3）为各目标市场制定出相应的营销组合。企业的营销战略对其广告有着重大的影响，它决定着广告在营销组合中的地位和使用量，以及创意推动力和所采用的媒介。

营销战的战略

杰克·特劳特（Jack Trout）和阿尔·雷斯（Al Ries）合著的《营销战》（*Warfare*）一书是以普鲁士军事家卡尔·冯·克劳斯威茨（Carl von Clausewiz）于1832年出版的军事经典战略书籍《战争论》（*On War*）为基础的。该书列举了所有取得胜利的战争法则，其中有两点最为重要：实力和防御优势。

战略方阵

战争法则如何应用于营销？这就是“战略方阵”：

每100家公司中，应该有：

1家采取防御战；

2家采取进攻战；

3家采取侧攻战；

94家采取游击战。

防御战

大力公司（Datril）首先发起价格攻势，向泰诺宣战，强生公司马上降低泰诺的价格来应战，这在大力开始发布其价格广告之前就已经完成。结果：泰诺击退了大力的进攻，使大力在布里斯托尔–梅那上市时遭受了重大损失。

以下为营销防御战规则：

1. 只有当你是市场领袖时方可参战；
2. 抢在竞争对手之前推出新产品和服务；
3. 以迅速模仿对手的方式阻挡对方的强大竞争攻势。

进攻战

高露洁在牙膏市场一直牢牢占据第一位，但对手宝洁公司对卡尔·冯·克劳斯威茨也略知一二。

宝洁不仅动用了2 000万美元的大规模广告预算推出佳洁士牙膏，还带上了美国牙科协会（American Dental Association）的“认证标志”。佳洁士夺取了胜利，目前已成为美国最畅销的牙膏。

但取代领导者的地位并不是那么容易的事情，只要有利可图，很多企业都乐意为自己营造一个老二的地位。

以下为发动营销攻击战的规则：

1. 衡量领头人的实力与地位；
2. 尽可能集中实力，最好以某一产品为攻击对象；
3. 攻击领头人的最薄弱点。

侧攻战

第三种营销战正是许多企业目前采用的战略。在实际运作中，侧攻就是在没有竞争的地方推出产品，联合利华推出的蒙他登（Mentadent）是第一例酵母/过氧化物二合一牙膏。蒙他登获得了巨大成功，成了名牌。

以下为营销侧攻战规则：

1. 向没有竞争的领域发起侧攻战；
2. 采用突然袭击的方式，过多的调查会浪费宝贵的时间；
3. 保持自己的追求；许多企业在夺取胜利后便放弃了追求。

游击战

绝大多数美国企业都应该打游击战。取得游击战成功的法宝是灵活性。如果战争局势发生变化，游击队应放弃产品或市场。

以下是营销游击战规则：

1. 寻找一块较小的、以便防守的细分市场；
2. 无论多么成功，绝不像品牌领导者那样行事；
3. 随时准备“撤退”。

自下而上战

特劳特和里斯后来又出版了一本名叫《自下而上营销》（*Bottom-Up Marketing*，本章稍后将讨论）的书，继续其“军事理论”的探讨。

“对狭小侧翼阵地的纵深渗透是赢得营销战争的关键。”他们的意思是，较小的企业应该集中实力，开发一种拳头产品。然而，许多企业力量过于分散。实际上，现在很多大企业都不得不防范较小企业的集中攻势。

实验室应用

1. 找出一种成功产品，用营销战的术语说明它的成功。
2. 选择一种产品，说明如何运用营销战的战略取得更大的成功。

选择目标市场　如果采用自上而下式营销，那么制定战略的第一步就是运用第 3 章和第 4 章所讨论的市场细分方法和调查方法，界定和选择目标市场。

例如，当通用汽车公司向市场引出其新土星 SC1 的时候，他们将自己的目标市场界定为“受过大学教育的进口产品拥有者或有此打算的人”，即正在考虑购买第一辆或第二辆车、受过高等教育的青年人（18~34 岁）。随后，进一步将该目标群确定为 60%的女性，生活在一至二人之家，正在寻找具有赛车风格、休闲性能、省油、保修条件好、质量可靠的代步工具的人群。这群人目前一般开本田思域、丰田花冠或尼桑 240SX。

给产品定位　著名的市场调查专家以及撰稿人大卫·奥格威说，营销与广告中的第一个也是最重要的一个决策是：如何给产品定位？**定位**（positioning）指某一品牌在消费者心目中占据的相对地位。每一种产品都有一定的位置——无论是有意的还是无意的，哪怕这个位置“哪里都不是”。定位取决于消费者的感觉，只是这种感觉有时能反映真实情况，有时则不能。强势品牌在目标市场中通常都有清晰而独特的定位。

其实，市场中存在着很多潜在的位置，许多企业最大的失误在于他们根本就没有去找任何位置。因此，企业可以选择与竞争对手相似的定位，争取同一群顾客；也可以选择尚未被竞争对手发现的领域——市场空白，然后通过产品差别化手段或市场细分，迅速占领这一空白。

欧内斯特·马丁（Ernest Martin）提出了制定定位战略的七种独特方式：

1. 产品属性——通过强调对消费者而言很重要的产品独有特征使品牌独树一帜；
2. 价格/质量——以价格或者质量作为定位的基础；
3. 使用/应用——以产品用途作为定位的基础（比如，Arm & Hammer）；
4. 产品类别——以其他提供相同利益的不同产品作为品牌定位的参照；
5. 产品使用者——以特定的产品使用群体作为定位的参照；
6. 产品竞争者——以竞争者作为定位的参照（如 Avis 和 Hertz），利用竞争对手的定位优势界定自己的品牌位置。
7. 文化象征——通过创作或利用一些易于辨认的标志或图标给自己定位，以区别于竞争对手。

定位有助于实现产品的差异化，因而无论是对广告主还是对消费者来说都很重要。这条在中国台湾地区发布的柔滑女性剃须刀广告采用了一种反其道而行之的手法来给产品定位——表现产品不能做什么。模特浑身上下都贴满了邦迪创可贴，充分显示了广告公司高超的幽默感。该广告为广告公司赢得了戛纳广告节铜狮奖。(见彩插)

我们愿意在此加上第八条：通过种类——通过界定或重新界定行业种类定位。企业抢占定位制高点的最简单的办法，就是创造一个新的产品种类。

例如，人们最初认识的施乐是一家复印机企业，然而随着复印机市场的竞争加剧，复印机市场达到饱和，施乐不得不重新将自己定位为“解决问题的公司”，现在它称自己为“文件公司”，通过技术为机构里的每一个人服务，寻找办法管理和分享有用的信息。但他们真正的作为还在于开创了一个全新的、被施乐独享的业务种类。

确定营销组合　制定营销战略的下一步是为企业追求的每个目标市场确定一个

具有成本效益的营销组合。该组合要整合企业能控制的各种营销因素：产品、价格、分销和传播。

企业在营销战略上有多种选择，可以加强分销，开发产品新用途，改变产品品种，开发全新市场或实施折扣定价。每种战略均突出一种或多种营销组合要素。企业的选择取决于产品在市场中的地位和生命周期阶段。

营销战术（行动纲领）

企业目标为自己指明想要到达的目的地；战略则指明计划选择的道路；而**战术**（tactic）——又叫**行动纲领**（action program）——则明确将在内部和外部采取的具体的短期行为，如谁来执行，何时开始，等等。广告战役在营销战术的天地中展开，而战术是自下而上式营销的关键。

自下而上式营销：小企业如何进行策划

在小企业中，每个人既是队员，又是教练，每天碰到的第一件事似乎都是日复一日的具体工作，几乎没有时间去考虑什么正规的策划。不过，对付这种困境，仍然有方可循，这就是**自下而上式营销**（bottom-up marketing，见图表5-2）。

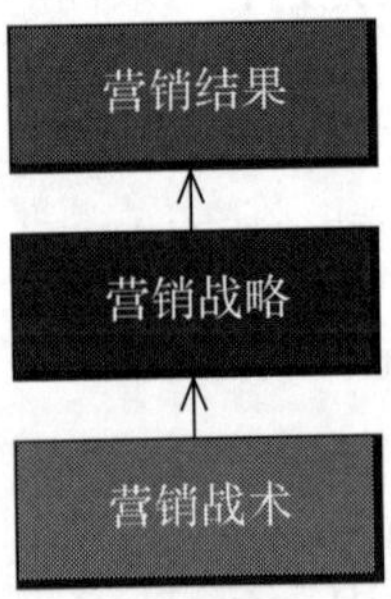

图表 5-2
自下而上式营销计划

杰克·特劳特和阿尔·里斯认为，企业创造强大优势的最佳途径是先集中精力找出一个巧妙的战术，然后将该战术发展成战略。将正常程序颠倒过来，有时广告主反而会得到一些重大发现。维克公司（Vicks）的研究人员研制出了一种高效液体感冒药，但发现这种药令人困倦。维克公司没有将调查结果置之不理。相反，他们利用该感冒药的这一缺陷，把它定位为夜用感冒药。

战术是企业非同一般、具有竞争力的脑力活动，通过自下而上式的策划，企业家可以找到一些独特的战术加以利用，不过仍需小心谨慎。广告主只应该找到一个战术而不是两个或者更多。然后，广告主便可以将所有营销组合要素都集中在这一个战术上。这时，战术是钉，战略是锤。

战术和战略的巧妙结合会使广告主所宣传的内容在消费者的心中占据一定的位置。

小企业的经营者实际上更有优势，他们整天处在具体业务的包围之中，更有机会发现将来可能发展成为一种战略的好战术。但这并不是说大企业就不能从自下而上式营销方法中获益，实际上，许多大企业也很成功，如3M的“Post-it”即时贴。

营销新秘诀：关系营销

如今，许多广告主正逐渐发现，在21世纪建立品牌资产的关键在于发展与顾客之间互相依赖、互相满足的关系。

对于受市场驱动的企业而言，企业压倒一切的目的就是培养愉快而忠诚的顾客，因为顾客，而非产品，才是企业的命脉。这种认识使得众多企业纷纷由以往简单的交易性营销转向**关系营销**（relationship marketing）——在企业与顾客和其他利益相关者之间建立、保持并巩固一种长远的关系，进而实现信息及其他共同价值的相互交换。

今天的消费者富裕而成熟，他们可以从全世界生产厂家所提供的丰富多彩的产品和服务中随意进行选择，因此，客户关系——销售仅是其开端——无疑将成为 21 世纪企业成功的关键战略资源。

关系的重要性

要想在当今社会获得成功，企业就必须重视培养并经营精选顾客与其他**利益相关者**（stakeholder）——员工、影响中心、持股人、金融团体和新闻界——的忠诚。这一点非常重要，原因如下：

1. *丧失老顾客的代价*。因产品低劣、服务恶劣而造成的顾客流失是很难用广告争取回来的，而损失掉的利润则是该顾客对该企业的**终身价值**（lifetime customer value，LTCV）。比方，某大型交通运输公司的平均顾客终身价值为 4 万美元，企业共有 6.4 万名客户，现在因服务质量差而损失了 5%，这就意味着企业的年收入要损失 1.28 亿美元，损失利润 1 200 万美元！更为严重的是，负面口碑可能产生可怕的滚雪球效应。想象一下，假如一位顾客对你的公司不满，哪怕他只再叫一位顾客不要理睬你们，你就将立刻损失两个顾客的终身价值。
2. *争取新客户的代价*。进攻型营销的代价往往大于防守型营销的代价，这是因为争夺竞争对手的客户要花费很大的精力。面对媒介受众的细分和精明的消费者对广告讯息的抵制，仅靠增加广告量很难使品牌突破广告重围。事实上，目前争取一名新客户所付出的营销、广告和促销代价是维持一名老客户的五至八倍。
3. *忠实顾客的价值*。世界第二大直接反应公司旺德曼全球公司（Wunderman Worldwide）的创办人莱斯特·旺德曼（Lester Wunderman）说，生产商 90%的利润来自回头客，只有 10%来自初次试用或零星散客。少损失 5%的老顾客便可增加 25%~85%的利润。而且，顾客与企业的关系越长久，他们就越乐意付出高价或向朋友推荐，越不需要厂商关怀备至，而且每年的购买量还会增加。

因此，企业的首要市场应该是它目前现有的顾客。过去，大多数营销和广告的努力都集中在售前活动上，希望获得更多的新客户。如今，生产厂家也更为成熟了，将更多的资源转而投入售后活动中，将保持客户作为自己的第一道防线。他们已经发现了重视关系的主要好处：提高保有量，使顾客的终身价值最大化。

关系层次

科特勒（Kolter）和阿姆斯特朗（Armstrong）认为，企业可与其利益相关者视双方的共同需求而形成五个层次的关系。

- *基本交易关系*：企业出售完产品后，不再有任何形式的后续活动。
- *反馈式关系*：企业（或推销员）售出产品，鼓励顾客在遇到麻烦时打电话给他们。

回头客带来企业绝大部分生意。因此，保住顾客具有非同一般的意义。企业可以向忠诚的顾客提供特别利益；向他们过去的购买行为表示感谢并给予适当的奖励；提供奖励、刺激他们继续购买，通过这些办法保住顾客。在这条广告中，花旗贵宾卡指出自己的回馈席永远不会取消，以此使自己的回馈活动有别于他人的活动。

- 责任关系：销售人员在产品售出后马上给顾客打电话，落实产品是否符合顾客的期望，询问是否有任何改进建议或不满的地方。这些信息有利于企业不断改进自己的服务。
- 前摄关系：销售人员或企业的其他人员定期拜访顾客，向他们提出更先进的产品使用方法或新产品信息。
- 伙伴关系：企业一直与顾客（或其他利益相关者）共同寻求获取更好价值的途径。

不同的利益相关者希望建立不同形式的关系，很少有企业希望与顾客建立其与新闻界之间的那种关系。但是，利益相关者这个角色常常是重叠的，某人可能既是公司的一名员工，同时又是公司的顾客和股权人。认清谁是顾客、谁是公司的其他利益相关者，对于关系营销是否能取得成功起着非常重要的作用。

利益相关者数量的多少也非常重要，人数越多，企业越难以与每位利益相关者建立广泛的人际关系。而且，有些顾客可能只想维持交易关系。但是，当可口可乐公司在20世纪80年代初变换了可口可乐的配方后，可口可乐信徒们汹涌而至的投诉信函和电话差点淹没了公司的办公室。他们认为自己与该品牌之间的关系受到了侵犯，于是公司又赶快换回原来的传统可乐。因此可以说，品牌关系又是心理关系、人际关系或象征关系；既可以由品牌促销和广告来建立，也可以由人来建立。

最后要考虑的一个因素是利润幅度。利润幅度越大的产品或服务，要求的关系就越深、越人性化（见图表5–3）。如果从每位顾客那里赚取的利润不多，就可以利用品牌形象广告来增强基本交易关系。

运用整合营销传播使关系发挥作用

关系营销的好处恰好与整合营销传播（IMC）的好处一致。事实上，根据西北大学教授唐·舒尔兹（Don Schultz）的理论，整合营销传播是关系营销得以实现的保障。

图表 5–3

关系程度对利润空间和顾客人数的影响

顾客数目 \ 利润空间	高	中	低
多	责任关系	反馈式关系	基本关系
中	前摄关系	责任关系	基本关系
少	伙伴关系	责任关系	反馈式关系

连接彼此关系的根本出发点是互相依存，正如德拉克大学教授劳·沃特尔（Lou Wolter）所言：“整合营销传播就是经营市场中的互相依存关系。”

整合营销传播：概念与过程

现代科学技术使营销人员可以运用灵活的生产方式与特定的产品针对特定的市场。如今，“市场驱动”意味着将更多的服务与产品捆绑在一起，共同创造出“独特的产品体验”。这意味着企业与顾客共同寻找解决方案。

整合营销传播既是一个概念，又是一个过程，“整合”这个概念意味着“完整”。实现传播活动的完整便可以形成协同效应，传播组合中的各个元素彼此增强对方的作用。这正是整合营销传播的主要优势。

丹佛大学整合营销传播课程主任汤姆·邓肯（Tom Ducan）先生指出，整合营销传播也是一个过程，在这个过程中，传播变成了营销组合中的一个驱动性整合力量，并贯穿于整个组织之中 。

整合营销传播概念的演化

起初，企业对整合营销传播持一种狭义、片面的观点，把它当作协调和管理营销传播（广告、销售推广、公共关系、人员销售和直复营销），保持企业讯息一致的一种途径。

产品讯息可以为品牌提供一个整体形象。作为一种计划内传播，广告有助于传递产品讯息，因此，企业必须创作出与预期形象相符的广告，选出发布广告的适当媒介。多年来，戴比尔斯（DeBeers，www.adiamondisforever.com）一直坚持不断地、有计划地创作优雅而浪漫的讯息。在最近的一次促销活动中，戴比尔斯大力赞扬常被人遗忘的右手，说它也应该拥有属于自己的戒指。（见彩插）

后来又产生了另一种更成熟、更全面彻底的整合营销传播观点，把消费者视为现行关系中的伙伴，找出他们使用的参照标准，理解了整个传播体系的重要性，并接受了他们与企业或品牌保持联系的多种方法。实行整合营销传播的企业明白，他们最大的资产不是自己的产品、厂房或员工，而是自己的顾客。从广义上讲：

> **整合营销传播**（integrated marketing communication）指企业或品牌通过发展与协调战略传播活动，使自己借助各种媒介或其他接触方式与员工、顾客、利益相关者以及普通公众建立建设性的关系，从而建立和加强与他们之间的互利关系的过程。

企业是采用狭义的观点还是广义的观点，在很大程度上取决于它的企业文化。有些企业因为本能地综合和集中了所有的企业活动和营销活动，因而得到了迅猛的发展，培养起了牢固的顾客关系，如苹果、本田、耐克。

汤姆·邓肯划出了企业经常采用的四种整合层次：统一形象、一致声音、好听众与（最高境界的）世界级公民（见图表 5-4）。这些层次揭示了整合营销传播活动的领域：从狭隘封闭的企业独白到开放互动的对话，最后从内到外产生一种渗透到整个组织并推动一切向前发展的企业文化。

顾客如何看待营销传播

若要真正理解整合营销传播，我们就必须从顾客的角度看待问题。

图表 5-4
整合层次

层次	名称	描述/重点	实例
1	形象统一	一个面孔、一种声音，注重强调品牌形象	3M
2	声音一致	前后一致的声音和面孔，对不同受众（顾客、同行、供应商等）采用协调一致的讯息	贺曼，可口可乐，沃尔玛
3	好听众	采取双向传播、通过免费电话号码、调查、商展等获取反馈，注重长期关系	多芬，土星
4	世界级公民	关注社会、环保，健全的企业文化，注重更广阔的社区	本与杰里、苹果、谷歌、本田

在一次调查中，消费者将 102 种不同媒介判为“广告”：从电视到购物袋直至受人赞助的社区活动，无所不包。顾客还通过其他信源：新闻报道、口传、闲谈、专家评论、财政报告，甚至首席执行长官的个性，形成对某公司或品牌的印象。

所有这些传播活动或品牌联系——无论有无赞助者——都会在消费者心中产生出一个*整合产品印象*。也就是说，顾客会自动把企业或其他信源发出的与品牌有关的不同讯息整合到一起，而他们整合这些讯息的方式又会影响到他们对企业的感觉。整合营销传播为企业控制或影响这些感觉，与这些利益相关者建立较好的关系提供更好的机会。

品牌讯息的四种信源

在影响顾客的感觉方面，营销人员必须明白整合营销传播的一个基本前提，即*我们所做（或未做）的一切都会传递出某种讯息*。也就是说，企业的每一项活动都是讯息的组成部分。邓肯将利益相关者接收到的与企业或品牌有关联的讯息分为四类：*计划内讯息*、*产品讯息*、*服务讯息*和*计划外讯息*。它们之中的每一类都左右着利益相关者对关系的决策。因此，营销人员必须了解这些讯息都是从哪里产生的，具有什么影响力，影响或控制它们的代价有多大。

1. *计划内讯息*。这些讯息属传统营销传播讯息，如广告、销售推广、人员推销、销售材料、新闻发布、活动赞助，这些讯息的影响力*最小*，因为大家都把它们看做为企业自己服务的工具。这类讯息还包括招聘广告、金融广告、专业期刊中的工程专题文章以及新合同的签订消息。计划内讯息应该朝着预定的传播目标努力，这是整合营销传播最根本的方面。
2. *产品讯息*。按照整合营销传播理论，营销组合中的每一个元素都会传递出某种讯息。由产品、价格或流通元素传递出来的讯息一般被称为*产品（或暗示）讯息*。产品讯息还包括包装，它通过颜色、款式、图像、设计和布局的使用而传递大量有关产品的讯息。

   产品讯息具有很大的威力，如果产品确实不错，顾客就会从中得出有利的印象，巩固自己当初的购买决策。但是，如果产品性能与广告承诺之间存在差距，就有可能产生不利的讯息。管理者必须明白：营销组合决策

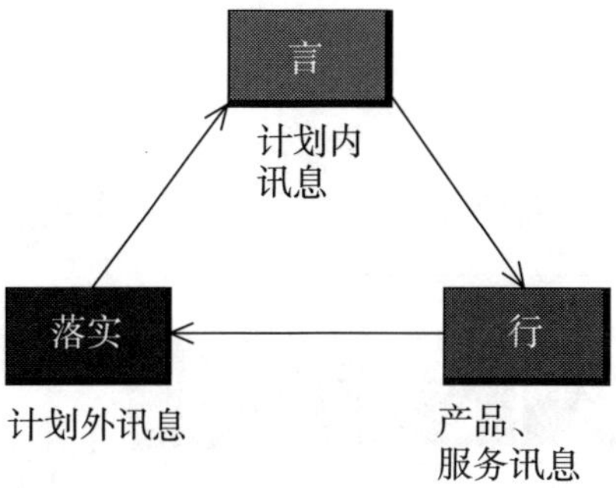

图表 5–5
整合三角

其实就是传播决策。

3. **服务讯息**。员工与顾客之间的相互作用也会产生许多讯息。在许多机构，服务人员由运营部门管理，营销部门不负责管理。不过，他们传递出的服务讯息比计划内讯息具有更大的营销影响力，营销人员借助整合营销传播与运营部门共同努力，减少消极讯息，扩大积极讯息。
4. **计划外讯息**。企业对因员工的闲话、小道消息、商圈的评论、竞争对手的评论、口传谣言或重大灾害而引起的计划外讯息难以（或无法）控制。然而，计划外讯息却对顾客的态度具有重大的影响。好在，这些讯息有时是可以预料并可以施加影响的，尤其是公关经验丰富的经理，更是这方面的老手。

整合三角

由邓肯和莫里亚蒂（Moriarty）提出的整合三角对不同品牌讯息源如何形成顾客感觉做了一个简单的图解（见图表 5–5）。计划内讯息是“言”的讯息，即企业对自己的介绍；产品讯息与服务讯息为“行”的讯息，代表着企业的行为；计划外讯息是“落实”讯息，是他人对企业言行的肯定（或否定）。如果某一品牌实现了其制造者的诺言，别人也肯定它实现了诺言，那么，这个整合就具有了建设性意义。

整合营销传播各层面

为了使整合营销传播实现最大的协同作用，邓肯建议企业在整合过程中注意以下三个方面：首先，企业的整合过程应该保证定位一致；其次，要加强企业与其顾客或其他利益相关者之间有意识的相互作用；最后，在这个关系中积极采取对各方负责的态度。

正如图表 5–6 邓肯的“整合营销传播宏观模式”显示的那样，整合营销传播活动中计划与监控的功能交叉，使得企业与其顾客及其他利益相关者之间的关系加强了，进而培植了利益相关者的忠诚度，最终形成了更大的品牌资产。

营销策划与广告策划的整合营销传播方法

整合营销传播表明了一种新的营销与传播活动策划方法，将营销与传播策划彼此不分离地融为一体，是一种与传统方法大为不同的方法。采用由表及里的程序，整合营销传播从顾客入手，卖主对顾客使用何种媒介，自己的讯息与顾客有何关系，以及顾客和潜在顾客何时最容易接收讯息进行研究。他们从顾客开始，然后再回到品牌。

王和舒尔兹把整合营销传播策划模式分为七步。第一步，细分数据库里的顾客和潜在顾客，可以依据品牌忠诚度（图表 5–7），也可以依据其他可测量的购买行为（如重度使用等）进行细分。

第二步，分析用户信息，了解他们的态度、经历以及他们与品牌或产品发生关系的方式——换言之，就是明确与他们进行沟通的最佳时间、地点和环

图表 5-6
整合营销传播宏观模式

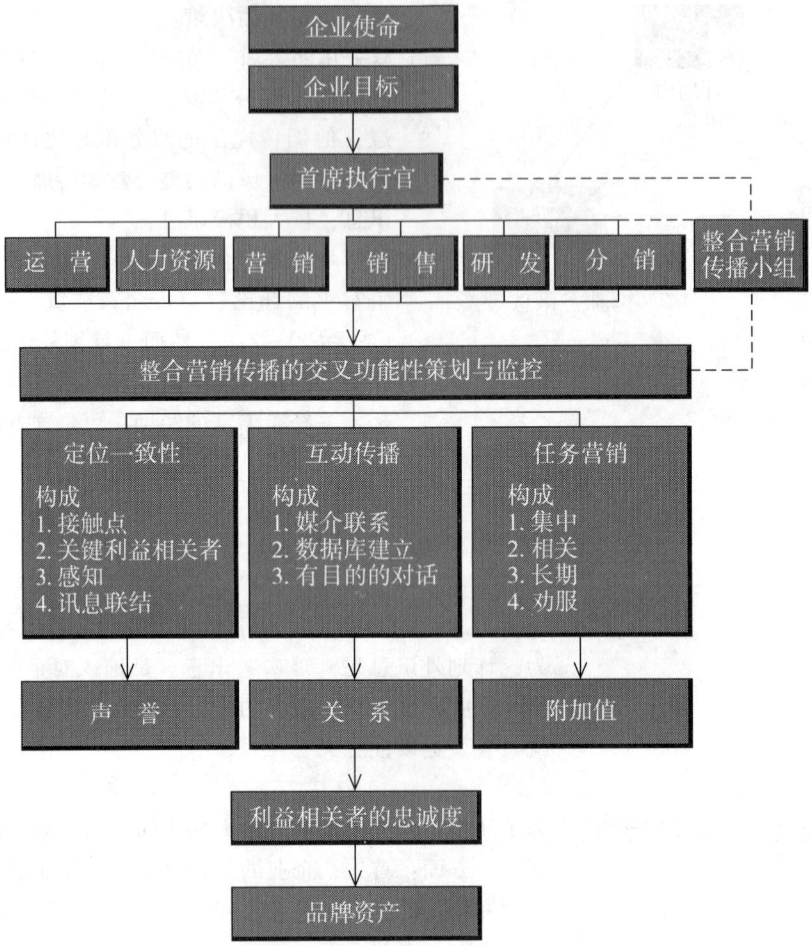

境。

第三步，在此分析的基础上制定出营销目标。这些营销目标与创造和保持产品使用率或培育品牌忠诚度有关。

第四步，营销人员要辨别哪些品牌联系和态度变化才能支持消费者保持原状或改变购买行为。

第五步，确定建立消费者联系，影响其态度、信仰和购买行为的传播目标与战略。然后（第六步），营销人员决定用其他哪些营销组合要素（价格、产品、分销）来进一步鼓励消费者采取广告主预期的行为。

最后（第七步），策划者要明确运用哪些传播传播战术——媒介广告、直复营销、宣传、销售推广、特别活动等——来建立联系并影响消费者的行为。

按照这个模式，卖主在了解顾客或潜在顾客、了解必须传播内容的基础上确定目标。所有营销形式被转换成传播，而所有传播形式又被转换成营销。

图表 5–7
王—舒尔兹的整合营销传播策划流程

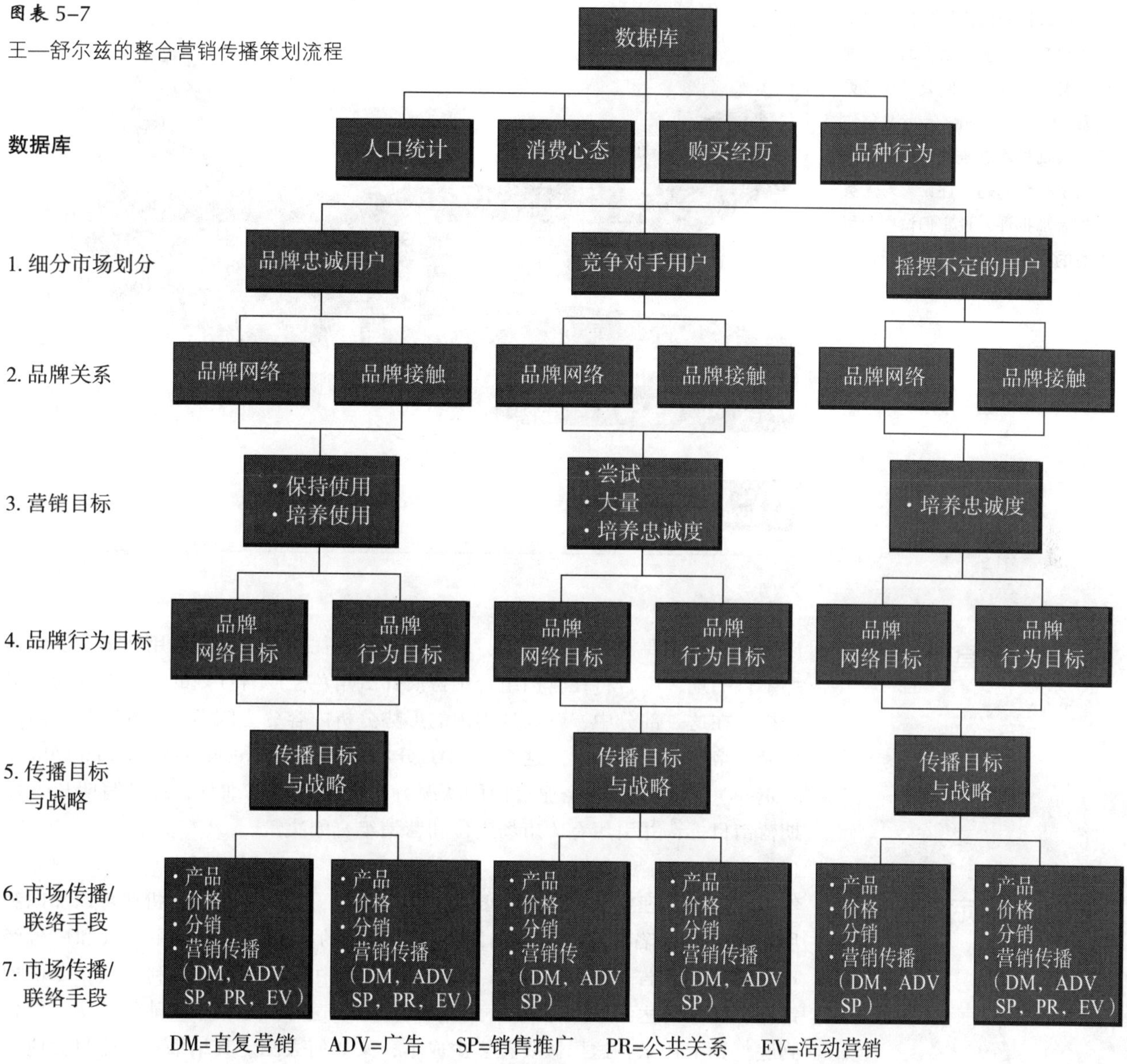

整合营销传播对广告学的意义

既然顾客把所有受人资助的传播都视为广告，那么广告人——客户主管、创意人员、媒介策划人员——就必须超越自己传统的专业，成为知识渊博的通才，熟悉并能够综合所有的营销传播手段。

广告计划

广告计划（advertising plan）是营销计划的自然产物，与营销计划的准备方法大致相同。实际上，在整合营销传播策划过程中，广告计划是整个策划过程中不可或缺的组成部分。书末的附录 B 为一例自上而下式广告计划的梗概。

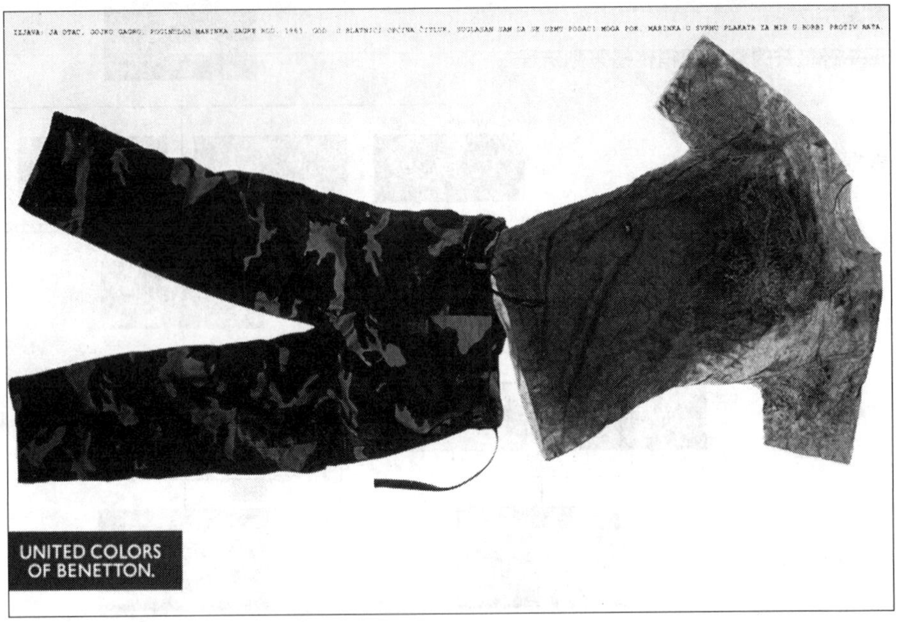

企业可以控制自己的广告，但是必须留意他们意料之外的非计划性信息。多年来，时装设计者贝纳通（www.benetton.com）创作了一大批引起过争议的广告，突出表现社会问题。评论家对这类广告大加批评，说它们试图利用人类的痛苦，通过揭露波斯尼亚战争的代价来换取媒介的宣传。

检查营销计划

广告经理首先要检查营销计划，了解企业准备往何处去，打算用什么方法到达那个目的地，广告将在营销组合中扮演什么角色。广告计划的第一部分为形势分析，在这一部分中，营销计划中的形势分析内容分为四类：内部优势与弱势以及外部机遇与威胁，这个 SWOT **分析**（strength/weakness/opportunity/threat analysis）要简略重述企业目前的状况，回顾目标市场细分，逐条写明长、短期营销目标，并引用有关市场定位和营销组合的决策。

确定广告目标

然后，广告经理判断广告必须要完成什么任务，有哪些优势和机遇可以加以利用，有哪些缺陷和威胁应该加以说明。遗憾的是，有些企业主管（和广告经理）表述的广告目标并不明确 ，如“在市场中为产品创造有利形象，以增加销售、使利润达到最大化”这样的表述。对于这种表述，没人能够弄明白广告到底打算干什么，这样做要花多少成本，又如何去测定其结果。广告目标应当具体、现实，便于测定。

了解广告能做些什么

多数广告活动鼓励潜在消费者采取一定的行动，但就此把实现销售的全部责任都推给广告通常并不现实。销售的终点是营销目标，而不是广告目标。在广告主劝服顾客购买之前，先必须向目标受众进行有关企业、产品、服务或问题的宣传、劝服或提醒活动。在确立目标时，牢记这条简单的格言：“营销是卖，广告是讲”，换句话说，就是广告目标应该与传播效果挂钩。

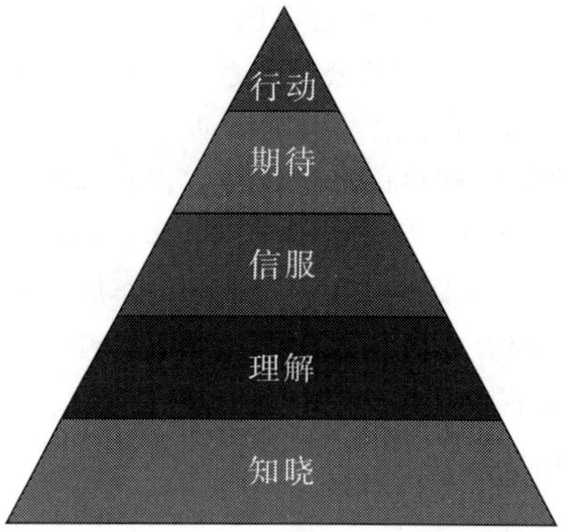

图表 5-8

广告金字塔描绘了广告对广大受众的作用过程——尤其是在宣传新产品时。初始产品讯息向一大批人（金字塔底部）推广产品的知晓度，但在这一大批人中，只有一定比例的人能理解产品的好处；在这一群人中，又只有一小部分人会被说服，然后对该产品产生期待。最终，与知晓该产品的人数相比，实际采取行动的人数非常少。

广告金字塔：目标确定指南

假设你要宣传一个新产品种类中的新品牌，但对其结果却没有把握。那么，图表 5-8 中的金字塔可以向你指出广告能够担负的一些任务。显然，在你的产品推出之前，潜在顾客对此一无所知。因此，你的首要传播目标应该是创造*认知度*，让人们知道你们的公司、产品、服务和品牌。

下一个任务是促进*理解*，即传递充分的产品信息，使知晓人群中的一部分人认识到产品的功用、形象、定位和某些特点。

接下来，广告还要传递足够的信息让人*信服*，即劝服一定数量的人相信产品的价值。一旦打动了，一部分人可能就会*期待*这个产品。最后，在期待这个产品的人中又有一部分会采取*行动*——索取额外信息、送回优惠券、光顾商店或实际购买产品。

金字塔的作用体现在三个方面：时间、资金和人。广告效果的体现需要时间，特别是较为昂贵或购买频率低的产品。经过一段时间，随着企业不断发布广告，知晓产品的人数会越来越多。了解产品、信任产品、期待产品的人越多，采取最终行为、购买产品的人也越多。

让我们将这些原则应用到一个假设的案例中。假如大众汽车现在有一款名为“发光甲虫”的新产品，它可以同时使用汽油和电力驱动，你负责其广告活动。那么，你给这种虚拟车制定的初步广告目标大概可以表述如下：

1. 在两年内，向 50 多万每年购买外国经济车的人中的一半传递“发光甲虫”上市的消息。
2. 让上述“知晓”群中的三分之二知道“发光甲虫”是一辆技术优越的经济车，有多种设计、安全、环保等特点，是建立在无可匹敌的服务、质量和价值基础上的全新品牌标志，只通过大众特约经销商出售。
3. 让三分之二的“知情”人群相信“发光甲虫”是一种高质量的汽车，可靠、经济，开起来乐趣无穷。
4. 在“信服”的人群中，激发三分之二的人试车的欲望。
5. 促使三分之二的“期待”该车的人群光顾某家经销商，试一次车。

这些广告目标在时间和程度上都很具体，像营销目标一样进行了量化。从理论上讲，在第一年的年底，消费者态度调查应该可以表明有多少人知道了“发光甲虫”，多少人了解了该车的主要性能等。因此，广告的效果可以测定。

大众汽车的广告可以实现知晓、了解、信服、期待及行动这些目标，但一旦顾客进了商店，通过有效的推销与服务完成销售就是零售商的责任了。

随着整合营销传播的出现，现在我们可以从另一个角度看待这个金字塔。我们可以利用大量不同的营销传播工具和各种传统及非传统媒介，更加有效地实现金字塔提出的传播目标。例如，如果是单纯为车和公司创造“发光甲虫”新车和品牌形象的知晓度，那么大众媒介广告支持下的公共关系活动便是首选的营销传播工具；媒介广告、新闻炒作、直邮手册以及特别活动（如赛车展）可以实现“理解、兴趣与信服”目标；“期待”则可以通过媒介广告、车迷杂志上的正面评述文章、精美手册图片造成的影响以及销售推广（诸如抽奖）的推波助澜加以巩固；最后，由直邮、销售推广以及参观零售商迷人的车展室来刺激顾客采取“行动”。在销售完成之后，媒介广告应该继续巩固消费者的购买决策。与此同时，可以采用电话营销的方式致电顾客，向他们表示感谢，征求他们的意见，向他们提供必要的帮助。由此我们可以看出，销售只是宝贵关系的开端。

广告战略与创意组合

广告（或传播）目标是指广告主想获得消费者的认知度、态度和偏好的程度；广告（或创意）战略则是指如何达到这些目的。

广告战略（advertising strategy）包含了**创意组合**（creative mix）的各个组成部分：目标受众、产品概念、传播媒介和广告讯息。

目标受众：所有应该知道的人

目标受众（target audience）指广告将要面对的特定人群，一般比目标市场要大。广告主必须了解谁是产品的最终用户，谁购买产品，谁影响购买决策。比方，孩子往往对全家去哪里吃饭有着很强的影响力。因此，虽然麦当劳的目标市场是成人，但其目标受众也包括孩子。为此，麦当劳花费了相当数量的广告预算制作针对儿童的广告。

同样，虽然企业瞄准的也许只是产品的重度使用者，但许多轻度使用者和非用户实际也看到了广告。这很不错，因为调查显示，品牌普及度（广告尤其擅长获得）分布在各个购买频率层次中。不过，主导品牌的购买者主要是重度和轻度使用者（见图表 5-9），所有这些销售的长期累积才能使产品成为主导品牌。

产品概念：表现产品

广告主展示给消费者的“一系列价值”就是**产品概念**（product concept）。通用汽车公司最初向两个不同的市场推出完全相同的卡车，但却以不同的产品概念针对他们。他们采用广告宣传萨尔瓦多（Silverado）的皮实耐用，以此瞄准广大的中产阶级；另一方面，他们针对白领专业人士而给西耶拉（Sierra）创作的广告又突出表现了卡车的高档诉求。

在撰写广告计划时，广告经理必须对产品概念（广告将如何表现产品）进行简单的陈述。为此，广告主首先要考虑消费者对产品的感觉，然后对照企业的营销战略。

几年前，博达大桥广告公司（FCB）的里查德·沃恩（Richard Vaughn）创立了一种名为“FCB 坐标”的两层模式，依据消费者的“关注度”和“思考/感

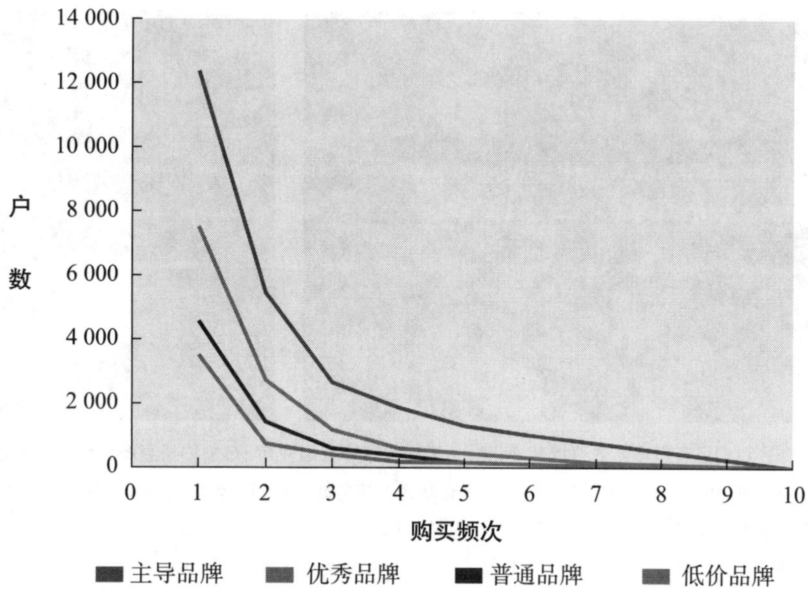

图表 5-9
品牌普及度。对主导品牌来说，每种购买频率都有大量的消费者。

觉”程度将消费者产品分为四个象限。按照消费者在做出购买决策时对产品的关注程度和关注类型，广告公司给品牌在坐标中确定对应的位置，从而判断哪种类型的广告最合适。

后来，金 (Kim) 和洛德 (Lord) 发现人们可以同时既有认知投入，又有情感投入。于是，他们又开发出了一种更为先进的金洛坐标 (Kim-Lord grid，如图表 5-10 所示)。这个坐标方格也表现了消费者在对不同产品做出购买决策时的关注程度和关注类型。购买某些物品，如轿车，要求消费者个人在认知和情感上都要有大量的投入；而某些产品，如洗涤剂，在这两个轴上的投入都比较低。有时，卖主的广告战略是使方格内的产品变成在其中一个轴上投入较高的产品。产品在方格中的位置可以显示产品的购买方式（认识—感觉—行动或感觉—认识—行动）和撰写广告文案应该采用的方式（更偏于情感或更偏于理性）。

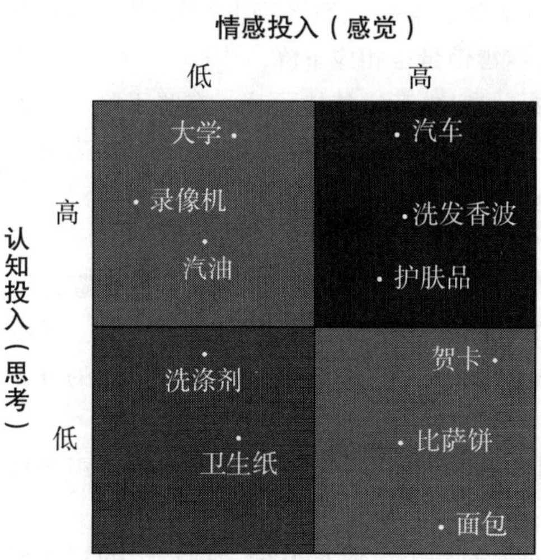

图表 5-10
金洛坐标

传播媒介：讯息传递体系

传播媒介 (communications media) 指可用于传递广告主讯息的所有载体，是创意战略的一个组成部分，包括传统媒介——如广播、电视、报纸、杂志、路牌加上互联网——和整合传播活动所用的直复营销、公共关系、特别活动、销售推广以及人员推销。

广告讯息：广告传播什么

企业计划在广告中所说的内容，以及通过文字或非文字来表达

除了传统媒介，我们还有很多方式可以传递讯息。当纽约市市长迈克尔·布鲁伯格宣布说因为削减预算要关闭几处消防站时，纽约市的山地假日公司(Hill Holiday) 为消防队员们发起了这场游击广告战。他们将火焰的影像投射到纽约市几大楼宇的外墙上，同时打出讯息，呼吁市民们要求市长撤销关闭消防队的命令。(见彩插)

这个内容的方式构成了**广告讯息**（advertising message）。正如我们在第 9 章将要讲解的，文案、美术和制作元素的组合形成讯息，而组合这些元素的方法是无穷无尽的。

BDO 广告公司首席创意总监特德·萨恩（Ted Sann）说：“创意会发展成广告活动，把广告带上下一个台阶。”

成功策划的秘诀

无论广告主是大企业还是小公司，策划成功与否的关键都是信息，但业务成功的精髓还在于如何理解这些信息。理解正确了，前进的方向才会正确，策划才会变得更容易，才会有更大的回报。

广告资金分配

20 世纪 90 年代初，美国和加拿大均遭受了第一次经济衰退的剧痛。利率上升、失业率升高。消费者信心下降，零售销量也相应下降。

随着销量的下降，不少主管削减了自己的营销传播预算，有些干脆削减到了零。两年后，当政府宣布衰退期结束时，这些经营者仍然想不通销售为何仍旧不畅，自己的市场份额为什么丢失得如此之多。

广告：对未来销售的投资

修建新厂房或仓库的成本是企业对未来生产和分销产品能力的一种投资，同样，广告——作为传播组合的组成部分——也是对未来销售的一种投资。虽然广告常常被用来激发直接销售，但它最大的威力还在于其累积的和远期的巩固效应。

广告能培养消费者的偏好，促进好感，进而提高企业名称和品牌的声誉和价值，促使消费者重复购买。

因此，虽然广告眼下是一种账面上的支出，但它也是一种长远的资本投资。不过，对于那些把广告视为投资的主管，他们必须了解广告与销售以及利润的关系。

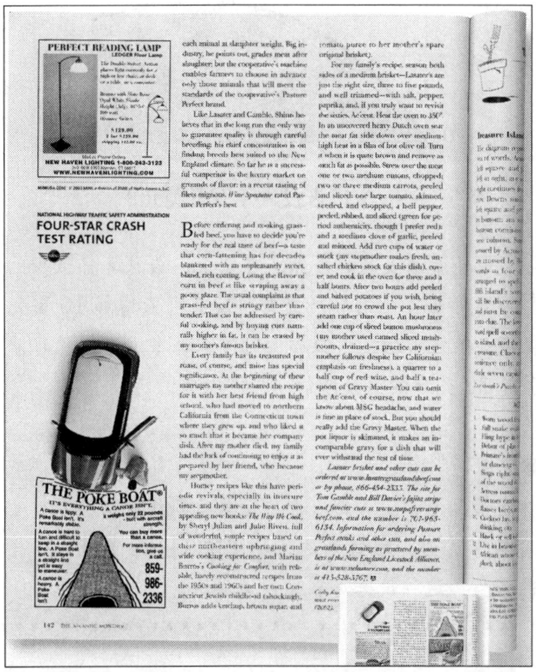

广告讯息代表着企业计划宣传产品的内容以及他们计划如何宣传。迷你库珀（www.miniusa.com）的广告传达出这样的讯息：它经受的四星碰撞试验证明它是一辆安全耐用的车。“怎样”这个讯息被巧妙地安插在像《纽约客》和《史密森学刊》（*Smithsonian*）这类杂志的广告栏中，使广告看上去就像在与临近的广告产生互动。

广告与销售以及利润的关系

许多内在变量和外在变量会影响到企业营销与广告努力的效果，测量广告与销售、销售与利润之间关系的方法尚不健全。不过，大量的调查确实支持以下几点：

- 在消费品营销中，市场份额的增加与营销预算的增加之间有着密切的关系。市场份额是企业是否盈利的一个主要指标。
- 随着广告的增加，销售量一般也会增加，但在到达某一个点后，回报率却会变平，然后开始下降（见广告实验室 5-B“广告对销售的经济效应”）。
- 广告经过一段时间可以引起销售反应，但广告的持续性很短，因此广告主必须不断投入，这一点很重要。
- 广告有最低线，未达到此线，广告支出不会对销售产生任何影响。
- 即使不发布广告，也可能会有一定的销量。
- 广告存在着由文化和竞争引起的饱和限度，超过这个限度，广告再多也不会使销量增加。

对管理层来说，上述客观事实可能意味着：支出更多的广告费，直至其不能发挥作用为止。但事实上，问题并不那么简单。广告并不是影响销售的唯一营销活动。质量感受、口碑、新产品上市、竞争性贸易促销、更吸引人的零售店开业、更好的人员推销，甚至商业周期中的季节性变化，都有可能导致市场份额的变化。

再者，多数企业对如何确定广告、销售与利润之间的关系并没有一个明确的方法。如果企业同时销售多种产品怎么办？是哪条广告推动了哪种产品的销售？

有一件事是清楚的：由于对广告的反应要经过较长的时间才会表现出来，因此，广告应该被视为一种对未来利润的长线投资。像其他所有支出一样，广告也应按其是否有浪费现象来加以衡量。纵观历史，凡是在艰难时期把广告当做替罪羊的企业，结果都在经济复苏之前丧失了大片领地。

反过来也成立：在困难时期坚持做广告可以保护（有时甚至可以增加）市场占有率并树立品牌。在最近的一次全球性经济衰退中，欧洲的大卖主们都认识到了这一点，在意大利、奥地利、德国、法国和西班牙，只有不到 40%的大广告主削减了自己的广告预算。

影响经营的环境变量

在打算决定广告拨款之前，广告经理必须首先考虑企业的政治、经济、社会和

广告实验室 5-B

广告对销售的经济效应

通常，产品的销售水平与广告的支出水平成正比关系——即在合理界限内广告支出越多，销售越多（假设广告活动不招人讨厌）。然而，就连最有热情的广告公司也不得不承认：广告主有可能花得太多了。

在理想的状况下，主管们希望了解每增加 1 美元的广告经费可以使销售量增加多少，什么时候增加广告费用不再产生效果？不必用固定的数字来表明潜在的需求，只需用一张图表或统计方程式就可以说明销售与广告之间的关系。

在图表中，曲线的大部分向右呈上升状态（正弧线），这意味着增加广告会继续促进销售，直到（在 x 百万美元的预算数）讯息达到饱和，此时，人们开始对讯息无动于衷，不再将它与产品联系起来。

在企业能负担的广告经费未达到市场饱和状态时，尚能维持销售增长。但随着广告费支出越来越大，曲线会越变越平，达到平衡，直至出现饱和。曲线开始变平的点就是广告回报开始消失的那个点。在整个广告预算都很少的时候，每增加 1 美元的广告经费，就有可能增加 10 美元的销售额；但当市场接近饱和的时候，每增加 1 美元可能只会引起 30 美分的销售增加——即使有的话。

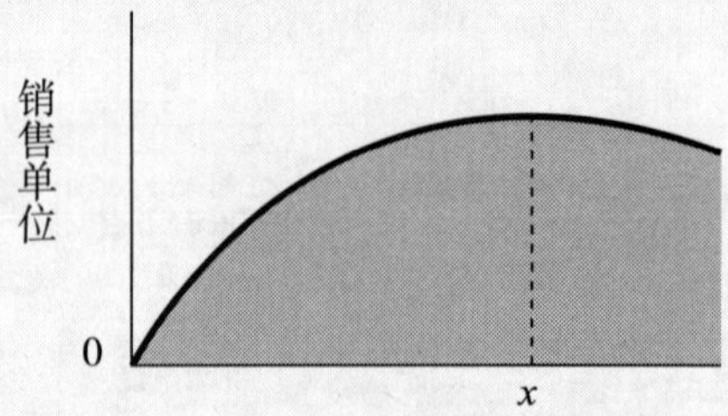

实验室应用

1. 在什么情况下，广告支出曲线会呈负弧线状态？
2. 经济学家认为，销售量的大小取决于企业支出的广告费的多少，这种设想可靠吗？请讨论。

法律背景，这些因素影响着整个行业的销售状态和企业的销售利润。广告经理必须考虑企业的制度环境和竞争环境。本行业的销售水平如何？竞争对手的支出是多少？他们正在做的什么事有可能推动或阻碍企业的营销活动？

最后，广告经理还必须考虑企业的内部环境，企业的现行政策和运作流程是否能保证广告兑现其预期的承诺？

资金划拨方法

大多数企业主管愿意在广告上花费更多的资金，只要他们确信广告会给他们带来更多利润。但在制定广告预算的过程中，这个均衡点却很难预料。

企业有很多方法来决定应该在广告上花费多少，如销售百分比法、利润百分比法、销售单位法、竞争对抗法、市场份额法和目标/任务法（见后文对照表：确定广告预算的方法）。

任何一种技巧都不可能适用于所有的场合，以下探讨的三种方法是制定全国性广告预算时最常用的方法。当然，地方零售商也同样可以使用这些技巧。

销售百分比法

销售百分比法（percentage of sales method）是确定广告预算最常用的一种方法，可以以头年的销售、来年的预期销售为基础，也可以二者合一。因为这种方法最简单，无须任何花费，但又与收入有关，因而被视为一种安全可靠的方法，很受工商人士的欢迎。这种方法的难点在于要判断使用多少百分比。

通常，百分比是按行业的某个平均数或企业的经验来决定的。然而，这种方法的随意性往往较大。行业平均数的前提是同行业每家企业的目标大致相同，面对的营销问题相同；企业经验的前提是市场高度静止，而这几乎是不可能的。

不过，如果以未来的销售作为参考，这种方法的效果一般较好。它假设销售一定的数量单位需要一定数量的资金，如果广告主知道它们之间的百分比，广告与销售之间的相互关系就可以保持和谐。其前提是市场稳定，竞争对手的广告又没有变化。由于这种方法很普遍，因而竞争战发生的可能性反而减少了。

销售百分比法最大的缺陷在于它违背了营销的基本法则。营销活动应该刺激需求，然后引起销售，营销活动不应该是销售的结果。如果广告随销售的涨落而涨落，那么就有可能忽略所有其他有可能引起反向运动的因素。

市场份额/广告份额法

如果市场中产品相似，企业的市场份额与其在同业中的广告份额之间一般具有较密切的关系。

市场份额法（share of market method)）又称**广告份额法**（share of voice method)，是将广告资金与销售目标联系在一起的大胆设想。其前提是：企业保持其市场份额的最佳途径是保持其广告的市场份额略高于其产品的市场份额。比方，企业的市场份额为 30%，那么企业在整个行业内的广告份额就应达到 35%。

新产品导入期经常采用市场份额/广告份额法。按照这种方法，在推出某一新品牌时，头两年的广告预算应该是头两年品牌预定份额的 1.5 倍。也就是说，假设企业头两年的销售目标是占有 10%的市场，那么头两年企业支出的广告费应占到全行业广告费的 15%左右。

这种方法的弱点在于它有可能导致滥做广告。因为单纯保持较高的媒介暴露百分比往往并不足以达到预期结果。在某些包装产品类中，店内贸易促销能在短期内使一个品牌的销量提高 25%，而广告大概只能起到5%的作用。因此，企业必须掌握其他竞争对手的全部营销活动，而不仅仅是广告。

目标/任务法

目标/任务法（objective/task method）又叫*预算累进法*（budget buildup method)，这种方法把广告视为一种有助于促进销售的营销工具。

任务法分为三步：界定目标、明确战略、估算成本。在定好具体的量化营销目标后，广告主着手制定达到该目标的计划。比方，目标是让咖啡的销售数量增长 10%，那么广告主就要决定哪种广告手段最有效，广告应该以什么频率投放，应该利用哪种媒介。估算出来的成本将成为广告预算的依据。当然，企业的财务状况也必须作为一个考虑因素。如果成本太高，目标就要降低一点。广告活动开始后，视其结果比预期的或好或坏，在下一次预算时进行调整。

任务法迫使企业以实现目标为出发点，如果某一广告或某一系列广告的结果便于测量，任务法的效果就非常明显。任务法较适用于市场条件不稳定的状态，比较容易修正。

确定广告预算的方法

___ **销售百分比法**。按头年销售额、来年预定销售额或二者的结合拨出一个百分比的方法来确定广告预算，百分比的大小一般按照行业平均数或企业经验或任意方式来确定。

___ **利润百分比法**。依照头年或来年的利润划出一定的百分比。

___ **销售单位法**。又叫分摊法，按每箱、每盒、每件、每桶等计量单位分摊一定数量的广告费用。主要用于横向联合广告或贸易协会广告成员之间分摊费用。

___ **竞争对抗法**。又叫自卫法，根据主要竞争对手的广告费数量来确定自己的广告经费。

___ **市场份额/广告份额法**。按广告在整个行业中占有的与市场份额相对应或超出此量的一定的百分比划拨广告经费。常用于新产品的上市阶段。

___ **目标/任务法**。又叫预算累进法，分为3步：确定目标，明确战略，预计实施该战略的成本。

___ **试验调查法**。企业在广告预算各不相同的市场进行经验性试验，然后确定一个最佳的预算限度。

___ **精确定量模型法**。一般大型广告主和广告公司采用此法。该方法依靠计算机，采用精确的数据、史料和假设。

___ **任意法**。一种走着瞧的方式，一般资金有限、又准备推出新产品或服务的小公司会采用这种方法。

不过，要提前决定需要多少资金才能实现某一特定目标一般比较困难。测定广告效果的技术仍然存在着诸多缺陷。

基本结论

遗憾的是，上述所有方法均是由一两个谬误推理而来的：第一个，广告是销售的结果。虽然广告主明明知道不是那么回事，但他们仍然继续使用销售百分比法。

第二个，广告创造销售。在一定的条件下（如使用直接广告时），广告可以完成销售，但广告的真正作用是巩固现有顾客、探明潜在顾客、给产品有竞争力的定位、培育品牌资产以及刺激需求，甚至引起查询和产品尝试，并在地方一级引起客流量。

但广告的基本职责是通过宣传、劝服和提醒活动影响消费者的感知。广告的确会影响销售，但它只是影响消费者感知的众多因素之一，广告经理在准备广告计划和广告预算时必须时刻牢记这一点。

重要术语

营销计划书
自上而下式营销
形势分析
企业目标
营销目标
需要—满足式目标
销售定向式目标
营销战略
定　位
战术（行动纲领）
自下而上式营销
关系营销
利益相关者
顾客终身价值
通道末端促销
整合营销传播
广告计划
优势/劣势/机遇/威胁分析
广告战略
创意组合
目标受众
产品概念
传播媒介
广告讯息
销售百分比法
市场份额/广告份额法
目标/任务法

复习题

1. 什么是营销计划书？为什么说它是企业最重要的文件？
2. 举例说明需要—满足式目标和销售定向式目标之间的区别。
3. 营销计划有哪三种？它们之间有什么不同？
4. 自上而下式营销计划应该包含哪些基本内容？
5. 小企业如何成功地运用自下而上式营销使自己发展成为大企业？
6. 广告计划和广告战略各由什么要素组成？
7. 消费者在做出购买决策时会有哪些关注类型？
8. 为房地产开发项目划拨广告经费的最佳方法应该是哪种？为什么？
9. 哪类企业有可能采用销售百分比法？为什么？
10. 食品包装生产厂家如何运用市场份额/广告份额法来确定其广告预算？

第 6 章

媒介战略策划：寻找通往市场之门

目标 揭示传播媒介如何帮助广告客户实现其营销目标和广告目标。如果想在适当的时机、适当的场所向适当的人传递自己的讯息，媒介策划人员就应该遵循与营销策划人员和广告策划人员同样的程序：确定目标、制定战略、设计战术。媒介策划人员必须具有营销知识、分析技巧和创意，才能制定出严密的媒介决策。

阅读本章，你可以学会：

1. **了解**媒介策划对完成企业的营销与广告目标有什么帮助。
2. **弄清**创造性在媒介策划活动中的意义。
3. **了解**到达与频次，以及围绕着有效频次概念的争论。
4. **讨论**到达率、频次和持续性之间的关系。
5. **掌握**毛评点和千人成本的计算方法。
6. **了解**策划人员获得二级调查信息的来源以及使用它们的方法。
7. **描述**广告排期的不同类型以及各自的目的。

媒介策划：科学与创造在广告中的整合

在当今这个传播过度的社会里，广告媒介策划人必须兼具高级财务官员那样的分析才能、高级美术指导以及文案那样的创意才能。由于广告活动中的大部分资金是投向媒介的，因此，周密的媒介决策是整个营销传播计划是否成功的关键。

媒介策划（media planning）的目的是构思、分析和巧妙地选择适当的传播渠道，使广告讯息能在适当的时机、适当的场合传递给适当的受众。正如李岱艾公司的网站（网址：www.tbwa.com）宣称的那样："拥有关于目标受众的详尽信息，理解创意的重要性，然后决定采取何种行动，通过何种途径和顺序，这些就是确保每一个受众获得正确成果的因素。"我们已经看到，广告公司非常善于解决媒介计划中的许多问题，诸如：

- 我们应该在哪里投放广告？（哪些国家，哪些州或者城镇的哪些地方？）
- 我们应该选用哪些媒介载体？
- 我们应该在什么时候集中投放广告？
- 我们应该采用什么频率发布广告？
- 我们的媒介广告是否有和其他传播手段整合的机会？

上面提及的有些决策要求进行严谨的科学调查和详细的数学分析。这项工作，我们可以借助高级计算机软件程序来完成，然而要真正地理解与说明所有这些数字的真实含义，然后将它们转化成为一个媒介计划并付诸实施，却需要人类的智慧与创造力。

挑　战

与创作部和客户服务部的"明星们"相比，策划和购买媒介的人历来都比较默默无闻，媒介部的新手在本行业中收入最低便是一个明证。造成这个状况的原因可能是低级媒介工作仅仅是一些日常工作，不需要多少创造性，因此，不要求担任该职的员工拥有高级培训背景和能力。这是年轻人进入这个行业的良好起点，不过，那些具有高级技巧和才能的人很快可以得到升迁。

如今，媒介策划人也承担起了和创意总监一样重要的职责：一位媒介策划人可能掌管着客户数百万的广告经费，他的工作体现了其所在公司是否具备两种能力：一是为客户谈下最佳价格的能力，二是在当今媒介选择多得数不胜数的情况下高效利用并进行配置的能力。

20世纪90年代，媒介部突然受到青睐，客户开始对广告公司的服务采取"点菜式"政策，于是，广告公司之间开始在媒介购买和媒介策划上展开竞争，并逐步与创意方面的竞争分开来。到21世纪初，媒介成功开始成为传媒报道中的重大新闻，如：麦肯全球公司赢得了雀巢的1.5亿美元预算；最近，美国实力媒体（Zenith Media USA）获得了大通银行3亿美元的订单，而奥姆尼康（Omnicom Group）也从美洲银行获得了6亿美元的营销资金。

随着该领域运作的日益复杂，媒介决策变得更为关键，客户也比过去更为挑剔。广告客户不仅要求广告公司出效益，还要求他们负起责任，提供信息，尤其是有关媒介选择的信息。不仅如此，他们还要求广告公司能进行创造性的媒介购买。

那么，是什么原因使得如今的媒介策划比几年前更复杂且更具有挑战性呢？

媒介选择的增加

随着现代电子技术的兴起和市场的自然成熟，现在可供选择的媒介已大大增加，而每一种媒介又提供了更多的选择余地。正如我们在前面提到的那样，在并不遥远的过去，大广告客户只要在电视上投放广告，基本上就可以保证有大量的受众，但现在这种做法已经不再奏效了。现在，要到达大批受众比过去难多了。

最重要的是，互联网令人难以置信的发展使它成了一种新的媒介选择，但它同时也增加了媒介策划人员的工作难度，为了跟上潮流，他们必须面对扩大技术知识和掌握相关新词汇等方面的挑战。

非常规媒介——如电影广告、购物车等——也拓宽了媒介的选择菜单（广告实验室 6–A 对部分非常规媒介进行了描述）。此外，不少企业把相当大的一部分营销预算放在了特殊传播活动上，如直复营销、销售推广、公关活动和人员推销。实际上，这些“线下”（不与媒介形成代理关系）活动已成了一些大型控股公司（如 WPP 和 Interpublic）发展最快的业务。

邓肯与莫里亚蒂指出，对于实行整合营销传播的企业，他们的“媒介菜单”应该包含所有能向顾客或其他利益相关者传递讯息、收回反馈的手段。免费电话号码、传真、网页以及公司网址等都可以使回收顾客反馈变得更加方便与经济。这些变化发展带来的结果是，广告客户在设计发送和接收讯息的系统方面变得更有创意。也就是说，企业和广告公司必须站在“讯息处理”的角度来思考问题，在接收讯息时做到像发送讯息时那么认真负责。明尼亚波利斯市法伦·麦克利戈特公司负责整合营销的总裁马克戈尔茨坦（Mark Goldstein）说：

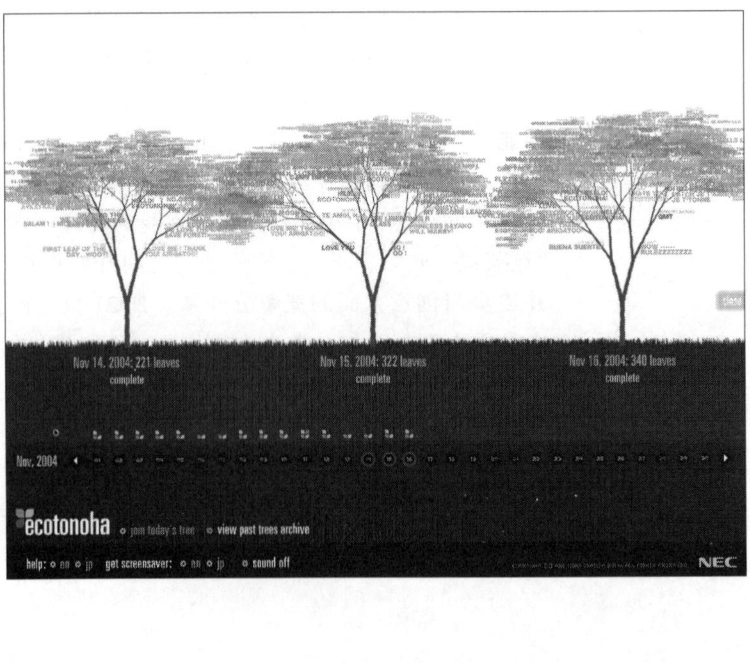

作为一种补充，许多网站会给访客提供留言和粘贴链接的虚拟游客留言板。NEC 将这一小小的顾客留言板概念化，使它成为其生态林项目的中心（网址：http：//eco.adnec.com/eco/ecotonoha2.html）。每当达到 100 个签名，NEC就会在澳大利亚袋鼠岛种一棵树。每天，一棵新的、独一无二的虚拟树会从访客留下的叶子上开始“生长”。该网站使电子制造商 NEC 得以宣传其保护大自然的理念，并赢得了戛纳广告节网络广告全场大奖。（见彩插）

吸引顾客的非常规媒介

现在，广告随处可见，甚至在我们最意想不到的地方也可以看见它们的踪影。

高空条幅和灯光

用飞机低空拖挂印有广告讯息的条幅或横幅，入夜可以采用移动空中灯光表现讯息，讯息可以长达 90 个字；还可以用直升飞机牵引由几千只灯泡照明的 40 × 80 英尺大小的物件。

软式小飞艇

除了固特异，现在花旗银行、可口可乐、富士胶卷等也都在利用小飞艇传递广告讯息。电脑控制照明系统使得小飞艇在夜晚仍然可以进行广告宣传。

机舱内广告

许多航空公司在飞行途中的视听节目中播放广告，使用者主要为旅游业或那些想到达公务飞行人员的广告客户。

报纸袋

利用报纸的保护袋印刷彩色广告，还可以在上面附上产品样品，采用这种方法不会和其他广告客户冲突，因此比较理想。

交通枢纽

讯息轰炸最全面的一种形式要数占有全国各地大型交通枢纽的媒介空间，即一个广告客户买下某一指定场所的全部或绝大部分空间，排除其他竞争者的做法。这种做法能提高行色匆匆的旅客看见讯息的机会。

电子看板

许多现代化体育场馆把巨型电子显示屏空间卖给广告客户。

充气模型

巨型充气啤酒罐、吉祥物甚至麦片盒都可以用来做广告。

彩绘车体

在公共汽车、货车或汽车的整个车体上装饰大于实物的图像以及广告讯息，吸引大家的注意力。有些车体整个被信息“包裹”了起来，表现出巨大的视觉冲击力。

《圣迭哥联盟—论坛报》使用彩绘货车来传递报纸及其广告讯息。

垃圾桶

在设计独特、装饰独特的各种垃圾桶上投放广告客户的广告标志或讯息。在有些大城市的商业繁华地区，广告客户可以在水泥垃圾桶上做广告。

电脑亭

独立电脑亭可以喷绘醒目的设计和讯息，或在其顶端和侧面附加特殊装置，以吸引人们的注意。电子显示发布表现软件可以不断发送彩色活动录像片段、幻灯或互动文案，有的还伴有同步的音效和音乐。

厕所广告

许多企业在厕所中使用广告，如在厕所的隔板里面或男厕所的小便池上方均可以看见广告。

遮光板广告

遮光板是一张刻有标志的金属模板，透过镂空处将灯光投射在墙上或其他背景上，比较适合大型户外或室内活动。

列车车厢

如今，列车车厢也已被广告包裹了起来，取代了过去的双色涂层。在芝加哥，有辆八节的穿梭列车被伊利诺伊彩票广告包裹了起来。

购物发票

如今，绝大多数大型超市连锁店都在购物收据的背面印上优惠广告，宣传当地零售商的折扣优惠。

实验室应用

1. 非常规媒介的效果如何？
2. 你还能想出其他形式的非常规媒介吗？

“媒介不再停留在计划和购买的层次上，媒介是创意、组合和合作。”也许，正如邓肯与莫里亚蒂所言，未来的媒介部或许将改名为“联络部”。

日益碎片化的受众

市场成熟的另一个明证便是媒介受众的细分，这也使得媒介策划人的工作更加复杂。读者与观众已经分散到众多新的媒介选择之中，有选择地阅读某些杂志或报纸，只收看几种节目，分别收听不同的电台。虽然如今的消费者花在媒介上的时间比以往任何时候都多，但探明潜在顾客的工作却更加困难了。

成本的上涨

在媒介选择余地增加的同时，需要传递的讯息数量也在膨胀，事实上，这些讯息已经多得超出了消费者处理它们的能力。人们处理讯息的精力是有限的，因此媒介不得不对广告数量加以限制。结果，几乎所有媒介到达目标受众的成本都上涨了。越来越高的媒介费用使得媒介策划工作更具挑战性，对那些预算较小的企业来说更是如此。客户总想知道媒介策划人员是否真的使他们所花的每一分钱都物有所值。

媒介买卖复杂性的提高

随着媒介的购买过程更加复杂，媒介的销售过程也更加复杂。在增加销售量的战争中，许多印刷媒介和广播媒介公司纷纷出台了“附加值”计划，为客户提供额外利益。除了按刊例价或低于刊例价的价格销售版面或时间外，这些公司现在还提供重印服务、销售服务、特刊，甚至赞助和邮寄名录等。为了在广告客户的预算中争取到更大的份额，一些大型媒介机构把自己下属的不同电台、出版公司或其他实体捆绑在一起，以套餐的形式提供给客户，进一步吸引他们。

附加值套装往往采用一些超出传统媒介策划的传播手段，诸如公关活动、销售推广和直复营销等。这种套餐活动有助于广告客户与其现有顾客和潜在顾客之间建立联系，这正是广告客户眼下的一个重要目标。但衡量这些活动的价值较为困难，因为其中的非媒介因素很难用数字来表示。

整合营销传播和关系营销潮流正在造就一批新的媒介策划人，他们年轻、熟悉电脑，除传统媒介外，还在营销方面训练有素。如今，一个优秀的媒介专家实际上就是一个真正的广告通才。随着大客户纷纷改换媒介代理公司，舍弃原先单一的媒介代理机构，媒介专业人员的出头之日终于来了。

竞争的加剧

导致当今媒介策划更具挑战性的最后一个因素是竞争环境，竞争环境在短短的几年当中完全改变了广告业的结构。20 世纪 80 年代至 90 年代初，由于客户比较注重媒介支出的效益，因此独立的媒介购买公司应运而生，吸引了本行业中一些最优秀、最聪明的人才加盟，争夺原本属于广告公司的专有地盘。起初，独立媒介购买公司以较低的批发价格买断广告版面或时间，再以稍高的价格或以收取代理费的形式，将版面或时间转卖给广告客户或那些媒介部人员不足的广告公司。但是，随着媒介专业人员的增多，客户开始意识到规模效应和资本优势在媒介购买谈判过程中的强大威力。

为了应对竞争压力，广告公司开始将自己的媒介部分离出去，将它们设为独立的媒介专业化子公司。这些公司既能与独立公司竞争，也能与那些单纯为客户进行媒介代理的公司竞争。随着时间的推移，这些公司变成了媒介方面的行家里手。

媒介在营销方案中的作用

我们在前面几章已经讲到，广告成功的关键是恰当的策划。因此在媒介策划开始之前——实际上，早在考虑广告之前——企业就必须先为自己的产品制定出一个全盘的营销与广告计划。

营销目标与战略

在第 5 章我们已经讲到，自上而下式营销策划要明确市场需求和企业的销售目标，明确实现这些目标的详细战略。图表 6–1 显示了如何从营销形势分析(或 SWOT 分析）中得出目标与战略，而营销形势分析则可以揭示企业目前的优势和弱势以及面临的市场机遇与威胁。营销目标既可以侧重于解决某一问题 (如"重新夺回去年因竞争对手产品上市而损失的销售量")，也可以侧重于抓住某个机会 (如"提高运动鞋市场女性顾客的比例")。

营销战略结合了营销组合的四个要素，为实现上述目标进行了步骤上的规划。假定某家企业的营销目标是在某一地区增加某一品牌的销售量，那么，它可以有多种选择：比方，它可以调整产品，使其适应当地的口味（产品)；可以降低售价，与当地品牌展开竞争（价格)；可以在零售店争取额外的货架空间（分销)；还可以通过密集的贸易广告或消费者广告，给产品重新定位（传播)。因此，广告只是企业为实现其营销目标而使用的众多战略工具之一。

广告目标与战略

广告计划的目标和战略是营销计划的延伸，但广告目标侧重于传播目标，诸如：

- 在第二年，说服 25%的目标市场相信本品牌能满足他们的需求。
- 未来两年内，在 30%的 18~34 岁男性心目中将本品牌定位为替代性领导品牌，而且是一种合算的品牌。
- 使第二年的品牌偏好在南方增长 8%。
- 在广告活动结束时，使至少 15%的目标利益相关者群体认可本公司在环保方面做出的努力。

为了实现上述目标，企业运用**创意组合**（creative mix）的各种元素——产品概念、目标受众、广告讯息和传播媒介——来设计广告战略。

媒介部的任务是要确保（创作部设计的）广告讯息准确有效地（由调研部

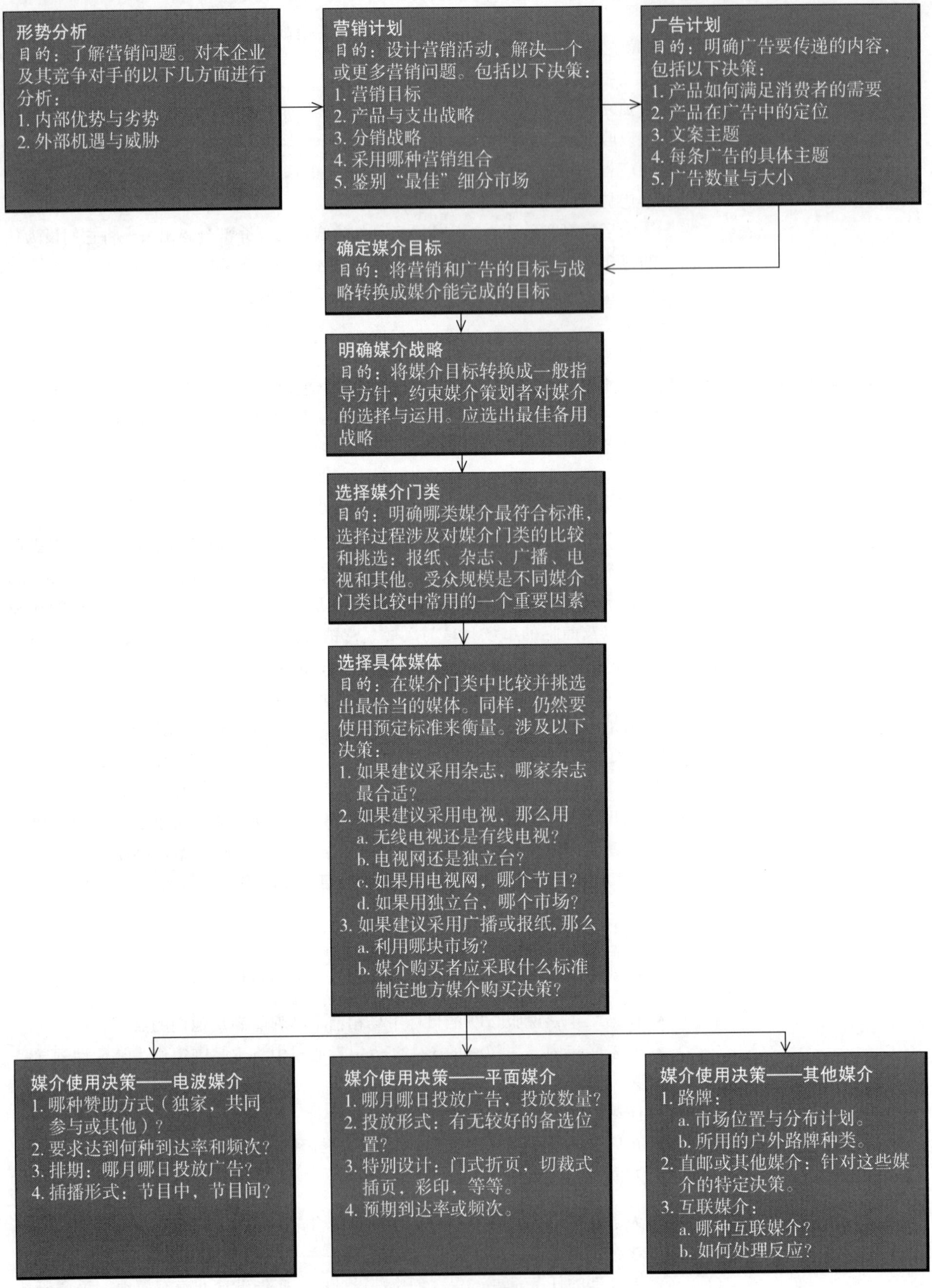

图表 6-1

媒介策划活动大纲

测定）到达目标受众（由营销经理和客户主管确定）。

媒介策划大纲

在整合营销传播时代，因为人们一般是通过某种媒介与品牌发生关系的，所以许多广告公司把媒介策划移到了广告管理过程的前面。在决定采用什么手段之前，必须先搞清顾客或其他利益相关者在什么时候、什么地点、什么条件下以什么方式接触品牌最好、最有效。只有弄清了上述问题，才能为创作部确定战略方向。

这也是为什么我们会在第二编"营销战略与广告战略的制定"中提出"媒介策划"这一主题，因为媒介策划是整体战略工作的一部分，应该在制定创意概念之前进行。稍后，在第五编"广告媒介的运用"中，我们将讨论各种媒介的战术性细节，包括如何使用、如何购买等——这些活动一般都发生在创意过程之后。

制定媒介计划涉及的步骤与营销策划和广告策划一样。首先，要回顾营销与广告的目标和战略；然后，确定媒介切实可行的、可以测定的相关目标；再次，尝试制定能够实现这些目标的独创性战略；最后，确定媒介排期与选择的具体战术细节。

确定媒介目标

媒介目标将广告战略转换成可供媒介实施的目标。图表 6–2 为某一新食品的总体媒介目标，该目标指明了谁是目标受众、讯息发布的原因与场所，以及广告发布的时间与频次。

媒介目标主要由两部分组成：受众目标和讯息分布目标。

ACME 广告公司
客户：Econo 食品公司
产品/品牌：奇布便宜土豆片 (Chirpee's)
项目名称：媒介计划，第一年推介

媒介目标

1. 瞄准大家庭，重点是家庭中负责采购食品的人。
2. 将广告客户的火力集中在城市地区，这类地区的加工食品一般比较好销，新观念一般也较易被人接受。
3. 在创牌子期间额外增加广告投放量，然后保持全年广告印象的持续性。
4. 向与地区性食品销售有关的每一个地区传递广告讯息，制造影响。
5. 运用那些能巩固文案战略重点——便利、便于准备、品位和实惠——的媒介。
6. 一旦广泛覆盖的需求与文案大纲的要求相符，可以达到最高广告频次。

图表 6–2
如何表述媒介目标

受众目标

受众目标（audience objective）确定广告客户希望到达的具体人群。媒介策划人员一般采用地理人口划分法来确定自己的目标受众，例如，在图表 6–2 中，目标受众是全国范围内居住在城市地区的大家庭中的食品采购人员。

目标受众可能由某种收入层次、教育程度、职业或社会阶层的人群组成——也就是我们在第 3 章提到的细分市场。而且，目标受众不一定等同于该产品的目标市场，它往往比目标市场大得多。例如，在推出新产品时，目标受众除了潜在顾客之外，还包含了分销渠道成员、关键舆论领袖、财团，甚至还有媒介本身。

许多广告客户不得不对储存和经销自己产品的零售商隐瞒自己的媒介决策，这是为什么？因为如果零售商把媒介战略上的某一变化理解为对他们广告支持上的减少，他们就有可能缩小该广告客户的产品在零售店内所占的货位。因此，广告客户在发布消费者广告时，往往也配合发布针对商圈内

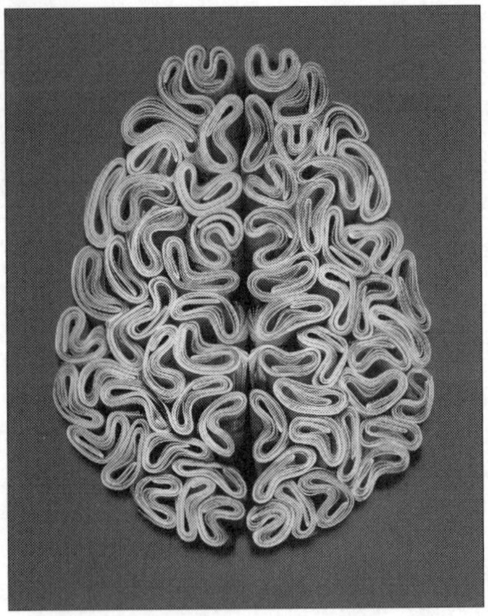

市场调查有助于广告客户判断媒介受众的具体特征。《经济学家》（www.economist.com）杂志的受众为受过高等教育、高收入的群体。在这条聪明的广告中，《经济学家》将杂志折叠起来，摆放成人脑的模样，借此恭维自己读者的智商。

的广告。

媒介策划人可以依据卖主的市场调研来决定消费者目标受众，不过他们主要依据二级调研报告资源，从这些二手报告中，策划人员可以找到不同产品的重度使用者和轻度使用者的人口统计数据，进而确定自己的目标受众。策划人根据特定杂志或广播节目向最接近预定目标的消费者“传递”或披露讯息的能力来选择**媒介载体**（media vehicle）。

采用整合营销传播策划模式的广告客户往往从细分目标受众（按品牌购买行为，如忠实用户、品牌更换者或新的潜在顾客）入手，然后根据他们能给每一个品牌带来的利润进行排名，再用“加强或调整顾客的购买行为”或“在一定时间内改变消费者对产品的感知”这类术语表述传播目标。

然而，受资金的限制，许多媒介调查都无法为卖主提供其真正想要的具体情况。例如，绝大多数广播、电视、报纸以及户外受众的报告仅限于年龄和性别，因此，媒介策划人员往往还要凭借自己的判断力与经验来选择恰当的媒介载体。

讯息分布目标

分布目标（distribution objective）指明应该在什么时候、什么地点发布广告以及发布的频率应该如何控制。为了解决这些问题，媒介策划人必须掌握大量专门术语，如：讯息力度、到达率、频次和持续性。

受众规模与讯息力度

卖主自然关心在可以负担的条件下，自己的讯息是否能够到达尽可能多的顾客和潜在顾客，因此，他们自然也最关心那些能够到达最大受众规模的媒介。表示受众规模的基本方法就是计算某个媒介的受众人数。一般采用一组统计样本来反映整体受众规模。对于印刷媒介，根据核实的媒介订户数，又叫**发行量**（circulation），然后乘以**每册读者数**（readers per copy，简称 RPC），由此来确定该媒介的整体受众规模大小。

媒介策划人往往按排期的**讯息力度**（message weight），即一组广告或整个广告活动到达的受众整体，来确定媒介目标。讯息力度可以用两种方法进行表示：总印象和毛评点。

一旦策划人弄清了受众规模，便可以轻松地计算某一媒介排期中的广告印象次数。**广告印象**（advertising impression）指广告讯息接触一个受众成员的一次机会，有时，人们又称之为**看见机会**（opportunity to see，简称 OTS）。将媒介的总受众规模乘以指定时间内所发布的广告讯息次数，便可以得出**总印象次数**（gross impression），或潜在暴露次数，然后再计算每种媒介的总印象次数，得出整个媒介排期的总印象次数（见图表 6-3）。

图表 6-3
X 品牌 2006 年第二季度的总印象分析

媒介载体	目标受众*	使用的讯息数	总印象数
电视 6 频道新闻	140 000	15	2 100 000
日　报	250 000	7	1 750 000
独立电台	10 000	55	550 000
总印象数			4 400 000

* 平均

如果媒介排期较大，总印象次数便可能达到上百万次，处理起来相当麻烦，由此产生了收视率这一概念。**收视率**（rating）指接触广告媒介的家庭(或个人）的百分比。百分比不仅处理起来比较简单，在进行比较时也更为实用。因此，一个收视率等于任意指定人口群中的一个百分点。如果我们听到有人说某电视台某节目的收视率为 20 点，那么就等于有 20%的拥有电视的家庭——用**电视家庭**（television household）或 **TVHH** 加以表示——在收看那个节目。节目的收视率越高，表明收看的人数越多。这个定义适用于许多媒介形式，但最常用于广播和电视。

将几种媒介载体的收视率相加（如前面计算的总印象次数)，我们便可以判断某一广告排期的讯息力度，只是现在我们用**毛评点** (gross rating point，简称 GRP) 加以表示（见图表 6-4)。如果我们说某一排期的毛评点为 180 个，那就表明我们这个排期所产生的总印象相当于占目标市场人口的 180%。在电波媒介中，毛评点一般以一周或一月为计算单位；在印刷媒介中，则以整个广告活动的广告数目为计算单位；而对户外广告，则以天为计算单位。

媒介策划人可以采用毛评点来判断广告活动的支出上限。所购买媒介的毛评点越高，费用自然就越多。不过，考虑到折扣优惠，购买的毛评点越多，毛评点的单位成本反而会下降。在超过某一个点后，毛评点的效益开始下降。

通过对计算机模型的运用以及建立在经验上的某些设想，老练的策划人员能够发现与广告相关的变量对销售的相对影响，从而得出各变量的投资回报率(ROI)，为客户节省大量的资金。

在计算讯息力度的过程中，广告人员未将重复或重叠的人次除外，因此，表现出来的就可能是：受众中的某些个体有可能几次看到讯息，而有些则一次也未看见。虽然讯息力度可以表明受众的规模，却难以揭示受众的构成以及他

图表 6-4
对 X 牌 2006 年第二季度毛评点分析

媒介载体	成人收视率*	使用的讯息数	毛评点
电视 6 频道新闻	14	15	210
日　报	25	7	175
独立电台	1	55	55
总收视点			440

* 假设市场规模为1百万人口。

们接触讯息的频率，这促使媒介策划人发明了另一套媒介目标表述方法：到达率、频次和持续性。

受众累加与到达率

到达率（reach）指在任意一段时间内（通常为四周）至少接触过某一媒介一次的不同个人或家庭的总和。比方说，在某一拥有 10 万人的市场中有 40%的人在四周内至少听到过一次 XXX 电台播放的某条广告，那么这个媒介的到达率就应为 4 万人。到达率既可用整个市场的百分数表示(40%)，也可以直接用数字来表示（40 000）。不过，到达率不能与真正接触并消化广告的人数混为一谈，到达率代表的只是接触到这个媒介因而有机会看见广告的人数。

广告客户可以通过两种方法来计算到达率：（1）按一定时间内的同一媒介载体；(2）将不同媒介结合在一起。当然，由于使用多种媒介，计算中会出现重叠现象。图表 6–5 是一张统计数字表，从中可以看出如何在增加媒介数量的同时减少重复到达率。

暴露频次

频次（frequency）是媒介人员用来表示同一个人或家庭在特定时间内接触同一讯息——如电台广告——的次数的一个术语，表明媒介排期的密度。频次的计

第二媒介到达率	第一媒介到达率														
	25	30	35	40	45	50	55	60	65	70	75	80	85	90	95
25	46	47	51	55	59	62	66	70	74	77	81	85	89	92	95
30	—	51	54	58	61	65	68	72	75	79	82	86	90	93	95
35	—	—	58	61	64	67	71	74	77	80	84	87	90	93	95
40	—	—	—	64	67	70	73	76	79	82	85	88	91	94	95
45	—	—	—	—	70	72	75	78	81	83	86	89	92	94	95
50	—	—	—	—	—	75	77	80	82	85	87	90	92	95	95
55	—	—	—	—	—	—	80	82	84	86	89	91	93	95	95
60	—	—	—	—	—	—	—	84	86	88	90	92	94	95	95
65	—	—	—	—	—	—	—	—	88	89	91	93	95	95	95
70	—	—	—	—	—	—	—	—	—	91	92	94	95	95	95
75	—	—	—	—	—	—	—	—	—	—	94	95	95	95	95
80	—	—	—	—	—	—	—	—	—	—	—	95	95	95	95
85	—	—	—	—	—	—	—	—	—	—	—	—	95	95	95
90	—	—	—	—	—	—	—	—	—	—	—	—	—	95	95
95	—	—	—	—	—	—	—	—	—	—	—	—	—	—	95

图表 6–5

随机组合表。在水平轴上找出第一种媒介的到达率，在垂直轴上找出第二种媒介的到达率，两者交汇的地方就是两种媒介的总到达率。如果是三种或三种以上媒介形式的组合，依照同样的程序，先在水平轴上找出前两种媒介的组合到达率，然后找出它和第三种媒介的交叉点。

算是以媒介或节目的重复暴露为基础的。重复是记忆的关键，因此频次是一个关键因素。

频次是以个人或家庭接触媒介的平均数来计算的。例如，在我们假设的某一人口数为 100 000 的市场中，4 周时间内 3 次收听到 XXX 电台同一广告的人数为 20 000，另有 20 000 人为 5 次，那么平均频次的计算就应为总接触次数除以总到达率：

$$
\begin{aligned}
\text{平均频次} &= \text{总接触次数} \div \text{受众到达率} \\
&= (20\,000\times 3+20\,000\times 5) \div 40\,000 \\
&= 160\,000 \div 40\,000 \\
&= 4.0
\end{aligned}
$$

在所到达的 40 000 听众中，平均频次或接触次数为 4。

一旦弄懂了到达率和频次，我们还有一种简便的方法来衡量讯息力度，即用节目的到达率（用收视率表示）乘以平均频次来计算毛评点。仍然以前述电台为例，40%的收音机用户（40 点）有机会在 4 周内平均收听到 4 次广告。等式为：

$$
\begin{aligned}
\text{到达率} \times \text{频次} &= \text{毛评点} \\
40 \times 4 &= 160\text{毛评点}
\end{aligned}
$$

因此，这次广播电台广告的讯息力度等于整个市场的 160%，或者说总印象 160 000 点。

持续性

持续性（continuity）指广告讯息或广告活动在指定时间段内的寿命。很少有企业会在一年内平均分配自己的营销投入，他们一般在黄金销售季节之前加强销售力量，在销售旺季过后逐渐减少力量。同样道理，为了节省资金，某一新产品的媒介策划人可以在隆重推出期后（假定为 4 周），再将广告活动维持 16 周，借以保持其持续性，但投放的电台数量将减少。我们将在媒介战术一节对常见的媒介排期模式进行探讨。

频次对引起记忆很重要，而持续性则对维持记忆很重要。此外，由于人们每日在市场中出入的目的是寻找商品或服务，因而，持续性能在人们最需要讯息的时候为他们提供讯息。能在购买环节中击中目标的广告，其效果会更好，所需要的频次也较少。

增强到达率、频次和持续性：媒介策划艺术

出色的媒介策划既是一门科学，又是一门艺术。媒介策划人员必须以有限的预算来获得最有效的暴露。如图表 6–6 所示，到达率、频次和持续性之间的目标彼此呈反比关系，因此，要达到更大的到达率，就要牺牲一定的频次或持续性。调查显示，这三者都至关重要，但因为预算有限，必须有所取舍。那么，哪个最重要呢？这一直是广告圈内争论最激烈的一个命题。

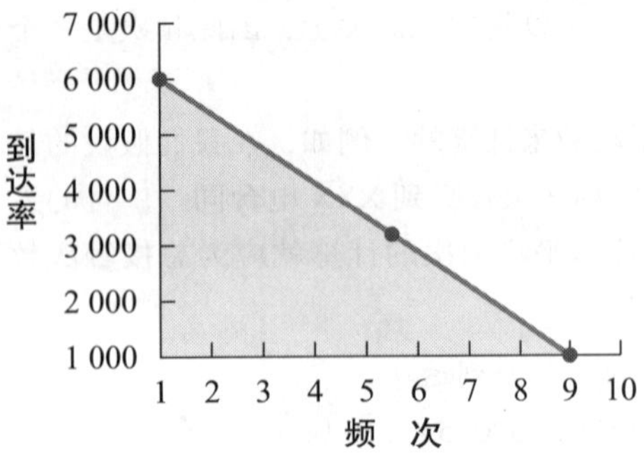

图表 6-6

到达率、频次和持续性呈反比关系。例如，在本例中，广告客户在相同的预算下可到达 6 000 人 1 次，3 000 人 5.5 次，1 000 人 9 次。然而，为了在一段时间内保持持续性，广告客户有时不得不牺牲一些频次和到达率。

有效到达率

到达率计算中的一个问题是，到达率这个数字本身并未考虑暴露的质量，有些人虽然接触到了这个媒介，却并未注意到这条讯息。因此，从表面上看，到达率并不是衡量媒介成功与否的最佳尺度。于是，媒介人员用**有效到达率**（effective reach）来描述暴露质量，衡量接收到足够暴露次数，并确实接收到讯息的人数的百分比。有一些研究人员认为在四周内看见机会达到三次一般可以确保到达一位受众。

有效频次

与有效到达率概念相似的是**有效频次**（effective frequency），即某人在讯息产生效果之前必须听见或看见同一讯息的平均次数。从理论上讲，有效频次应该位于实现讯息知晓度的最低水平和过度暴露的最高水平之间。讯息的过度暴露会导致消费者的“疲倦”，从而引起他们的反感。

在迈克尔·纳普利斯（Michael Naples）的经典著作《有效频次》（*Effective Frequency*）于 1979 年出版之后，广告业中的大多数人便开始信奉他的学说——绝大多数情况下，在为期 4周的时间内，平均频次达到 3 就可以形成有效频次。这个简单的结论可供低层次的媒介策划人使用。

虽然大家对有效到达率和有效频次这两个概念各持己见，但实际上，所有广告公司又都仍然在使用它们。坎农（Cannon）和赖尔登（Riordan）指出，传统的媒介策划是以媒介载体暴露率（某一媒介受众中的人数）为依据的，而效益却应该与广告讯息暴露率相关。例如，在播放某条广告时，注意到的观众也许只有 20%，那么要使平均频次达到 1，就必须有 10 个看见机会！

于是，坎农和赖尔登用最佳频次替代了有效频次。对大多数**广告反应曲线**（advertising response curve）的研究表明，随着重复暴露次数的增加，受众对广告递增的反应其实是呈递减状态，而不是递增状态（见图表 6-7）。最佳频次观念把媒介策划的重心从暴露效益转到了单位美元的有效暴露率上：

> 如果反应曲线反映出广告回报持续降低，那么应该说第一条广告的利润最大。但这并不等于后续接触——广告频次——就不重要。至于有多重要，这要取决于反应曲线的弧度与广告的成本。显然，每暴露一次的成本越低，企业就能做更多的广告。追求利润最大化的企业会不断进行广告投入，直至广告带来的收益被其成本抵消为止。

坎农和赖尔登的理论意义重大。媒介策划历来强调频次，把它当做最重要的媒介目标。它假设广告反应为一条 S 型曲线，头两三轮暴露不计算在内。但坎农和赖尔登的分析却发现，反应曲线呈凸弧线，第一轮暴露最有效，随后广告回报逐渐减少。如果情况属实，那么广告的基本重心就应该从扩大频

图表 6–7
两种广告反应曲线。S 型曲线说明频次超过 1 次才能达到最大反应临界点的产品，在达到临界点之后，投入的后续费用的反应逐步减少；凸型曲线说明第一次投入就能带来最佳回报，随后的投入反应率略为降低。

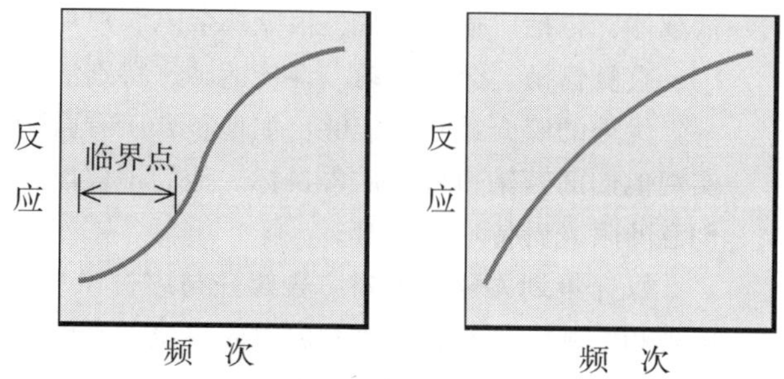

a. S型反应曲线　　b. 凸型反应曲线

次转向扩大目标市场到达率，只在预算允许的条件下增加回报率稍低的第二轮投放。

现在这一理论得到了众多研究人员的支持，他们坚信有效频次策划有很大的缺陷，认为到达率和持续性才是最重要的媒介目标，并为此提出了充分的理由。

但所有这些理论都存在着一个问题：他们假设所有的暴露都是相等的。如果事实如此，那么广告的创造性又体现在哪里呢？插播广告的节目又怎样？这些差别难道不会对暴露质量产生什么影响？

对于大多数媒介策划人来说，摆脱这一困境的出路就在于找出最可能适用于自己具体情况的反应曲线，然后制定出广告活动相应的媒介目标。

在明确了媒介目标——讯息力度、到达率、频次与持续性的上限——之后，媒介策划人便可以着手制定实现上述目标的战略了。

制定媒介战略：媒介组合

媒介战略指广告客户如何实现既定的媒介目标：使用哪个媒介，在哪里使用，采用什么频率，什么时候使用。正如市场营销人员可以通过整合营销组合的各元素来确定营销战略一样，媒介策划人员也可以通过综合媒介组合的各元素来确定自己的媒介战略。

媒介组合因素：5M

有效的媒介战略包含了众多因素，为了简化和方便记忆，我们将其归纳为五大因素，用 **5M**（five Ms）来表示：市场、资金、媒介、配置和方法。

市场（market）指媒介计划中的各种不同目标对象：同业受众和消费者受众；全球、全国或地区受众；某个民族或社会经济阶层或其他利益相关者。在使用整合营销传播计划时，整合营销传播策划人员希望找出潜在消费者的购买模式和消费模式形成的原因和动机，进而根据发现的结果制定相应的媒介计划。

凭着自己的直觉、营销经验和分析技巧，媒介策划人能够决定第二个因素——**资金**（money）。如何分配资金，投向什么地方，多少投给印刷媒介、电视媒介、非常规媒介或辅助媒介，多少又投给每个地理区域。

从整合营销传播的角度来看，**媒介**（media）包括卖主所能获得的所有传播载体，包括广播、电视、报纸、杂志、户外、互联网和直邮，再加上销售推广、直复营销、公关活动、宣传活动、特别活动、小册子，甚至购物袋。

优秀的媒介策划人能够自如地整合所有营销传播手段，以帮助自己的客户实现他们的营销目标和广告目标。他们不仅以分析的眼光看待媒介因素，还以创意的眼光看待这些因素。

媒介策划人还要面对广告媒介与广告讯息的复杂**配置**（mechanics）。广播广告和电视广告有各种不同的时间单位，平面广告有多种尺寸和风格。整合营销传播策划人员也许还要处理非常规媒介的组合。

方法（methodology）指选择和编排媒介载体以达到预期的到达率、频次和持续性目标的整体战略，它为媒介策划、媒介谈判和媒介购买中的创新提供了机会。

影响媒介战略决策的因素

媒介决策在很大程度上受一些媒介策划人员很难甚至无法控制的因素影响，如媒介计划范畴、不同市场的销售潜力、竞争对手的战略与预算、可供选择的媒介、媒介性质、讯息气氛、讯息大小与长短，以及顾客的购买模式等。

媒介计划范畴

目标受众的位置和构成对媒介计划的范围有着重大的影响，因此会影响到涉及市场、资金和媒介方面的决策。

国内市场 媒介策划人员一般将广告范围控制在产品可以到达的地区内，如果某家店铺的服务对象只是某一城镇，或者，如果某一城市被选为某一新产品的试验市场，那么，广告客户会采用*地方性计划*。

如果涉及到相连的几个都市地区、整个州（省）或毗邻的几个州，广告客户便会采用*区域性计划*。区域性计划一般将地方性媒介、全国性杂志的地区版、独立电视台（电台）以及互联网组合在一起。

计划到达几个区域或全国范围的广告客户可以采用*全国性计划*，他们可能会用到电视网、广播网、全国性杂志、全国性报纸和网络等。

国际市场 外国媒介对广告客户来讲或许是一个挑战。虽然在不少国家，无线电视台正在经历私有化的过程，但各国政府仍然控制着绝大多数广播电视媒介，有些国家仍然不允许在广播电视媒介上播放广告，有些国家则对每天或每小时的广告时间有严格的限制。

在允许播放电视广告的国家，广告客户也会面临另外一些问题，诸如：多少人拥有电视机，这些人是谁，他们收看什么频道。在这些市场中，广告客户必须采用不同的媒介组合。同样，互联网的利用也许会非常受限制——或者对消费者而言费用太高，根本无法承担。因此，那种选择在某些市场中根本行不通。

很多卖主先形成针对各不同国家的个别计划，然后再将这些计划发展成一个国际媒介方案。

鉴于各国存在的媒介差异，国际广告客户和全球性广告客户大多将媒介计划委托给当地的外国媒介专家或全球化媒介代理公司的本地分支机构，而不愿冒险地去做集中式媒介策划。

不同市场的销售潜力

媒介组合中的市场因素与资金因素还取决于每个地区的销售潜力，全国性广告客户运用这个因素来判定应该将广告预算分配到什么地方。媒介策划人可以用几种不同的方法来判断某地区的销售潜力。

品牌开发指数　**品牌开发指数**（brand development index，简称 BDI）表明某一特定品牌在某一具体市场区域内的销售潜力。将该品牌在该地区的销量占整个美国销量的百分比与该地区人口占美国总人口的百分比进行比较，品牌销售与人口百分比的联系越紧密，BDI 越高，说明品牌的销售潜力越大。BDI 的计算方法如下：

$$\text{BDI} = \frac{\text{该品牌在该地区销量占全美国总销量的百分比}}{\text{该地区人口占美国总人口的百分比}} \times 100$$

假定该品牌在洛杉矶的销售量占该品牌全美国销量的 1.58%，洛杉矶人口占全美国总人口的 2%，那么洛杉矶的 BDI 应为：

$$\text{BDI} = \frac{1.58}{2} \times 100 = 79$$

BDI 达到 100，说明品牌的销售业绩与该地区的人口规模相符；BDI 低于 100，表明品牌潜力不大。

品种开发指数　为了探明整个产品品种的潜力，媒介策划人可以运用**品种开发指数**（category development index，简称 CDI），其概念和计算方法与 BDI 大致相同：

$$\text{CDI} = \frac{\text{该产品品种在某地区销售量占该品种全美国销售总量的百分比}}{\text{该地区人口占全美国总人口的百分比}} \times 100$$

假设洛杉矶的产品品种销售量占全美国该品种销量的 4.92%，那么洛杉矶的 CDI 应为：

$$\text{CDI}= \frac{4.92}{2}\times 100 = 246$$

BDI 与 CDI 的结合有助于媒介策划人员针对该市场制定媒介战略（见图表 6–8）。在我们这个例子中，洛衫矶的 BDI 较低（低于 100），但 CDI 较高（超过100），说明该产品品种在洛杉矶有较大的开发潜力，但是该品牌销得不够理想。这既可能表示该品牌存在问题，也可能表示该品牌面临着一个机会。如果该品牌已经上市一段时间，BDI 仍处于较低水平，那就应该提高警惕，说明该品牌在销售中的确存在着问题。但如果是新上市的品牌，BDI 低则不用太担心。实际上，CDI 高说明该品牌有发展的机会，只是需要更长的时间和更多的

图表 6-8
媒介购买人员对产品的 CDI 和 BDI 进行比较，以便更好地掌握哪个市场会对广告做出最佳反应。当 CDI 和 BDI 都比较高时，广告的预期效果可能最好；当两者都低时，广告的预期效果就可能不好。

	BDI 低	BDI 高
CDI 高	市场占有率低 但市场潜力大	市场占有率高 且市场潜力大
CDI 低	市场占有率低 且市场潜力小	市场占有率高 但需防备销售下滑

媒介与营销支持。在这种情况下，媒介策划人应该把握好企业的（广告）市场份额以及相应的预算。

竞争性战略因素与预算因素

广告客户总要考虑竞争对手在干些什么，尤其是那些广告预算比自己大的竞争对手，因为对方的广告预算大小会影响到自己在媒介组合中的媒介、配置及方法等因素。通过了解对手的预算大小、使用的媒介、销售的区域安排和季节安排、有无任何新产品试验或上市等情况，广告客户可以更有针对性地制定自己的反击战略。

媒介策划人要分析公司的广告市场份额。如果广告客户的广告预算比竞争对手的少得太多，广告客户的品牌就有可能被无声无息地淹没在竞争广告的汪洋大海之中，在这种情况下，广告客户应该避开对方的主打媒介，选用其他能给自身品牌创造优势的媒介。

如果目标受众相同，或者，如果竞争对手的媒介运用不太得力，采用与竞争对手相近的媒介有时也能奏效。

媒介利用与经济：令全球性营销商头痛的问题

每个国家都有传播媒介，但不一定都能用于商业用途——尤其是广播和电视，而且覆盖率也有限。在一些国家，国民的识字率低，受教育程度低，这些都会限制印刷媒介的覆盖率。在收入低的地区，电视机保有率必然也低。这些因素往往会导致媒介策划人员以媒介覆盖率来细分市场。

若要到达低收入市场，广播不失为首选媒介，可口可乐和百事可乐多年来的成功经验足以证明这一点。而汽车制造厂家则充分利用电视和杂志到达上层社会。在电视机保有率低的国家，采用电影广告几乎可以到达所有的城镇人口，因为电视少，看电影的人自然就多。“国际媒介策划对照表”为准备进入国际市场的媒介购买人员提供了一些基本参考因素。

有些企业试图通过对媒介的集中管理和标准化的创意使自己成为真正的全球性品牌卖主。从总体上看，全球性媒介正在成长壮大，这对全球性卖主来讲无疑是个好消息。然而，目前真正算得上全球性的媒介并不多见，因此，这些大广告客户还不得不继续在开展业务的国家利用当地媒介，并使自己的广告语言和文化适应当地的特色。

最后，还有**外溢媒介**（spillover media）的问题，即邻国的许多消费者无意中接触到的地方媒介。例如，卢森堡的媒介经常外溢到法国、比利时和荷兰。一般来说，媒介容易流向那些缺少本国语言刊物——尤其是精品刊物——的国家。例如，英语和德语的商业媒介在斯堪的那维亚国家拥有很大的发行量，因为在这些同家，用瑞典语、丹麦语或挪威语出版的专业贸易刊物相对较少。

外溢媒介使读者可以接触到同一产品的多种广告版本，因而跨国广告客户便面临着一种威胁：如果他们为同一产品既做国际广告，又做本土广告，那么一旦产品的定位、定价或广告讯息有任何不一致，都有可能给潜在顾客造成困惑。因此，广告客户的本土公司或经销商有必要协调广告客户的本土广告和国际广告，杜绝这类危险的发生。当然，从积极的一面来讲，外溢媒介可以通过区域活动为广告客户节省资金。

媒介属性与讯息气氛

媒介与特定讯息的风格或气氛是否相符？这对媒介组合中的媒介因素有着重大的影响。

广告讯息的不同表现为多种形式：有些简单明了，如耐克的“想做就做”；也有一些针对人们的需要和欲望进行情感或感官上的诉求，还有许多广告客户采用因果式讯息表现其产品的优点，如“双倍的空间、双倍的舒适、双倍的价值，大使级套房，双倍的饭店”。

较为复杂的讯息，如介绍新产品或新观念的讯息，一般需要更大的空间或更多的时间来进行解释，每个条件都会影响到对媒介的选择和对媒介组合的运用方法。

为了使受众理解并记住新讯息或比较复杂的讯息，频次和暴露率就必须要高。像耐克那种比较武断的讯息可能在一开始要集中火力，重点轰炸，随后再采用较低的频次和更高的到达率。

在消费者理解了因果讯息之后，广告暴露采用不定期的脉冲式排期一般就足以维持广告效果了。情感型讯息如果能定期发布，则更有利于培养受众对产品的持久感情。我们将在下一节“媒介战术”中进一步对这些排期方法进行探讨。

讯息的大小、长短和位置因素

媒介策划人员对不同媒介独有的特征无法进行控制，但这些因素却会影响媒介组合的配置。例如，在印刷媒介中，整版广告比四分之一版更有吸引力，彩色广告比黑白广告更有吸引力。当然，以到达率和频次计算，彩色或大的媒介单位成本也更高（见图表 6–9）。

小广告客户是应该一个月发布一次整版广告呢，还是一周发布一次四分之一版广告？是用几次 60 秒广告的效果好呢，还是多用几次 15 秒或 30 秒的广告好?媒介策划人员必须考虑广告讯息的属性，有的讯息必须达到一定的时间

对照表

国际媒介策划

基本因素（谁干什么）

____ **客户对广告监督和广告发布采取什么方针？**客户或客户海外部在什么时间、什么地点参与广告的监督与发布工作，参与的程度如何？

____ **客户的哪个部门负责广告活动？**北美总部，海外市场部，或两者联手？还有谁负责？在哪些方面（创意或媒介选择等）？

____ **媒介组合是否已经预定？**是否可利用国际媒介和海外媒介？

____ **如果利用外国媒介，谁负责文案的翻译工作？**

- 客户的北美总部
- 客户设在国外的分公司
- 广告公司的北美总部
- 在北美的外国媒介代表

____ **谁审阅翻译出来的文案？**

____ **谁审核广告文案在国外市场的接受度？**有些广告必须得到外国政府部门的认可

____ **广告发布的程序如何？**

- 直接由广告公司的外国分公司发布到外国媒介上
- 由北美广告公司通过驻美国的外国媒介代表处再到外国媒介
- 由北美广告公司到驻美国的国际媒介
- 由北美广告公司通过海外下属公司再到外国媒介

____ **每种方法的利弊？**是否与国外分公司或下属办事处分享媒介代理费？广告活动是否可以从北美启动？这样做，客户是否可以节省广告税金？客户愿以哪种货币支付广告费用？

____ **由谁接收支票单据？**

____ **为避免通货膨胀，是否应提前付款？**

____ **谁付款？**用什么货币？由谁签发付款？

预算因素

____ **客户是否已经预定了预算数目？**

____ **预算是否以当地分公司或经销商的建议为基础？**

____ **预算是否以广告公司的建议为基础？**

____ **预算是否与国外市场的销售有关联？**

____ **预算期限有多长？**

____ **预算如何分配给具体的媒介？**包括广告税金、翻译费、制作费和调研费？

____ **如果与当地分销商共同承担广告费用，承担多少？**

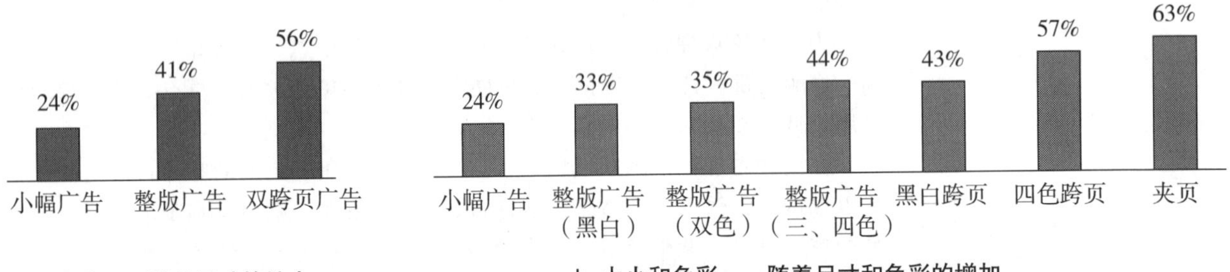

a. 大小——随着尺寸的扩大，广告阅读率上升。

b. 大小和色彩——随着尺寸和色彩的增加，广告阅读率上升。

图表 6–9

大小和色彩对广告阅读率的影响（被调查广告总数=107 506）

长度或版面空间才会产生效果。竞争活动一般需要更多的讯息单元，产品本身的特点也会对版面或色彩提出一定的要求，如食品广告就需要彩色讯息。不过，总的说来，持续发布小广告总比偶尔投放一次大广告效果要好。但是，讯息的时间单元和版面单元有时却由不得媒介策划人员，而是由其他人员——如创意部或客户服务部——来决定。在这种情况下，媒介策划人员的选择余地相

市场因素

____ **地理目标区域在哪里？**

- 非洲和中东
- 亚洲，含澳大利亚
- 欧洲
- 拉丁美洲

____ **这些区域的主要市场因素是什么？**

- 本土竞争状况
- 过去四年的 GDP 增长与未来预期的增长
- 是否是共同市场或自由贸易联盟的成员国
- 识字率
- 对北美产品与服务的态度
- 社会与宗教习俗

____ **基本目标受众是哪些人？**

- 工商业界的管理人员
- 某些行业的经理和采购员
- 政府与军队官员
- 消费者、外国商品的潜在买主

媒介因素

____ **是否有可覆盖市场的媒介**：在该特定地区是否能获得理想的媒介？

____ **外国媒介和/或国际媒介**：广告是否应该在当地用当地语言发布？或者将两种形式联合使用？

____ **竞争对手采用什么媒介？**

____ **媒介是否适用？**

- 最佳受众的质量与数量
- 预期形象、文字内容和设计
- 纸张和颜色是否合适
- 合理费用与 CPM（不要忘记广告税，各种媒介的广告税率可能不同）
- 是否能获得折扣
- 发行量审核方式
- 是否可以获得特刊或评论上的支持

____ **北美代表处和海外出版社总部的广告截止日是哪天？**

____ **广告公司的代理费如何计算？**（如果在国外由当地本土代理公司发布广告，代理费有可能比在北美发布广告低）

____ **合同收费的保护期有多长？**

____ **出版物在北美是否设有代表处**帮助进行媒介评估和广告发布事宜？

对较小。

广告发布的位置是另一个值得考虑的问题。杂志广告的首选位置是封底和封面；电视广告则是黄金档节目赞助。但特殊位置和节目赞助的费用也相对较高，因此，媒介策划人员必须权衡增加费用和提高到达率以及频次之间的关系。

正如我们所见，创意本身也会对媒介战略产生很大的影响，这就意味着媒介策划人员必须灵活行事，因为有不少媒介基础计划工作在创意工作开始以前就已经做好了。

顾客购买模式

最后一点，顾客的产品购买行为对媒介组合的每一个因素都会产生影响，因此媒介策划人员必须考虑顾客通常在哪里、在什么时间、什么情况下购买产品和重复购买产品。购买频率高的产品（如方便食品和卫生纸等）比购买频率低的产品（如冰箱、家具等）更需要持续不断的广告投放。

媒介战略陈述

任何媒介计划都必须包含对媒介战略的书面说明部分。没有这一部分，客户和广告公司的主管就难以判断所提出的媒介排期的条理性和一致性。

按惯例，战略提案一般从目标受众简介（市场因素）和目标受众重要性排序开始，解释讯息的特点，说明计划采用哪种媒介，为什么采用这种媒介（媒介因素）；指出具体的到达率目标、频次目标和持续性目标以及如何达到这些目标（方法因素）；提出每种媒介的预算（资金因素），包括制作费和相关材料费；最后，还要说明预期的讯息单元大小、有无任何位置或时间上的特殊要求（配置因素）以及限制预算的后果。

战略写好后，媒介计划还要具体说明将采用的战术。这将是我们下一节的内容。

媒介战术：媒介载体的选择与排期

总体媒介战略明确之后，媒介策划人员便开始选择并配置具体的媒介载体，他们一般按一套具体的标准来判断每一个媒体的价值（见广告实验室 9–B）。

选择单个媒介载体的标准

在衡量具体的媒介载体时，媒介策划人员要考虑以下几个因素：广告活动的总体目标与战略；各种媒介受众的规模与特征；各种媒介的吸引力、暴露水平和驱动值以及成本效益。

总体活动目标与战略

媒介策划人的首要任务是复核产品或服务的特性、预定的目标与战略，以及初级和二级目标市场与受众。产品特点往往会为选择适当的媒介指明方向。比方说，具有显著个性或形象的产品，如高档香水，就可以在能突出这种个性或形象的媒介上做广告。媒介策划人员必须顾及消费者对不同电视节目或杂志的看法——女性的或男性的、高级趣味的或低级趣味的、严肃的或轻浮的，从而判断它们是否适合这个品牌。

媒介的内容、编辑策略及其与产品的兼容性都是必须考虑的重要因素。《网球》(*Tennis*) 杂志绝不是烟、酒广告的好载体，虽然其读者对象和形象可能与预期的目标受众相吻合。

消费者之所以选择某种媒介载体，是因为他们可以从中得到一定的“回报”，如自我完善、财务咨询、就业指导，哪怕纯粹就是为了获得消息和娱乐。广告如果将产品定位为能满足消费者这种追求的某种因素，其效果就最好。否则，消费者有可能把广告看做讨厌的东西。

如果营销目标是争取更广的产品分销渠道，媒介策划人员就应该选择能影响潜在经销商的媒介；如果目标是刺激某一销往全国的产品在特定市场中的销售，广告就应该在那些能渗透到该市场的地方性媒介或区域性媒介上投放。定价战略也会影响到媒介选择，高价位的产品应当选择有声望或“有身份”的媒介，以支持其市场形象。

媒介受众特征

受众 (audience) 指接触到某个媒介的人数或户数总和。媒介策划人员必须了解媒介受众与目标市场的接近程度，了解这些潜在顾客对所选的出版物或节目

广告实验室 6-B

媒介选择：优势快速对照表

媒介	优势
报纸	多种广告尺寸，发布迅速，瞄准地方目标，受众感兴趣。
杂志	高质量的图表/还原效果，优点突出，彩色，选择性瞄准。
电视	集视、听、动于一身，讯息独占，表现力强，社会主流。
电台	亲密，听众忠诚，具备迅速修改讯息的能力，重复性与高频度。
互联网	即时反应，互动，目标市场高度选择性，全球性，快速成长的媒介。
直邮	可测量，可带图表，彩色、立体，高度个人化，可根据讯息长度进行调整。
户外/交通	地方针对性，可带图表，彩色，讯息简单，大于实物尺寸，可重复。

更多的媒介形式可参见《当代广告学》网站。

实验室应用

1. 如果你需要一套完整的媒介排期来体现所有的创意优势，你会选择哪种媒介组合？
2. 对上述媒介，你还能开发出其他创意优势吗？

感兴趣的程度。例如，针对拉美受众的产品可能会出现在针对西班牙裔美国人的特定媒介中。有关杂志读者的年龄、收入、职业特征及其他特点的调查数据，可以从西蒙斯市场调研公司获得，它们还发布有关消费者产品使用情况的人口统计数据和消费心态数据。同样，尼尔森公司提供电视节目的受众统计资料，阿比特朗公司则提供广播节目的受众资料。

媒介的内容通常会决定其受众的类型。有些电台侧重于深度新闻报道或体育节目；有些侧重于爵士乐、摇滚乐或古典音乐。每一种节目都会吸引一定的受众。

媒介载体的暴露值、关注值和驱动值

媒介策划人员选择的媒介不仅要达到预期的目标受众暴露度，还必须引起人们的关注并促使他们采取行动。

暴　露 如何理解**暴露值**（exposure value）这个概念？暴露值其实就是指一条广告能被多少人看见。一家杂志社有300万读者，那么投放在该杂志上的一条广告实际能被多少人看见？那么在号称有1 000万观众的电视节目中，一条广告实际上又能被多少人看见？

如前所述，某人阅读某本杂志或收看某个电视节目，并不等于他/她就看见了广告。有的人只读了其中一篇文章，然后就把杂志扔在一旁再也不看了；许多人在广告节目播出期间换台或起身去吃点东西。因此，不同媒介载体的暴露值很难比较。如果没有统计数字，媒介策划人员就只能凭借自己的经验做出最佳判断了。

以下是影响广告暴露值的五个因素：

1. 感知媒介讯息的感觉器官（例如，触目惊心的广告的确能提高杂志的暴露值）；
2. 媒介要求的关注度和关注类型（关心度越高意味着广告暴露度越高）；
3. 媒介是一种信息源还是一种消遣？（例如，广播新闻节目中的广告暴露值就高于电梯音乐中的广告）；
4. 媒介或节目针对的是普通受众还是特定受众？（特定受众的暴露值更高）；
5. 广告在载体上的发布位置（在节目当中插播的广告暴露值高于那些在节目之间插播的广告；与文字材料毗邻的广告暴露值高于与其他广告毗邻的广告）。

关 注 关注度是另一个必须考虑的因素。正如我们在第 2 章讨论的，对摩托车或化妆品不感兴趣的消费者自然也记不住这些产品的广告。因为各种各样的原因，这些广告无法经过受众的感知过滤，但关注新车的消费者却往往能记住每一条有关汽车的广告。

暴露值只与媒介本身有关联，而**关注值**（attention value）却不仅涉及到媒介，还涉及到广告的讯息与文案。特殊兴趣媒介，如船务杂志，肯定能给航海器材广告带来较高的关注值。但日报能给这类产品带来什么样的关注值？航海爱好者会在读报的时候想着乘船出游吗？虽然我们仍然需要大量的调研，但目前已知有六种因素可以提高关注值：

1. 受众对文章或节目的关注程度。
2. 受众兴趣或识别的专业化。
3. 竞争对手的数量（越少越好）。
4. 受众对广告客户广告活动的熟悉程度。
5. 广告的还原质量。
6. 广告发布的时机。

驱 动 上述因素同样影响着媒介的**驱动值**（motivation value），只是方式不同而已。受众对广告客户广告的熟悉程度会极大地影响到他们的关注度，但对驱动力的影响却很小，而还原质量和发布时机因素却可以驱动一些人。

媒介策划人员按等级给自己判定的媒介的优势和劣势评级，以此来分析媒介的价值。然后，再运用衡量公式，把这些分数相加，看某个媒介的得分多少。策划人员也采用类似的测量方法来评估其他因素，如年龄与收入的相对重要性。

媒介载体的成本效益

最后，媒介策划人员必须分析每种媒体的成本效益。媒介策划和媒介购买中一个常用的术语**千人成本**（cost per thousand），又叫 CPM（M 为罗马数字“千”）。比方说，某日报拥有 300 000 订户，一次整版广告的费用为 5000 美元，千人成本计算方式为成本除以受众千人数。假设现有订户 300（千人），那么，5 000 除以 300：

$$\text{CPM} = \frac{5\ 000}{300\ 000 \div 1\ 000} = \frac{5\ 000}{300} = 16.67\ \text{美元/千人}$$

不过，策划人员更注重**成本效益**（cost efficiency），即将讯息暴露给目标受众的成本而非总发行数。假设目标受众为 18~49 岁的男性，某周报基本订户 (250 000) 中的 40%符合这个条件，如果报纸整版广告一次的收费标准为3 000 美元，则其 CPM 应计算如下：

$$\text{目标受众} = 0.40 \times 250\ 000 = 100\ 000\ \text{人}$$

$$\text{CPM} = \frac{3\ 000}{100\ 000 \div 1\ 000} = 30\ \text{美元/千人}$$

另一方面，如果该日报 60%的读者（180 000）属于目标受众的话，那么其成本效益将更好：

$$\text{CPM} = \frac{5\ 000}{180\ 000 \div 1\ 000} = 27.78 \text{ 美元/千人}$$

比较各个媒介的 CPM 当然相当重要，但 CPM 无法将各个媒介的其他优点和缺点计算在内。因此策划人员还必须评估所有的标准，才能判断：

1. 各个媒介的受众与目标受众的吻合程度。
2. 各个媒介满足广告活动的目标与战略的程度。
3. 各个媒介所具备的关注度、暴露值和驱动值。

媒介策划人员可以计算不同广播节目的**单位成本**（cost per point，简称 CPP），以此来解决上述问题。单位成本的计算方法与千人成本一样，只是将分母上的总印象次数换成收视点。

外国媒介的经济性

媒介广告的主要目的是与顾客进行比人员推销更为有效的沟通。尽管在某些发展中国家，雇人派送样品实际费用更低，但对于美国的批量生产厂家来说，这种人际接触几乎是不可能的。

在许多外国市场，户外广告的覆盖率比在美国高得多，因为在那些国家雇人绘制路牌、看板的费用较低，而且政府的限制也较少。

费用问题阻碍了广播电视媒介在一些外国市场的发展，但现在多数国家都允许广播电视媒介出售广告时间用以补贴经费。例如中国和越南，这两个国家近来已成为广告市场发展最快的国家。随着越来越多的国家给商业广播和国际卫星频道留出更大的空间，电视广告将得到进一步的发展。

组合媒介的协同效应

将不同媒介组合在一起发挥作用，就叫做**组合媒介法**（mix-media approach），采用组合媒介的原因大致如下：

- 到达仅靠一种媒介无法到达的人群。
- 在获得最初的最佳到达率之后，以较便宜的二级媒介维持重复接触。
- 利用额外媒介的天然价值扩大广告活动的创意效果（诸如在广播中运用音乐，在印刷媒介中运用长文案）。
- 如果主要媒介为广播，则用印刷媒介发送优惠券。
- 形成**协同效应**（synergy），使综合效应大于部分效应的简单叠加。

例如，报纸可用于介绍新产品，并使讯息显现出立竿见影的效果；随后，由杂志广告对该产品完成描述细节、巩固形象、延长广告寿命和增强受众记忆的任务。

媒介排期方法

选择好适当的媒介载体之后，媒介策划人员就要决定每个媒体应该购买多少时间或空间单元，然后将广告安排在消费者最有可能购买产品的时段内发布。

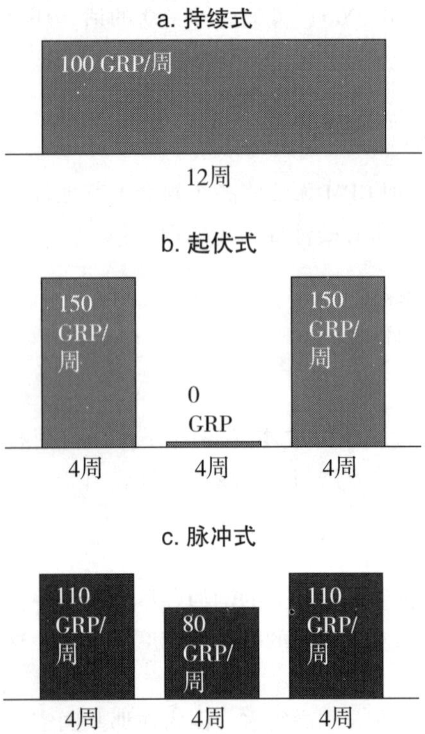

图表 6–10

对相同 GRP 总量的三种不同排期：持续式、起伏式和脉冲式。

持续式、起伏式和脉冲式排期

为保持广告活动的持续性，媒介策划人员运用三种主要排期战术：持续式、起伏式和脉冲式（见图表 6–10）。

持续式排期（continuous schedule），广告在整个活动期间持续发布，没有什么变动。这是建立持续性的最佳途径。对消费者定期购买的产品，广告客户一般采用这种排期模式。例如，头四周在 XXX 和 YYY 电台播出广告，然后，为保持广告活动的持续性，全年每周都在 YYY 电台上持续播放广告。

起伏式排期（flighting），有广告期和无广告期交替出现。这种间歇性排期比较适合于一年中需求波动较大的产品和服务（如税收服务、草坪管理设备、感冒药等）。广告客户可以以四周为一组先推出产品，然后再按季节安排另外三组为期四周广告的播放时期。

脉冲式排期（pulsing）为第三种选择，是持续性战略和起伏式战略的结合体。消费者的购买周期越长，就越适合采用脉冲式排期。在采用这种排期时，广告客户全年都维持较低的广告水平，但会在销售高峰期采用暂时性脉冲增强效果。这种战略比较适合软饮料这类产品——虽然一年都有消费，但夏季消费量激增。

其他排期模式

对需要仔细斟酌的高价产品，**集中式排期**（bursting）——指在同一广播网的黄金时段每隔半小时播放同一条广告——比较有效。其变形为**路障式排期**（roadblocking），即在三家广播网同时买下相同的时段播出广告。克莱斯勒采用这种技巧，让观众觉得广告客户无处不在，虽然广告其实有时只播放了几个晚上。数字设备公司（Digital Equipment）则采用了**间歇式排期**（blinking），使自己单薄的广告预算得到了延伸。为了到达企业主管，广告集中安排在周日播出——有线台和无线台同时播出——使主管们几乎不可能错过广告。

明确了排期标准之后，媒介策划人便拟出一张媒介计划流程表，说明整个广告活动的时间安排，让创意部、媒介部、客户服务部以及客户本人了解整个广告活动期间（通常为一年）媒介活动的模型（见图表 6–11）。

计算机在媒介选择和排期中的运用

在过去的十年中，新型桌面计算机软件给媒介策划人员提供了大量的帮助，面对计算 GRP、CPM、到达率、频次等大堆冗长的数字，计算机可谓充分发挥了其快速、准确的功效，同时节省了不少时间和资金。一家广告代理公司甚至发现，三个人在两天内就可以借助一套计算机软件系统为最大的一位客户设计出全套的电视、广播和印刷联合预算。而在以前，这项工作需要 70 名员工手工操作一周半才能完成。

成立于 1968 年的泰尔玛公司（Telmar）是第一家提供综合媒介策划系统的公司。

图表 6–11

媒介计划流程图（如泰尔玛公司这张由电脑绘制的流程图 FlowMaster）使人们对重大媒介购买以及某一时期内发布的具体时间和场所安排有一个全面的了解。

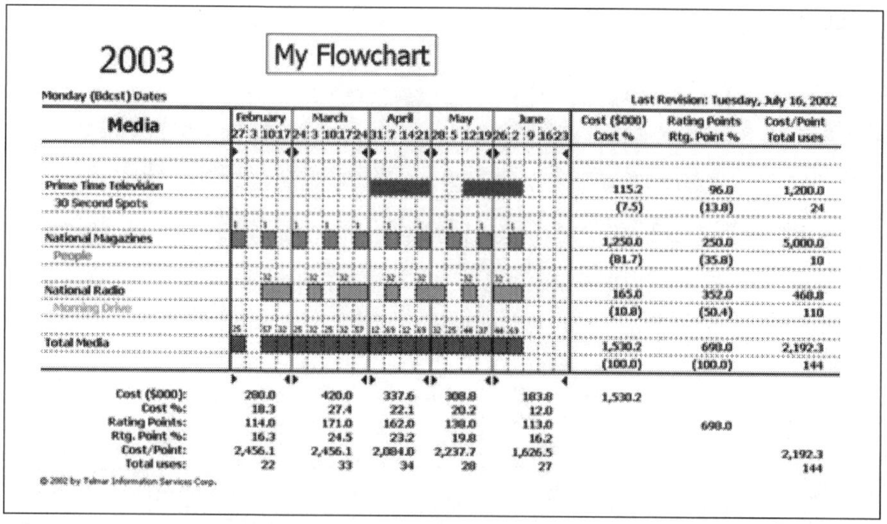

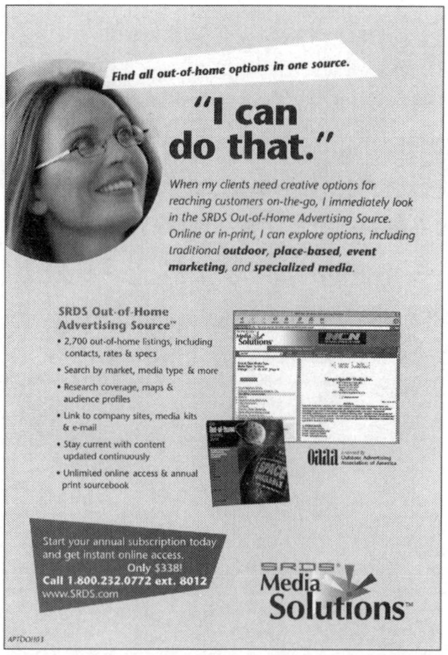

计算机软件的诞生使媒介策划人摆脱了一些辛苦的人工劳动。现在，策划人员可以直接在自己的桌面上压缩数字、跟踪结果、计算 GRP 和 CPM，从而节省大量的时间与金钱。标准收费与数据公司媒介策划系统（网址：www.srds.com）的这个截屏展示了可利用的众多程序之一。

泰尔玛软件组的设计旨在帮助媒介策划人员、媒介购买人员、研究分析人员以及卖主，提高他们的工作效率，帮助他们在评估或购买过程中做出更好的判断。该软件可以让广告客户主管评估不同营销计划采用不同的媒介组合会收到什么效果，比如印刷媒介、广播媒介、店内广告、特别促销、特殊活动、公共关系以及其他“新媒介”，其灵活性可以让用户分析采用任何一个营销工具到达消费者的潜在效果。

同样，互动市场系统公司（Interactive Market Systems，简称 IMS）也为广告业推出了一套涉及面非常广的信息系统。该公司推出了一套简单易用的高级智能媒介策划和分析软件，媒介策划人员可利用该软件进行行业和专业调查分析。

但是，即使有了现代科技的支持，可以节省时间，节省人力和物力，也仍然要靠媒介策划人员来了解产品、了解市场、了解媒介、促发行动。计算机无法判断哪种媒介或环境最适合该讯息；无法评估杂志的内容和电视节目的形象；无法判断它们“吃”进去的数字是否真实可靠；也不会理解数字的含义。计算机能做的就是加快这个进程而已。

重要术语

媒介策划	毛评点	配　置	单位成本
创意组合	到达率	方　法	组合媒介法
受众目标	频　次	品牌开发指数	协同效应
媒介载体	持续性	品种开发指数	持续式排期
分布目标	有效到达率	外溢媒介	起伏式排期
讯息力度	有效频次	受　众	脉冲式排期
广告印象	广告反应曲线	暴露值	集中式排期
看见机会	5M	关注值	路障式排期
总印象次数	市　场	驱动值	间歇式排期
收视率	资　金	千人成本	
电视家庭	媒　介	成本效益	

复习题

1. 哪些主要因素使得媒介策划变得更加复杂?
2. 在开始策划之前，媒介策划人员首先必须考虑哪些因素?
3. 媒介策划人员可以通过什么途径获得二级调研信息?
4. 整合营销传播法与自上而下媒介策划法有什么区别?
5. 对某一指定的讯息，“适当”的到达率和频次是什么?
6. 如何计算 GRP 和 CPM?
7. 什么叫媒介组合的 5M，如何决定 5M?
8. 哪些重要因素会影响到对单个媒介载体的选择?
9. 广告客户为什么要使用组合媒介方法?
10. 设定媒介排期的主要方法有哪些?

第 7 章

关系的建立：直复营销、人员推销与销售推广

目标 说明关系营销在当今这个传播过度的高科技社会中的重要性。介绍各种营销传播形式如何与广告相整合，从而管理某一组织与其不同利益相关者之间的关系。关系营销和整合营销传播是当今营销和广告领域中最重要的两大趋势。直复营销、人员推销和销售推广在整合营销传播过程中发挥着各不相同但经常发生重叠的重要作用。它们都能带来机遇，却又都有所局限，广告客户必须对此有所了解。

阅读本章，你可以学会：

1. **探讨**关系营销与整合营销传播的重要意义。
2. **了解**直复营销的定义及其在整合营销传播中的作用。
3. **阐述**数据库对直复营销卖主的重要意义。
4. **探讨**人员推销在整合营销传播方案中的作用。
5. **认识**人员推销的利弊。
6. **认识**销售推广及其作为一种传播工具的重要性。
7. **了解**销售推广的利弊。
8. **阐述**推式战略和拉式战略的区别，认识它们各自在销售推广中的战术应用。

关系营销与整合营销传播的重要性

我们在第 5 章已经指出，由于各种环境因素的作用，企业在 21 世纪建立品牌资产的关键是与顾客及其他利益相关者建立相互依存、相互满足的关系。此外，为了经营这些关系，企业必须有意识地、小心谨慎地将自己的营销传播活动与所有其他职能整合起来，以便让市场接收到与本企业一致的信息。企业所做（或所不做）的每一件事都会向外界传递出一定的信息。天衣无缝、协调一致的传播是企业赢得声望的法宝，也是整合营销传播的主要目标。

戴尔公司给我们树立了整合营销传播的好典范。为了吸引潜在顾客，启动关系建立程序，戴尔将自己的广告投入与大量其他营销传播工具——直复营销、销售推广、人员推销乃至特定的公关活动——进行了整合，然后，再将这些活动与企业的其他职能——产品设计、生产、装配、仓储管理以及物流——结合起来，从而减少了错误，确保了统一的高品质。所有这一切带来的结果是：顾客更高兴、更满意，他们获得的东西远远超出了自己的期望值。这就铸就了戴尔公司的声誉。哈里斯公司（Harris）2005 年的一份调查显示，戴尔公司在全美名牌排名中位居第二，仅次于索尼公司。

请记住这句简单的格言：广告可以创造形象，但要努力才能赢得声望。

虽然营销与其他企业职能的整合已超出了广告学教材的探讨范畴，但每一个广告人都必须了解如何将各种营销传播手段整合在一起。在进行广告活动策划时，他们必须了解自己能获得哪些传播工具，以及如何在整个营销传播组合中发挥它们的最佳作用。

了解直复营销

围绕着“直复营销”一词，有不少模糊不清的地方，甚至在专家当中也是如此。

直复营销协会（Direct Marketing Association，简称 DMA）传统上给**直复营销**（direct marketing）下的定义一直是：“利用一种或多种广告媒介在任何场所产生可测量的反应和/或交易的一套互动营销体系。”但在 1997 年关于直复营销经济作用的一次大型调查之后，直复营销协会将直复营销的定义扩大了，包含如下内容：直复营销是“针对消费者或企业进行的，以期引起他们订购（直接订购）、查询详情（先期产生），并对购买某一商品或服务而光顾某店或某一经营地点（客流）这类形式做出反应的任何直接传播活动”。

《直复营销》（*Direct Marketing*）杂志说得更为深刻：“直复营销是利用一种或多种广告媒介在任何场所引起可测量的反应和/或交易，并将该活动存入数据库的一套营销体系。”从这个定义中，我们实际看到了另一个同义词的产生：**数据库营销**（data marketing）。数据库营销人员建立并保存现有顾客和潜在顾客（以及其他利益相关者）的资料库，利用各种媒介（从人员接触到直邮，再到大众媒介）与他们进行沟通。出色的**数据库**（database）能为营销人员瞄准、细分和归类顾客提供有利条件，有助于他们掌握谁是自己已有的顾客，谁是自己潜在的顾客，他们何时购物，购买什么商品以及如何与他们取得联络的信息。这些，自然能为建立关系奠定良好的基础。因此，今天，数据库营销已经成了整合营销传播方案中的一个重要组成部分。

直复营销是一套互动营销体系，买卖双方都有发言权。直复营销的目的在于刺激消费者，促使他们以查询信息、光顾店铺或实际购买的形式做出反应。对于像英国全国防止虐待儿童协会（NSPCC）那样的社会机构，直复营销可以在基本目标市场之外产生更为持久的强力影响。这幅在戛纳国际广告节上赢得金狮奖的海报使得该机构在短短六周的时间内接到的受虐青少年求助电话上升了 124%，其网站的访问量也从 4 000 人增加到了 32 000 人。（见彩插）

从上述各种定义中我们可以得出：首先，直复营销是一个“营销体系”，是互动的，也就是说，买卖双方可以直接交换信息；其次，直复营销是“一个或多个广告媒介”；再次，直复营销是“可测量的反应”。［直复营销采用的广告类型被称为**直接反应广告**（direct-response advertising），又叫**行动广告**(action advertising)，这是因为直复营销努力的目的一般都是引起顾客或潜在顾客的某种行为或反应］；最后，直复营销的反应可以发生在“任何场所”。

直复营销在整合营销传播中的作用

今天，精明的企业会利用直复营销人员开发出来的技巧建立、培育并保持与顾客及所有利益相关者的关系。

例如，戴尔公司首先利用杂志和电视广告作为**联络媒介**（linkage media）——协助潜在顾客和现有顾客与公司建立联系的媒介，告诉潜在消费者如何查询其产品情况；然后，根据潜在消费者的反应，建立相应的姓名、住址、电子邮件数据库；然后，再利用数据库与潜在消费者进行沟通，开始对话，并建立某种关系。通常，他们会送给潜在消费者一本目录，上面或刊载订购信息，或引导人们去浏览网

由于网址能给消费者提供与企业发生联系的途径，因此属于联络媒介的一种。宝洁公司产品丹碧丝（Tampex）采用了融广播、平面、电子邮件以及弹起式广告为一体的整合营销传播活动，指导女孩子们访问网站 www.being-girl.com，并注册参加抽奖活动。“女孩文化”专家劳伦·格林菲尔德(Lauren Greenfield）的摄影和女孩子们在真实生活中遇到的问题使得平面广告的魅力相得益彰。李奥贝纳（芝加哥公司）的广告活动在商业上取得了巨大的成功，不仅在四个星期内给网站带来了 200 000 次的访问量，还赢得了戛纳金狮奖。（见彩插）

站，帮助潜在消费者直接与戴尔公司产生进一步的联系。

数据库对直复营销的影响

现代电脑技术使卖主得以用一种前所未有的方式对重要的顾客信息进行编辑和分析。公司运用其数据库来识别自己的最佳顾客及其对公司的价值，还有他们的需要与购买行为。正是在此基础上，皮特尼·鲍斯公司依据顾客以往和潜在的价值，创立了**顾客终身价值**（customer lifetime value，简称 LTV）模式。

数据库是直复营销成功的关键，尤其是在整合营销传播方案中。它可以使营销人员瞄准、细分自己的顾客，并为他们定级。数据库是企业对所有重要顾客信息的记录：年龄、地址、电话号码、电子邮件地址、行业代码（工商业户）、查询来源、查询成本、购买经历等等。数据库应该记录流通渠道和顾客两方面的所有交易活动。一家企业如果比竞争对手更了解顾客的需要和欲望，留住的最佳顾客就更多，就能形成更大的竞争优势。因此，从战略上讲，企业必须明确自己是要侧重于争夺市场份额，还是要保持顾客或培养忠诚（顾客占有率）。这往往是一个长期平衡或短期平衡的问题。

数据库还可以供企业测定自己直接反应广告投入的效益，例如，可以判定哪条广播广告或电视广告或邮寄名录的效果最好。

运用营销数据库必须要有两套程序：数据管理程序和数据接入程序。**数据管理**（data management）程序对数据库中现有顾客和潜在顾客的资料进行采集、合并、更新和改进。

最为重要的是，数据库使营销人员具备了**数据接入**（data access）的能力，从而可以操作、分析、排列所有的信息，制定出更好的营销决策。

《战略数据库营销》一书的作者之一罗布·杰克逊（Rob Jackson）建议数据库营销从“*顾客描述*”入手。顾客描述对顾客的共同特征进行描述，并对这些特征在不同细分市场中的相对重要性进行排序，从而使营销人员在任何时候都能对自己的顾客有个大致的了解。

按照同样的思路，直复营销专家鲍勃·斯通（Bob Stone）建议采用 **RFM 方程**（RFM Formula，即近期“recency”，频次“frequency”和货币“monetary”）来识别自己的最佳顾客，即最有可能再次购买的人（参见图表 7–1）。最佳顾客的条件是：最近刚购买过、购买较为频繁、花钱最多。当然，也可以按他们购买的商品或服务种类进一步排序，这些信息非常有助于带动其他商品的销售。

有些企业干脆购买现成的邮寄名录作为自己的初始数据库，他们购买的主要数据涉及三个方面：人口统计、生活方式（休闲兴趣）以及行为（购买习惯）。

直复营销对整合营销传播的重要意义

也许，直复营销眼下之所以发展那么迅猛，其最主要的原因是卖主和广告公司都已经意识到，靠一种媒介打天下的日子已经不复存在。普通受众已经细分，而企业也开始整合自己的营销传播活动。在这种情形下，顾客数据库自然成了保持顾客量和扩大顾客量的最为关键的因素。

图表 7-1

客户的 RFM（近期、频次、货币）分析（2005 年 12 月）

客户代码	购买月份	近期点	购买次数	频次点	购买金额（美元）	货币点	点数总计	结转点	累计点
701	7	12	1	4	37.45	3.75	19.75	16	35.75
701	10	24	2	8	17.86	1.79	33.79	16	49.79
702	6	6	2	8	25.43	2.54	16.54	4	20.54
703	4	6	1	4	33.22	3.32	13.32	7	20.32
703	8	12	2	8	42.34	4.23	24.23	7	44.56
703	11	24	1	4	18.95	1.90	29.90	7	74.45
704	9	12	1	4	109.45	9.00	17.77	23	48.00
705	5	6	2	8	37.65	3.77	28.96	0	17.77
705	7	12	3	12	49.63	4.96	0.00	0	46.73
706								43	43.00

注：

- 近期购买点计算：本季度——24 点；前 6 个月——12 点；前 9 个月——6 点；去年整年——3 点。
- 频次点：购买次数 × 4。
- 货币点：购买金额的 10%，上限为 9 点。
- 结转点：从上一年结转过来的点。
- 累积总计点：客户点总计 + 上年结转点。

RFM 方程是一种数学模型，营销人员按近期、频次和货币这三个变量对某一企业的顾客价值进行计算，判断出数据库中最有价值的顾客。“近期点”按顾客最后一次购物的时间设定（本季度内购物计为 24 点，前 6 个月以内为 12 点，9 个月以内为 6 点，12 个月以内为 3 点）。“频次点”等于购买的次数乘以 4。“货币点”等于购买金额的 10%，上限为 9 点，以避免异常的大量采购造成假象。将近期点、频次点和货币点三项的得分相加，即可得出总计点数，从而测算出顾客对本企业的相对重要性。顾客的分值越高，越有可能进行大量的采购，产生更可观的价值。价值高的顾客，如 701 和 703（他们购买的次数多），便极有可能出现在企业的目标邮寄名录和特别服务名录中。

直复营销是建立优质数据库的最佳途径，而数据库又能使企业深入了解自己的顾客，从而与之建立起更深层次的关系，了解他们之间的细微差别、他们购买的物品和购买地点、他们的兴趣点以及他们的需要。有了数据库，企业就能选择出服务最有效、最有利可图的对象——这正是所有营销活动的目的。

通过直复营销手段，尤其是可寻址电子媒介，企业可以分别向不同的现有顾客和潜在顾客发出相应的不同讯息。借助不同的销售推广形式，企业完全可以刺激个体而非群体做出反应，进而与每一个个体建立联系。通过反应，潜在消费者做出自我选择，为卖主建立关系打开方便之门。于是，直复营销数据库便成了企业启动、建立和培育顾客忠诚，以及衡量这种努力效果的主要工具。

直复营销带来的反应实实在在，可以计算。卖主可以计算反馈的数量，并判定每一反馈的成本。他们还可以判断自己所采用的媒介的效益，试验不同的创意实施方案。

直复营销为惜时如金的消费者提供了便利；而对于关心成本的卖主，直复营销又具有准确和灵活的优点。比方，如果要到达小规模的企业对企业市场，恐怕没有哪种方法比在数据库的基础上运用直接反应媒介更为合算。

此外，直复营销的经济性正日益显现出竞争力。过去，大企业花几百万在电视黄金时段插播广告非常容易。那时，人人都在家看电视，一条广告的人均成本仅为1~10美分。但现在，这样的好时光已经不复存在。首先，并非人人都在家；其次，即便他们在家，他们有150个频道可选，还有录像带和TiVo，手中握着遥控器，随时准备跳过广告；再者，现在的广告费已经远远高于从前。因此，针对性较强的直接反应媒介（杂志、专业电视、直邮、电子邮件、电脑亭等）自然更为经济合算。

最后，与公共大众媒介不同，直接反应媒介更具私密性，企业完全可以在对手毫不知晓的情况下实施一次销售信函活动。

直复营销的缺陷

虽然直复营销具有种种好处，但它同时也面临着许多挑战。过去，直复营销人员热衷于推销，并不注重关系，这使得直复营销在许多消费者的心目中信誉很差。另外，有一些人就是愿意逛商店、买东西，把这种经历视为一种享受，他们喜欢亲自看见商品、感受商品，他们不太乐意在没看见商品的情况下买东西。因此，现在许多直复营销活动的目的便成了协助增加零售场所的客流量。

直复营销力量常常不得不孤军奋战，无法像广告一样享有媒介在内容方面的支持，也很难得到某些媒介的良好辅助配合，这使得它更难完成树立产品形象的工作，代价也更高。在这一方面，大众媒介广告的效果就很明显。

直复营销也存在着泛滥的问题，人们处于各种商业赞助商的邮件包围之中。有线电视中充斥着各种软广告（即以非常规广告的形式，如新闻报道、特写或评述等，间接传递产品与服务等商业信息的一种广告形态，我国习惯称之为二类广告。——译者注），而推销保险的电话营销则不时闯入消费者的家中和工作场所。

直复营销活动类型

直复营销人员面临着两个基本战略决策：在多大程度上采用*直接销售*？在多大程度上采用*直接反应广告*？他们可以用其中的某一个，或二者兼顾。

直接销售

如果采用**直接销售策略**（direct-sales strategy），则卖主不通过零售店铺或其他中间流通环节，而是派营销代表直接上门或到顾客的工作场所进行推销。直接销售的特点是*人员（面对面）推销*或*电话营销*。

人员直接推销

罗伯特·彼得森（Robert Peterson）和托马斯·沃特鲁巴（Thomas Wotruba）两位

教授给**直接推销**（direct selling）下的定义是：固定零售场所以外的面对面销售。人员推销的方式主要有两种：个人对个人和个人对群体。在某些网络营销机构，如安利，直接销售人员既是经销商（卖方），又是终极用户。他们实际很少进行产品零售，他们的目标主要是吸纳新的经销商，让他们以批发形式购买产品并自己消费这些产品。

电话营销

电话营销（telemarketing）是直接销售的一种方式，其运用已有几十年的历史。电话营销包括通过电话向打进电话的人推销产品、推荐产品、回答查询并提供与销售有关的服务，用得来的信息不断地更新企业的顾客数据库。

作为一种整合营销传播媒介，电话营销是仅次于面对面人员推销拜访的最佳形式。比如在企业对企业领域，优秀的电话营销人员可以与自己从未谋面、但每周都有电话交流的客户建立起牢固而持久的关系。

如果能与其他直接反应媒介结合起来，电话营销的效果还会更好。例如，经验表明，如果将电话营销与直邮相结合，反馈率一般至少会提高 10%——通常远远高于 10%。

直接反应广告

要求读者、观众或听众直接将意见反馈给广告客户的广告叫做**直接反应广告**（direct-response advertising）。直接反应广告可以利用任何广告媒介，但最常见的是直邮、目录、杂志和电视。

直　邮

除人员推销和电话营销外，直邮可以说是完成销售或引发查询最有效的方法。对那些寻求即时反应的直销卖主，这种方法极为有用。

直邮对许多广告客户来讲都是非常重要的媒介，因此，我们将在第 14 章对此进行更为详细的论述。

目录销售

目录（catalog）是一种参考书（现在还有 CD-ROM），在上面列有生产厂家、代理商、批发商或零售商经销的产品目录，并对产品进行简单描述，通常还配有图片。

目录销售是一个大行业，为了吸引更多的读者，使自己从众多的目录中脱颖而出，有些卖主在目录中增加了评述文章和精美图片，所有这一切，都是为了推销某种形象。

直接反应印刷广告

报纸广告和以优惠券或免费电话号码为主体的插页往往能够成功地引起顾客的反应。如今，杂志也同样做得到这一点。此外，在杂志广告中，广告客户还可以将更多的版面用于树立形象，进而增强媒介的效力。

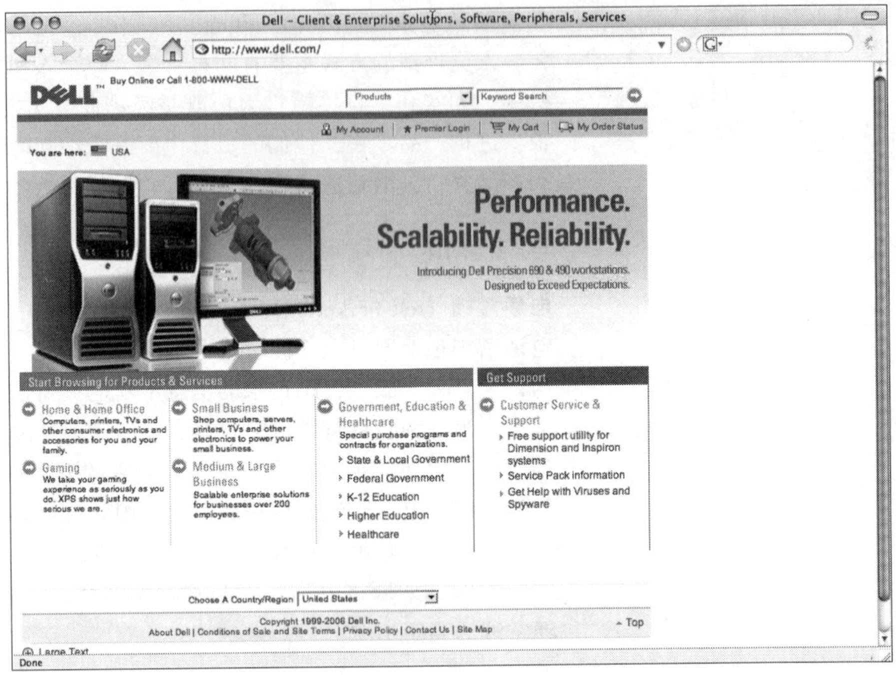

许多公司给消费者从网上购买自己的产品提供了非常便利的条件。像戴尔这样建立一个综合性的网站（事实上，这是戴尔公司唯一的销售店面），顾客便可以购买许多以前他们要通过目录或电话购买的产品。顾客也可以查询他们的订单状态，或者获得其已有商品的相关支持。

直接反应电波广告

近年来，使用电视和广播的直接卖主人数大大增加。收看信息式广告并由此而购买广告中宣传的产品的人越来越多。

谈话节目主持人霍华德·斯特恩（Howard Stern）和拉什·林博（Rush Limbaugh）在节目播出时饮用思乐宝产品并称赞其好味道的做法使得该品牌一夜成名。不过，直到不久前，直接反应广告还很少选择广播来充当媒介，也正因为这样，广播才成为一些生产厂家和广告公司最看好的媒介。

互动媒介

互动媒介系统使现有顾客和潜在顾客得以控制广告的内容和速度，直接从系统上订购商品。虽然互动电视尚处在开发阶段，但它将来肯定可以让观众在收看广告的过程中做出反应，为广告客户的下一步促销提供宝贵的人口统计信息。

人员推销：人性化媒介

锡德·弗里德曼推销保险，他干这行已有些年头。锡德喜欢电话营销，他用起来得心应手。他每周给100个人打电话，与其中的15位面谈，卖出去三份，然后赚了很多很多的钱。

“有时，”他说，“你甚至还可以赚更多，但你必须先要做三件事：见人、见人、见人”。

这就是人员推销的真谛——见人。这也是为什么说人员推销是建立关系的最佳营销传播工具的原因。因为销售代表与客户面对面是最基本的一对一媒介，也是最昂贵的媒介。绝大多数企业的人员推销花费甚至远远超过了其广告

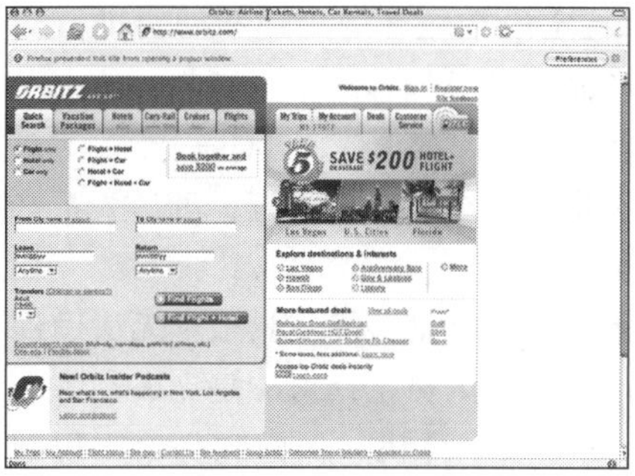

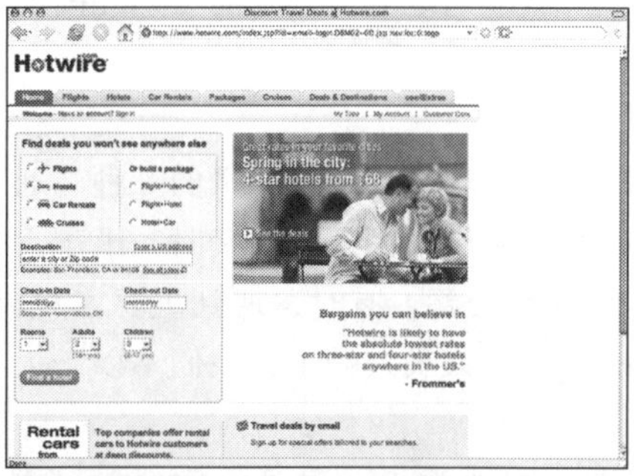

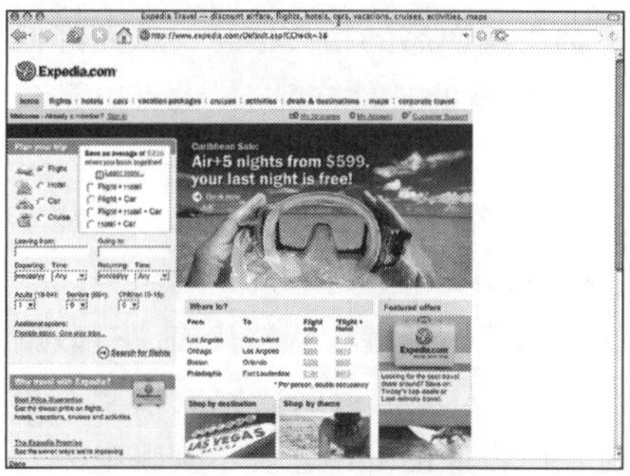

互联网的作用是非常显著的。消费者可以在闲暇之时轻松地咨询、订购飞机票、查询旅馆、获得大量信息，从而免去了人们面对面的交流。

费支出。在许多企业，广告的主要作用是支持销售力量，有时是通过指导消费这类直接方式，有时则是通过为销售拜访创造良好氛围的这种间接方式。

根据企业使用人员推销的倾向，可以从多种角度来定义人员推销。不过，在整合营销传播方案中，销售代表的努力必须与本企业的使命、愿景、战略以及企业的其他传播活动步调一致。

因此，从我们的目的出发，我们给**人员推销**（personal selling，也可译作“人员销售”。——译者注）下的定义是：它是一个人际传播过程，在这个过程中，销售人员确认并满足买主的需要，并使双方建立起长远的互利关系。

因此，人员推销的任务不止是完成一次销售，在整合营销传播活动中，人员推销的目的是要建立一种关系，一种为买卖双方提供长期利益的伙伴关系（双赢）。销售人员帮助客户发现问题，从而发现他们的需要，为他们提出有可能解决问题的方法，在他们决策时提供帮助，在销售实现之后提供售后服务，确保他们长期满意。影响和劝服只是人员推销的一部分，主要的还是解决问题。

人员推销类型

作为一个商业过程和一种职业，人员推销只是企业传播工具组合中的一件工具，它的相对重要性取决于它本身所处的企业或行业、产品与服务的属性以及该企业的经营战略。

销售人员为各种各样的机构工作，相应地，他们会去拜访各种各样的客户：可能拜访其他公司，向他们推销供他们生产其他产品所需的产品或服务；可能拜访中间商，中间商购买了这些产品后，让产品增值，然后再将它们售出；也可能直接将产品卖给客户（或在零售场所，或如我们前面讨论过的，采用无固定零售场所的直销方式）。

从根本上讲，广告是企业销售力量的一支增援部队，因此，广告人员（不论生产企业还是广告公司）必须了解自己的企业或客户所处的销售环境。正因为如此，许多企业配有专门的广告人员与销售力量进行沟通。广告人员可以首先了解到潜在对象提出的问题、顾客对本企业（及其竞争对手）的印象、顾客对本企业产品的使用方式以及哪些（广告或销售资料）信息有助于销售人员与潜在顾客更好地进行沟通。

人员推销的优势

人员推销最大的魅力就在于其人性。没有哪种东西的说服力可以与人际沟通的那种说服力相匹敌。训练有素的销售人员可以读懂潜在顾客的肢体语言，理解字里行间的隐晦含义，发现客户的真正问题。销售代表可以主动提问，也可以解答对方的提问。面对面的状态可以使双方马上得到反馈，销售代表可以马上根据具体情况调整自己的表现，专门针对特定潜在顾客的兴趣和需要进行沟通。不仅如此，销售人员还可以现场演示产品，可以与客户进行谈判，从中发现最适宜于卖方需要的条款。

时间也可以由销售代表掌握。销售不一定非要今天完成不可，可是关系必须建立。人在建立关系方面毕竟强过非人员媒介。

人员推销的一大任务是为新产品打开销路，而其他传播工具根本无法做到人员推销那么好。事实上，在很多工商业情形中，人员推销可能是完成销售的关键。某些高档产品或技术性消费品——如摄录一体机、保健和房地产规划等——的情形也同样如此。在这些情况下，人员推销绝对值得我们花如此高的成本——因为它能完成任务。

人员推销的缺陷

人员推销的劳动强度非常大，因此，它是与潜在顾客沟通的最昂贵的一种沟通手段。这是人员推销唯一的大缺陷。不仅如此，人员推销还相当费时，由于它是一种一对一的媒介，因此其销售的规模经济性较差。有时，遇到重要客户，还需要两三个销售人员到客户的办公室做提案。在人员推销中，我们不以千人成本作为衡量标准。

因此，广告的一个重要功能就是在销售人员尚未登门拜访（或致电）之前，尽可能多地向潜在顾客或现有顾客传递企业或产品的相关信息，从而降低销售成本。这些信息既可以是功能性的（关于具体的某件产品），也可以是象征性的（为企业树立形象和信用）。

人员推销的另一个缺陷是它在许多人心目中名声欠佳。多年来，“西装革履”的销售人员采用高压战术（一般在零售业），败坏了这个行业的名声。于是，销售人员常常被冠以一些更动听的头衔，如营销助理、营销代表、行政助理、专业服务代表或项目经理等，以减少人们对人员推销的反感或抵制。当然，在谈到形象、声誉或古怪头衔等问题时，广告业的处境也好不到哪里去。

有一句老话这样说：一粒老鼠屎可以坏一锅汤。假设你花费了数百万美元在全国做广告，宣传你的客户服务如何专业和优质，然而，你派出的销售人员却不专业，衣着也不得体，更要命的是，对产品的特点和优点一无所知，对顾客的需要不会深入地感知。不幸的是，这种事还一再发生。销售人员在建立或毁坏双方的和谐关系上都有着不可估量的能力，因此，精明的企业会花大力气筛选销售人员，从中发现合适的个性特点，然后，不惜巨资对他们进行培训。当然，这需要双管齐下。品位低下的广告活动同样可以在全国范围内毁掉一家企业的声誉，其破坏力远远超过一名糟糕的销售人员。而如何保证广告中传达的信息、销售人员承诺的信息以及企业真正能够提供的产品服务三者一致，则通常是营销经理的责任。

人员推销在整合营销传播中的作用

销售人员是企业的传播者，是人性化的媒介。实际上，对那些根本不认识企业其他人的客户来讲，销售人员不仅代表着企业，简直就是企业本身。客户对销售人员的印象会时常左右他们对企业的认识。因此，销售代表的确是非常重要的人物。

在整合营销传播方案中，人员推销可以发挥很大的作用，销售人员具有四大传播功能：收集信息、提供信息、完成订购、建立关系。

人员推销是整合营销传播中最为重要的环节之一，因为这种接触具有人际交往的自然属性。技术高超的销售人员能运用自己的创造力，发现顾客的需要和问题，然后寻找对顾客和企业双方都有利的解决方案。

收集信息

销售代表往往扮演着企业耳目的角色。由于他们一般都在销售第一线，与顾客交谈或出席贸易展览会，因此，他们可以接收到信息，可以发现一些动向。比方，销售人员可以收集到本行业有哪些新产品或新时尚上市、顾客对新产品的反应如何、竞争对手在干什么，还有哪些市场可供开发等方面的信息。一般来说，销售人员收集的信息多半关系到如何进行预测，如何判断顾客的需要、欲望和能力以及如何监测竞争对手的情况。

提供信息

销售人员不仅收集信息，还传播信息。实际上，优秀推销员的标准模式（包括正面的和反面的）是能说会道、擅于表达、说服力强。实际上，水平高超的销售人员首先是一个好听众，然后才是能说会道。销售人员在企业内部起着上传下达的作用，他们向客户传递有关本企业及其产品的信息，向他们提出解决问题的建议和方法，利用信息传播价值，建立关系与信任。

人员推销综合了整合营销传播三角的三个角："言→行→落实"。销售代表的言行既可以巩固企业的其他讯息，也可以毁坏企业的其他讯息。因此，销售代表的技巧必然会影响到企业与客户之间的关系。所以，销售人员的行为必须与企业的定位保持一致，并加强企业的其他营销传播活动，这一点至关重要。

完成订购

在任何关系中，都会出现其中一方（或双方）做出承诺的情况。但如果前面几个步骤处理得不够好，要得到对方的承诺便会很困难。人员推销义不容辞的责任就是促使客户采取行动、完成销售，然后确保准确无误地送出商品或服务。

人员推销的一个重要环节是售后服务要跟上，保证商品或服务送上门的时间准确无误，确保客户完全满意。这一步综合了"行"与"落实"这两个角，并为后面建立关系打下基础。

这也是交叉功能管理和坦诚交流重新发挥作用的地方。如果在生产或铺货方面有任何延迟，销售人员都应该立即通知客户，但销售人员必须在知情的情况下才能那么做。同样，商品应该妥善保护，小心运送。销售人员很不愿意听到新客户打来电话说他们收到的第一批商品中有残次品。因此，每一位员工，包括仓库的员工，都应该了解计划外产品讯息的影响。

同样道理，如果企业在广告中宣传了某种产品的某种型号，而销售人员又在卖这种型号，那么仓库里一定要有这种型号。在此，我们重申，良好的内部沟通是维护良好的外部关系的关键。

建立关系

企业的销售代表应该是首要的关系营销人员。当所有东西都毫无差别时，人们自然会选择向自己喜欢和信任的销售人员购买东西。销售人员只需注意三件小事便可以建立关系，那就是：信守诺言、为客户服务、解决问题。有趣的是，这大概也是任何一家企业取得成功的三个必备条件。

在这一方面，广告人员可以提供帮助。在企业发布广告时，它实际上就是在向自己的现有顾客和潜在顾客许诺。但如果广告言过其实，就很难让销售人员兑现这种诺言。因此，要尽量避免吹嘘。因为，从本质上讲，吹嘘往往会言过其实。

同样，如果每次客户打电话进来听见的都是忙音，也很难让顾客服务代表向客户提供充分的服务。大型电话设备企业美国西部公司（U.S. West）就曾发生过这样的事情，当时，公司正在减员重组，而与此同时，它还在广告上吹嘘说自己的服务队伍有多么庞大，但却没人能打通电话。这真是不明智。广告人员必须了解自己的企业正在发生着什么事情，在必要时，他们应该建议停播广告。

最后，无论是广告还是销售人员，都应该把精力集中在解决问题上。如果销售人员发现了顾客经常碰到的问题，而本公司的产品又恰好可以解决他的问题，那么，这无疑可以成为某些计划内传播活动——广告、宣传或公司赞助——的重点。

销售推广在整合营销传播中的作用

人们常常错误地理解“销售推广”一词，或者将其与广告或宣传混为一谈。这也许是因为这些活动往往同时发生，并且广告活动与宣传活动又经常是推广过程一部分的缘故。实际上，销售推广是一种非常具体的营销传播活动。

销售推广（sales promotion，又译作“销售促进”）是在营销过程的各环节中为推动或加速产品从生产厂家向消费者方向运动而向消费者提供的额外奖励，是一种直接刺激。在这个定义中销售推广有三个重要因素：

- 销售推广可以用在营销的各个环节：从生产厂家到批发商，从批发商到零售商，从零售商到顾客，或从生产厂家直接到顾客；
- 销售推广通常涉及到某个直接诱因（如现金、奖励、赠送产品、礼品，或特别信息等），为刺激消费者现在就买或多买、光顾商店、索取宣传材料、陈列产品或采取其他行动而提供额外奖励；
- 销售推广目的在于改变销售渠道的购买时机或引起其库存的变化。

因为销售推广既可以将广告和人员推销二者结合起来，又能使双方彼此促进，所以有些营销人员便把销售推广当做广告和人员推销的一个补充。实际上，销售推广的作用远不止是二者的补充。

销售推广是比较昂贵的，但其效果也很明显。遗憾的是，它的缺陷也比较

对照表

创作有效的销售推广活动

____ **确定具体目标。**没有条理、没有方向的创意工作无异于浪费时间与资源。

____ **确定贴切的主题。**从战略入手，最好从统一的营销或广告计划开始，不要偏离预定轨道。尼莱克斯(NYNEX) 利用抽奖活动请消费者到电话簿上查找“日期”、注意页码，以此来巩固自己的“外界有的，这里都有”的活动。

____ **参与贸易活动。**建立关系，例如，卡里尔 (Carrier) 空调在主要市场赞助少年奥运会，在每个城市都与经销商们共同出资赞助。

____ **促销力量与其他营销计划配合。**确保排期与计划相匹配。消费者促销应与贸易促销同时进行；免费样品促销应与新品种上市时机同步。

____ **清楚促销基本技巧。**不应用抽奖方式鼓励消费者重复购买；也不应用货款返还的方式来吸引新顾客；削价、甩卖均无法扭转品牌销售的下滑趋势。

____ **采用简单、醒目的文案。**绝大多数促销活动都围绕一个简单的观念展开，如“节省75 美分”，突出这一观念，但不要表现得过于精明。

____ **采用现代易懂的图形。**别指望在一张四开大小的单张插页中塞进500个字，外加20幅插图。

____ **清楚地传达概念。**文字和图形必须协调，让读者真正读懂讯息。

____ **在需要测定受众反应时加入广告。**如果是作为促销的一部分，那么面向广大受众的广告往往会被浪费掉；但如果促销的宗旨是在现有用户中建立品牌忠诚，那么，广告就可以助一臂之力。

____ **加强品牌的广告讯息。**促销应与品牌的广告活动紧密相连。

____ **支持品牌的定位与形象。**对那些形象比较敏感的品牌或商品，如面向家庭的卡夫，这一点尤为重要。

____ **了解你使用的媒介。**判断哪种媒介效果最好。样品应在店铺散发还是上门派发？或是通过直邮投递？促销是否需要报纸或杂志的支持？

____ **事前测试促销。**事先测定不一定很贵。对于包装商品，只需在几家店铺进行少量抽样，测定各种价值、创意手段和投递方式，即可找到扩大优惠券兑现率的良方。

突出，以致营销界内销售推广支持派与广告支持派之间发生了激烈的冲突。实际上，广告与销售推广各有其重要性，只是广告客户必须认清两者各自的利弊，保持平衡。

销售推广对品牌销量的积极影响

有效的销售推广可以完成一系列任务。首先，它可以给品牌增加有形而直接的额外价值。当戴尔电脑举办百万美元的抽奖活动时，这项活动也为其销售的产品增加了即时价值。这就是我们把销售推广看做一种增值工具的缘故。

其次，销售推广可以通过增加直接价值的方式使销售量最大化，如短期内降价或折扣，这些手段都会非常有效地促进销售。广告有助于建立并巩固优秀的、别具一格的品牌声望，创造长久的市场价值；而销售推广则有助于创造市场销售量。某个品牌要想成为市场领导者，既需要广告的扶持，也需要销售推广的扶持。

最后一点，如果所有品牌看起来都大同小异，那么，销售推广在推动顾客尝试某个新品牌或选择某一特定品牌等方面效果可能比广告更好，有时甚至可以推动广告不曾打动的顾客。某些销售推广活动比传统广告活动产生的效果更迅速、更好判定。这就是我们为什么把销售推广当做“销售加速器”的理由。

为了获得成功，销售推广活动应该富有创意、难以模仿，“创作有效销售推广活动对照表”列出了一些设计推广活动的基本点。

销售推广对品牌价值的消极影响

广告客户也要了解销售推广的消极作用。比方说，以牺牲广告为代价的过度销售推广会损及利润，一些市场营销人员认为比较恰当的包装消费产品销售推广/广告费支出关系应为：贸易与消费品销售推广费用约占60%，广告费约占40%。

贸易销售推广力度如果超过了消费者销售推广和广告的力度，会对短期市场份额产生有利影响，但却有可能对品牌态度和长期市场份额产生不利影响。如果广告对品牌形象和品质的宣传强调不得力，顾客就会持“一锤子买卖”的心态，不会形成品牌忠诚；而且，过于突出价格（无论在广告中还是在销售推广中）势必最终损害品牌资产。

销售推广的另一个缺陷在于其昂贵的成本。一项分析表明，只有16%的销售推广能产生利润，也就是说，生产厂家每多赚取1美元的利润，就要付出超过1美元的推广费用。

最后一点，过度的销售推广或广告还可能导致竞争对手加入价格大战，最终各家的销售量和利润都会下降。

因此，如果营销组合的重心过于偏重广告，品牌可能会获得优秀而别具一格的形象，但却无法得到足够的销售量，也无法成为市场领导者；另一方面，正如麦当劳首席全球营销官拉里·莱特（Larry Light）所言：“销售推广过多，品牌肯定会有较高的市场占有率，但利润却会降低。市场领导者的地位可以通过小恩小惠换来，但长久而有益的市场领导者的地位却必须通过树立品牌价值和扩大占有率才能获得。”

销售推广战略与战术

为了使自己的产品顺利地通过流通渠道从生产点流向消费点，生产厂家可以采取两种销售推广战略：推式战略和拉式战略。**推式战略**（push strategy）的主要目的是为了保证与零售商的合作，以获得更大的销售空间，并保护自己的市场不受竞争对手分割。**贸易推广**（trade promotion），即主要针对分销渠道的各个环节的销售推广，是卖主用来将产品通过分销渠道推出去并赢得市场空间的主要战术之一。卖主还可以利用**贸易广告**（trade advertising，即在刊物中发表的供业内人士阅读的广告）作为推式战术。

另一方面，**拉式战略**（pull strategy）旨在吸引客户，提高产品的需求量（见图表7–2）。消费者广告和**消费者销售推广**（consumer sales promotion）便属于拉式战略的典型，它们的目的都是为了吸引消费者寻找或查询产品，实际上就是将产品通过渠道拉向消费者。

利用贸易推广推动品牌

在当今的超市中，货架位置和地面位置都是商家的必争之地。**贸易集中**（trade concentration）赋予零售商更大的控制权，但却削弱了生产厂家的控制权。生产厂家对货位的激烈争夺使得零售商拥有了更大的能力，他们甚至能负担大宗交易和折扣的费用。

尽管存在着这些问题，很多生产厂家仍然愿意采用高效的推式战略，聪明的厂家还会留下足够的资金用于消费者广告。贸易推广战术包括货位津贴、贸

图表 7–2
两种营销传播方式

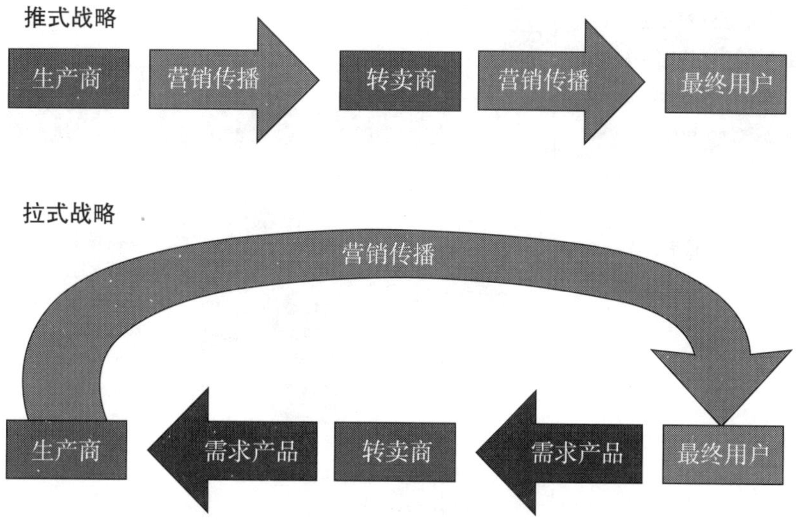

易折扣、陈列津贴、回购津贴、广告津贴、联合广告、广告用品、经销商奖励和竞赛、推销奖金、公司大会和经销商聚会等。

货位津贴

面对新产品的不断面市，一些零售商开始向生产厂家收取**货位津贴**（slotting allowance），即生产厂家为获得新产品占用货架或地面位置的特权而支付的费用。

贸易折扣

生产厂家与零售商之间设定某一幅度的**贸易折扣**（trade deal），由生产厂家向零售商提供短期折扣或资金上的优惠条件。经销商一般通过短期减价或“特卖”的形式将这部分折扣转让给顾客。

陈列津贴

越来越多的店铺要求生产厂家支付**陈列津贴**（display allowance），即店铺为生产厂家腾地方和安装陈列品的费用。店内陈列包括柜台陈列、落地陈列、货架摆设和特制陈列架。这些物件都是为促销产品而经专业设计的宣传载体，零售商拿去就能使用。

回购津贴

在推出新产品时，生产厂家有时会向零售商提供**回购津贴**（buy back allowance），购回尚未售出的旧产品。为了促使零售商经销自己的产品，有些生产厂家甚至会回购竞争对手的存货。

贸易推广是一种企业对企业的刺激活动，目的是通过战略手段扩大分销量。佩恩冷热器（Payne Heating and Cooling，www.payne.com）的这条广告旨在劝服采用风暖和空调系统的企业为其顾客购买、安装佩恩产品。

广告津贴

生产厂家常常给零售商补贴广告的全部费用或部分费用作为**广告津贴**（advertising allowance）。一般说来，消费者用品的广告津贴比工业用品的广告津贴更为常见，主要是大型生产厂家提供的。不过，有些小企业对经销量大的客户也提供这种优惠。

惠普和微软等生产厂家经常为自己经销商的店内陈列、旗帜以及货架宣传品向他们支付陈列津贴。像 Comp USA 这样的零售商就可以通过提供这些展示空间而获得补偿，从中获益；而生产商则因为获得了更多的暴露机会，也从中获益。

联合广告和广告用品

联合广告（cooperative advertising，又叫 co-op advertising）指全国性生产厂家向自己的经销商补偿他们在经销区域内为厂家的产品或标志发布广告而支付的广告费用。厂家一般根据经销商的销售量来决定补贴的多寡，通常在经销商支付广告费的 50%~100%之间。有时，为了推出新产品，宣传某一品种或迎战竞争对手，厂家还会采取特别合作方式。

但是，与广告津贴不同的是，联合广告一般要求经销商交验广告发票和广告发布证据（如报纸撕样或广播电台、电视台的播出证明），许多生产厂家还给经销商提供现成的广告用品，如广告、图片、电台广告播出样带等等。为了保证自己产品的形象，有些广告客户坚持要求经销商使用由他们提供的广告物件，以确保联合广告补贴名副其实。

经销商奖励与竞赛

为了使零售商和销售人员达到特定的销售目标或储备某种产品，生产厂家会给他们提供特别奖励或礼品。

推销奖金

生产厂家常常鼓励零售销售人员推销某些产品，其中一种诱导方法叫做**推销奖金**（push money，简称 PM），又叫**提成**（spiff）。例如，鞋子销售人员可能向顾客推荐某种鞋油或其他利润高的产品，每售出一件，他们便可得到25~50 美分的提成。

公司大会与经销商聚会

多数大厂家也举办**公司大会**（company convention）和**经销商聚会**（dealer meeting）来推介新产品，公布销售推广方案或展示新广告活动，有时还举办销售和服务短训班。经销商聚会完全可以成为生产厂家有力的销售推广工具。

消费者很难察觉到推式战略，但成功的折扣战术意味着生产厂家可以争取更多的货位，得到特别陈列的机会，并赢得销售人员的额外关注和热情，而额外的关注则决定着生产厂家产品的成败。

利用消费者推广拉动品牌

如今，针对消费者的销售推广日益受到重视，其原因之一就在于人们收视习惯的改变。广告的受众分得越来越细。因此，大厂家必须采用新的方法才能到达这些活动着的目标。

常见的消费者销售推广方式包括售点材料、优惠券、电子优惠券和方便卡、减价促销、现金返还和部分退款、奖励、样品试用、套装赠送、竞赛和抽奖等。成功的整合营销传播活动往往是这几种技巧与媒介广告、产品宣传和直复营销的有机结合。广告实验室 7–A 提供了运用我们所学的拉式战略与推式战略知识来进行教材营销的机会。

售点（P-O-P）材料

走进任何一家商店，你都会注意到店内有许多陈列物件和类似于广告的物件。这些物件的目的是为了引起客流，展示和宣传产品，增加人们的冲动型购买。这些材料统称为**售点材料**（point-of-purchase material，简称 P-O-P 材料）。

如果与其他广告形式联合使用，P-O-P 可以达到最佳效果。比如，假设广告客户通过口香糖和糖果广告可以增加约 150%的销量，那么，加上 P-O-P 后销量可能猛增至 550%。

一项调查显示，56%的大众商品买主和 62%的日杂买主说他们注意过 P-O-P 材料；超过一半的人注意过产品标志和陈列品；18%的人记得发放赠品的人；还有 14%的人能想起分发样品和演示的情景。

如今，消费者的购买决策 66%是在超市临时做出的，其中 53%完全是出

广告实验室 7-A

在销售推广活动中运用推式/拉式战略

将产品从生产者移向消费者并不是一件轻松的工作，商品往往必须经过四五个环节才能到达目的地：（1）从生产者到某位代理商或经纪人；（2）到批发商；（3）到零售商；（4）最后到消费者。沿着同一条路径传递生产厂家的讯息也不是一件轻而易举的事情，有些成分会在中途丢失，这就是推式促销和拉式促销如此重要的原因。

卖主以货币、奖励、旅游以及促销材料的形式作为诱饵，将产品“推”入流通渠道，从而获得中间商的宝贵支持。当企业抱着争取销售空间和合作的目的而面向销售渠道展开活动时，他们采用的任何营销传播形式（人员推销、广告或销售推广）便属于推式；与此相反，企业也可以采用消费者广告、部分退款、优惠券、买二送一或其他直接针对顾客的奖励活动。通过刺激需求，这种传播活动可以促使顾客将产品“拉”进销售渠道。

实验室应用

如果你在为麦格劳—希尔/欧文（本书的出版商）效力，你建议如何运用推式/拉式战略来增加本公司教科书的销售？你认为哪种战略可能更有效？

消费者销售推广使潜在顾客接触到产品，并吸引他们去寻找产品。贸易促销将产品推入流通渠道，与此同时，消费者销售推广活动则力图根据顾客的需求将产品从渠道中拉出来。STK（www.stkusa.com）的这个售点陈列是为了吸引人们关注他们耐用的车底座。

于一时冲动，事先毫无打算。由此看来，P-O-P材料完全可能是刺激购买的一个重要因素。

P-O-P材料还包括橱窗陈列、柜台陈列、落地陈列、壁架陈列、横幅和海报。生产厂家往往还把产品包装硬纸箱设计成陈列物件。

随着自助式零售模式的兴起，P-O-P材料的重要性日趋明显。在懂行的销售人员减少，且销售人员越来越不专业的情况下，顾客不得不自行做出购买决策。在这种情况下，醒目而又信息充分的陈列可以为他们提供所需的推动力。即便在营业员充足的商店，陈列物件也有助于为顾客提供额外的销售信息，使产品在竞争中脱颖而出。

优惠券

优惠券（coupon）是提交给零售商店的，明确说明商家某一指定商品的价格折扣优惠的证明。

优惠券可以附在报纸或杂志上，也可以上门派发，还可以随包装附送，或通过直邮或在店内散发，但大多数是通过一种名为**夹页广告**（freestanding inserts，简称FSI）的彩印报纸广告插页赠送的。

电子优惠券和便利卡

电子优惠券（electronic coupon）在为购物者提供折扣的功能上与普通优惠券并无差别，但其分发方式完全不同。设在售点的互动触摸式显示屏当场可以打印出折扣幅度、部分退款幅度和试用新品牌的优惠条件。

电子优惠系统使零售商得以掌握那些无法用纸质优惠券到达消费者的情况。许多超市连锁店现在向顾客发放一种便利卡，可以在收款台当场获得折扣优惠。在顾客使用该卡时，他们的购物记录便被输入超市的数据库，然后归入不同的生活形态组。便利卡省却了顾客剪优惠券的麻烦，同时又能使零售商更好地了解自己顾客的购买行为。

减价促销、现金返还和部分退款

减价促销（cents-off promotion）指采用减价包装、薄利销售、赠送或盒盖退换等形式，对某一商品实行短期价格折扣的做法。有些包装上带有特殊的减价标签，由店员在交款台撕下，并按标签说明如数给予折扣。

有些企业以现金或优惠券的形式给予顾客*现金返还*，吸引他们未来购买其商品。要想获得现金返还，消费者必须提供购物证据，如此类商品的三只盒盖等。

部分退款（rebate）指数额比较高的现金返还，一般用于较大型的商品，如汽车、家电等。

调查显示，许多人是因广告提到有部分退款而购买某件物品的，但又因为感到麻烦，根本不会专程去取回退款。

奖　励

奖励（premium）是为了刺激消费者购买某一种广告上的产品而以赠送或低价的形式提供给消费者的物品。奖励同部分退款一样会对购买行为产生影响，但在促使消费者购买非必需品方面的功效往往更大。奖励的目的在于提高产品形象、赢得美誉、扩大顾客基数、产生近期销售。

奖励应该有强烈的诉求力，有价值，并且要有用处或独树一帜。奖励既可以包含在产品包装中（*内包装奖励*）、包装上（*外包装奖励*），也可以免费邮寄，或要求消费者支付少量的邮资寄回购物凭证（如盒盖、价签等），或者在购物场所随同顾客所购的商品一起送出。化妆品公司经常在百货店举行促销活动，向购买指定产品的顾客免费赠送或低价出售围巾、皮包或化妆品样品等。

样品试用

样品试用（sampling）在所有销售推广手段中成本最高，但同时也最适宜于新产品推介。样品试用是让消费者免费尝试，借此培养他们使用该产品的习惯。样品试用应该在广告活动的支持下进行，而且也只适用于小包装、购买频率高的产品。样品试用成功与否在很大程度上取决于产品本身的品质。如果产品与广告承诺相符，那么样品试用能给产品带来极好的信誉，并有可能立即将非使用者转变为忠诚的顾客。

样品可以采取邮寄、上门派送、优惠券广告或店内人员分发等方式，既可以免费发放，也可以收取少许费用。有时，样品随同相关物品分发，不过这会局限样品的分发面，只能分发给那些购买了相关物品的人。还有的厂家采用**什锦袋装样品**（polybagging）的方式，在一只塑料包中装入一份报纸或月刊，随同样品一起分发。这种方式针对性比较强，同时又使出版社在不花一文的情况下给自己的订户送去了一点附加价值。

店内样品试用（in-store sampling）非常普及，大多数店内样品分发活动都与优惠券活动同时举行。根据产品属性，样品试用手段既可以用做推式战略，又可以用做拉式战略。

店内样品陈列可以让顾客在准备购买时尝试产品。图中 Pilgrim's Choice Cheddar Cheese (www.pilgrimschoice.com) 的样品陈列就是一个很好的例子。

套装赠送

食品和药品生产厂家倾向于采用**套装赠送** (combination offer) 的方式，诸如优惠价格的二合一套装：一把剃须刀与一包刀片，一支牙膏与一把牙刷。要想达到最佳效果，套装的产品最好彼此关联。有时，生产厂家采取新老产品搭配特价出售的方式带动新产品。

竞赛与抽奖

竞赛 (contest) 依据参赛者的技巧给予奖励，而**抽奖** (sweepstake) 则依据参与者的姓名随机抽签给予奖励。**游戏** (game) 也有抽奖的机率成分，但周期更长，游戏最大的营销好处在于顾客必须反复光顾零售店，才能不断地参与游戏。

竞赛和抽奖都是在激励消费者参与的基础上刺激产品消费的，这些方法可以吸引数百万参与者。竞赛一般要求参赛者送交某种购物凭证，如盒盖或购物小票。

为了吸引更多的消费者参加，竞赛活动的赞助者应尽力简化参赛程序，奖励机制和条例必须明白无误。

竞赛和抽奖都必须借助促销和广告才能取得成功，而这又会使成本增加。销售推广需要经销商的支持。为了保证经销商的合作，许多竞赛和抽奖活动均要求参赛者提供产品在当地经销商的名称。对于销售成功的经销商，厂家也会给予奖励。

重要术语

直复营销	电话营销	陈列津贴	减价促销
数据库营销	目　录	回购津贴	部分退款
数据库	人员推销	广告津贴	奖　励
直接回馈广告	销售推广	联合广告	样品试用
行动广告	推式战略	推销奖金	什锦袋装样品
联络媒介	贸易推广	提　成	店内样品试用
顾客终身价值	贸易广告	公司大会	套装赠送
数据管理	拉式战略	经销商聚会	竞　赛
数据接入	消费者销售推广	售点材料	抽　奖
RFM 方程	贸易集中	优惠券	游　戏
直接销售策略	货位津贴	夹页广告	
直接推销	贸易折扣	电子优惠券	

复习题

1. 谁是企业进行额外销售，获取利润的最佳对象？为什么？
2. 大型保险公司应该如何看待整合营销传播？
3. 直复营销人员面临着哪些基本的战略决策和战术决策？
4. 广告客户如何利用报纸发布直接反应广告？
5. 销售人员具有哪些不同的传播功能？
6. 为了建立关系，销售人员必须做哪三件事情？
7. 销售推广的主要目的是什么？
8. 为什么贸易促销会引起争议？
9. 最常见的拉式战略有哪些？你会采取什么战略宣传你的新型软饮料？
10. 为什么会出现由推式战略向拉式战略转移的趋势？

第 8 章

关系的建立：公共关系、赞助与企业广告

目标 阐述公共关系、赞助和企业广告在关系营销和整合营销传播中的作用。通过将公共关系、活动赞助和机构广告与常规广告活动整合在一起的做法，企业可以增强自己整体营销投入的效果。

阅读本章，你可以学会：

1. **分清**广告与公共关系的区别。
2. **探讨**危机沟通的关键因素。
3. **认识**新闻代理职责与宣传的区别。
4. **掌握**公关从业人员所运用的工具。
5. **了解**活动赞助如何与整合营销传播计划配合。
6. **识别**倡导性广告及其在社会中的作用。
7. **阐述**企业识别广告的作用。

公共关系的作用

公共关系的主要职能是经营企业的声誉，并帮助公众形成对企业的一致认同。如今的经营环境竞争日趋激烈，公众认同不可能再靠企业自己凭空臆断，而要靠不断的争取。

人们普遍错误地理解和使用*公共关系*一词，造成这种混乱的部分原因要归结于公共关系所涉及的广阔领域。视不同的背景和不同的角度，公共关系既可以指一个概念，又可以指一门职业，还可以指一项管理职能或一种行为。出于讲解的方便，我们在此将其定义为：**公共关系**（public relation，简称 PR）是一项侧重于个体或团体与其他群体（称之为*公众*）之间为培养好感而建立关系和进行沟通的管理职能。

正如我们在前面所阐述过的，每家企业、每个团体或政府机构的一言一行都会与一定的群体产生联系。这些群体可能是员工、顾客、持股人、竞争对手、供货商、立法机构，或这个组织居于其中的社区。市场营销专业人员把他们称为*利益相关者*，这是因为他们每个人都在企业的行为中有一定的既得利益。按公关术语来说，每一个这样的群体都被视为某个团体**公众**（publics）中的一员。公关的目的就是要与公众中的大多数（如果做不到全部的话）建立并保持良好的关系。公共关系的失败就意味着丧失顾客和收益，花费宝贵的时间去应付投诉或官司，名誉受到损害（这会削弱组织的品牌资产、资金保障能力、销售能力和扩展能力）。

广告客户与各种群体形成公共关系，这些人会受到广告客户言行的影响。福克斯广播网（www.fox.com）的这条广告试图劝服其他广告客户在福克斯广播网上发布他们的讯息。

鉴于公众舆论强有力的作用，企业和组织必须考虑自身行为的影响广度，尤其是在危机时刻、紧急关头或灾难面前。在制定重要方针决策，比如经营策略和定价策略变动、劳资协议、新产品上市或分销方式变化时，也应如此。每一项决策都会以不同的方式对不同的群体产生影响，有效的公共关系能将群体舆论顺利地引向双方的相互理解，产生有利的结果。

简而言之，公共关系的目标就是改善公众舆论，创造美誉，并为组织建立和保持令人满意的声望。公关努力可以使企业赢得公众的支持，获得公众的理解（至少是中立态度），或仅仅引得人们来查询。良好的公共关系有助于形成长期良好的关系，是一个持久的过程，在关系营销和整合传播中扮演着重要的角色。

广告与公共关系的区别

由于广告和公共关系都利用媒介来创造知名度或影响市场和公众，因此，两者是相似的——但它们绝不相同。广告通过广告客户付费的媒介到达自己的受众，广告客户把它设计成什么样，它就表现成什么样，带着广告客户的烙印。正因为知道这一点，公众往往带着怀疑的眼光看待广告，或干脆不予理会。因此，在整合营销传播计划中，广告也许并不是建立信用的最佳载体。

许多公关传播活动——如宣传——的资助人是不公开的或者是无偿的。在经过媒介的审查、编辑和过滤之后，人们以新闻报道、评论采访或事件特写的形式接受这些传播活动所传递的讯息。因为公众认为这些讯息来自媒介而不是某家公司，所以更愿意相信这些讯息。因此，对建立信用来说，公共关系通常是一种更好的手段。

然而，广告可以经过周密的发布来获得特定的到达率和频次，但公关传播活动却难以那么精确。实际上，公关的结果在很大程度上取决于实施公关活动的人本身的经验和技巧。此外，公关只能进行到某个程度，编辑不会一遍又一遍地重复老故事，而广告的记忆度恰恰要靠重复才能形成。公关可以带来更大的信用，而广告则可以形成更大的知名度和控制力，因此，许多企业通过企业广告再现自己的公关讯息。

广告从业人员眼中的广告与公关

公关和广告之间的另一个重大区别就是专业从业人员对它们的不同定位。广告专业人员将营销视为企业判断市场需要何种产品和服务以及如何分销、销售这些产品和服务的统领性流程。对广告专业人员而言，广告与公关都是促进销售的“利好”营销工具。

但公关专业人员对此的看法完全不同。他们以前多半从事新闻而非营销工作，因而认为公关才应该是统领性流程，他们认为企业应该利用公关来维护与所有公众（包括消费者）的关系。《公关观察》（*Inside PR*）杂志认为：“公共关系是一种经营方针，它包含了各种不同的活动，从营销、广告到投资者关系乃至政府事务。”对公关专业人员而言，公关应该是整体的“企业”传播，其含义当然大于多数人所认为的整合“营销”传播。比如，公关人员还关注员工关系和投资人关系，而营销和广告人员则很少关注这些关系，因此，公共关系的范畴确实远远大于营销。

当公关活动被当做一种营销工具使用时，人们常常会用到**营销公关**（marketing public relations，即 MPR）这一术语。公关活动能在提高知名度、增进了解、建立信任、结交朋友、宣传教育、提供购买理由以及营造消费者接受氛围等方面支持营销活动，效果通常比广告要好。营销战略家阿尔和劳拉·里斯认为建立品牌的最佳方式就是宣传——一种公关活动。他们列举了很多通过少量广告但大量宣传而建立起声望的例子，如星巴克和沃尔玛等。

在整合营销传播活动中，广告和营销公关应密切合作。现在，许多广告公司增设了公关部，许多企业则增设了负责广告和公关事务的沟通部。

公关工作

公关工作包含了各种活动，从危机沟通到募捐。除新闻发布会和记者招待会外，公关人员还运用许多其他的公关工具。

公关策划与调研

公关人员的首要职责是策划并实施公关计划。部分公关工作可以纳入企业的营销投入中（如产品宣传），但对公关人员而言，他们有更宽广的视野，他们必须为整个企业制定全面的公关方案。

由于舆论至关重要，因而公关人员必须随时监察、测定和分析各不同公众群体态度的变化。1999 年，一些比利时消费者在饮用可口可乐之后出现病症。这一事件导致了极大的恐慌。分析专家意识到，如果要重建消费者的信心，就必须进行大量的营销投入。

公关调查的一种常见形式是**意见抽样**（opinion sampling），一般采用第 4 章中提及的技巧：店铺中心法、电话访问、焦点小组访谈、来函分析和实地报告。有的广告客户还开通免费热线电话，征求消费者的反馈意见。

公关人员分析企业与其公众的关系；评估人们对企业的态度和看法；推测对不同公众应采用的对策和行动；决定公关目标与战略；制定并执行公关活动组合，尽可能使之与企业的其他传播活动融为一体；征求公众的反馈并评估公关效益。

声望经营

公关的主要任务之一是经营企业在不同公众中的声望，这种长期战略活动就叫做**声望经营**（reputation management）。公关人员运用一系列战略和战术，帮助自己的企业或客户经营声望，其手段包括宣传与传媒炒作、危机沟通管理和社会参与等。

宣传与媒体炒作

对许多公关专业人员而言，他们的主要任务就是为自己的公司或客户撰写新闻稿件，并设法让媒介刊播这些新闻。公共关系中很重要的一项活动就是**宣传**（publicity），即为某个人、产品或服务撰写新闻稿件并使之出现在印刷或电子媒介上。企业通过宣传活动，一是为了营销，二是为了提高自己的声望。

因为媒介不向企业收取任何刊播费用（他们也不保证一定会采用这类稿件），因此，有些人认为宣传是“无偿”的。实际上，这是一种误解。事实是：仍有一些人拿钱替人写文章并且与媒体合作进行炒作。不过，作为一种营销传播载体，宣传的投资回报率远远大于其他传播活动。一次大型广告活动的投资要占企业销售额的 5%~20%；而一次大型宣传活动的投资却只占1%~2%。

如果想得到媒介的青睐，宣传活动就必须具有*新闻价值*。典型的宣传切入点包括新产品上市、获奖、企业销售与赢利、签订重大新合约、兼并、退休、庆典游行以及企业主管人的演讲。有时，宣传完全是由偶发事件引起的。由于宣传的源头太广泛，因此很难（有时甚至根本不可能）对其进行控制。

策划和安排事件并使之产生宣传效应的做法被称作**媒体炒作**（press agentry）。大多数公关人员都会利用媒体炒作使公众注意到某种新产品或服务，或为企业树立有利的形象。对于印刷媒介，宣传人员要与编辑或特写记者建立关系；而对于广播媒介，宣传人员则要与节目编导、专访编辑和新闻编辑保持关系。成功的公关人员都与自己的“关系编辑”建立并保持着密切而诚挚的关系。从事整合营销传播的营销公关专业人员通常把媒体视为重要的*公众*，而编辑、撰稿则是重要的*利益相关者*。

危机沟通管理

企业最重要的一项公关任务便是**危机管理**（crisis management）。如果对“灾害的控制”不够迅速、彻底，那么品牌价值很快就会遭到破坏。

例如，强生公司1982年处理产品调换的事件就是危机沟通的一个经典案例。一名犯罪分子将装有氰化物的超强泰诺瓶混入零售货架上的其他超强泰诺中，导致数人死亡。强生公司及其经销泰诺的子公司麦克尼尔制品公司（McNeil Products）的经营战略专家接到消息后，马上制定了一个三步行动方案：

1. 搞清问题出在哪里，并立即采取措施纠正。强生公司的战略专家通过警察、联邦调查局、食品药品管理局以及新闻界收集到的信息，找出受到影响的地区，平息谣言，并立即从市场上召回产品。
2. 在调查过程中主动与主管部门配合，先发制人。强生公司协助联邦调查局和其他执法机构在生产厂内寻找线索，调查厂内保安系统，并悬赏100 000美元。
3. 迅速重建泰诺的名称和胶囊产品线，包括已被召回的常规强力胶囊在内。虽然强生公司坚信投毒事件发生在最后的零售环节，但仍然首先从麦克尼尔公司入手，以确保药品调换事件不是发生在这个环节。公司关停了两条胶囊生产线，还将警犬带入厂区查找氰化物。

新闻媒介永不知足的胃口，加上不安的消费者又潮水般地打来询问电话，使得强生的公关人员承受了巨大的压力。媒介和公司之间进行的所有沟通都需要通过企业的沟通部，所有的顾客、商圈和政府方面的消息全都在企业内部汇总协调。强生以这种办法始终维护着自己公开、清晰、合法、诚信、前后一致的沟通姿态，从而避免了谣言、诽谤和企业官司的发生。

在消息公开后的最初48小时内，打到强生公司和麦克尼尔公司的电话就没有间断过。在麦克尼尔的地下室，原先用于销售的一批电话现在全部被话务员占满，公司对他们简要交代了哪些可讲，哪些不可讲，以及难题转交给谁处理。

与此同时，管理人员和员工都必须处于知情状态，与官方保持联系，还必须通报其他人员。强生和麦克尼尔的公关经理及其属下不得不对这项艰巨的任务进行策划、协调和监督。

灾难不可能经常发生，但危机一旦出现，公关专业人员和公众信息官员将面临最重要的事情莫过于危机沟通管理——尤其在那些高度敏感的领域，如航空、政府机构、军队、执法、石油化工和公用事业等。

泰诺事件发生后，许多原来不太敏感的企业也配备了相应的危机管理计划。企业在危机或灾难时刻做出的沟通姿态和行为在很大程度上左右着公众对消息的反应方式。如果企业没有应对危机的应急预案，那么被媒介曝光后的结果必将是灾难性的。危机管理专家号召所有企业都要以强生为榜样，做到公开和坦诚。掩盖或回避问题只会产生事与愿违的后果。

社会参与

社会参与（community involvement）的目的是要在企业与社区之间架起对话的桥

为了应付日益增长的经营预算，非营利组织的大部分广告都用于募集资金。雨林行动网（www.ran.org）发布了这条广告，意欲引起人们重视原始森林遭受破坏。（见彩插）

梁。最好的做法就是让企业的官员、管理人员和员工参与社区的社会发展与经济发展。每个社区都为企业的参与提供了多种机会，如市民团体和青年团体、慈善募捐运动、文化休闲活动等等。一家企业最好选择一项与自己的专业相匹配的社会公益活动，集中精力搞好自己的使命营销活动。企业的公关部可以协助规划这类活动并负责向社会进行宣传（见广告实验室 8–A）。

其他公共关系活动

除策划和声望经营外，公关人员还经常参与公共事务与游说、撰写演讲稿、集资和会员活动、刊物出版以及特别事件管理等活动。

公共事务

企业常常不得不与竞选官员、立法机构、司法机构以及各种不同的社会团体打交道，这均属于**公共事务**（public affair）的领域，通常只有专家才能对这类公共事务应付自如。许多专家认为公共事务与公共关系应该更紧密地结合起来，以使专家的技巧、政策专业知识与公关人员的媒介知识、社会关系知识更好地整合在一起。

撰写演讲稿

企业官员经常不得不出席一些股东大会和其他集会，并发表演说，因此公关人员往往要为他们**撰写演讲稿**（speechwriting）。他们还经常负责安排企业代表的演讲，为他们可能遇到的提问设计答案。由于公关人员本身也可能在特殊事件、新闻发布会或采访现场代表自己的老板或客户发言，因此，他们自己也必须善于公开演讲。

集资和会员活动

公关人员有时要为某些非营利机构或企业认为有价值的事业——募集资金。

慈善机构、工会、专业社团、行业协会以及其他一些团体依靠会费或捐款生存，因此，专业公关人员必须向潜在捐助人或会员传达组织的目标，可以采取推广性联合活动宣传这个运动或促使会员参与。在这个过程中，企业的公关人员可以与广告部（或广告公司）的人密切合作，共同创作广告，宣传某一特定的主题，或在企业的产品广告中表现企业参与这一事业的情况。

出版物

公关人员要准备大量的企业沟通材料：供新闻发布会和媒体使用的新闻简报

“绿色”广告

自 20 世纪 80 年代中期环保广告问世以来，已经成为营销的一个重要部分。广告客户发现，消费者需要有利于环保的产品，并且希望这一要求能尽快得到满足。虽然许多广告客户的确真心关注环保问题，但消费者很快发现有部分企业在广告中弄虚作假，使用模棱两可的词语，如“有利环保”和“绿色”。

消费者很快开始对环保诉求反感起来，于是广告客户赶快降低调子。为了避免再引起麻烦，许多企业开始等待州政府或联邦政府提出相应的法律指导方针和用词定义。在过去的十年中，联邦贸易委员会（FTC）制定了相应的规章和指导方针，有些州则采纳了法律对“有利于臭氧层”、“可降解”和“可回收”等词语的一整套定义。1995 年，加利福尼亚的环保广告实情法开始生效，但很快便被废止。该法于 1997 年再次推出，但仍然未获成功。

目前，针对卖主可以如何宣传自己的产品这一问题，美国尚没有国家层面的法律。在环境保护署（EPA）的配合下，联邦贸易委员会为广告客户制定了一套新的指导方针，以确保他们的环保营销声明不会误导消费者。但这些环保广告声明使用方针并不具备法律效力，完全依赖企业的自愿。

在环保声明这一问题上，一些组织和企业在广告客户和消费者之间发挥着中间人的作用。比如，科学证明系统（Scientific Certification System）可以证明广告客户对产品的回收内容的承诺，他们采用一种环保报告卡来测量产品对环境的总体影响。

绿色认证公司（Green Seal）是一家独立的非营利机构。负责推广对环境有利的消费品的生产与销售，向同类产品中对环境危害较少的产品颁发绿色认证证书。该机构于 1994 年成立，致力于“测定科学家发现的、在某些产品种类中特别突出的环境危害”，公司总裁诺曼·迪安（Norman Dean）这样说。

如今的新营销对环保问题和社会问题的关注集中表现在对消费者购买行为的关注上。79%的美国人认为自己是环保主义者；83%的人说自己已经改变了购物习惯，以便在保护环境中出一份力；67%的人说如果产品有利于环保，他们愿意多付出 5%~10%的价钱。但是，最近几次调查的数据却和上述说法相矛盾。调查表明，美国人实际上并没有购买他们声称喜欢的产品。虽然调查显示人们对环境高度关心，但却缺少与这种关心相对应的行为。调查人员相信，之所以会出现这种态度和行为之间的差距，是因为绿色产品不如价格、质量和便利这些因素更有吸引力。

但在这个竞争日益激烈的市场，企业最终必然会得益于自己的绿色行动。最近，一种名为 SPINE 的新型环境管理工具已经开发出来，帮助企业获得环保识别。借助这种工具，消费者可以一步步地追踪产品生产过程，验证卖主的环保承诺是否属实。

即便有了科学证明系统和绿色认证这样的机构，以及 SPINE 这样的参考工具，要想让企业和消费者理解绿色广告的价值，也是一个巨大的挑战，尤其是在目前尚无任何严格、有效的规章制度的情况下。现在，消费者只能推测某家企业到底“环保”到什么程度。至于将来，相信那时的企业将不得不给消费者提供更多有关自己的产品是否符合环保要求的信息，这样，消费者才能自行判断某个产品是否符合自己的环保需要。

实验室应用

1. 假设你正在经营一种售价 1.25 美元的环保新产品。在明知许多消费者已不再像在第一次浪潮时那么在乎购买的产品是否对环保有利的情况下，你还会花上千万美元为你的冲动型小产品申请绿色认证吗？请说明。
2. 假设你刚刚对自己的产品进行了生产改造，因此你的产品现在更容易回收，在明知对“回收”一词有严格限制的情况下，你会在广告中宣传这些变化吗？

和传媒工具、小手册、传单、活页手册、样宣、便览、书籍、信函、插页、附页、年度报告、招贴、路牌、展示会、视听材料、讲稿和意见书等。在此，他们也可以与公关部（或广告公司）人员合作，共同制作这些材料。广告人员在全力协助公关人员实现特定的公关目标时，心中必须牢记企业的整体战略。

特殊事件管理

目前，特殊事件赞助和管理也发展很快。事实上，特殊事件管理已经成为一个重要话题，因此，我们将在“公关工具”一节之后专门对此进行讨论。

公关工具

公关人员所使用的沟通工具五花八门，从新闻简报和图片到视听材料，乃至广告，无所不包。在此，我们对一些常见的工具作一个简要介绍：

新闻简报与媒体工具

新闻简报（news release 或 press release）是指公开发表、产生宣传作用或表明观点的一页或多页打印资料，是应用最为广泛的一种公关工具。新闻简报涉及的问题主要是时效性较强的问题，包括新产品推介、主管升迁、非同寻常的比赛、重大合同的签署或某个奖学金的设立。关于新闻发布的准备要点，请参照对照表“如何撰写新闻简报”。

媒体素材（press kit 或 media kit）给登台亮相的事件——如新闻发布会或家庭招待会——提供宣传上的支持。媒体工具包括对活动基本情况的介绍、活动程序或安排，以及一份参与者的名单及其生平资料，有时还有供广播媒体用的新闻报道，供印刷媒体用的新闻、特写以及相关的图片和宣传册等。

图　片

事件照片、使用中的产品照片、新设备照片或新近升迁主管的照片，这些都会给枯燥乏味的新闻报道增添可靠性或趣味性。实际上，照片的传达速度远比文字要快，但照片的质量要好，无须再多做什么解释。图片说明应对图片进行描述，并准确注明其中的人物。

特　写

许多刊物，尤其是贸易刊物，都会刊登有关企业、产品或服务的**特写**（feature article），即软新闻。特写可以由公关人员撰写，也可以由出版人员或第三方（如自由商业撰搞人）撰写。作为一种营销公关工具，特写使企业和产品更具可靠性，编辑一般比较喜欢这类稿件，因为它们对时间的要求相对不那么严格，编辑可以根据自己的安排刊登稿件。

特写可以涉及个案分析、使用指南（诸如某公司产品的使用方法）、解决方案（如顾客如何使用本公司的产品提高生产力）或现有技术革新等。其他文体包括对业内发生的事件的综述或评论等（如企业主管就近期某一问题发表的演讲或论文）。

书面材料

书面材料是最受公关人员欢迎的公关工具，包括介绍公司及其产品的手册或活页、致顾客函、月报插页或附页、向股东提供的年报、其他报告或内部通报

如何撰写新闻简报

新闻简报的作用

新闻简报是一种高效的信息宣传工具，原因有几个：首先，它有助于防止别人错误地引用公关人员和客户的言论，忠实地记录他们所选用的词语、特殊术语、关键言辞和独特细节等。

其次，新闻简报的标准文体也可以提高效率，避免在信息体裁上发生争执，突出接收人最需要的资料（如联系人姓名、电话、日期等），讲明报道的来源和主题。

再者，新闻简报提供的文本比较容易复制和传送（如电子邮件、传真、信函等），可以保证所有收件人收到的讯息全部一样，进而简化了传播过程。

准备新闻简报

新闻简报普遍采用新闻界通用的文体：

____ **普通行距的三倍，两边空白加宽。**

____ **页面顶端（左或右）注明联系人的姓名和电话。**如果没有预先印制企业的抬头和地址，则在联系人下面加上这些内容。最后，写上“立即发布”或“随后发布”（日期）字样。

____ **标题对要讲的主要事实或问题进行归纳。**如：技术公司总裁周四贝市雄狮俱乐部讲话。

____ **先写最重要的讯息。**编辑一般从稿件的尾巴开始删节。

____ **导语：**导语是稿件中最重要的部分，因此务必在导语中讲清“谁、什么事、何时、何地、如何”这些要素。例如，可以写成：“2007年9月16日，星期四晚上8点，技术公司总裁拉尔夫·托克将在贝市雄狮俱乐部发表讲话。”

____ **正文：**加上直接相关的支持性信息，如“托克先生的讲话题为《阿尔巴尼亚的技术》。托克先生曾担任过五年阿尔巴尼亚旅游协会主席助理。”

____ **结语：**补充背景资料，如“托克先生生于1956年4月30日，娶了贝市的艾丽斯·约翰逊为妻，夫妻俩现有两个孩子。托克先生是贝市少年棒球联盟的董事会成员。”

____ **尽量保持文章的真实、直接与简短。**

____ **仔细润色你的文字。**

职业规范

____ **不要打电话查证编辑是否已收到你的简报。**编辑不想感到有压力，因此，不要向编辑提出要定稿的要求，编辑也不会有时间给你寄送复印件。如果稿件发表，也不要大肆宣传，否则编辑会因涉嫌有偿新闻而难堪。如果稿件发表，只需向编辑写一封感谢信即可。

邮寄名录

____ **准备一份当地刊物的名录。**将出版物归类，以免将新闻稿寄给那些不会采用这类稿件的出版机构。定期更新邮寄名录，因为编辑和出版机构都会发生变动。

____ **事先确认你名录上的编辑是喜欢通过电子邮件发送的稿件还是通过普通邮件发送的稿件。**

等。

内部通报（house organ）是企业自行出版的有关企业事务和方针的刊物，在企业内部发行的内部通报只针对本企业的员工；而对外发行的内部通报则分发给与本企业有关的人员（顾客、股东、供应商和经销商）或公众。内部通报的形式有通讯、小报、杂志甚至定期电子杂志，目的是增进好感、提高销售或改善公众舆论。制作精良的内部通报能在激励员工和打动顾客方面发挥极大的作用。不过，内部通报的写作、印刷和分发费用也可能较高，而且花费的时间也不少。

招贴、展览和公告牌

招贴（poster）可在企业内部使用，主要强调安全、保障、减少浪费和礼仪；用在企业外部，则可以宣传产品信息、企业理念或消费者关心的其他消息。

企业利用**展览**（exhibit）来描述企业的历程，展示新产品，演示产品的制作过程或说明企业的未来规划。展览一般用于参加当地交易会、大学展览会和商业展览会。

在企业内部，公关人员经常利用**公告牌**（bulletin board）向员工通告新设备或新产品的启用、会议、升迁、建设规划和休闲娱乐活动消息。由于新技术的发展，许多企业现在开始采用*内部局域网*，在上面张贴内部公告信息。

视听材料

视听材料（audiovisual material）有多种形式，包括幻灯片、电影、录音带和录像带。这些材料可以用于培训、销售或公共关系活动。

许多企业的公关部门还向电视台免费提供**新闻报道录像**（video news release，简称 VNR），包括新闻或特别事件，供电视台选用全部或部分片段。

赞助与事件

广告人员与公关人员参与各种特殊事件的赞助活动。实际上，赞助可能是当今发展最快的一种营销形式。

企业出于各种目的参与各种赞助活动（如特别事件、节庆和公益活动）。互联网已成为企业赞助网上活动与内容的热点。松下公司（www.panasonic.com）多年来一直是奥运会的世界性官方赞助商和供应商。正如其网站宣传的那样，松下自 1988 年以来，一直在为奥运会提供先进的视频和音频设备。2004 年，松下公司甚至给参加雅典奥运会的美国运动队提供了几百台数字摄像机和 16 000 副头戴式耳机。

赞助（sponsorship）指向某一资产（可能是体育活动、娱乐活动、非营利活动或某一机构）付出一定数额的现金或（以货代款）实物，作为获准与该资产合伙参与商业开发的回报。赞助活动实际上融合了两个方面的特点：销售推广与公共关系。有些赞助活动的目的是创造知名度，有些则是借人际接触或与重大事情挂钩的方式改善公共关系，还有一些则在于迅速提高企业的效益。赞助方式既可以采用现金的形式，也可以采用**以货代款**（in kind）的形式，即用捐赠物品或提供服务的形式代替金钱。比方，假如某地方电视台同意赞助一次 10 公里长跑比赛，那么，它一般会用这次比赛的广告时间来充当赞助这次活动的赞助费。

虽然接受赞助的活动或机构有可能是非营利性的，但赞助并不等同于慈善行为。**慈善行为**（philanthropy）不带任何商业动机，而赞助（以及与其相关的战略，*公益事业营销*）则是为了达到一定的商业目的。

赞助的好处

赞助活动的益处之一就在于公众对它的认可。与几乎所有其他营销工具相比，赞助活动和特别事件更具备让顾客、潜在顾客以及其他利益相关者参与其中的能力。当然，参与事件的程度会有所差别，因此，卖主在明确了自己的真实受众之后，就应该选择最适合自己的事件去赞助。否则，仅仅出于某件事的受众面大就去赞助它，那肯定是错用了这个工具。

与广告不同，赞助活动和特别事件可以为赞助人提供与自己的现有顾客和潜在顾客面对面接触的机会。在有些场合，这种接触完全可以不受竞争对手的干扰。例如，赞助研讨会就既可以为顾客创造受教育的机会，又可以引起他们对品牌的关注。有些时候，赞助甚至可以为演示产品、进行人员推销创造机会，使众多潜在对象在接受新信息的时候回忆起这次经历，从而提高潜在对象的人数，这对工业品卖主特别有利。

赞助最明显的一个益处是，与某件恰当的事件产生联系，可以为提高企业形象或商品的地位寻找机会。

赞助的另一个重要益处是其对员工的影响，但这一点常常被人忽视。与重大事件产生联系确实可以鼓舞员工的士气，增加他们的荣誉感。许多企业还为员工提供亲临现场 (如超级杯、奥运会等) 的机会，作为对销售人员的鼓励。

最后一点，赞助的成本效率非常高。沃尔沃国际公司就坚信，他们为赞助当地网球锦标赛而支付的 300 万美元带给他们的媒介曝光率相当于为他们换回了 2 500 万美元的广告时间与版面。

赞助的缺陷

与任何营销传播工具一样，赞助也存在着一些缺陷。首先，其费用很高，尤其是在独家赞助的时候。因此，大多数企业都以联合赞助的形式参加赞助活动，几家企业分摊赞助费。

但联合赞助又存在彼此竞争的问题，有些活动的赞助商太多，以致任何一家的讯息都难以独树一帜。我们可以看看改装车赛，那些车身上有多少个标志？

最后一点，赞助活动的成效难以测定，因为它不是在真空中进行的。问题在于如何区分赞助造成的影响和其他同时进行的营销活动造成的影响。我们稍后将会对此进行讨论。

赞助的种类

虽然可供赞助的事情数不胜数，但大致可以分成六大类：体育赛事；娱乐；公益事业；文化艺术；节庆、集会和年度活动；协会和会员组织。

体育营销

任何一种体育赛事都可以赞助——从奥运会到全国赛车运动协会车赛乃至职业联赛，无所不包。只要操作得当，提供赞助的企业不一定非要是跨国大公司才能从赞助活动中获得丰厚的回报。

2004 年雅典奥运会期间，耐克和阿迪达斯两家公司除了发布每 30 秒 65 万美元的电视广告外，还联合“武装”了 6 000 名奥运会运动员。尽管阿迪达斯的传统长项是足球服装，但他们仍然给这个为期两周的赛事提供了约 150 万件服装、设备以及其他印有阿迪达斯标志的物品。耐克不是奥运会的官方赞助商，不过他们向来会将自己那著名的钩形标识布满主办城市的每一个角落。虽说奥运赞助的效果很难单独衡量，但耐克执行长官马克·帕克却说他们公司通常会将奥运会举办年的股市表现多加 20%。

许多体育赛事非常地方化，费用也少得多，但却可以为赞助商提供与参赛

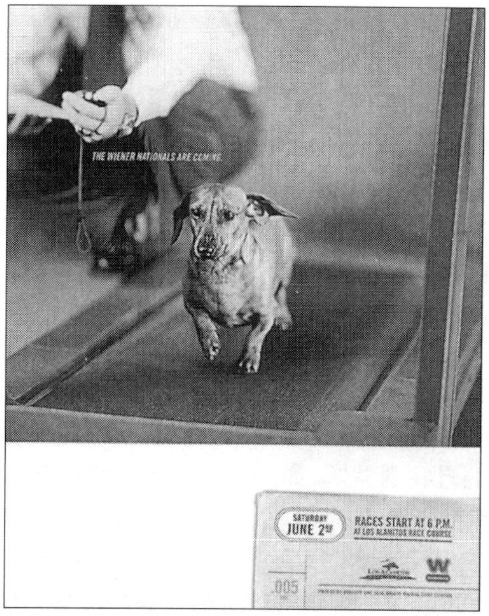

某些赞助的方式比较离奇古怪、天马行空。自称世界最大热狗连锁公司的腊肠苏尼泽公司（www.wienerschnitzel.com）是全国腊肠狗赛的赞助商。虽然该比赛以娱乐为主，但它却有助于提醒参赛者注意到这家热狗连锁公司，此外，该赛事每年还为加州动物保护募集数千美元的善款。

选手和与会者更接近的机会。事件营销预算有限的企业可以选择赞助一些地方性的高尔夫联赛、网球比赛和冲浪比赛。

赞助体育赛事正成为一种方兴未艾的企业促销形式。如果体育赛事能把企业与举办该项活动的当地社团以及赛事的地区性或全国性受众绑到一起，那么，这些赛事就可以为企业的整合营销传播发挥有效的聚合作用。但是，如果没有其他营销传播活动与事件赞助联系在一起形成合力（比如近期发动一次广告活动），那么花在赞助上的资金通常也就浪费了。

但围绕着大型体育赛事的赞助也存在着不少争议，其中争议最大的做法是**伏击式营销**（ambush marketing），即非赞助商利用某一事件或资产的知名度或声望，使人误以为他们是赞助商，进而从中渔利。官方赞助商的对手常常利用伏击式营销技巧——如买下体育场馆周围所有的路牌，富士胶卷在长野就用这种办法对付过柯达。这种方法之所以奏效，原因之一是人们往往并不清楚谁是官方赞助商——这仍然是因为竞争太多的缘故。例如，某家企业在奥运会广播节目上做了广告，但这并不等于它就一定是官方赞助商，伏击式营销卖主正是利用了这一点。

娱　乐

除体育营销之外，赞助活动最大的领域就是**娱乐**（entertainment），包括巡回演唱会、主题公园以及各种演出活动。例如，迪士尼乐园和迪士尼世界中的很多游乐活动便是由一些大型企业赞助的，如通用电气公司、美国电话电报公司、柯达。

某些品牌甚至赞助整个巡回活动，比如“Vans 2006 Warped 巡演”（冠名“辛格拉与三星移动出品”）就动用了 50 支乐队轮番上场，而且还由其他公司赞助了若干舞台和活动场所。演出期间搭建的摊位和帐篷为富国银行（Wells Fargo）、MySpace.com 以及 Vagrant 唱片公司这样的协办赞助商提供了大量的亮相机会。

节庆、集会与年度活动

1997 年，国际事件集团网络对国际展示博览协会的 1 000 名成员进行了一次调查，结果显示，这类赞助不仅环境非常有利，而且还在继续扩大。在过去的四年中，平均年赞助率增长达到了 20%，其中以 1996~1997 年的增长率最大，达到了 30%，而最新的平均增长率则达到了 88%！

密歇根州最大的年度活动要数在特拉沃斯市举办的全国樱桃节，于每年的 7 月 4 日左右举行。这项活动将事件与促销活动联系在一起，使参与者和赞助商得以彼此相见。在众多的正式赞助商名单中有百事、福特、丰田、英特尔以及索尼。

虽然赞助体育赛事是最常见的赞助形式，但许多其他的年度活动也吸引了大量的赞助商。这些事件的受众面通常比较小，但赞助商们深知他们都是非常有价值的潜在目标。在这幅广告中，康宝将自己与城市邮递员工会的年度食品运输结合起来，赞助了价值 1.09 亿美元的明信片来推广这项活动。

同样，一年一度的大型活动——如企业对企业贸易展——也会吸引大批赞助商和展览商，因为这类活动可以为他们提供在同一场所同一时间与自己的客户或潜在客户进行交流的机会。

公益事业

赞助慈善事业和教育机构是一种屡试不爽的公关活动，往往符合使命营销的整合营销传播战略。许多大型企业（包括雪佛莱、美国电话电报公司、美国航空、百事、柯达等）就携手赞助过“生命援助音乐会”（Live Aid）。

某大型事件赞助商负责企业关系的一位副总裁将使命营销活动视为“文明的自我利益”。如果企业不将任何有形的东西从人们的口袋里掏走存入银行，人们便乐于接受企业的这种做法。

医疗保健企业（如医院、健康维护组织和保健企业）正在扩大自己的赞助活动领域。例如，牛津保健计划（Oxford Health Plans）与富兰克林学院科学博物馆（Franklin Institute Science Museum）签署了一份合约，由他们在费城博物馆举办免费的老年人电脑讲座，教老年人如何使用互联网。

文化艺术

交响乐团、室内音乐小组、艺术馆以及剧院一般都迫切需要资金。在获得赞助的主要领域中，这一类赞助费是最少的。这意味着文化艺术领域还是一个相对开发较少的领域。这为那些关注高收入群体受众的全国性企业和地方性企业提供了赞助的良机。

赛场营销

赛场营销（venue marketing）指将赞助商与某一有形的场地，如体育馆、室内运动场、礼堂或跑道联系起来的赞助活动。

赛场营销正在改变职业体育运动的经济状况。赞助使城市有了支付修建体育场馆和更新设施的资金，同时还为国内运动队支付高额的场租提供了帮助。在此之前，许多运动队没有充足的资金购置较好的队服，没有体育场馆的广告收入，没有冠名权，甚至连饮食必需品都因为资金短缺而受到限制。在新的经济条件下，体育场馆的大笔收入成了吸纳大牌运动员、保持运动队竞争力的有力保障。

如今赞助活动的一种热门形式是赛场营销，企业可以付费使自己的名字与运动场地、剧场或市政中心产生联系。这些企业往往乐意在新设施建设上投入资金，就像 ComEd（www.exeloncorp.com）所做的那样。

对照表

如何选择赞助项目

____ 赞助商是否能成为独家赞助人？

____ 大众媒介受众和事件参与者的人口统计因素应该尽量与目标消费者的人口统计因素相符。

____ 事件应该有大众媒介的广泛报道与参与。

____ 事件应该以某种方式演示、引导、表现其产品或服务的某一关键特征（例如，豪华产品赞助纯种马赛“国王运动”）。

____ 企业对受赞助事件的投入不应大于企业因额外大众媒介暴露而获得的利益（这取决于谁在其中发挥杠杆作用）。

____ 参与者应保证足够（而且恰当）的大众媒介暴露度，以补偿与赞助人有关的可能发生的费用。

____ 产品与事件的联系应该体现出赞助商同时进行的有意义的销售活动或销售主题。

____ 是由企业首先提出谈判？还是由事件推广者主动寻求企业合作？

____ 是否要求财力支持？

赞助的方法

有赞助意向的企业可以有两种选择：出资参与某一件现成的事件，获得其赞助权，或自己举办一个事件。事件营销专家保罗·斯坦利（Paul Stanley）预言，企业事件赞助活动将可能演变成“所有权赞助”，即赞助商拥有并控制整个事件。这种做法的结果是赞助商对事件拥有更多的控制权，成本效益更高，也更有助于企业达到自己的营销目标。

不过，对大多数企业来说，出资成为某项现成活动股东的做法也许更容易实现一些，他们既可以成为独家赞助商（如别克冠军锦标赛）；也可以成为众赞助商之一。最重要的是，赞助的事件要与自己有关联。

特里·维维拉（Terry Vavra）在其《营销配合》（*Aftermarketing*）一书中为企业如何选择恰当的赞助机会或赞助事件提供了一些方针，请参见对照表“如何选择赞助项目”。

测定赞助效果

长期以来，事件赞助（通常与公关活动相伴）面临的一个问题便是如何测定它的效果，专家认为，实际上只有以下三种方法：

1. 在赞助前后进行调查，测定知名度或形象的变化程度
2. 测定免费媒介曝光和相应广告的费用是否相等
3. 采用跟踪手段（如优惠券）测量销售收入的变化程度

遗憾的是，上述任何一种方法都无法完全涵盖所有的赞助效果。例如，你如何衡量赞助对员工士气的影响？如果赞助的目的在于回报现有顾客或巩固业内关系，情形又会如何？这些目标都很重要，但却非常难以测定。

此外，绝大多数企业都非常注重结果，想尽力使自己的赞助投资得到最丰厚的回报。例如，据说达美航空公司（Delta Airline）就要求自己投入赞助的每1美元带回12美元的回报——达美航空公司宣称他们在赞助奥运会时曾达到过这个水平。

国际事件集团建议大家采用以下指标来衡量事件赞助的价值：

- 制定清晰无误的目的、明确具体的目标。
- 确定可以测量的目标。
- 按照某种标准进行测量。
- 在赞助期间不改变其他营销变量。
- 将评估方案与整体赞助方案和相关营销方案结合起来。
- 从一开始便确立一套结果测定预算。

企业广告

如果企业希望传递某一公关讯息并对其内容加以控制，可以采用企业广告这种形式。在整合营销传播活动中，企业广告可以为企业的整个公共传播活动定下一个基调。**企业广告**（corporate advertising）涉及非产品广告的广阔领域，包括公共关系广告、机构广告、企业识别广告和招聘广告。

公共关系广告

为了使预定的公关讯息确实瞄准自己的部分重要公众，企业可以运用**公共关系广告**（public relations advertising），借此增进企业与员工、政府、顾客、下游厂家甚至支持者的关系。

在赞助艺术活动、电视节目或慈善活动时，企业往往会在其他媒介上发布公关广告，广为宣传这些节目和自己所赞助的活动，提高自己的社会公民形象，争取公众的好感。如果公关人员不具备广告经验，他们一般会请广告部（或广告公司）的人帮忙。

企业/机构广告

近年来，企业广告正成为改善企业形象、提高知名度的非产品广告形式，传统术语称之为**机构广告**（institutional advertising）。这类广告活动可以发挥几种作用：宣传企业业绩；找准企业在市场中的竞争位置；反映企业个性的变化；推动股票价格上扬；提高员工士气；防止与代理商、经销商、下游公司或顾客发生沟通上的问题。

不少企业，甚至职业广告人曾经对企业广告的功效产生过怀疑或误解，尤其是零售商，他们甚至坚持认为：机构广告好是好，“但却无法促成交易”。然而，一系列营销调研却提出了截然相反的证据：凡是采用企业广告的企业，其知名度、熟悉度和整体印象均超过只使用产品广告的企业。在调查中，五家企

企业可以通过巧妙地展示与企业文化或消费者文化相匹配的产品（服务）质量，巩固企业的名称。新西兰《新西兰钓鱼》杂志（*NZ Fishing*）的这条户外广告在嘲弄那个古老渔人的传说：“我曾经钓到过这么大的鱼！”

业广告客户在 16 项受测特点中每一项的得分均高于那些只采用产品广告的广告客户，项目包括公众认知的产品质量、竞争管理能力和较高股息支付能力。具有讽刺意味的是，不做企业广告的企业在产品广告上的总支出倒远远超过做企业广告的企业，但得分却低得多。

奥美广告公司（Ogilvy & Mather）已故创办人兼前创意总监大卫·奥格威竭力提倡企业广告，有关奥格威的观点，请见广告实验室 8–B。

面对这种种批评和市场压力，企业现在开始设定自己的企业广告预期达到的具体目的，如建立企业及其活动的知名度；吸引投资；改善不佳形象；吸引优秀人才；在多样化的产品线之间建立联系；在重要公共问题上表明自己的立场。企业广告的首选媒介为消费者商业杂志，其次是电视网。

企业广告的另一种变形是**倡导广告**（advocacy advertising）。企业运用倡导广告表明自己对某一影响到自身业务问题的观点（捍卫自己在市场中的地位），宣传自己的理念，或就政治问题、社会问题发表声明。这类广告常常被视为**社论式广告**（advertorial），因为从根本上讲，倡导广告是经广告客户付费的社论文章。

企业广告也可以为将来的销售打下一个基础，而在以往，这项任务是由产品广告独自承担的。许多广告客户采用统领性广告活动，即**前期市场企业广告**（market prep corporate advertising），同时传达有关产品和企业的讯息。

虽然企业广告是提高企业预定形象的良好载体，但如果企业形象与广告不符，企业广告也不会成功。譬如，一家大型高科技企业，如通用电气公司，如果想在广告中树立一种小城镇般亲切单纯的形象，其可信度就非常低。

企业识别广告

企业通常都为自己的标志和企业署名而自豪。标明企业名称和产品的图案设计

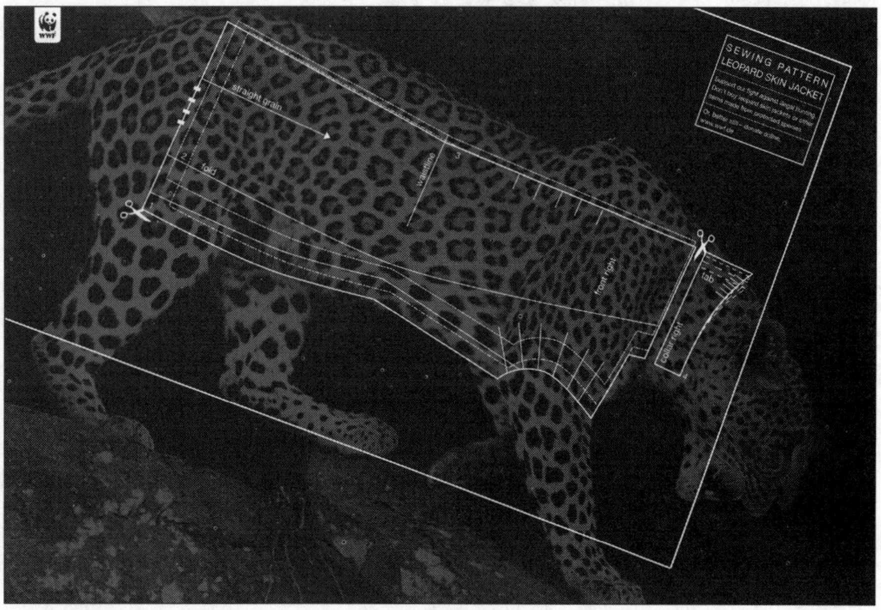

一些组织赞助倡导性广告，以支持一些重要的社会公益或政治事业。世界野生动物基金会（World Wildlife Fund，www.wwf.org）的这条德语广告是在戛纳广告节上获得银狮奖的系列优秀广告之一，叠加在活花豹身上的皮草裁剪线向全世界传达出了世界野生动物基金会的野生动物保护宗旨，无论哪个国家的受众都能一目了然。

广告实验室 8-B

大卫·奥格威谈企业广告

大卫·奥格威，奥美广告公司创始人及前创意总监，曾与壳牌石油（Shell）、西尔斯、IBM、国际纸业（International Paper）、美林（Merrill Lynch）、通用动力（General Dynamics）、新泽西标准石油（Standard Oil of New Jersey）以及其他成功企业共过事。

按照奥格威的观点，大企业正日益受到消费者团体、环保主义者、政府和反托拉斯奉行者的攻击，他们时不时地把大企业的事情拿到报纸上抖落一番。如果企业不愿意花时间培养自己的声望，就有可能大意失荆州。

奥格威说："如果可能，企业最好倚仗公关（即有利的新闻报道或评论文章）而非有偿广告。不过，媒介很少对企业进行有利的宣传，这就迫使越来越多的公关总监不得不将有偿广告当做自己的主要沟通渠道。这是他们唯一可以在内容、时机和干扰水平方面加以控制的渠道，也是唯一能使他们选择自己战场的东西。"

"因此，我认为企业广告能站住脚，但为什么它们中的大多数反倒砸了锅呢？"

第一，因为企业没有明确自己的企业广告要达到什么目的。

第二，因为企业不对广告效果做任何测定。《佳娜好报告》（*The Gallagher Report*）的一项调查表明，美国的每四家企业广告客户中，仅有一家对企业广告活动所引发的态度变化进行过测评。奥格威说："大部分都盲目地过去了。"

第三，因为对什么有效、什么无效知之甚少。在品牌广告方面，营销部门及其广告代理对情况非常清楚，但一旦涉及企业广告，他们就成了业余水平。

第四，因为精通企业广告的广告公司并不多，企业广告只是他们业务中的一个小部分。奥格威相信："他们的创作人员知道如何为孩子创作泡泡糖儿歌，知道如何将啤酒推销给蓝领工人。但企业广告却要求文案对整个行业有全局性的了解，这样的人并不多。"

"我简直被企业广告中出现的连篇鬼话吓坏了。自负、虚伪、模棱两可的平庸之作比比皆是，企业广告不该小觑公众的智力。"

奥格威说，与产品广告不同的是，企业广告代表着企业最高行政主管以及整个董事会的观点，不应随便借他人之手。

那么，优秀的企业广告应该达到什么目的呢？奥格威认为至少可以达到以下四个目的之一：

1. 建立企业的知名度。民意调查公司（Opinion Research Corp.）指出："大多数企业的无形抽象感和距离感是人们的主要障碍。认为自己熟知某一企业的人对企业的好感度是那些不大了解的人的五倍。"
2. 可以给金融界留下好印象，使你以较低的代价融资——而且可以实现更多的收购。
3. 可以提高现有员工的士气，吸引更好的人才。"良好的公共关系是从内部开始的，"奥格威说，"如果你的员工能够理解你的方针政策并以你的企业为傲，他们就会成为你最好的使者。"
4. 可以左右公众对某一具体问题的态度。林肯曾说："与民意相左，万事皆休；以民意为盾，无事不成。"

奥格威总结说："走走停停是企业广告常见的做法，这简直就是对资金的浪费。企业广告要历经数年才能有所建树，并非一朝一夕的事。但只有为数不多的企业一直坚持将企业广告做到产生出可观效益的程度。"

实验室应用

找出几条按奥格威的观点所说的鬼话连篇、虚伪自大、模棱两可、平庸乏味的企业广告，并加以讨论。

自然是企业的宝贵资产，企业无不费尽心血保护其独特性和所有权。那么，当企业与另一家公司合并而不得不更换标志、名称、商标或企业署名时，该怎么办？这便是**企业识别广告**（corporate identity advertising）的事了。

招聘广告

企业利用**招聘广告**（recruitment advertising）吸纳新员工。大多数招聘广告刊登在日报的分类广告栏中，一般由企业的人力资源部而非广告部安排。但是现在，有不少广告公司雇用了一批招聘广告专家，也有一些广告公司专门做招聘广告。

重要术语

公共关系	公共事务	新闻报道录像	机构广告
公　众	撰写演讲稿	赞　助	倡导广告
营销公关	新闻简报	以货代款	社论式广告
意见抽样	媒体素材	慈善行为	前期市场企业广告
声望经营	特　写	伏击式营销	企业识别广告
宣　传	招　贴	娱　乐	招聘广告
媒体炒作	展　览	赛场营销	
危机管理	公告牌	企业广告	
社会参与	视听材料	公共关系广告	

复习题

1. 公共关系与广告有什么区别？
2. 广告从业人员和公关人员对公关有什么不同的看法？如何运用营销公关？
3. 公共关系在关系营销和整合营销传播中扮演着什么角色？
4. 声望经营可以利用哪些活动？
5. 为什么要制定危机管理计划？哪种企业最需要这种计划？
6. 当今的卖主可以利用哪些类型的赞助活动？
7. 哪些赞助活动的投资回报率可能最高？如何衡量？
8. 企业广告有哪些类型？请加以说明。
9. 企业识别广告的作用是什么？
10. 招聘广告的作用是什么？为什么将招聘广告归入企业广告和公关之列？

第9章

创意战略与创意过程

目标 揭示广告战略如何演化为指导创意过程的创意纲要与讯息战略。本章将着重阐述杰出广告的特点、思维方式、创造力本质、创造力在广告中的意义以及创意小组的作用。我们将探讨调研在创意开发和策划中的基本作用，以及创意小组人员所面对的各种常见问题与误区。

阅读本章，你可以学会：

1. **明白**创造力的含义与重要性。
2. **认识**创意小组成员及其主要职责。
3. **掌握**如何区分杰出的广告与平庸的广告。
4. **了解**创意纲要的作用及其对广告艺术表现的影响。
5. **掌握**创意纲要所包含的主要成分。
6. **了解**讯息战略的目的及其与创意战略的区别。
7. **了解**人在创意过程的不同阶段所扮演的四种角色。
8. **掌握**可供创意人员提高其创造力的几种技巧。

创意小组：广告的创作者与编码者

创意小组中的每个成员都扮演着一个基本角色：小组中的**文案人员**（copywriter）负责构思文字讯息，即广告中角色所说的话（文字）。文案通常与负责讯息非文字部分（即设计）的**美术总监**（art director）配合，而这些非文字讯息则决定着广告的视觉形象和直观感受。他们两者在**创意总监**（creative director）的指导下展开工作，创意总监往往是由以前的文案人员或美术总监提升上来的，负责创意产品（即广告的最终形式）的最终完成。作为一个团队，创作部的人通常被统称为**创意人员**（creatives），无论其专司何职。

本章将重点探讨创意过程：创意从何而来？如何设计创意？创意与企业的营销战略和广告战略之间有何关系？但要想对创意有一个正确的认识，我们首先就必须弄清杰出的广告具有什么特征，它是什么样子，以及它从何而来？

什么造就了杰出的广告

我们都见过自己喜欢的广告，也见过自己讨厌的广告（恐怕后者更多）。我们喜欢的，我们就叫它“杰出的”。在此，我们不必说如何称呼另一类，因为我们现在只关心“杰出的”。但是，在我们说“杰出的”时，究竟意味着什么呢？

如果我们看一看历史上的一些经典广告，也许可以从中找到一些线索：大众汽车的“想想小的”篇；戴比尔斯的“钻石恒久远，一颗永留传”篇；百威啤酒（Budweiser）的“怎么啦”篇；以及可口可乐的“真东西”篇。这些广告具有什么共同之处，为什么大家都普遍认为它们是杰出的广告？

这是一个非常重要的问题，最近的广告调查显示，“广告好感”对“广告的成功”有着极大的影响。因此，毋庸置疑，广告公司愿意创作、广告主也愿意出资制作人们喜爱的广告。但是，“好感 ”是否就是“杰出”广告的唯一条件呢？

无论“这条广告”是一幅海报、是杂志中的一页、是电视或广播中插播的一节，还是电脑中的一个热门新网站，杰出广告都具有某些特定的共性，我们

杰出的广告应该非常引人注目、令人叹服或者令人信服，能给受众留下产品或服务的长久印象。广告主一般以一个标题或图片作为广告的开端，迅速抓住受众并与他们产生共鸣。20多年来，《滚石杂志》（Rolling Stone，www.rollingstone.com）创作的广告一直都令人难忘。这条广告是在乔治·哈里森（George Harrison）去世之前发布的，广告采用了《滚石》杂志过去的封面来强调对自己的标志性音乐家——披头士——的报道，并对约翰·列侬（John Lennon）的去世表示敬意。（见彩插）

在此将这些特征大致归纳为两大类：受众共鸣和战略关联性。

受众共鸣

共鸣指回响、回荡或振动，也指回音、呼应或和谐。其实，这就是杰出广告与其受众之间关系的写照。广告拨动他们的心弦，在他们的耳中回响，在他们脑海里回荡，引起他们的共鸣。

让我们回忆一下第2章讲到的消费者动机。*被动生成动机*——诸如回避问题和解决问题——为许多杰出广告提供了创作的基础。这些广告或因为其高度的**信息性**（informational），或因为解决了受众的某些现实问题或假想问题而引起了他们的共鸣（如联邦快运的“绝对，次日即达”）。另一些动机属*主动生成动机*，消费者主动寻求感觉上的满足、智力上的刺激或社会认同。在这一方面，广告可以借助其**转换性**（transformational），利用受众的主动性肯定给他们提供回报，从而达到“杰出”的效果。

然而，大多数广告，信息性的也好、转换性的也罢，均未能引起受众的共鸣。为什么会这样呢？这也许是因为它们缺乏“大创意”，或许是因为在实施上有误，也许是因为文案让人无动于衷，也许是因为画面不够吸引人，也许是因为制作技术质量太差。反正从消费者的角度看，这些广告简直是在浪费时间。

从广告主的角度看，不能引起共鸣的广告是对他们金钱的极大浪费。事实上，对他们来讲，广告之所以杰出，就在于其“物有所值”。好广告使出资人投入的一分一厘都具有更多的广告效果。明白了这一点，再来看竟有那么多资金都被投在了平庸的广告上，岂不觉得滑稽吗？

契约之家（Covenant House）是美国最大的私人儿童保护机构，给无家可归和离家出走的儿童提供栖身之处和援助服务。在这条令人心酸的广告中，一只装玩具的纸箱成了一名儿童的栖身场所。你认为这条广告会引起哪类受众的共鸣？这条广告希望受众采取什么行动？

广告的关联性

杰出广告的第二点是其战略关联性。

正文和图形传递着广告讯息，但在创意小组所选的基

针对人们回避问题、解决问题的愿望进行诉求，这种广告以被动生成动机为基础。加州健康部（California Department of Health）的这条广告劝阻人们吸烟。广告上，一名典型的万宝路牛仔嘴里衔着一支疲软的香烟，暗示吸烟会导致阳痿。文案模仿香烟包装上的标准警告标志，强化了广告中的视觉含义。（见彩插）

从远处看去，你会看到一辆路虎车的轮廓。到东非旅游，最著名的座驾是什么？当然是路虎。有共鸣，有关联。该广告不愧是戛纳广告节银狮奖得主。（见彩插）

调、文字和创意的背后，却是广告战略在起着指挥方向的作用。完成后的广告必须与广告主的战略相关联，否则注定会失败——即使它能引起受众的共鸣。换句话说，它也许是了不起的*娱乐作品*，但绝不是杰出的*广告*。杰出的广告必然要完成某个战略任务。事实上，战略是产生杰出创意作品的根基。

制定广告战略：杰出创意的关键

回顾一下第 5 章所说的，广告战略包含四大元素：**目标受众**（target audience）、**产品概念**（product concept）、**传播媒介**（communications media）和**广告讯息**（advertising message）。

广告公司与客户必须在创作活动开始之前，就对广告战略的四大要素——目标、产品、媒介和讯息——有充分的了解并在这几方面达成一致。在绝大多数广告公司里，客户部负责制定广告战略。在有些大广告公司，客户策划人会花大量的时间调研市场，然后，依据客户部提供的资料，并在他们的认可下准备广告战略。在广告战略制定完成之后，客户部便写出一份*创意纲要*，将广告战略传达给创作部。

撰写创意纲要（文案框架）

在整体广告目标与战略明确之后，客户经理（或客户策划人员）写出预定广告战略的简要说明。**创意纲要**（creative brief）指导创意小组撰写与制作广告。在某些公司，创意纲要也被称为*文案框架*（copy platform）、*工作计划*（work plan）或*文案/创意战略文本*（copy/creative strategy document）。不管名称如何，创意纲要就是对广告制作过程中必须考虑的一些重要问题的简单书面说明。这些问题涉及到：谁、为什么、是什么、在哪里以及什么时候。

- *谁？*从行为学、地理学、人口统计学、消费心理学的角度来看，谁是潜在消费者，他们有什么典型个性？
- *为什么？*消费者是否具有广告可以针对的特殊需要和欲望？广告主一般采用两大类诉求。**理性诉求**（rational appeal）针对消费者对产品或服务的实

图表 9-1
广告诉求精选

手法 / 需要	精选的广告诉求		
	理性	感性	
自我实现	更多的休闲机会 经营或使用中的成效	雄心壮志 免除体力劳动 好奇 愉悦	反应的快乐 简洁 体育活动/游戏
尊重	品质可靠 性能可靠 提高收入 选择余地	个人外貌的骄傲 拥有某件物品的骄傲	款式/漂亮 品位
社会	清洁卫生 购买时的实惠	合作 对他人的忠诚 内疚 幽默 家庭舒适	浪漫 性吸引 社会成就 社会认可 对他人的同情
安全	耐久性 对他人的保护 安全	恐惧 健康	保障
生理	休息或睡眠	胃口	个人舒适

用性和功能性需要；**感性诉求**（emotional appeal）针对消费者的心理、社会或象征性需要。关于具体的诉求样本，请见图表 9-1。

- 是什么？产品是否具备能满足消费者需要的特性？有哪些因素可以支持产品的承诺？产品是如何定位的？可以或已经为产品或企业创造了什么样的个性或形象？有哪些感知上的优势值得宣扬？有哪些弱点必须处理？
- 何时、何处传播这些讯息？通过什么媒介？在什么时候、什么地区？
- 最后，广告活动将采用什么风格？什么手法？什么基调？文案要说些什么？

创意纲要必须说明准备向消费者展示产品的什么利益，但不涉及实施上的问题，如何表现这些利益则是创意小组的工作。

宝洁公司和李奥·贝纳广告公司采用一种简明创意纲要，由三个部分组成：

1. 目标说明：具体、简洁地描述广告打算达到什么目的或要解决什么问题。目标说明还包括产品/服务的品牌名称和简要、具体的目标消费者描述，
2. 支持性说明：对支持产品承诺的证据进行简要说明，也就是利益的原由。
3. 基调或品牌特点说明：对广告基调或品牌长远特点进行简要说明。基调说明是对广告战略的短期感性描述；品牌特点说明则是对品牌持久价值——赋予产品品牌资产的东西——的描述。

将创意纲要送至创作部意味着广告战略制定阶段的结束，但同时又标志着

下一环节——广告创意过程——的开始。在这个环节，创意小组要制定出讯息战略，并开始寻找大创意。在写出第一条广告之后，文案应该对照一下方案框架，看看广告是否与框架丝丝相扣，如果不是，就要推翻重来。

讯息战略要素

创意小组负责为广告活动挖掘创意构思，并实施这些构思。在客户部提供的信息（已写入创意纲要）和其他调研结果的基础上，创意小组制定出讯息战略。其时间可在寻找大创意的前、后或中。

讯息战略（message strategy 或 rationale）对广告活动的整体创意手段进行简单描述和说明：广告要说些什么？如何去说？为什么要这样说？讯息战略由三部分组成：

- **文字部分**（verbal）。指明广告要说些什么，影响措辞选择的因素有什么？文案表现手法与传递讯息的媒介类型之间是什么关系？
- **非文字部分**（nonverbal）。说明广告图案的整体特性，广告必须使用的视觉形式以及图案与媒介之间的关系。
- **技巧**（technical）。所选的实施手段与配置结果，包括预算与排期限制（往往由相关媒介掌握）和其他**规定**（mandatory）——一条广告的具体要求，诸如地址、标志、广告语等等。

由于所有这些因素都交织在一起，因此它们往往也同时发展变化，语言影响图像，反之亦然。不过，许多广告活动都从文字要素入手。

讯息战略有助于创意小组向客户经理推销广告构思或活动构想，也有助于客户经理向客户解释并维护创意作品。当然，讯息战略必须与创意纲要所列的广告战略保持一致，否则就有可能遭到拒绝。

在制定讯息战略的过程中，必须回答一些基本问题，如：市场如何细分？产品如何定位？谁是产品的最佳潜在消费者？目标受众与目标市场是否吻合？消费者可以获得的关键利益是什么？产品或企业目前的形象如何？产品的独特优势在哪里？在这个时候，调研数据显得尤为重要，调研会帮助创意小组回答上述问题。

大力士鲁曼防盗门（MasterLum）是在广告中运用非文字表达的典范。在这类广告中，知名品牌完全可以凭借其名字或标志在消费者中的知名度而大获其利，无须再着一字。（见彩插）

创造如何强化广告的表现力

创造力（或者说创意过程）究竟是什么？创造力在广告中扮演着什么角色？创造力又从何而来？

什么是创造力

创造意味着产生、构想过去不曾有过的东西或观念。通常，**创造力**（creativity）就是将过去毫不相干的两件或更多的物体或观念组合成新的东西。正如伏尔泰所言，“独创就是明智而审慎的模仿”。

许多人认为创造力直接来源于人类本能，但正如我们在本章所看到的，创造过程其实是一个逐步实施的过程，完全可以通过学习来掌握，并用于产生新颖的创意。

创造力在广告中的作用

广告主往往出于某家广告公司的创意风格和原创声望而挑选该公司作为自己的广告代理。广告是否能完成告知、劝服和提示这些基本任务，创造在其中固然起着重要作用，但广告的“轰动”因素起着更为至关重要的作用。

温哥华的一家广告公司——三思广告公司（Rethink）——为宣传 3M 公司（www.3m.com）的新型苏格兰盾安全玻璃，想出了一个新花样：他们将 300 万假美元放在用这种安全玻璃制作的箱子内，只有最上面一层的 500 美元是真的钱。玻璃箱就安放在该广告公司的办公室外面。很多过路的人都试图撬开这个箱子，但没有一个人能打开玻璃。虽然这次宣传活动只持续了一天半的时间（由于安全原因箱子被撤除），但广告却引起了全国性的关注，而其整个预算只花费了 6 000 美元。（见彩插）

创造力有助于广告实现告知功能

广告是否能完成其告知的职责，很大程度上有赖于广告是否具有创造性。好的创意作品使广告更形象、更生动。众多研究人员相信，生动能吸引注意力、维持兴趣、启发消费者的思维。常见的做法是利用文字游戏和语言或视觉比喻，诸如“坚如磐石”、“飞越友好的天空”或“小心对待”。比喻用一个概念来描述另一个概念，有助于读者或观众了解产品。

其他创意手法也可以提高广告的告知能力。广告文案和美工必须根据视觉讯息和文字讯息的社会含义对它们进行组合，这样，读者或观众才能轻松地理解由常用符号标志构成的广告。例如，广告中的艺术符号，诸如灯光、模特姿势、布景、服装款式等，均可以用非文字的手段向观众表明一条时装广告反映的是一次浪漫之旅还是一场体育比赛。

创造力有助于广告实现劝服功能

古人创作了有关诸神和英雄的传奇与神话——人类本能及原始渴望与恐惧的象征——来影响人们的行为与思维。为了促使人们采取某一行为或态度，广告文案人员创作了新的神话与英雄，如绿巨人骄力（Jolly Green Giant）和劲量小子邦尼（Energizer Bunny）。一个创意故事或一个创意人物足以在大众心目中为产品树立一种独一无二的标志，这正是“创造力”有助于产品击败竞争对手的关键因素。

创造力还有益于产品在消费者心目中保持较高的地位。

广告要想有说服力，必须创造性地使用非文字讯息因素来强化文字讯息才行。美工掌握着对这些因素——色彩、布局和图像等——的运用，以便使广告更加生动。调查表明，印刷媒介中的信息性图表（彩色示意图、表格等）可以提高某些读者的认知质量。[9]艺术作品还可以刺激人们的情感。例如，色彩往往可以促使消费者依据自身的文化背景和个人经历采取行动（见广告实验室9–A：色彩的心理作用）。

创造力有助于广告实现提示功能

设想一下，年复一年，一遍又一遍，你都用毫无变化、毫无创新的广告语，邀请人们尝试你的产品。你的邀请自然很快就会陈旧乏味，甚至让人厌烦！只有创造力才会使你乏味的邀请脱胎换骨，变成有趣的、耐人寻味的广告，耐克广告便是明证。纵观耐克的广告活动，他们的广告没有几条提到过公司的名称，甚至根本不在屏幕上打出公司的名称。耐克的广告只讲述一个个的故事，在屏幕上唯一可以找到的广告主线索就是那个单纯的、在最后一闪而过的拉长了的“钩”。耐克的发言人说，耐克广告不必去冒“长篇大论”的风险，因为“耐克的标志已经够出名的了”。

创造为广告增添“轰动”效应

成功的笑话都具备“轰动”因素——包袱。

好的包袱就是拾取日常生活中的情景，以创造性的眼光审视它，添加一些夸张的元素，然后再传递给受众，让对方吃惊。杰出的广告在这方面常常如出一辙。

当一群朋友一边“喝着百威看球赛”，一边彼此用口齿不清、外加夸张的“怎么啦?”（Whassup）来打招呼时，受众完全没有防备，于是哄堂大笑!

后来，位于芝加哥的 DDB 环球广告公司在后续广告“什么事”（Wasabi）、“你在干什么”（What are you doing）以及“过得如何”（How you doin）等篇中对这个概念进行了扩展，每一条都幽默地突出美国某一亚文化的明显痕迹，着力表现“人就是人”。该广告活动非常成功，不仅“Whassup?!”很快风靡开来，变成了人们的流行语，而且创作该广告的 DDB 环球公司也因为自己的创意而获得了诸多奖项。在法国戛纳国际广告节上，DDB 赢得了“全场大奖”奖。

认识创造性思维

经过几百万年的发展，人类的创造力使我们的祖先得以生存下来。如果没有创造力，我们人类就无法发现如何利用火、如何驯养动物、灌溉农田和制作工具。作为单独的个体，我们无时无刻不是凭借着自己天生的创造力选择服装、设计发型、编造借口、装饰房屋或烹调食物。

事实型思维与价值型思维

多数思维学说将思维方式分为两大类：价值型和事实型。下面，让我们来仔细看一看这些思维方式。

倾向于**事实型思维**（fact-based thinking）方式的人喜欢把观念分解成细小的组成部分，然后对背景进行分析，发现最佳的解决方案。虽然事实型思维的

色彩的心理作用

民族的起源或文化会对人们的色彩偏好产生一定的影响。比方，暖色——红、黄和橘黄——大多表示刺激、兴奋，能引起积极的反应。显然，来自热带地区的人对暖色最敏感。某些色彩组合带有民族含义，如金色和红色总让人联想起中国；青绿色和灰棕色则让人联想起美洲西南部的印第安部落。

颜色可以透露出一个人在生活方式上的偏好，生动的基本色（红、蓝、黄）与白色条纹搭配表示果断，因而常用做运动员队服的颜色，因此，这类颜色与运动生活方式有关联。

我们经历四季的颜色常常指导着我们如何搭配颜色，如果某人用特定的季节色彩打扮自己或装饰自己的房屋，我们就可以从四季色彩来推断他的性情。例如，黄、绿、浅蓝象征着春天的颜色，代表着清新、充沛的个性；深蓝、深紫和黑色则象征着冬季的颜色，让人联想到冷漠、沉静的性格。

一觉醒来，我们总感到精力充沛，因而，我们常把早晨的色彩——翡翠绿、紫红和浅黄与朝气蓬勃联系在一起；一天的劳作之后，回到家，放松自己，此刻也正是夕阳西下、斑斓的色彩布满天空之际，因此，我们往往将夕阳西下时的颜色——桃红、青绿和橘红——与放松和沉思的气氛相联系。

有些颜色含义不太明确，例如：紫色和草绿色是介于暖色和冷色之间的交界色，根据色度的不同，它们既可以是冷色，又可以是暖色。

以下，让我们来看看几种具体的颜色：

■ 红色

血与火的象征，是人们喜爱的第二种颜色（第一种为蓝色），适用范围更广，是最热烈的色彩，“行动商数”最高。适用于汤类、速冻食品和肉类，并传递出强烈的阳刚之气，因此常用于剃须膏的容器。

■ 棕色

也是一种阳刚的颜色，与土地、森林、古朴、岁月、温暖、舒适相关。可用于任何物品，甚至化妆品。

■ 黄色

吸引消费者目光的能力非常强，特别是与黑色搭配使用。最适用于谷类、柠檬或防晒护肤品。

■ 绿色

健康与朝气的象征，常用于薄荷制品和软饮料（如七喜）。

■ 蓝色

最冷的颜色，也是诉求最多的颜色；适用于速冻食品(冰的感觉)；如果用在轻薄的易拉罐上，则会产生“甜”的感觉（如 Lowenbrau 啤酒、Wondra 面粉)。

■ 黑色

传递出精致、高端商品的信息，一般用于刺激人们对贵重物品的购买欲，用作背景色或与其他颜色的陪衬色效果较好。

■ 橘黄

最好“吃”的一种颜色，尤其是在棕色调中，使人联想起秋天或好吃的东西。

实验室应用

从本书中找一幅含两种以上颜色的广告或包装，说明其中颜色给你的感觉和气氛。

人也可能具有创造性，但他们往往倾向于线型思维，喜欢事实与数字——硬信息，因为他们能分析和掌握这类信息。他们不太习惯模棱两可的东西，而习惯于逻辑、结构和效率。

相反，**价值型思维** (value-based thinking) 方式的人依据直觉、价值观和道德观来做出决定。他们更善于接纳变化、矛盾和冲突。这种思维方式基本上依赖于各种观念的融合。例如，价值型思维方式的人总想把一组不同的观点融为一体，彼此发挥各自的优势。他们善于运用想象来形成新的观点，也善于综合运用现有概念，创造新鲜事物。

思维方式对创造力的影响

如果创意小组倾向于价值型思维方式，他们创作出的广告就可能给人轻柔、微妙、自然、象征的感觉。如果客户也喜欢这种思维方式的话，那就再好不过了。

然而，喜欢事实型思维方式的客户往往会寻找那些以简洁、直接的布局，理性的诉求和大量数据为特点，能制作出实际而坦率的广告作品的广告公司。事实上，对这类客户来讲，价值型思维的广告反倒可能会使他们感到不安。

创意小组必须了解广告的目标受众，在某些细分市场(如高科技市场)，顾客有可能倾向于一种思维方式，凭这一点就可以决定采取什么手段。

在下一节我们将会看到，最优秀的美术指导和文案人员一般都会运用两种思维方式来完成他们的工作。在进行创作时，他们必须运用自己的想象力（价值型思维)，构想出不同的观念；而在选择最佳创意、最终完成作品时，他们通常又会采用事实型思维方式。

创意过程

创意过程（creative process）是一个发现独特观念并将现有概念以新的方式重新加以组合的循序渐进的过程。遵循创意过程，人们便可以提高自己发掘潜能、交叉联想和选取优秀创意的能力。

新一代广告创意人将面对一个日益复杂的世界。在他们协助自己的客户与高度细分化的目标市场建立关系的过程中，他们必须应付整合营销传播中的诸多挑战，他们必须了解影响广告的大量新技术（如计算机硬件、软件、电子网络、高清晰度电视等)，他们还必须学会如何针对新兴的国际市场做广告。要做到这些，他们需要一个能简便地处理众多不同环境的模式。

几十年来，人们提出了不少有关创意过程的见解，虽然大致相同，但每种形式又各有其突出之处。1986年，罗杰·冯·奥克提出了一种四步创意模式，这是当今许多跻身《财富》100强的公司所采用的模式，这种模式为事实型思维方式和价值型思维方式的人都提供了同样的灵活性。按照他的模式，每个美工和文案人员在创意过程的不同阶段都在身体力行地扮演着不同的角色：探险家、艺术家、裁判和战士。

1. 探险家——探寻新信息，关注不寻常的模式。
2. 艺术家——试验并实施各种不同的方法，寻找独特创意。
3. 裁判——评估实验结果并判断哪种方法最实用。
4. 战士——战胜借口、创意杀手、挫折和困难，实现创意构思。

探险家的作用：收集信息

正因为创作广告讯息——编码过程——是一项极富挑战性的工作，才使得文案和美术指导这两个职业如此兴旺发达。但首先，他们需要构思创意的素材：事实、经验、史料、常识、感觉等。

在扮演**探险家**（explorer）这个角色时，创意人员一般从分析自己所掌握的信息入手，他们仔细审核创意纲要和营销、广告计划，研究市场、产品和竞争状态，还可能从客户部或客户方面(如销售经理、营销经理、产品经理和调研经理）寻求其他信息资料。

开阔思路

在广告天地中，在创意人员扮演探险家这个角色时，他们要另辟蹊径，去新的、不寻常的地方寻找信息，以便发现新的创意并找出不寻常的模式。

罗杰·冯·奥克（Roger von Oech）建议“开阔思路”，也就是要敞开胸怀，接受外部世界的新知识。创意无处不在：参观一座博物馆、一座艺术馆、一家五金商店、一个机场都可以触发灵感。思路越宽，发现原创构思的机会就越大。

了解目标

人们如果清楚自己在找什么，那么就会有更多的机会找到它。现在请想一下蓝色，然后看看你的周围，你会发现蓝色突然就在你眼前。但是，如果你不想去寻找蓝色，那么你可能根本就不会注意到蓝色。

哲学家约翰·杜威说过：“问题说清楚了就等于解决了一半。”这就是创意纲要为什么如此重要的原因，它有助于创意人员明确自己想要寻找的东西。在探险阶段，创意人员一般从制定讯息战略开始，因为讯息战略同样有助于他们明确自己的目标。

为了让自己的创意之泉流淌不竭，绝大多数文案人员和美术指导都保存着大量印有获奖广告的书籍和商业杂志，不少人还存有一大堆自己喜爱的广告备忘录（或提示簿）。这些或许能启发他们的思路。

头脑风暴

作为探险家的文案人员和美术指导首先要挖掘大量的创意，其中，他们所用的方法之一是**头脑风暴法**（brainstorming，即集思广益，港台译为“头脑风暴”，更具广告色彩，在业内也形成了固定概念，故在此沿用港台译法。——译者注)。头脑风暴法由 BBDO 广告公司的亚历克斯·奥斯本（Alex Osborn）于 1939 年首创，指两个或更多的人聚在一起构思创意的一个过程。头脑风暴讨论会往往是灵感喷涌的源泉，但如果想成功地运用这种方法，还必须遵循几条原则：不得批评任何创意（即没有任何创意是“错”的)；所有创意都记录在案，以备将来参考，其目的是把所有灵感都记载下来。用心理学家的话来说，这是一个自由联想过程，应该给每个新创意一个启发别人的机会。

冯·奥克还建议探险家们使用一些其他技巧，诸如：离开自己的专业领域(观察外部世界或其他行业，借他山之石)；改变视点（注意不同信息)；纵观全局（置身局外，看得更清楚、更全面)；不要熟视无睹（最好的创意就在眼前)；不怕迷路（也许会有意外的发现)；将承诺移植到新的领域（将所有新创意都记录下来，以备忘记)。

探险家的任务就是为下一个环节——艺术家——找到可用的新信息。如果想使自己的工作卓有成效，你们就必须灵活、勇敢和开放。

艺术家的作用：构思并完成大创意

创意过程的下一步就是扮演艺术家。**艺术家**（artist）这个角色最艰苦、时间最长，但也最有收获。艺术家必须完成两项重要任务：寻找大创意，完成大创意。

任务 1：寻找大创意

艺术家的第一项任务是一项长期而又艰巨的工作，即仔细检查自己当探险家时收集来的所有相关信息，分析问题，寻找关键的文字或视觉概念来传达需要说明的内容。也就是说，要在撰写文案或设计美术作品之前，先在大脑中形成广告的大致模样。

这一环节又叫**形象化**（visualization）或**概念化**（conceptualization），是广告创作中最重要的一步，也是寻找大创意的关键，是灵光一现的环节。**大创意**（big idea）是建立在战略之上的大胆而又富于首创精神的创意，以一种别开生面的方式将产品利益与消费者的欲望结合起来，为广告表现对象注入生命活力，使读者或听众情不自禁地驻足观看和收听。

那么，战略与大创意之间的区别又在哪里呢?战略指明讯息应该选择的方向；大创意则赋予战略生命。约翰·奥图尔（John O'Toole）说："战略要求推论，而大创意则要求灵感。"

改变思路，构思再精雕细琢

创意来自对素材的运用与改造。冯·奥克指出，在我们扮演艺术家时，我们必须把我们扮演探险家时收集的素材进行一番精雕细琢，才能使其产生价值。这就是说，必须多提问题，诸如：把这个加上会怎样？把那个拿开会怎样？反过来看会怎样？把它比喻成其他东西又会怎样？艺术家必须不断地改变花样，试验各种方法。

在创意过程的阶段，出色的艺术家有许多改变事物的策略，冯·奥克推荐了以下几种处理创意的技巧。

1. 调整。改变背景，想想除了显而易见的东西外，产品还有可能成为其他什

一些图像非常切题，无须任何文字即可一目了然。葛鲁伯罗特（Globetrotter）户外装备公司的这条广告就将巨型海豹舒服地蜷缩在自己皮下的状态与在露营睡袋中睡觉的状态联系到一起。两者看起来非常相似。这个精彩的创意在戛纳广告节上获得了铜狮奖。（见彩插）

么？康宝汤的一条广告表现了一碗热气腾腾的西红柿汤，醒目的标题写在碗下："健康保险。"

2. 想象。问"如果……将会怎样？"让你的想象插上翅膀，不要怕出格。如果人们能在睡眠中完成讨厌的工作会怎么样？如果动物在客厅中畅饮会怎么样？美国某酒吧的广告就表现了一头美丽的大象和一头漂亮的驴穿着西装，坐在桌旁互相敬酒，标题说："克莱德，人类的选择。"
3. 颠倒。从反面看待事物。有时，所期待结果的反面恰好具有很大的冲击力和记忆度。比如大众老爷车的广告采用了这么一条标题："丑陋只是表面现象"。
4. 联系。把两个原本不相干的想法合并在一起，问问你自己：我的构思能和哪些创意产生联系吗？为了鼓励人们索取目录介绍，加勒比皇家游轮公司的广告极为简单，一页目录封面，上面是简洁的标题："邮寄航海游"。
5. 比喻。用一个概念描述另一个概念。不知大家是否注意过银行家的谈吐就像水暖工：市场泛滥（flood the market）、洗钱（launder money）、流动资产（liquid asset）、现金流（cash flow）、破产（take a bath）、筹集贷款（float a loan，flood 原义为"泛滥"、"洪水"，flow 原义为"流动"，liquid 原义为"液体的"，take a bath 原义为"洗澡"，float 原义为"浮动"。——译者注）。
6. 删节。抽掉部分东西，或打破常规。在广告制作中，墨守成规几乎不会有什么收获。例如，七喜就是因为宣传了它所不具备的因素（非可乐）而名声大噪，并且成功地将自己定位为可乐的替代品。
7. 滑稽模仿。开玩笑、逗乐、讲笑话——尤其是在压力之下。幽默展开了我们的思维，如果运用得当，便可能产生出色的广告。说到经典，美国飞乐公司（Fila）的电视广告"异乎寻常、绝对的狂欢、绝对的酷"篇表现一只螳螂脚穿飞乐慢跑鞋飞快地爬上叶梗，以逃避杀手般的配偶。这条广告因此而获得了《广告时代》的好评："稀奇古怪、极端有趣、超酷"。

改造概念意味着要找到一种超越该概念表象的不同方式。美屋寄工具公司（Milwaukee Tools，www.milwaukeetool.com）的这条广告给普普通通的电源插座赋予了新的身份。它不再是单纯的电源插座，而具备了人的特质，它的孤独完全是由美屋寄新型电池电源技术一手造成的。

阻碍创造力的因素

人人都有过创意枯竭的经历，原因很多：信息超载、精神疲惫、身体疲劳、紧张、恐惧或缺乏安全感，但问题往往出在人们的思维方式上。

在探险阶段，在创作人员研究大量的营销数据时，有关销售和市场份额的情况和数字会使他们陷入事实型思维状态，但要想有效地进行创作，他们又必须改变方向，转换成价值型思维方式。

正如冯·奥克所言："创造性思维要求你具有寻找创意并驾驭你的知识和经验的能力。"但遗憾的是，创意人员有时很难立刻做出思维上的改变。冯·奥克推荐了几种启发综合性思维的技巧，例如，寻找第二个正确答案（一个问题往往不止一个答案，第二个也许更具有创造性）；寻找相互作用（电视人可以向教师学习许多东西，反之亦然）；推倒权威；想象他人的做法（通过角色扮演的方式展开想象）；自嘲；推翻自己的观点（开放思路，发现自己以往忽略的

有些最好的广告同时也是最简单的广告。在这条幽默的户外广告中，德国的一家健身俱乐部充分利用了广告本身的边框来大做文章，直接针对那些有可能从他们的服务中受益的消费者。

东西)。

当广告公司的人开始“像客户一样思维”时，尤其是当客户也是一个事实型思维方式的人时，创意障碍就可能出现。创意障碍还可能损害广告公司的创意声誉，是广告公司有时不得不因“创意差异”而放弃客户的一个原因。如果广告公司能提前对客户的企业文化、集体思维方式以及创意满意度进行判断，就自然能排除很多困惑，节省大量的时间和金钱。

创意疲软有时也会在广告公司为客户服务了很长时间、江郎才尽的情况下发生，还有可能在客户推翻了一连串构思的情况下发生。灵感不再出现，创意人员开始强迫自己，希望挤压出创意，这时，创意小组会突然发现自己思路僵化，无法产生创意的火花了。这种状态如果不断出现，唯一的解决途径就是：指定一个全新的创意小组，要么放弃这个客户。

酝酿创意：保持原样

创意人员发现，当大脑处在信息超载状态时，不妨把这个问题暂时搁置，去做一些别的事情，让麻木的大脑自然冷却下来。这种方法至少有几个好处：首先，它能让问题回到视角中，让大脑得到休息，让问题在潜意识中得到酝酿，让更好的创意浮上来。这时再回过头来重新开始，创意人员往往会找到一套全新的构思。

任务 2：实现大创意

创意人员一旦抓住了大创意，下一步就要注意如何去实现这个大创意。为了真正了解广告创意人员如何进行创作，我们有必要首先了解广告中的艺术指什么，如何选择与运用艺术部件和工具，什么是好的艺术，什么是不好的艺术。

在广告中，艺术将讯息塑造成完整的传播形态，打动受众的心灵与感官，因此，如果**艺术方向**（art direction）是指广告视觉表现的操作行为与过程的话，那么，**艺术**（art）这个词实际就是指广告的整体表现——图像、文字和音效。例如，文字的选择要有艺术性，不仅要传播信息，还要激起人们对产品的好感。设计精巧的字体不仅会提高阅读率，还会制造某种氛围。如果创意人员能对广告形态进行精心安排——诸如用线条、边框或彩色将正文围起来，或把它们有机地连接起来，就能进一步强化广告信息。艺术还可以塑造图片和插图的风格。例如，要表现一种亲密的风格，可以采用柔焦和近镜头，纪录式风格不必用那么多图片来刻画情景，戏剧性风格则可以突出非同一般的角度和模糊的动态。

简而言之，如果说文案是广告的文字语言，那么艺术就是广告的身体语言。电视借助图像和声音来吸引观众；广播则借助声音在观众心目中创造文字图像。特定的文字、图像和声音的组合共同构成了广告的表达特点。因此，虽然其品质不同，但每一条广告都会用到艺术元素。

在广告中，平衡、协调和动态指导着广告创意人员如何将文字、图像、字体、声音和色彩组合成一个传播讯息，让它们彼此相联、相得益彰。

创意金字塔：构思文案与艺术的指导方针

创意金字塔（creative pyramid）是一种创意模式，根据不同的产品种类和背景，这个模式可以帮助创意小组将广告战略与大创意转换成实际而具体的广告。根据人类认识新信息的认识理论，创意金字塔采用了一个简单的五步结构(见图表 9–2)。

许多广告文案与广告设计的目的都是为了劝服潜在顾客采取某种行为，以满足某一需要或欲望，或提醒他们再次采取行动。在新产品上市的情况下，人们首先需要知晓问题所在；如果问题已很明显，他们自然会去解决问题。对于他们经常购买的产品，广告只需提醒他们去买即可。在这两种情况下，广告的首要任务都是引起他们的*注意*，第二步再激发他们对产品或讯息的*兴趣*。再下一步非常重要，尤其是对新产品而言，是为产品承诺建立*信用*。然后，广告便要集中精力引发他们的*欲望*，最后刺激他们采取*行动*。每条广告都涉及对这五个组成部分的合理运用。下面，我们就对各部分逐一进行简要的介绍。

图表 9–2
创意金字塔为制定文案写作目标提出了一个简单的指南。

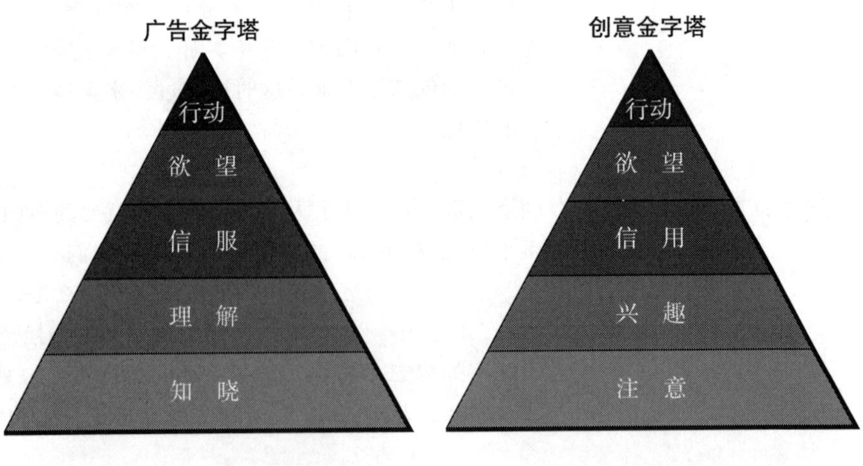

注 意

广告本身就是一种刺激，必须突破消费者的生理过滤层，才能引起他们的注意，进而产生感知。因此，注意是广告的首要目标，也是创意金字塔的基石。艺术家为了找到能生动有趣、引人注目地表现大创意的方法而花费的时间和精力，绝不亚于他们当初为寻找大创意而花费的时间与精力。

注意环节是引发广告轰动效应的关键，印刷广告常常将标题作为吸引注意力的主要手段。文案的目标就是写出能传神地表达大创意的标题。标题通常都设计成最大、最醒目的字体，无论是在视觉上还是在概念上，往往都处于中心地位。其他许多手段也有助于吸引注意力：以印刷媒介而言，醒目的图像、非同寻常的布局、鲜明的色彩或超大的尺寸；以电子媒介而言，特殊音效、音乐、动画或超常视觉技术等。

有些因素是创意人员无法控制的。比如，广告预算会决定广告的大小和长短，这会影响到广告穿透消费者过滤层的力度和速度。与此相似，电视广告在一堆广告中的顺序、印刷广告在刊物中的位置，均有可能决定谁能看到这条广告。

吸引注意的手段应该产生动力、冲击力、紧张感和戏剧效果，还必须和谐，即与产品、广告格调以及目标受众的兴趣和需要相符。这在企业对企业广告中表现得最为明显，因为企业对企业广告主要以理性诉求和事实型思维方式为主。

如果标题提出了某种保证，却又没能以可信的方式传递这个讯息，那么，这条广告便不会引起销售，事实上，还有可能使潜在顾客疏远产品。如果广告的标题很生动，但数字很枯燥，与产品没有关联，也常常不会引起销售，这是因为潜在顾客一般不会购买第一个引起他们注意的物品。

兴 趣

兴趣处于创意金字塔的第二步，它极其重要，它将正在注意的潜在顾客引向广告的主体。随着信息的深入，广告必须始终维持受众的兴奋与投入。文案既可以借助回答注意环节中提出的问题，也可以借助添加几个与标题相关的事实来做到这一点。为了保持受众的兴趣，广告的格调和语言应该与目标市场的心态一致。正如我们在前面谈到的，成功的广告会引起共鸣。

文案人员和设计师必须一步一步地引导受众。调查表明，人们会阅读自己感兴趣的内容而忽略自己不感兴趣的内容，为此，文案人员必须时时刻刻保持潜在顾客的兴趣。办法之一是谈论他们的问题、他们的需要以及产品/服务如何解决他们的需要与问题，从而穿透受众的心理过滤层。文案人员经常用到的一个字就是“你”。

引起兴趣的有效方法有很多：戏剧化的场景、故事情节、卡通、图表等。在广播广告中，文案可以采用音效或对话，电视广告则经常采用快速切换的方式保持观众的兴趣。我们会在“广告制作”一章对这些技术专门加以探讨。

信 用

创意金字塔的第三步是为产品或服务建立信用。当今的顾客精明而又疑心重重，他们不再相信空口无凭的承诺。比较性广告能够树立信誉，但必须与顾客的需要相符，而且必须正当。

名人推荐能使广告平添几分可信度。例如，女演员妮可·基德曼（Nicole Kidman）就曾将她优雅而可信的个人风格融入广告中，成功地表现了香奈儿。

广告主经常拿出独立的试验结果来支持自己的产品承诺。但如果想让这种做法奏效，这类“证据”就必须真实可靠，不要玩弄统计数据。广告主和广告公司必须牢记：许多消费者具备广泛的产品知识，即便在一些非常专业的领域也是如此。

欲 望

在欲望环节，文案鼓励受众想象自己正在享受产品或服务所带来的好处。通常的做法是鼓励他们把心中的念头形象化。

欲望环节暗示出某种可能性，然后巧妙地让消费者自己感觉有实现这个欲望的能力。但是，一旦他们察觉自己是被人牵着鼻子走，他们就可能会感到受了侮辱而对这条广告产生反感，从而对产品失去兴趣。有时，文案会采取增加一个配角的方式来保持这种微妙的平衡。配角同意主角的观点，有时还看似无意地为产品补充几点好处。但配角不能喧宾夺主，必须与主角保持协调，因为主角才是与受众关系最近的人物。

在印刷广告中，欲望环节是最难处理的部分（也许正因为如此，一些文案才省略了这一环节）；在电视广告中，欲望环节可以单纯地表现消费者正在享受产品利益所带来的好处。你们是否注意到化妆品广告主总在有意无意地表现其用户即将降临的幸福生活？

行 动

创意金字塔的最后一步是行动，其目的是促使人们采取一定的行为，诸如兑取奖券、拨打屏幕上的电话号码、光顾商店，或者，至少认同广告主的观点。

金字塔的这一步到达的受众最少，但这批受众就是最有可能使用产品的人群。因此，最后这一步往往也是最容易的一步。如果文案确实讲清了需要受众去做什么，并且建议他们去做的话，其可能性是：他们多半会行动的（见广告实验室 9-B：创意金字塔在广告中的运用）。

行动号召既可以明白无误，如“详情请致电”；也可以含蓄暗示，如“飞越友好的天空”。美术设计师给优惠券四周打上齿孔，鼓励人们撕下优惠券，或用大字体或鲜亮的色彩突出公司的电话号码。通过这类手段，引导顾客采取行动。

在当今技术的支持下，广告不仅要号召人们采取行动，而且还要努力落实人们的行动。可以通过免费电话号码或吸引人的网站做到这一点。在关系营销

创意金字塔在广告中的运用

请注意下面这条广告是如何运用广告文案的五个目标的（该广告获戛纳广告节铜狮奖）。

注意 照片中，一长队饥饿的儿童一下子紧紧地抓住了读者的注意力，这由反白大写字母的构成标题来提供支持。

兴趣 标题的第二句话用“嘿”开头，目的是引起受众的兴趣。句子的其余部分“让我们再往火星发射一颗探测器”则进一步激发读者的兴趣和好奇心。在察觉到一丝讥讽的同时，读者开始好奇这葫芦里到底在卖什么药。

信用 照片中，那一长队儿童一直延伸到画面外，似乎没有尽头，从而提高了广告声明的可信度——数以百万计的儿童正在挨饿。

欲望 第二句话中的讽刺意味，以及随后的行动号召，加强了人们去帮助这些儿童的欲望，向衣食无忧的读者的满足感提出了挑战。

行动 关心社会的广告主希望读者能更多地关注发生在自己生活的这个世界上的事。Il Vizio 用粗大的黑体发出吼声：“起来，全世界的人们。”广告主的名称位于广告的下方，一眼看去，就像是后来加上去的补记。这时，读者才发现这家咖啡企业与其号召人们“起来”之间的幽默关系。

实验室应用

1. 找一条能说明创意金字塔五要素的广告（印刷广告最好找，也最好阐述，但电视广告和广播广告同样具备这五个要素。注意：欲望环节可能很难发现）。
2. 为什么那么多优秀的广告总是缺少这五要素中的一两个要素，它们是如何克服这种缺陷的？

中，广告的基本目的就是让人们对关系产生兴趣，然后广告主再运用更有效率的一对一媒介来发展关系。

裁判的作用：决策时刻

创意过程的下一个角色便是**裁判**（judge），这时，创意人员要判断大创意是否可行，决定是否完成、修改或放弃大创意。

裁判这个角色很微妙。一方面，创意人员肯定会一丝不苟，在自认为值得为大创意拼搏一番时，竭力扮演战士的角色；另一方面，他们又必须避免扼杀艺术家的想象。这里的一丝不苟比探险、构思或防卫更容易做到。但裁判的目的是协助产生好的创意，而不是在批评中取胜。冯·奥克建议先注意新创意积极有趣的方面，消极的方面自然很快就会暴露出来。

在扮演裁判这个角色评估大创意时，创意人员必须解决以下问题：这个创意是确实不错呢，还是凑合（我的第一反应是什么）?这个创意哪点可取（或哪点不对劲）？如果不成功又会怎样（是否值得去冒这个险）?我的文化偏见是什么（受众是否持有同样的偏见）？是什么阻碍着我的思维（我是否一叶障目）？

10	世界级
9	广告新标准
8	产品品类新标准
7	工艺优秀
6	创意新颖
5	创新战略
4	老套
3	无竞争力
2	缺乏建设性
1	跑题

图表 9–3
李奥贝纳公司全球产品委员会评分标准

为了创作出世界一流的广告，李奥贝纳广告公司前任全球首席创意官、戛纳广告节金狮奖现任主任迈克尔·康拉德（Michael Conrad）设计了一套评分标准（见图表 9–3）。现在，李奥贝纳公司的全球产品委员会在将广告提交给客户之前都先用这套评分标准对每一条广告进行评价，得分低于 4 的广告不得提交给客户。之所以这么做，目的是为了创作出得分高于 8 的广告，这些广告会得到全公司的支持。而那些得分最高的、世界级的，自然就是“世界最好的、无懈可击的”。

风险是一个重要的考虑因素。如果广告取得了成功，人人都会欢欣鼓舞，销量上升，偶尔甚至还会带来正面宣传。但如果广告砸了锅，种种不愉快便会接踵而至：那些声望较高的客户更会是怨声载道；销售有可能因此而疲软，甚至下滑，竞争对手趁机又扩大了一块市场地盘；分销商和零售商开始抱怨，不时接到客户主管不满的电话；也许，最糟糕的是在贸易上的尴尬境地；广告权威在电视采访中大谈广告的不是之处，《广告时代》和《广告周刊》的评论家纷纷撰写文章，甚至连一些大一点的日报也要插上一杠子。这对广告公司及其客户的股票都是致命的打击，也是广告公司被撤换的原因之一。因此，裁判的作用至关重要。

如果艺术家和裁判的工作做得好，创意过程的下一环节——战士——的角色便会相对容易一些。

战士的作用：战胜艰难，克服障碍

在创意过程的最后环节，**战士**（warrior）要在这个抵制改变的世界中为新创意赢得疆土，使概念付诸实践。也就是说，战士要使大创意得到认可，然后进行制作，最终拿到媒介上去发布。冯·奥克说，战士必须勇猛无畏，要磨尖长矛（技术）、加固盾牌（提前注意他人的挑剔）、坚持到底（克服困难）、善用精力、百折不挠、品味成功、吸取教训。

为了使大创意得到认可，战士不得不和公司内部的其他人员（还经常和客户）“战斗”一番。因此，战士的职责之一就是把公司的客户小组变成战友，让他们协助自己向客户进行陈述。在这种情况下，创意人员必须完成自己的讯息战略文本，努力推销自己的构思所包含的文案、艺术和制作成分，并做出合理的解释。讯息战略最好与创意纲要丝丝相扣，否则，英勇无比的战士就有可能面对一道宽阔而没有吊桥的护城河。

战士还有一个任务：协助客户经理向客户陈述广告活动。布鲁斯·本汀格尔（Bruce Bendinger，中文名“班博思”，著有业界名著《广告文案训练手册》。——译者注）说：“推销创意的方式好坏与创意本身的好坏一样重要。”为此，他提出了增强陈述力的五种武器：

1. *周密的战略*。销售创意必须忠实于战略，提案小组必须证明创意的确不错，在陈述销售大创意之前，必须先对战略进行讨论。
2. *善解人意*。与广告一样，陈述也应该以接受对象为导向。创意必须符合客户的需要。
3. *巧妙的陈述*。陈述必须事先经过充分的准备和演练，应该利用精彩的图像和情感诉求。出色的陈述会使人产生实施广告活动的愿望。

4. *严谨的劝服*。由于大多数客户的思维都很严密，因此，陈述应尽量做到条理清楚。开场最为重要，因为开场为整个提案活动定下了基调。
5. *解决问题*。客户有需要，客户往往也受他的顶头上司管束，这些“大人物”经常就广告事务向他们提出一些刁钻的问题。因此，只要切实为客户解决问题，你的创意就肯定能推销出去——不过要讲究方式方法。

对客户来讲，认可一个大创意并判断其功效的难度几乎和构思一个大创意一样难。当广告公司（或专属广告部）提出构思时，客户突然就处在裁判的位置上了，但事先却没有经历其他角色。大卫·奥格威建议客户不妨问自己五个问题：我第一眼看见这个构思是否感到惊喜？我是否希望这个创意是自己想出来的？这个创意独特吗？创意与战略配合完美吗？这个创意能用30年吗？

广告获得客户的认可之后，创意人员所扮演的战士角色才完成了一半。现在，还必须实施广告活动。这就意味着战士还要护送着广告经历错综复杂的设计与制作细节，确保广告活动忠实于战略，在预算内以尽可能好的质量如期完成。与此同时，创意人员又转换到设计、撰写和制作广告的艺术家角色上。

重要术语

文案人员	广告讯息	规　定	形象化
美术总监	创意纲要	创造力	概念化
创意总监	理性诉求	事实型思维	大创意
创　意	感性诉求	价值型思维	艺术方向
信息性	讯息战略	创意过程	艺　术
转换性	文字部分	探险家	创意金字塔
目标受众	非文字部分	头脑风暴法	裁　判
传播媒介	技　巧	艺术家	战　士

复习题

1. 从本书前面的章节中选择一条广告，你认为该广告主的广告战略和讯息战略是什么？该广告的轰动因素是什么？
2. 创意纲要中什么因素最重要？
3. 讯息战略有哪些组成部分？它与广告或创意战略有什么区别？
4. 你上周做过哪方面的创意训练？
5. 两种主要思维方式各有什么特点？你一般喜欢用哪一种？为什么？
6. 创意过程中有哪四个角色？你在写论文时扮演过这四个角色吗？如何扮演？
7. 战略说明与大创意之间有什么区别？
8. 请选出五幅杂志广告，你能认出在这些广告中艺术家们都使用了哪些技巧吗？
9. 在上述这些广告中，你能认出创意金字塔的各个环节吗？
10. 在做提案时，必须切记哪些重要因素？

第 10 章

创意实施：艺术与文案

目标 对艺术和文案——讯息战略的文字与非文字元素——在印刷、广播和电视广告中的作用展开讨论。美工和文案人员包括各种各样的专家，他们遵循一定程序构思、设计、撰写和制作广告素材。广告人员必须精通本行业的文案写作与广告艺术的术语与形式，才能确保成功地完成自己的工作。他们还必须培养自己的审美感，这样，他们才有能力辨别、创作、评估和推荐优秀的广告作品。

阅读本章，你可以学会：

1. **了解**广告业中各种类型艺术家的作用。
2. **掌握**广告布局的运用以及创作它们的步骤。
3. **了解**创意的认可过程。
4. **认识**文案人员与创意小组其他成员之间的关系。
5. **探讨**广告的格式元素及其与广告文案写作目标之间的关系。
6. **了解**美术指导在广播广告中的作用。
7. **认识**各种电视广告的优势与劣势。

表现大创意：视觉元素与文字元素的结合

在广告中，表现出来的东西与说出来的东西同样重要，有时甚至更重要。广告的非文字元素至少担负着演绎讯息一半的重任。它要帮助产品定位，为品牌塑造个性，创造广告的氛围，决定观众对它的感觉。那种氛围将使体现在文案当中的文字讯息获得特定的风格。

本章将从艺术和文案的角度着重探讨广告概念的实施，探讨视觉元素和文字元素的细节。我们将首先探讨印刷广告的美术与文案，然后探讨电子媒介的艺术与文案。

创作印刷广告的艺术

摆在花旗银行和法伦广告公司面前的下一个挑战是如何将平面广告纳入“身份失窃”系列广告的媒介组合中：如果不用那种不和谐的画外音，那么要怎样才能传达出那种创意理念呢？史蒂夫·德里格斯（Steve Driggs）又在看似不可能的组合方式中找到了答案。杂志广告将人物安排在不太可能被当场抓获的地点。尽管这条广告的电视广告引起了观众的共鸣，但法伦制作的平面广告却较好地传达了公司的目标和战略。广告文案很好地解释了使用身份失窃解决方案的好处，而针对这个问题，电视广告的表现时间就太短了。

在设计广告时，布局图可以让创作人员提前知道所有组合元素的排列方式。广告公司和客户都利用布局图来评估或进一步推敲广告的外观和感觉。为了宣传大众甲壳虫的上市，大众南非公司（Volkswagen South Africa）的广告表现非常巧妙，广告中甲壳虫的外壳看上去就像一个准妈妈的肚子。（见彩插）

设计印刷广告

设计（design）指美术指导和平面设计师如何选择和配置一条广告的美术元素。设计师选择特定的美术元素并以其独特的方式对它们加以组合，以此定下设计的风格，即某个想法或形象的具体表现方式。

花旗银行广告中的照片充满焦虑和紧张的气氛，从而增强了讯息。观众会觉得“这张照片不太对劲”，广告语则肯定了这种反应，“在我们看来也不太对劲”。照片的四个角都采用圆滑处理，旁边显示信用卡。这些都加强了设计的力度，也与花旗银行的标志相吻合。

通常，简洁的线条、中规中矩的照片，以及简单的广告词能赋予广告所需的呼吸空间，吸引着读者的眼球从一个元素过渡到另一个元素。请注意沿着广告右侧设计的空白。文案解决了照片中令人不舒服的问题；花旗银行推出的消费欺诈预警服务解决了这个问题。充足的空白与画面结合，同时保持平衡感，从而使得整个广告中的讯息多而不乱。

在美术指导的指导下，几位美工制作出广告概念的初步构图，然后再与文案配合，拿出自己的平面设计专长（包括摄影、排版和绘图），创作出最有效的广告和宣传手册。

布局图的功用

布局图（layout）指一条广告所有组成部分的整体安排：图像、标题、副标题、正文、广告语、印签、标志和签名。布局图有几个作用：首先，布局图有助于广告公司和客户预先制作并测评广告的最终形象和感觉，为客户（他们通常都不是艺术家）提供修正、更改、评判和认可的有形依据。

其次，布局图有助于创意小组设计广告的心理成分，即非文字元素和符号元素。精明的广告主不仅希望广告给自己带来客流，还希望（如果可能的话）广告为自己的产品树立某种个性——形象，并在消费者心目中建立品牌（或企业）资产。而要做到这一点，广告的外观就必须明确地表现出某种形象或氛围，加深消费者对企业和产品的印象。

因此，在设计广告布局初稿时，创意小组必须对产品或企业的预期形象有很强的意识。在花旗银行这个案例中，创意人员之所以让信用卡失窃案受害者与奇怪的场景同处于版面的主要位置，主要原因就是为了制造心理气氛。广告立即在目标受众的心目中留下了不可磨灭的印象——花旗银行不仅密切关注着犯罪，还可以阻止犯罪。这一招为品牌平添了几分价值。

再次，挑选出最佳设计之后，布局图便发挥蓝图的作用，显示各广告元素所占的比例和位置。一旦制作部经理了解了某条广告的大小、图片数量、排字量以及颜色和插图等这些美术元素的运用，他们便可以判断出制作该广告的成本（见广告实验室10-A：广告艺术家的作用）。

广告设计与制作过程：创作与认可过程

设计过程既发挥着创作功能，又发挥着认可功能：在创作阶段，平面设计师采用小样、初稿、样本和末稿——换句话说，就是非完成稿——的形式来体现广告的形象和感觉；然后，在预备印刷（或制作艺术）阶段，由美工准备好版面组合，即实际字体、图像、色彩等图形元素已各就各位、供印刷厂印制广告用或媒介用的终稿。在第11章“印刷、电子及数字媒介的广告制作”中，我们将看到这个设计过程如何制作最终的广告成品。

在整个创作设计过程中，广告人随时都面临着认可的问题。在设计与制作的任何阶段，广告或广告概念都有可能发生变化，甚至被否决。

小 样

小样（thumbnail）是美工用来从视觉上表现布局方式的大致效果图，很小（大

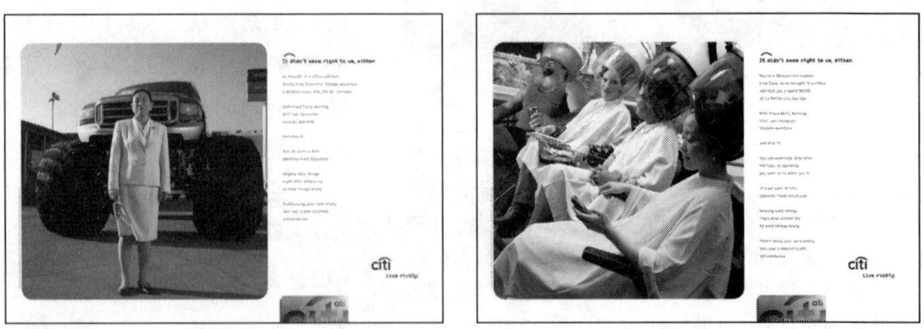

为了将花旗银行的电视广告转化为平面广告，法伦全球广告公司的创意总监史蒂夫·德里格斯将噩梦般的真实画面与引人注目的标题相结合来演绎花旗银行的“身份失窃”系列电视和平面广告。该系列广告曾获得过广告大奖。有了花旗集团的反欺诈服务，无论是主管还是员工，都能避免或大或小的信用卡非法盗用事件。(见彩插)

广告艺术家的角色

投身广告艺术的人都被称做艺术家，但他们又各自发挥着全然不同的作用。有的人压根儿不会绘画，但他们却在其他艺术专长方面训练有素。

美术指导

美术指导负责广告的图像表现，他们和文案人员一起设计广告的雏形。他们可能构思最初的草图或布局图，但自此以后便不再碰具体的工作，他们的主要职责是指导广告顺利地完成。

优秀的美术指导能同时驾驭创意的文字表现和图像表现。他们一般都是资深的平面设计师，同时又非常了解消费者，他们手下的人员可多可少，视公司的结构而定。有时，他们自己也是自由职业者（独立签约人），独自完成大部分工作。

平面设计师

平面设计师在形状和形式上精益求精，他们尽可能地以最迷人、最有效的方式安排广告中的各个平面设计元素(如字体、插图、照片、空白等)。虽然他们有可能亲自动手制作广告，但他们更经常的是设计和制作相关材料，如招贴、手册和年度报告。

在广告公司，美术指导经常充当设计师的角色。不过，有时为了使某条广告带上一丝独特的气息，也有可能利用广告公司外的独立设计人员。

插图画家

插图画家绘制广告的图像部分，他们通常精干某一类绘画，如汽车、时装或家具等。广告公司或广告主很少雇有全职的插图画家，绝大多数广告插图画家都是自由职业者。广告公司的惯例是根据某条广告的特殊需要、形象和感觉，针对不同的工作，聘请不同的插图画家。

摄影师

和插图画家一样，广告摄影师创造广告的非文字表现力，增强广告的文字讯息。摄影师动用摄影器材（如相机、镜头，灯光等）来创作形象。他们选择有趣的角度，以新的方式安排被拍摄对象，精心地控制灯光，采用许多其他手段来提高被拍摄对象的形象质量。室内摄影师运用大功率灯光拍摄背景前或布景中的对象；实地摄影师则一般在真实的环境中进行柏摄，就像拍摄林地（Timberland）广告时那样。许多摄影师都各有所长——车、名人、时装、食品、设备或建筑等。广告公司和广告主极少雇用固定摄影师，他们通常按以小时计费或计件付费的方式雇用自由摄影师。摄影师有时也出售他们先前拍摄的图片或材料。

制作美工

制作美工（又叫拼版美工）按美术指导或设计师的指示将广告的各个元素有机地组合起来。优秀的制作美工头脑灵活、准确无误，了解制作的整个工艺流程。当今的制作美工必须精通计算机，他们运用各种软件程序进行版面设计、制表、绘图以及图片扫描。大多数平面设计师和美术指导都是从制作美工成长起来的。制作美工的工作艰巨而又重要，因为一条广告到这个环节才算真正完成，我们才能看见其成品的样子。

实验室应用

1. 从第 9 章的广告档案中任意挑选一条广告，说明都有哪些广告艺术家参与了该广告的创作，每人各自都承担了什么职责？
2. 你认为第 9 章广告档案中的哪条广告需要的艺术家最少？需要多少位？

约为 3×4 英寸)，省略了细节，比较粗糙，是最基本的东西。直线或水波纹构成的方块表示正文的位置，方框表示图形的位置。然后，最好的小样再进一步制作。

初　稿

在初稿中，美工画出实际大小的广告，提出候选标题和副标题的最终字样，安排插图和照片，用横线表示正文。广告公司可以向客户——尤其是在乎成本的客户——提交初稿，征得他们的认可。

末 稿

到**末稿**（comprehensive layout/comp）这一步，制作已经非常精细，几乎和成品一样。末稿一般都很详尽，有彩色照片、定好的字体风格和字号以及配合用的小图像，外表再喷上增光剂。此时，末稿的文案排版以及图像元素的搭配都由电脑来执行，打印出来的广告如同四色清样一般。到这一阶段，所有图像元素都最后落实好了。

样 本

样本体现手册、多页材料或售点陈列被拿在手上的样子和感觉。美工借助彩色记号笔和电脑清样，用手把样本放在硬纸上，然后按尺寸进行剪裁和折叠。例如，手册的样本是逐页装订起来的，看起来同真的成品一模一样。

版面组合（拼版）

交给印刷厂复制的末稿，必须将字样和图形都放在准确的位置上。现在，大部分设计人员都采用电脑来完成这一部分工作，完全不需要拼版这道工序。但有些广告主仍保留着传统的**版面组合**（mechanicals）方式，在一张空白版（又叫**拼版**，pastup）上按各自应处的位置标出黑色字体和美术元素，再用一张透明纸覆盖在上面，标出颜色的色调和位置。由于印刷厂在着手复制之前要用一部大型制版照相机对拼版进行照相，设定成品广告的基本色调、复制件和胶片，因此，印刷厂常把拼版称为**照相制版**（camera-ready art）。

在设计过程中的任何一个环节——直至油墨落到纸上之前，都有可能对广告的美术元素进行更改，当然，这样一来，费用也可能随着环节的进展而成倍地增长。

认 可

文案人员和美术指导的作品始终面临着“认可”这个问题。广告公司越大，客户越大，这道手续就越复杂（见图表 10–1）。一个新的广告概念首先要经过广告公司创意总监的认可，然后交由客户管理小组审核，再交由客户方的产品经理和营销人员审核。他们往往会改动一两个字，有时甚至推翻整个方案。之后，双方的法律部再对文案和美术元素进行严格审查，以免发生问题。最后，企业的高层主管对选定的概念和正文进行审核。

在“认可”这一环节面对的最大困难是，如何避免让决策人打破广告原有的风格。创意小组花费了大量的心血才找到具有亲和力的广告风格，但一群不是文案、不是美工的人却有权全盘改动它。保持艺术上的纯洁相当困难，需要耐心、灵活、成熟以及明确有力地表达重要观点、解释美工选择理由的能力。

电脑对平面设计的影响

借助平面设计或图像处理程序，当今的平面设计师可以完成许多以往必须由众多美工来完成的工作。在显示器屏幕上，他们可以看见插图和照片均已配置完毕的整个版面布局，可以在几分钟内轻而易举地对任何部分进行修改。而在电

图表 10–1

文案认可过程从广告公司内部开始，以客户方负责主管的认可而告结束。每一项审核一般都会引起一些改动，并要求为下一步的认可进行展示。如果双方都是大公司，那么该过程的预备时间可能更长。

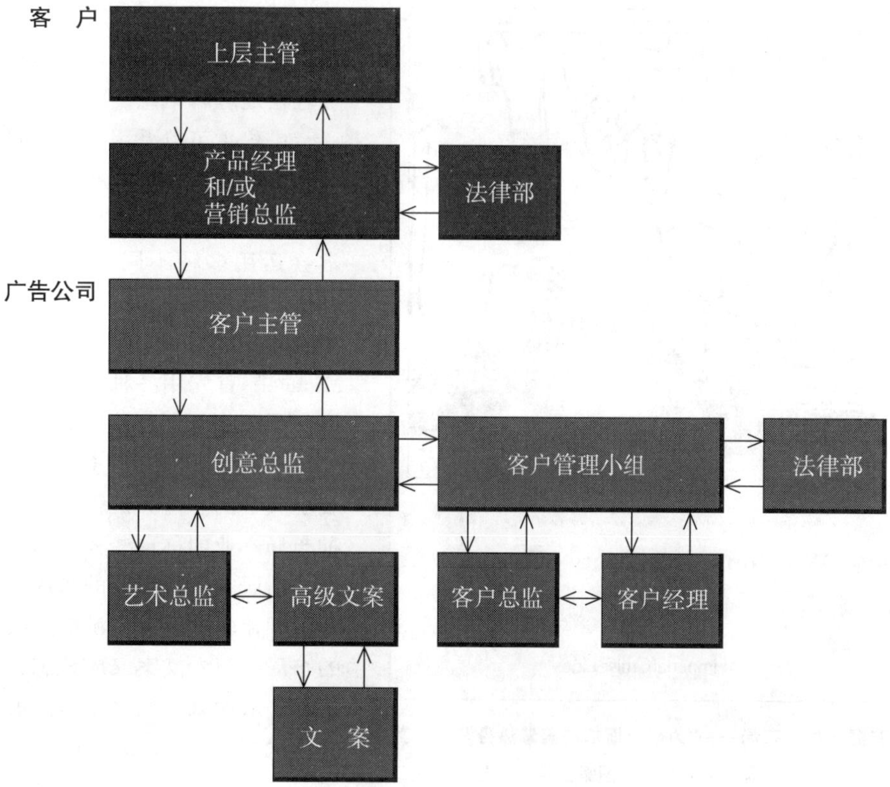

脑出现以前，设计不同的布局图可能需要好几天时间，而且末稿也不如电脑设计出来的那么精细和完美。

由个人电脑和 Macintosh 支持的小型电脑系统是比较理想的电脑设计工具，现在，到处都可以得到各种高级个人电脑平面设计软件：如制版用的 *QuarkXPress*，*FrameMaker* 和 *InDesign*；绘图用的 *CorelDRAW*，*Macromedia FreeHand*，*Adobe Illustrator*；以及形象设计用的 *Adobe Photoshop*，*Corel Paint Shop Pro*，网页设计用的 *Macromedia Dreamweaver* 等。最常用的文字处理软件程序有 *Microsoft Word* 和 *Core WordPerfect*。这些软件价格适中，因而自由职业者、小企业和广告公司创作部都可以使用。今天的平面艺术家、插图画家和修版师除了要具备全面的美学、艺术表现与设计方面的知识外，还必须掌握电脑。

设计原则：哪种设计格式最好

设计出来的广告必须吸引顾客，而且必须迅速做到这一点。一般说来，广告主抓住受众注意力的机会只有一两秒钟。事实确实是这样，有关广告读者的调查表明，美国人平均每天会接触到 3 000 条广告，66%的读者声称他们遭到了广告“持续不断”的轰炸，59%的读者则认为他们所看到的广告与他们完全没有关系。调查还显示，广告主支付的费用与受众回忆的程度没有必然联系，但广

方框图片式布局——“为阿拉斯加的美景热身” 又称为海报式布局，请注意孤立的大图案占据了广告三分之二的版面。标题和文案被安排在“方框”的上方或下方。

告的质量很关键。良好的设计不仅可以引起注意，而且可以保持注意，还可以在最短的时间内传递最多的信息，使受众更轻松地理解讯息。

广告主可以采用众多不同类型的布局。

为了使广告更有趣、更具现代气息，美术指导可以将两种或更多种的布局组合起来，形成组合式布局。美术指导通常会运用多种不同的布局。为了给虚构的皇家游船公司（Imperial Cruise Lines）创作一条广告，加州的市场设计公司（Market Design）主席兼创意总监汤姆·迈克尔（Tom Michael）首先用各种不同的布局和标题准备了一系列草图，以便判断哪个创意效果最好。

请注意每一条广告中的文案是如何通过潦草的线条来表示文字的。计算机程序美术指导经常用这种速写来表现各种布局，业内称这些程序为“greek”。

请研究各种不同的布局图，讨论每一种的优劣。你认为哪一种比较适合皇家游船航线？为什么？你还能想到其他别的布局图吗？文案又应该怎么写？

一般说来，回忆率最高的广告采用的是一种标准的**招贴式格式**（poster-style format），又叫**方框图片式布局**（picture-window layout）和**艾耶 1 号式**（Ayer No.1）。这种格式由一个占主导地位的孤立图形占据整个广告 60%~70%的空间。事实上，一些调查表明，在“引人注目”这一项上居前三位的广告，平均有 82%的空间都分配给了图形元素。排名第二的是一张大图片再加两张小图片的那种格式。图形的目的在于引人驻足，激发兴趣，因此，它们的内容必须有趣。

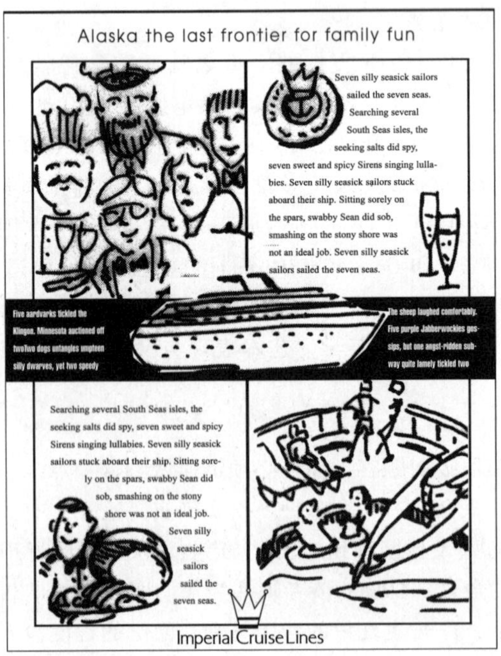

蒙德里安几何布局——“阿拉斯加，家庭娱乐最后的领地” 因荷兰画家皮埃特·蒙德里安（Piet Mondrian，以抽象几何图案等为特点。——译者注）而得名，蒙德里安式布局采用一系列水平线、垂直线、长方形和事先画好格子的四方形等，将广告分成几何构图。

我们在下一节将会讲到，标题也可以引人注目，而且，实际上在长期记忆方面比图形的作用更大。作为一种设计元素，标题所占的整个空间通常不宜超过整个广告空间的 10%~15%，因此字体不必太大。标题既可以安排在图形的上方，也可以在下方，视具体情况而定。不过，如果标题安排在图形的下方，广告的阅读率一般会提高 10%。这是因为人们在阅读时，眼睛通常按照 Z 字形路线运动，它会首先看到图片，然后是标题，然后是文案，最后是签名。广告在不打破这种自然惯性时效果

花哨式布局——“在此留影”　运用多种图案、大号字体、反白、斜体或者其他噱头使广告富于活力、充满情趣。

蒙太奇式布局——“整夜开放，欢迎闲逛”　与花哨式布局相似，蒙太奇布局将多个插图放在一起，通过叠加或覆盖的方式合成一张末稿。

图绕文字式布局——“保证干扰您的生物钟”　文案四周围以图案，或在某些情况下，图案四周围以文案。

组合式布局——“为阿拉斯加热身”　创意往往牵涉到将两个或更多毫不相干的元素组合到一起，形成一个新的元素。设计也是如此。为了使广告更有趣、更具现代气息，美术指导可以将两种或更多种的布局组合起来，形成组合式布局。比如这幅广告，开始是几何式布局，但请注意，在几何布局的中间，文案又像图绕文字式布局那样将标题和标志围了起来。

最好。

调查还显示，如果广告中的单词超过50个，阅读率就会大大下降。因此，为了吸引大批读者，文案部分所占的版面最好不要超过整个广告的20%。不过，对于许多高关注度的产品，你讲得越多，就卖得越多。如果目标就是推销，那么就应该采用信息丰富的正文。如果广告主关心阅读的质量胜于数量，那么，只要恰如其分，长文案同样也可以发挥良好的作用。

最后一点，绝大多数看广告的人也希望知道谁是广告主，但企业签名或标志不必采用过大的字体，不要超过广告版面的5%~10%。签名和标志应该放在右下角或横跨广告底部，这种布局效果最好。

广告作家罗伊·保罗·纳尔逊（Roy Paul Nelson）指出，设计原则之于布局美工就如同语法规则之于作家。设计的基本原则包括以下几条：

- 设计必须平衡。
- 广告的空间分配应该比例协调、赏心悦目。
- 指示性格式应该明白无误，这样读者才会明白阅读的顺序。
- 应该用某种力量将整个广告融为一体，表现统一。
- 突出广告的某一元素或某一部分，使之占据整个广告的主导地位。

图形在印刷广告中的应用

负责绘制、描画广告图画的人被称做**插图画家**（illustrator）；而用照相机制作照片的人则被称做**摄影师**（photographer）。两者共同负责广告所有**图形**（visual）部分的制作。

图形的功能

在遇到一幅印刷广告时，大多数读者首先看见图片，接着阅读标题，然后追索正文，他们通常以这种顺序阅读印刷广告。既然广告图形对一条广告的成功与否担负着如此重任，那么，在设计时就应该牢记一些目标，尤其是以下这几条：

- 抓住读者的注意力。
- 表明文案做出的承诺。
- 标明广告对象。
- 展示产品在实际使用当中的情景。
- 通过抓住恰当的潜在对象的注意力，留住自己的读者。
- 协助说服读者相信文案承诺的真实性。
- 激起读者对标题的兴趣。
- 突出产品的独有特征。
- 为产品或广告主创造有利形象。
- 在每条广告中都采用统一的图形，保持广告的前后连贯。

采用标准招贴式风格的广告通常比其他布局形式的广告更能吸引读者的目光。德国这家复印店风趣的广告表明，他们不仅擅长黑白复印，还擅长彩色复印。

确定图形的首要中心

花旗银行的广告采用了巨大而单一的图片，充分展示了信用卡的使用环境而非信用卡本身。这种视觉元素抓住了一种情绪，制造了一种感觉，为消费者感受产品创造了一个背景。

为广告图形选择中心是创意过程的重要一步，它往往决定着大创意实施的好坏。印刷广告经常采用许多标准主题作为广告的图形，包括：

1. *含有产品的包装*。这对包装商品尤为重要，有利于消费者在同类商品中辨别本产品。
2. *孤立的产品*。这通常对散装商品效果不好。
3. *使用中的产品*。汽车广告通常一边演示使用中的汽车，一边大谈其平稳、豪华、便于操作或经济实惠的特点。化妆品广告则惯常用漂亮女性或阳刚男性的近镜头照片表现使用中的产品。
4. *产品使用方法*。介绍食品新用途的烹调广告向来阅读率较高。
5. *产品特征*。计算机软件广告常常表现监视屏，以便让读者看到软件的特征。
6. *产品比较*。广告主将自己的产品与对手的产品并列摆放，同时比较各自的重要特点。
7. *用户利益*。描绘无形的用户利益比较困难，不过，生产厂家都知道，吸引消费者注意的最佳方法是向他们展示产品将给他们带来的某种好处，因此值得创意人员多付出辛苦。
8. *幽默*。如果运用得当，幽默的图形可以给人留下愉快而持久的印象；但如果使用不当，就有可能破坏广告的可信度。
9. *证言*。产品使用前、后的效果比较和推荐，对减肥产品、护肤品或形体训练这类产品相当有效。

10. *反面诉求*。有时，视觉元素指出，如果不使用该产品结果会怎样。如果运用得法，这种诉求可以引起读者的兴趣。

图形的选择

一般在概念具体化这个环节决定选用哪类照片。但图形往往要等到美术指导或设计师真正将广告布局展开之时才能决定下来。

选择适当的照片或图片是一项艰难的创意工作，美术指导必须解决一些基本问题。例如，并非每一条广告都必须依靠图片才能进行有效的传播，有些全是文字的广告也颇有说服力。如果美术指导认为广告必须有图片不可，那么又应该用几个：一个、两个或者更多？图片应该采用彩色还是黑白？这些决定事关预算决策。

因此，美术指导必须决定图片的主题，应该用前面提到的某一个标准主题吗？或者再加点别的东西？那个主题与广告主的创意战略关联性如何？美术指导还必须决定如何创作图片，用手绘的插图好呢，还是照片好？电脑制作的插图又怎么样？

最后一点，美术指导还必须清楚自己要考虑的技术问题和资金问题。面对多种可能性，做出正确的选择显然不是一件轻而易举的事情。在第 11 章，我们将会看到所有这些决策如何在广告成品的制作过程中结合到一起。

印刷广告的文案撰写与格式

现在，我们已经知道了好的设计应该具备的目标与格式。下面，让我们来看一看一些基本的文案撰写格式，看一看美术如何与文案相结合。

在印刷广告中，*图像、标题、副标题、正文、广告语、印证、标志和签名*是最重要的组成元素。如图表 10-2 所示，文案可以将图像、标题和副标题与创意金字塔的*注意*环节联系起来；副标题和正文的第一段与*兴趣*环节呼应；正文负责建立*信用和欲望*；而标志、广告语和签字这些元素则负责完成*行动*环节。我们首先探讨这些元素，然后再来看广播广告和电视广告的格式。

标　题

标题（headline）是处于广告首要位置的文字，是读者首先会读到的文字，处于吸引人注意力的位置，这就是为什么标题的字体总是比广告其他部分要大的缘故。

标题的功能

有效的标题会引起注意，吸引受众，说明图像，将受众引向广告正文，表现广告的销售讯息。引起注意的常见做法之一是用大字体书写标题，并让标题占据广告的整个上半部。这种技法吸引人的效果并不亚于醒目的图片或绘画。

标题的另一个功能是迅速吸引读者，向他们提出阅读广告其余部分的理由。如果标题不够直接，读者就有可能把注意力转向另一个事物，忽略这条广

图表 10-2

一条广告是否成功，有赖于其读者是否能注意并理解其讯息。创意金字塔有助于文案人员展示讯息的概念元素。格式元素（标题、副标题、正文、口号等）将文案分解成细节，有利于受众理解讯息。

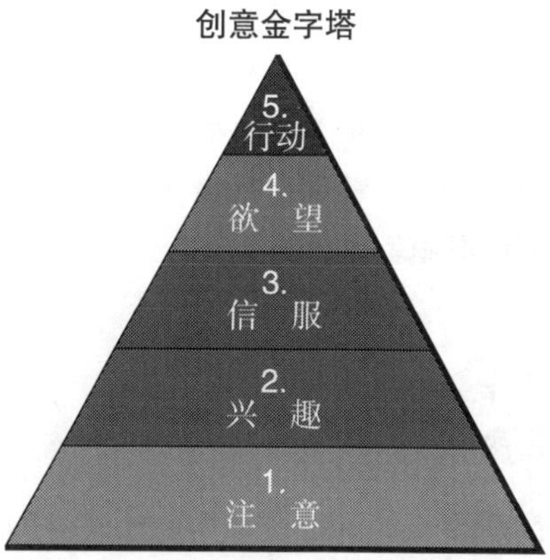

告的讯息。

标题是广告主向潜在对象传递的最重要的内容，它说明或丰富图像的含义，然后迅速在这个人的心目中确定广告主的地位，无论这位潜在对象是否继续读下去。

理想的标题应该表现广告的全部销售观念。调查显示，阅读标题的人比阅读正文的人平均多 2~4 倍。因此，如果标题没能打动人心，广告主就等于在浪费金钱。耐克运用美妙的杂志广告和户外广告，只突出一名运动员、标志和朗朗上口的标题“想做就做”（Just do it）。去掉图形，单单标题也可以造成一种气氛，鼓励人们采取行动——购买耐克。标题协助激发人们的认知反应，进而提高品牌认知率和品牌偏好。

传统观点认为，一行的短标题效果最好，不过，如果有两行也还可以接受。许多专家坚信，含有十个或十几个单词的标题阅读率较高。一项对 2 000 多条广告进行的调查显示，大多数广告标题的长度平均为 8 个单词。大卫·奥格威说他写得最好的一条标题有 18 个单词：“At 60 miles an hour, the loudest noise in the new Rolls-Royce comes from the electric clock.”（在时速 60 迈时，新款劳斯莱斯里最大的噪音就是电子表的走动声）。这条标题已成广告界的经典。

标题应该向读者展现显而易见的利益，便于读者抓住其中心。例如“绝对，隔夜即达”（联邦快递）或“您的潜能，我们的激情”（微软）。

最后，标题还应该表现产品消息，消费者随时都在寻找新产品或老产品的新用途或老产品的革新。只要尚未被同类产品用滥，暗示新颖的“力量型”字眼总会提高广告的阅读率，增强广告的“轰动”效果，只要情况属实，就应当加以利用。这类字眼包括：免费、现在、令人惊叹、突然、宣告、介绍、在此、改进、终于、革命性的、刚到的、新的、重大进展等。

标题类型

根据不同的广告战略，文案人员会采用不同形式的广告标题，通常他们会选择最能体现大创意的标题。按传递信息的形式，标题可以划分为：利益式、新闻/信息式、启发式、疑问式和命令式。

广告主利用**利益式标题**（benefit headline）向受众许诺：如果使用某产品或服务，便会得到某种利益。利益式标题不应显得过于精明，只需对产品最重要的利益进行简单说明即可。以下为两例优秀的利益式标题：

高弹丝纤维
无论天上掉什么
都令你温暖而干爽

和

30 天内学会外语
否则退款

注意上述两个标题都侧重于突出使用产品所带来的利益，和非产品本身的特点。

新闻/信息式标题（news/information headline）宣布新闻或提供信息，海洋世界用“它是女孩”这个标题来启动其新生鲸鱼的电视广告宣传。信息必须可信，像宣称某剃须刀“刮起来 200%顺滑”这样的标题就无法使人相信。

文案人员运用**启发式标题**（provocative headline）引起读者的好奇心，进而引起读者的疑问和思考。例如，乐事薯片的“贝查无法只吃一片”。读者如果想了解更多，就必须继续阅读正文。当然，他们也有可能就此打住，不再继续往下读。为了杜绝这种情况，创意小组设计出图形来进一步阐明讯息或进行情节性诉求。

疑问式标题（question headline）提出问题，鼓励读者在广告正文中寻找答案。4day 轮胎店的一条广告问道：“为什么我们的轮胎用户比别人更精明、更富裕?”优秀的疑问式标题会激起读者的好奇心和想象力。但如果标题提出的问题让读者很快就能做出回答（或者更糟的是，做出否定回答），广告的其余部分就有可能被读者一晃而过。设想一下这样的标题：“你想买保险吗?”读者回答说：“不”，然后翻过这一页。

命令式标题（command headline）命令读者采取一定的行动，因此有可能显得生硬，但读者对这类标题倒比较注意。雪碧用“听从您的渴望”（Obey your thirst）这个有点嬉皮的标题来瞄准青年人。而有些命令式标题则提出请求：“请别拧挤佳美”（Charmin，一种卫生纸品牌）。

许多标题类型可以合并使用，但标题类型不像标题的运用方式那么重要。文案人员必须始终为受众的愉悦而非自己的愉悦而写作。

撰写有效的文案

____ **迅速切入主题。**

____ **简单明了地突出某一主要观点。**

____ **专心。**不要贪多，同时追几只兔子，最终一只也抓不到。

____ **赋予产品清楚的定位。**

____ **让品牌名称醒目并突出品牌。**

____ **写作时始终牢记消费者的最终利益。**

____ **采用短句。**采用人们理解的简单、熟悉的词语和主题。

____ **不要浪费口舌。**只说必须说的，一个字不多，一个字不少。既不画蛇添足，也不遗漏重点。

____ **避免吹嘘与自吹自擂。**站在读者而非你自己的立场写文案，避免"我们"、"我们的"这类字眼。

____ **不用陈词滥调。**虽然很流行，但要尽量学着不用。亮丽、令人惊讶的字眼和句子会让读者感觉良好，从而愿意继续往下看。

____ **构思奇巧。**保持读者的兴奋，确保你的热情贯穿正文。

____ **运用生动语言。**多使用动词和副词。

____ **使用现在时和主动语态。**更利落、更清新。避免使用过去时和被动语态。为特殊效果而不得不用时，也须谨慎。（英语语言环境。——译者注）

____ **使用人称代词。**切记，你的交流对象是一个人，因此，应该像和朋友聊天一样，多用"你"或"你的"。

____ **使用缩约形式。**它们简短、自然、更具人情味。人们的口语都是这种形式（听听你自己讲的话）。

____ **标点不要过多。**这会破坏文案的流畅，过多的逗号是造成这种后果的主要原因。不要给读者提供任何脱离文案的机会。

____ **高声朗读。**听听文案读起来是什么感觉，发现错误。书面语言和口语绝对不同。

____ **修改与锤炼。**毫不留情地删减，讲清你要讲的事情，但绝不再多。一旦讲完立即打住。

副标题

副标题（subhead）是附加的小标题，既可以安排在标题上方，也可以安排在下方。位于标题上方的副标题被称做**肩题**（kicker）或引题（overline），常常在下面划线，副标题有时也会出现在正文当中。

副标题的字号一般比标题小，但比正文大，常以**黑体**（boldface）或**斜体**（italic）的形式出现，或采用不同的色彩。同标题一样，副标题也可以迅速传递关键销售点，但传递的信息不如标题那么重要。副标题也很重要，原因有两个：大多数人只看标题和副标题，副标题往往最能支持兴趣环节。

副标题稍长一些，与标题相比更像完整的句子，它们是从标题向正文过渡的阶石，起着承上启下的作用。

正　文

广告主在**正文**（body copy 或 text）中传达全部销售信息。正文由兴趣、信服、欲望，甚至行动这几个环节组成，是标题和副标题的逻辑延伸。正文的字体通常更小，涉及的范围包括产品或服务的特点、利益和用途。

10 位读者中通常只有 1 位看正文，因此，文案人员必须努力引起读者的兴趣，表现产品或服务如何满足顾客的需求。最好的广告侧重于表现一个大创意或一个清晰的利益。即便是用于印刷媒介的广告，文案人员也应时常高声朗读自己所写的文案，看看听起来是什么感觉，因为耳朵也是有力的文案写作工具。

一些著名专家在对照表"撰写有效的文案"中提出了创作有效文案的一些最佳技法。

正文风格

经验丰富的文案人员为将要展示的大创意寻找最具有销售诉求力的技法和风格。常见的正文风格包括直接推销式、企业形象式、叙述式、对白/独白式、图片说明式和技巧式。

在**直接推销式正文**（straight-sell copy）中，文案以客观而直截了当的表现手法，直接说明或展开标题和图形。直接式技法针对潜在顾客的推理能力进行诉求。在本章一开始提到的花旗银行印刷广告中，正文就采用了直接销售的方式来描述他们的服务。虽然欺诈这个话题非常感性化，但正文却通过传达确凿事实和清晰的解决方法让人安心。直接推销式正文一般按产品销售点的重要程度进行简明描述，所以特别适宜于需要人们仔细斟酌或使用难度较大的高关注度产品，尤其适用于直邮广告和工业或高科技产品。在所有的技法中，直接式技法是广告主最常用的一种技法。

广告主还用**企业形象式正文**（institutional copy）来推广某一理念或宣传某一机构（而非产品）的优点。企业形象式正文旨在赋予企业亲切可信的形象。银行、保险公司、公共设施机构和大型生产企业常常在印刷媒介和电子媒介中采用这种技法。不过，大卫·奥格威警告文案人员要避免许多企业形象广告文案中常见的那种“自吹和浮夸之风”。

文案采用**叙述式正文**（narrative copy）来叙述情况。比较理想的叙述式正文会先设定一个情景，然后在最后时刻让产品或服务挺身而出，解决问题。花旗银行的标题“我们也觉得不对劲”将读者拉入对话，然后告诉他们其实公司和他们有同感。叙述式正文还为情感诉求提供了良机。例如，保险公司可以用它来讲述一个人猝死的辛酸故事，所幸的是，这人刚续签了保单。

广告主运用**对白/独白式正文**（dialogue/monolog copy）来弥补叙述式正文有时缺乏的那种可靠性。印刷广告中表现的人物用自己的语言系统进行推销。但要注意，对白式正文如果写得不好，会让人觉得沉闷，甚至虚假。

有时，用插图带说明的形式更容易叙述一个情节，带有**图片说明式正文**（picture-caption copy）的照片尤其适用于具有多种不同用途、款式或设计的产品。

无论采用哪种文案风格，文案都可以运用一定的修辞手法来增强读者的注意、兴趣和记忆。**技巧式正文**（device copy）利用修辞（如双关、头韵、谐音和押韵）、幽默和夸张。语言技巧有助于人们记住品牌，一般会对读者的心理产生有利影响。

如果广告主需要在较短时间内形成较高的记忆度，或者想消除人们对自己的不良印象，或打算为某一大路货创造独特的个性，幽默比较有效。不过，使用幽默必须慎重，而且要注意品位。有些研究人员认为，如果使用不当或用于金融、保险、殡仪这类严谨的服务业，幽默会削弱，甚至损害广告的销售讯息。

正文格式

好的正文关键在于简洁、有序、可信和清晰，或者，像约翰·奥图尔所说的那

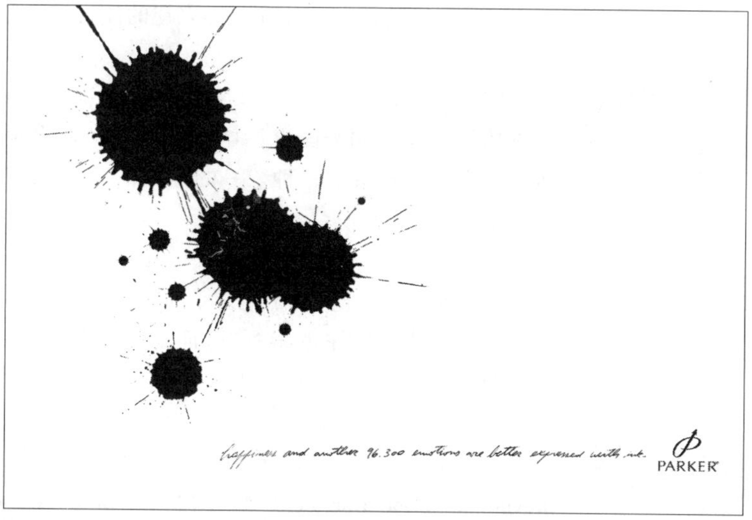

派克钢笔的这幅广告采用了简练的文案和简单的图形，但却非常有效。该广告获得了戛纳广告节铜狮奖。你认为其成功的关键是什么？（见彩插）

样，行文应该“清楚、信息含量丰富、有趣、有力、易记、说服读者、有戏剧性、不着痕迹。如此而已”。

文案人员在撰写较长的广告文案时，采用四种基本格式元素：*导引段落*、*内容段落*、*收尾*和*结尾*。

导引段落 **导引段落**（lead-in paragraph）是连接标题和正文所表现的销售创意之间的桥梁。如同副标题一样，导引段落属于*兴趣*环节，因而必须吸引读者并将读者的阅读兴趣导向对产品的兴趣。

内容段落 **内容段落**（interior paragraph）为许诺和保证提供证明，建立广告的*可信度*，通过语言启发读者的想象力，刺激读者的*欲望*。广告主应该借助调查数据、证言和担保来支持自己的产品承诺。这类证明有利于广告主避免代价高昂的法律纠纷，能说服消费者确信产品真实可靠，增强对广告主的好感，最终刺激销售。

收　尾 **收尾**（trial close）交织在内容段落之中，建议读者现在就采取*行动*。好的文案会不止一次要求读者行动，邮购广告则会多次向读者提出要求。消费者往往尚未看完全部正文就已做出了购买决策。收尾为他们早做决定提供了机会。

结　尾 **结尾**（close）属于真正的*行动*环节，好的结尾鼓励消费者采取一定的行动，并告诉他们行动方法。可以直接结尾，也可以间接结尾（不着痕迹的建议或直接命令）。*直接结尾*导致的反馈形式应该是消费者的购买、光顾店铺、访问网站或查询详情。

结尾应简化受众的反应程序，便于他们订购商品、索取信息或光顾陈列室或网站，有些还会附上回执卡或免费电话号码。

当然，并非所有的广告都会推销产品或服务，有些广告主也许希望人们改变态度，或解释自己的观点；也有的广告主是为了拉选票。现在，广告主可以通过提供网址的做法，让那些感兴趣的读者以自己乐意的方式查询更多的信息。

广告语

许多**广告语**（slogan）——又叫**主题句**（themeline）或**标题句**（tagline）——源自成功的标题，如美国电话电报公司的“伸出手，联亲友”。经过持续不断的运用，广告语变成了一种统一的声明，不仅在广告中使用，也供销售人员和员工使用。

广告语有两种基本功能：（1）使系列广告保持一致性；（2）将广告讯息战略压缩成精练的、便于重复、便于记忆的定位声明。例如 Wheaties 麦片就将自己定位为“冠军的早餐”，而戴比尔斯的广告至今仍在沿用其著名的广告语“钻石恒久远，一颗永流传”。

证章、标志和签名

只有当产品符合某一特定组织——如有机作物改良协会（Organic Crop Improvement Association）、好管家协会（Good Housekeeping Institute）、保险商研究室（Underwriters Laboratories）或家长研究所（Parents Institute）——制定的标准时，才能获得认证**证章**（seal)。由于这些组织都是公认的权威机构，因而他们颁发的证章为广告主的产品起到了独立而又有价值的推荐作用。

标志（logotype 或 logo）和**签名**（signature cut 或 sig cut）是广告主的公司或产品名称的一种特殊设计，会在所有企业广告中出现，就像商标，它们使产品独具个性，并能在销售点迅速被人识别。

电子媒介的文案撰写

对于电子媒介，创意金字塔中提到的五个基本步骤仍然是最主要的创作依据，只是文案的写作格式有所不同。广播和电视广告文案人员要准备脚本和故事板。

广播文案的撰写

脚本（script）类似于一个双栏目录，客户名称及所有音效和音乐描述垂直排列在左栏，右边一栏是对白，行话称之为**音频**（audio)。

文案首先要把广播理解为一种媒介，广播为听众提供娱乐或新闻节目，但听众同时又在忙着干其他事情：开车、洗碗、看报，甚至学习。为了让听众听见，广告讯息必须做到悦耳、有趣、令人难忘。广播听众通常在 5~8 秒内决定是否继续收听这个节目。因此，为了抓住并保持听众（尤其是那些尚未对某一类产品产生兴趣的听众）的兴趣，广播广告文案必须带点强制性。

强硬，行；但讨厌，不行。如果用词不当，或带有讨厌的噪音（如汽车喇叭声、闹钟声、刺耳的刹车声）或听起来过于怪异、唐突或愚笨的人物来吸引听众，都有可能引起听众的反感，最终失去销售机会。汤姆·博德特（Tom Bodett）为汽车旅馆 6（Motel 6）创作的著名广告充分显示了人性化、轻松和自然风格的奇效。创作有效广播广告的另一些技法请参见对照表：创作有效的广播广告。

广播广告最困难的一点在于如何控制脚本长度，使它完全符合时间安排。不同类型的广告要求不同的播报速度，因此文案人员应大声朗读自己的脚本，广播脚本的格式很像一个双栏目录，客户名称及音效写在左栏，对白写在右栏，占的地方宽一点。这条全国性公益广告是麦肯广告公司创作的系列广告之一，呼吁美国国民为更健康的生活方式而做出小小的努力。

Healthier America
Lost Campaign
Radio: 60
"Neighbor"
Expiration date: 2/23/05

SFX: Phone ringing

Bill:	Hello...?
George:	Hi, Bill? This is George Dewey from up the street.
Bill:	Hey, George. How ya doin?
George:	Good, good. Say, I noticed you've been walking to work these days instead of driving...and I, uh, don't quite know how to say this, but...but...
Bill:	But what?
George: *(stammering)*	But...But...Your butt, your buttocks, your butt—I think I found your butt on my front lawn. Have you recently lost it?
Bill:	As a matter of fact, I have, George (pleased) It's about time someone noticed.
George: *(playful)*	Well, it was kinda hard to miss if you know what I mean... ...Anyways, would you like it back?
Bill:	Would I like it back? No, not really.
George:	So, it's okay if I throw it out?
Bill:	Sure, that's fine. Take it easy, George.

SFX: Phone ringing

Announcer:	Small step #8—Walk instead of driving whenever you can. It's just one of the many small steps you can take to help you become a healthier, well, you. Get started at www.smallstep.gov and take a small step to get healthy.
Legal:	A public service announcement brought to you by the U.S. Department of Health and Human Services and the Ad Council.

看看时间是否够用。借助电子压缩技术，录播广告现在能比直播广告多容纳10%~30%的文字，不过我们仍然可以参考以下的经验性播报速度：

10 秒：20~25 个单词	30 秒：60~70 个单词
20 秒：40~45 个单词	60 秒：130~150 个单词

广播广告的用词要求比其他类型的文案更清楚，比如说，听众不可能像看印刷广告那样再返回去辨认某个代词的先行词，而且英文词汇中有那么多同音词，稍不留神就会造成歧义（如 who's who is whose）。

电视文案的撰写

广播广告采用的双栏式脚本格式同样适用于电视文案的写作，只不过电视脚本

创作有效的广播广告

____ **让大创意清晰透彻。** 突出一个主要卖点。广播适宜建立品牌知名度，但不适宜罗列文案要点或发表长篇大论。

____ **尽早且不断提及广告主的名字。** 如果产品名称或公司名称带有双关意味，应考虑把它拼出来。

____ **充分铺垫。** 30秒的广告如果没被人记住，钱就等于白花了。与其这样，不如试试60秒的广告。

____ **运用大家熟悉的音效。** 冰块在玻璃杯中清脆的碰撞声、鸟的啾啾声以及关门声都可以在听众心目中产生视觉形象。音乐的含义如果清楚，也可以发挥同样的功效。

____ **用语言描绘画面。** 采用描述性语言使广告更易于记忆。

____ **让每个字都发挥作用。** 使用主动语态，多用动词，少用形容词，口语化，采用朗朗上口的字眼和短小精干的句子。

____ **语出惊人。** 最优秀的滑稽广告以全然荒唐的前提开始，但随后的展开却很有逻辑性。记住，如果没有能力处理好幽默，那么，宁可采用故事情节。

____ **引发行动。** 努力让听众采取行动。

____ **牢记广播是地方性媒介。** 让自己的广告适应听众的语言和他们的生物钟。

____ **表演作用极大。** 即便是最好的脚本，写在纸上也显得枯燥乏味。适当的语言表演、语速控制、俏皮话和音响效果都可以使表演生动活泼。

将左栏换成了“视频”，将右栏换成了“音频”。视频这边描述图像与制作：拍摄角度、表演、场景、舞台指导等；音频这边说明配音文案、音效及配乐。

电视广告必须可信、切题，哪怕是滑稽搞笑的广告也必须显示出创作水准与制作水准，显露出产品的质量。虽然艺术指导的工作非常重要，但广告的基调一般由文案人员来落实。他们决定使用什么样的语言，再由语言来决定采用什么图像，何时出现图像。调查显示，“创作有效的电视广告”对照表中所列的创作技法效果最好。

为了更好地说明这些原理，让我们来看看下面这条电视广告。许多人都渴望一身光洁、柔嫩的肌肤，把身体上出现的任何一块粗糙干裂的皮肤都当作令人郁闷的事情。如果你是露保丽丹（Lubriderm）润肤露广告的文案人员，你如何处理这一令人棘手的题材？

智威汤逊广告公司的创作人员为露保丽丹找到了一个颇具艺术性的表现途径——用鳄鱼作为大创意。鳄鱼鳞状的外皮象征粗糙、干裂的皮肤。鳄鱼的出现立即激发了人们的求生本能，使他们很快注意到了广告。一位有着顺滑、细腻肌肤的漂亮成熟女性正坐在一张躺椅上，对爬过身边的鳄鱼全然无动于衷。动物一摇一晃的背部和尾巴正好与背景中两件简单家具优雅的曲线相吻合，而其缓慢的步态则与轻爵士乐的节拍一致。

这条广告用引人注目的大创意开场，在视觉上产生震惊、刺激、夸张、有趣的感觉。而且，这本身也是一种半展示：我们看见鳄鱼鳞状、扎手的外皮、女人的自信以及在鳄鱼经过时愿意摸它一下的举动。所有这些都象征着露保丽丹能带给消费者的自信。

这条广告也符合创意金字塔的原则：首先，鳄鱼从视觉上抓住人们的注意力；与此同时，旁白的第一串字则充当醒目的标题：“迅速修复”，迫使我们听下去并进一步引起我们对下文的兴趣；它许诺“露保丽丹，含有丰富保湿因子，治疗并保护你干燥的肌肤”；接下来展开信用环节：“记住，为皮肤科医

创作有效的电视广告

____ **从结尾开始。** 将重心放在广告将给人留下的最终印象上。

____ **设置引人入胜的开场。** 令人耳目一新或充满动感、戏剧情节、幽默或人类情趣的开头能为广告的展开打下良好的基础，使广告的其余部分顺利过渡。

____ **利用在销售中自然发生的情景。** 避免使用容易使人分心的噱头，要方便观众辨别形象。

____ **形象是产品的生动象征。** 形象应当打动人心、令人信服，不抢产品的风头；最重要的是，切题。

____ **简单。** 创意的脉络应该清晰可循，尽量减少广告动用的元素数量。

____ **写出精确的音频文案。** 视频部分应该占最大比重，播音速度以每秒不超过两个单词为宜。对于60秒的电视广告，101~110个单词效果最佳，超过170个单词则显得话过多。

____ **让表现稍带夸张，但要可信。** 广告表现应该永远真实，要避免给人玩弄拍摄技巧的感觉。

____ **让语言演绎画面，并为观众进入下一个场景提供心理准备。** 采用会话式语言，避免"广告腔"、欺诈和夸大其辞。

____ **每个场景平均时长5~6秒。** 一个场景的持续时间尽量不要少于3秒，应当有各种动态，但不要让观众有镜头"跳跃"的感觉。

____ **保持视频呈现的活力与清新。**

师设计的这种润肤露，能有效修复您的肌肤"；接着，迅速收尾（行动）："露保丽丹"；然后，欲望环节再次提起产品的主要利益并稍加一丝幽默："再见，鳄鱼。"

艺术元素在广播广告和电视广告中的作用

根据《广告时代》专栏作家鲍勃·加菲尔德的评判，1997年度世界最佳电视广告奖应该授予巴塞罗那帝威柯·贝茨广告公司（Delvico Bates）为精华(Escencial）护手霜做的一条广告。广告一开始，一名女性骑着一辆车链没打油、嘎吱响个不停的自行车，然后，她下车，打开一瓶精华，在车链上抹了一些护手霜，然后上车骑走了——但车链仍旧嘎吱响个不停。为什么会这样？这是因为像旁白说的那样："精华保湿，不含油脂。"

没有大制作、没有数字特技、没有欢快的音乐、没有名人、没有滑稽搞笑，全凭广告创意：出现问题、解决问题，但这个品牌显然没能解决问题，借该品牌所不具备的一些特质表现产品，活灵活现、机智诙谐、美妙绝伦。

广告艺术构思的形成

构思广播广告或电视广告与构思印刷广告并无多大的差别：第一步是明确大创意，然后，美术指导和文案必须决定采用哪种广告格式，是否应该让名人来体现讯息？或者，是否可以通过半虚构的故事来突出产品的利益（或缺陷）？下一步是撰写脚本，其中必须包含起码的文案或对白，并提出对音乐、音效以及拍摄镜头的基本要求。

无论是在广播广告还是电视广告的创作过程中，美术指导都要协助文案人员设计构思脚本，不过，电视的艺术体现要广泛得多。借助电视脚本，美术指导创作出一系列**故事板草图**（storyboard rough）来表现广告的艺术手法、动作顺序以及风格。故事板得到认可后，便可以在然后的制作阶段充当指导方针。

表演出色固然很关键，但最重要的还是表演是否与产品相符。广告公司绝不会用滑稽喜剧式的情节来推销金融产品或殡葬服务。虽然迈克尔·乔丹成功

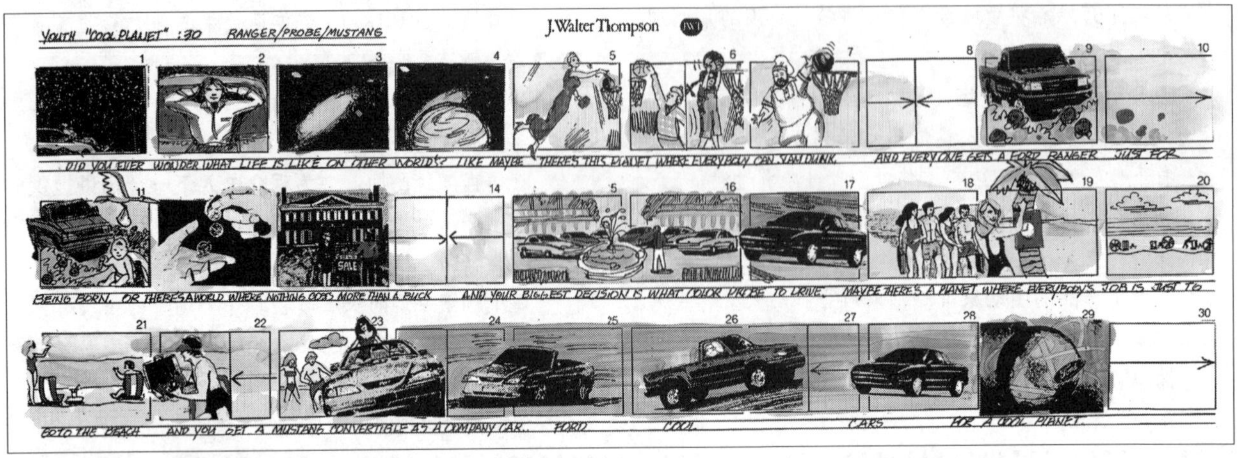

在完成电视广告的初步构思之后，创意人员画出由小幅速写构成的故事板草图，说明广告的各个场景。故事板草图包括拍摄角度和脚本，常在制作阶段给各场景的拍摄充当视觉指导。

地为耐克、家得乐和麦当劳扮演过代言人，但一些专家仍然不相信名人就一定能保证广告的成功，例如，大卫·奥格威就认为观众对广告中明星的记忆会超过对产品本身的记忆。随着构思的进一步展开，创意小组用详细的书面**表演纲要**（casting brief）来规定角色的性格，当演员试验角色时，这些描述将在表演过程中发挥指导作用。有时，广告公司也会发现一些不为人知的新星，他们对角色的演绎可信而令人难忘，其表演已经超越了单纯地塑造产品个性或形象。

广播广告和电视广告的格式

和印刷广告差不多，广播广告的格式就像模板一样，发挥着指导讯息要素安排的功能，在美术指导和文案人员确定好大创意之后，他们必须决定采用哪种广告格式。

许多广播、电视广告风格都非常成功，其中一些选录在广告实验室10–B。我们在此主要阐述八种常用的广播广告或电视广告格式：直截了当式、主持人式、证言式、演示式、音乐式、生活片段式、生活方式式和动画式。

直截了当式

直截了当式（straight announcement）是广播、电视广告中最古老、最简单的一种形式，可能也最容易写，由一个人（多半是电台、电视台的播音员）播送销售讯息，可能配有背景音乐。直截了当式之所以较为流行，是因为它几乎适用于所有的产品或条件。在广播中，直截了当式广告还可以设计成**整合广告**（integrated commercial），即可以与某一节目穿插或针对指定节目专门制作。

在电视广告中，播音员既可以**出镜**（on camera），也可以不出镜头而作为**旁白**（voice-over）来传递销售讯息，与此同时，演示、幻灯或电影影像则出现在屏幕上。如果脚本设计精心，播音员又显得具有说服力，那么，直截了当式广告也会产生非常好的效果。由于这种广告形式不要求精密的制作设备，因此

广告实验室 10-B

广播中行之有效的创意方法

产品演示 广告向消费者演示产品的使用方法，或产品的用途。

声音魅力 独特的声音会增强广告的魅力。

电子音响 合成音响制作系统能产生令人难忘的产品/音响联系。

顾客访谈 主持人和顾客共同探讨产品自身的优点。

幽默即席采访 以一种轻松的姿态采访顾客。

夸张陈述 夸张可以使平常容易被人忽略的常规性产品承诺引起人们的兴趣，通常采用幽默讽刺的形式。

第四维空间 将空间和事件压缩进一个简要场景中，使之反映听众未来的活动。

抢手货 利用热门事件——如热门节目、表演、歌曲等。

喜剧演员的魅力 著名喜剧演员自有一套独特的风格表演广告，相当于名人推荐。

历史幻想 利用复活的历史人物背景传递产品讯息。

音响画面 易于识别的音响会启发听众的想象力，促使他们参与广告活动。

人口统计因素 特定的音乐或参照物会打动某一特定人口细分群，如某一年龄段或兴趣的人群。

影像移植 利用音乐标志或其他音响巩固人们对电视广告的印象。

名人采访 著名人物以轻松悠闲的姿态推荐产品。

产品歌曲 利用音乐与文字的组合创作音乐标志，以流行音乐的风格推销产品。

剪辑特点 用一连串快速切换将众多不同的场景、人声、各类音乐和音效组合在一起。

即兴发挥 表演者按照规定的情景进行即兴创作，在后期剪辑中进行处理。

实验室应用

1. 选择三条熟悉的广播广告，讨论它们都使用了哪些创意技法。
2. 选择一条熟悉的广播广告，讨论如果换一种创意技法是否能提高该广告的效果。

可以大大节省资金。

地方性广告主、非营利机构和政治团体经常在午夜电视节目中采用直截了当式广告。

主持人式

主持人式广告（presenter commercial）用一个人或角色来表现产品，传递销售讯息。有些主持人是名人；有些是广告主一方的高层管理人员；还有一些可能由演员扮演，如孤独的修理工梅塔格（Maytag)。当然，无论采用什么人物，主持人都不一定非要真人不可，还记得老虎托尼吗？

广播名人（radio personality）——如拉什·林博和霍华德·斯特恩（Howard Stern）——以其独特的个人风格和即兴表演为广告讯息增添活力。如果运用得当，这类广告会非常成功。不过，这样一来，广告主就等于把控制权拱手交给了这个名人。这么做最大的风险是，这个“名人”有可能出于无意而在广告外批评自己所宣传的产品。即便如此，这种技法有时也会给诉求平添几分真实性。通常，“名人”拿着已标出产品特点、重点、句子或企业广告语的脚本，不断重复，但他们在播音时可以选择具体的措辞和语气。

证言式

真实的**证言**（testimonial）借心满意足的用户告诉受众产品有多么好，无论是在电视广告还是广播广告中，这种广告的可信度都比较高。名人当然能引人注目，但他们必须令人信服，且不得喧宾夺主，削弱产品。实际上，各行各业的人都可以扮演推荐人的角色，无论是著名人物，还是无名小卒，或非专业人士。至于采用哪种类型的人充当推荐人，这要视产品的属性和广告战略而定，满意的用户是最好的证言人，因为他们的真诚最具有说服力。奥格威建议在被拍摄对象毫无察觉情况下拍摄证言。当然，在使用前必须征得他们的同意。

演示式

电视特别适宜用来进行视觉演示，**演示**（demonstration）比口头讯息能更快更好他说服公众。因此，在电视广告中不要滔滔不绝，而要演示给观众看。[45] 自然，电视比广播也更容易演示产品。不过，也有不少广告主利用广播的想象属性成功地进行了幽默、诙谐的演示。

演示式广告可以演示产品的使用状态、竞争状态或使用前后的状态，这些技法有助于观众直接看到产品具有什么性能。

音乐式

音乐式广告（musical commercial）又叫**歌谣式**（jingle），我们从广播和电视中听到的音乐式广告既有最优秀的，也有最烂的。如果处理得好，音乐式广告可以带来巨大的成功，甚至超过普通的非音乐式广告。但处理得不好，则不仅会浪费广告主的预算，还会让受众反感，更不要说取信于他们了。

音乐式广告有几种形式：可以将整个讯息编成歌；可以在歌谣中间穿插**念白**（donut）；还可以编排用合唱表演交响乐式或流行歌曲式。许多广告创作者采用统一的音乐主题作为背景或广告结尾。我们将其称为**音乐标志**（musical logo）。在广告主的主题多次重复之后，听众便会把音乐标志与产品自然而然地联系起来。要做到这一点，音乐必须具有摄人魂魄的**吸引技巧**（hook）——某一部分歌曲令人难忘。

广告人的歌谣来源有三个渠道：从版权所有人那里购买曲子的使用权，通常费用较高；利用已无版权问题的乐曲，免费；或专门请人创作一段原创曲子。有些原创歌曲，如可口可乐广告著名的“我想教这世界一齐唱”，最终就变成了人气很高的热门单曲。

生活片段式（问题解决式）

生活片段式（slice of life）广告按现实生活情景进行表演，出场人物多为普通老百姓，当然，他们由专业演员扮演，谈论自己生活中遇到的某些烦恼：比如口臭、牙齿松动、头皮屑、体臭或汗渍等，再由一位亲戚或同事暗示解决的方法，于是大家去试这个产品。下一个场景便表现使用后的结果——此人面貌焕然一新，这位更幸福、更干净、更清新的人赶着去赴新的约会了。表演总是以成功的尝试结尾。虽然观众常常厌烦这类广告，文案人员也不情愿写这类广告，但它们却能有效地引起观众的注意，激发他们的兴趣。

针对生活方式进行诉求的广告，通常在广告中表现与产品有关的消费者类型，而非产品本身。万事达卡的这条广告瞄准了运动迷，尤其是波斯顿红袜棒球队（Boston Red Sox）的球迷，他们为了心爱的球队可以付出任何代价。

旁白：红袜队世界联赛票。
棒球迷 1：500 美元。
排队的人：我出 4 000。
举重运动员：我的小车、货车，外加电脑。
女孩 1：两个月的薪水。
举重运动员：……我所有的积蓄。

脸上涂彩的家伙：所有的东西，所有的东西。
小男孩：我的鱼。
年轻女士：我的狗。
举重运动员：我的女朋友。

球场的球迷：我的第一个小孩。
女孩 3：千真万确。
旁白：观看波士顿红袜世界联赛——无价。

旁白/叠：有些东西金钱买不到。
旁白/叠：除此之外都可以用万事达卡。
旁白/叠：至尊球迷。

生活片段式广告成功的关键在于简洁，广告应突出表现一个产品利益，使之深刻难忘。利用**助记手段**（mnemonic device）往往可以使产品利益更加生动，从而迅速唤起观众的记忆。

生活片段式广告的可信度是比较难解决的问题，因为在现实生活中，人们并不谈论“高品位者的选择，精明的选择”这类问题。因此，演员的表演必须具备相当的可信度，观众才会接受他们所说的讯息。这就是为什么大多数地方性广告不采用生活片段式技法的原因。创造可信度需要非常专业的才能，而且也需要大笔的预算。总之，无论在哪种情况下，故事情节都必须与产品相关，而且表现手法要简练。

生活方式式

如果要表现用户而非产品，广告人可以采用**生活方式式技法**（lifestyle technique）。例如，迪塞（Diesel）品牌就曾借助表现不同职业的人物的不同工作情景和娱乐活动，将其最新的产品线瞄准城市受众。同样，啤酒和软饮料类产品的广告主也经常将讯息瞄准充满活力、热爱户外活动的年轻人，着力表现喝这个品牌的人而非具体产品的优点。

动画式

卡通、木偶和电脑动画表演是处理那些较为麻烦的讯息和到达特殊市场（如儿童）非常有效的**动画**（animation）技法。比方，阿斯匹林或其他药物对人体系统的作用很难说明，但用动画表现头痛和胃痛就可以简化主题，使表演清晰且容易理解。

电脑动画要求广告主具有强大的信心，这是因为这项费用高昂的工作大部分是由电脑来完成的，在动画未完成之前，什么也看不到，但却要花费大量的金钱。

故事板设计的基本构成

创意小组选定大创意和电视广告所要采用的格式后，美术指导和文案人员便着手撰写脚本。电视的视觉影响力和表现力都非常强，因此，美术指导的责任相当重大，他们必须善于与其他专家——如制片、导演、灯光师、布景设计师——合作，顺利地设计、制作出广告。

故事板的设计

基本脚本完成之后，美术指导负责将脚本中的图像部分落实为真正的影像。这项工作由故事板来完成。**故事板**（storyboard）是一张预先印好的纸，上面有8~20个电视屏幕状的空白画框，每个画框下面留有空间以供填写广告正文，包括用术语表达的音效和镜头角度（见图表10-3）。故事板的工作原理就像卡通片一样。

通过与印刷广告布局相类似的一个过程（小样、草图、末稿），美工精心设计每个场景的表现方式，调配演员、场景、道具、灯光和拍摄角度，以期获得最贴切的气氛、最美的画面和最强的感染力。故事板有助于创意人员从视觉上落实广告的格调和动作顺序，发现构思中的不足，使提案能通过上级的认可，同时充当拍摄的依据。

但是，即使设计已达到末稿水平，故事板也只是接近成品广告的样子，实际制作当中还会在灯光、拍摄角度、焦点以及重点上进行修改，摄影机可以发现许多美工在设计时无法预见的问题，反之亦然（第11章将进一步探讨故事板的设计制作）。

图表 10-3
电视脚本常用术语的缩写

CU：特写，离人物或被拍摄物体非常近的镜头。
ECU：大特写，又叫BCU或TCU；比上面镜头还要近、还要大。
MCU：中特写，突出主体，但附带周围的物体。
MS：中景，主体的广角镜头，但不包括全部背景。
FS：全景，整个背景或主体。
LS：远景，整个场景，形成距离感。
DOLLY：移动拍摄，分DI（推）、DO（拉出）和DB（拉回）。
PAN：摇，从一面摇至另一面。
ZOOM：推，平稳地推进或远离主体。
SUPER：叠，在一个影像上叠放另一个影像。
DISS：也写作DSS，渐隐、渐显，第一个镜头出去，第二个镜头进入。
CUT：切换，从一个画面突然转至另一个画面。
WIPE：划，画面逐渐在屏幕上消失（可以产生各种效果）。
VO：旁白，屏幕外的声音，一般是播音员的声音。
SFX：音效。
DAU：音效减弱、人声进入。
UAO：人声减弱、音效进入。

样片：影视末稿

为了丰富故事板或事前测试一个构思，可以将广告以粗剪片的形式录制在磁带上，由文案和美工临时充当演员，或者拍摄一条**样片**（animatic）——按故事板规定的动作、情节等拍出胶片，再用磁带配上广告的音频部分。电脑的出现使制作标准样片的成本大幅度下降。一些电脑技术的出现给广告公司在少花钱的基础上为客户提供更好的创意服务提供了一条途径。

故事板或样片获得认可后，就准备进入广告的制作阶段。

撰写网络广告

互联网是一种全新的传播媒介，很多广告人仍在学习如何运用它。由于现在的网络用户知识广博、成熟精明、影响广泛，因而这是一个非常重要的问题。

有鉴于此，网络广告的撰写至关重要。尤其是那些提供直白、实用信息的企业网站，这一点对树立和巩固品牌价值十分重要。

里德·戈尔兹伯勒（Reid Goldsborough）是一位通晓多种技术的专栏作家，曾做过广告文案。他坚持认为，虽然形象在传统广告中意味着一切，但在网络上，内容却高于一切。他指出，调查显示，与报纸杂志读者不同，网络用户往往先看文字，然后再看图片和图形。换言之，文字最重要。文字产生内容，而内容胜过格式。

其次，上网的人并不会认真阅读网站内容，而是浏览。因此信息编排一定要简明易懂，带数字编号的条目和加下划线连接的内容高于其在平面媒体中的使用频率。上网的人不会像看报纸那样从头到尾地细看，而是只浏览网站的首页，然后就看别处。但是如果他们对自己看到的内容感兴趣，他们会继续留在这个网站搜索更多的信息。由于没有物理空间的限制，网络为深度搜索提供了理想的空间。但据戈尔兹伯勒的观点，如果在网站上一屏接一屏地放文字，读者也会厌烦。

一项测量网站使用价值的研究发现，内容简洁紧凑的样本网站得分可以提高 58%，可检索的网站得分可以提高 47%，而采用客观写作风格而非推销式风格的网站则可以提高 27%。如果某一网站能同时兼具上述三个优势，则使用价值得分可以提高 124%。

网页应该划分成不同的区域，并加以组织；但不可划分得过细，否则会让读者晕头转向。在区域或网站之间设立链接将大有裨益。但戈尔兹伯勒提醒我们，通往其他网站的链接必须流畅。

网络用户通常都很精明，他们会像躲避瘟疫一样躲避天花乱坠的广告。因此，虽然企业应该尽其可能给人留下最好的印象，但自吹自擂却有可能将读者吓跑。

最后一点，网站应该始终保证其互动性，让读者能通过电子邮件或者网上留言的方式对网站内容做出反馈。互动性是网络的特点和优势，忽视这个特点，则无异于浪费金钱。

针对国际市场的广告创作

在国际市场，文案人员与创意总监要考虑的一个最重要因素就是语言。西欧至少有 15 种不同的语言，还有 30 多种方言，亚洲、非洲也存在着类似的问题，南美的情况稍微好一点。

对于广告的可移植性，国际广告主们已经争执了多年。一方认为，为每一个民族单独创作广告费用太高，于是，他们只是将一个整个广告翻译成各种相应的语言。另一种方法是“全球化思考，本土化执行”，用不同的语言创作广告，反映不同人群的需求，但整个主题全球统一。第三种观点则认为，要想确保国际广告的成功，唯一的途径是针对各市场创作专门的广告。花旗集团采用了后者的一种变体。作为金融服务业的巨头，花旗集团在 100 个国家都设有分行，因此它针对每个市场的不同需求来调整自己的广告和产品。以印度为例，印度向国外输出了大量的劳务，因此这些人在国外可以用卢比开户，而不是当地货币，他们在印度的亲人可以通过遍布国内 34 个城市的花旗银行 ATM 机取款，从而避免转账产生的巨大费用。当然，也有一些广告主认为上述两种方式都太消耗成本，毫无必要，于是他们干脆用英语在全世界发布广告，侧重产品的共性而非特性。

广告主必须区别对待不同的形势，此外，他们还必须权衡不同促销战略的经济意义。

文案翻译

无论采用哪种战略，翻译都是一个基本问题。国际广告中因误译和用词错误而造成的经典谬误比比皆是。在百度鸡的西班牙语广告中，错误的翻译使广告变成了“它使性冲动的男人让小鸡充满柔情”，而其原意却是“让硬汉做出柔嫩的鸡”。

对产品名称的拙劣用词或蹩脚翻译会削弱广告在外国市场的信誉。

美国人、加拿大人、英国人、澳大利亚人和南非人都讲英语，但在词汇、用词以及句法上却有相当大的差别。同样，法国人、加拿大人、越南人和比利时人嘴里的法语差异就如同一个英国贵族和一个田纳西州山民嘴里的英语差异一样大。甚至在同一个国家，语言也会有很多种。比如，日语有五种“语体”，有表示尊敬的，有表示卑谦的，视讲话人与听话人各自的身份而定。因此，翻译日语的人必须知道何时改变语体。

在翻译过程中，广告创作人员应当遵循以下几条基本原则：

- *翻译者本人必须是文案高手。*在美国和加拿大，大多数人都讲英语，但擅长写作的人却很少，更别说擅长文案写作的人了。广告主往往让翻译服务公司用外语替他们写广告，但这种做法并不可取。
- *翻译者必须了解产品。*翻译者还必须了解产品特点及其投放的市场，最好用一位产品专家或市场专家任翻译而非普通的翻译。
- *翻译者应使用母语进行翻译。*他们最好是广告投放国的本土居民，这样才能确保翻译者真正了解该国的现行社会心态、文化以及俗语。
- *创作人员应该给翻译者提供比较容易翻译的英语文案。*双关和俗语虽然使英语成了一种丰富多彩的语言，但却很难翻译成贴切的其他语言，只会增加翻译的难度。

对一个民族市场最大的不恭莫过于对他们语言的误用。因此，翻译必须准确，标点必须恰当，而且，还必须优美。

对国际工商业人士而言，英语已经成为他们发布广告时的通用语言。一些企业将产品说明书和使用手册印成英文，但这种做法有时会导致当地居民对该企业的民族反感情绪，更糟的是，还有可能在不知不觉中把产品局限在少数懂技术英语的人群当中。

面向国际市场的美术指导

哲学家常常将艺术当做一种国际性语言，认为艺术的非语言元素可以超越文化界限而自由地传播，但在广告中这却是一个美好然而代价高昂的想法。不同文化背景的人对色彩含义的认识是不同的，因此，在设计用于其他国家的广告时，美术指导必须熟知各国的艺术偏好与禁忌。

有人认为色彩可以代表情感，于是有人“has the blues”（忧伤，直译“有点蓝”。——译者注），有人“green with envy”（因嫉妒而红眼，直译“因嫉妒而绿眼”，见广告实验室 9-A，色彩的心理作用）。国旗——加拿大的红枫叶，美国的红、白、蓝和法国的三色——是一种非语言符号，能激起人们的爱国热情、爱国思想和爱国行动。然而，这些象征却有可能损害销售，比如在东南亚，如果采用美国国旗和法国国旗的颜色进行促销，很容易招致失败，那里的人们至今还没有忘记当年抗美、抗法的痛苦经历。

图标（icon）是代表特定观念或东西的一个视觉形象，它的意义有时可以跨越民族界限，反映同一文化体系的品味和心态。例如，含有蛇的广告（在许多西方文化中，蛇代表邪恶和情欲）在北美市场很容易丧失销售；而在远东，

在为国际市场准备广告时，美术指导必须确保广告的语言以及形象对于目标受众来说不会太陌生。南非发布的这条乐高（Lego，www.lego.com）广告无须长篇大论，也无须醒目的标题，从乐高海洋中探出头的一只乐高潜望镜足以激起世界各地组合积木玩家的热情。（见彩插）

同样是这个视觉形象，却有可能充分展示出产品的力量。在远东国家，蛇蜕一次皮意味着又获得一次新生。

从更人性化的层次来讲，文化的象征可以体现社会的角色。当广告公司请演出公司或人才公司为自己寻找模特的时候，其实就是在寻找一个图标。他们希望模特能够有效地体现产品的利益，或帮助目标市场与广告建立更好的联系。不过，此文化认为魅力十足的模特未见得能得到彼文化的认同。

广告常利用本土文化中流行的佳句短语。即使创意在文字上可以译为另一种语言（这其实很少见），美术指导也仍然难以沿用同样的形象。因此，从事全球性广告的广告人必须事先测试当地人对艺术与设计构思的接受状态。

对国际广告主的法律限制

最后一点，所有的广告创意，包括广告说的、表现的或做的，都必须完全符合当地政府与文化的要求。

重要术语

设　计	启发式标题	收　尾	主持人式广告
布局图	疑问式标题	结　尾	广播名人
小　样	命令式标题	广告语	证　言
末　稿	副标题	主题句	演　示
版面组合	肩　题	标题句	音乐式广告
拼　版	黑　体	证　章	歌谣式
照相制版	斜　体	标　志	念　白
招贴式格式	正　文	签　名	音乐标志
方框图片式布局	直接推销式正文	脚　本	吸引技巧
艾耶 1 号式	企业形象式正文	音　频	生活片段式
插图画家	叙述式正文	故事板草图	助记手段
摄影师	对白/独白式正文	表演纲要	生活方式式技法
图形部分	图片说明式正文	直截了当式	动画式技法
标　题	技巧式正文	整合广告	故事板
利益式标题	导引段落	出镜头	样　片
新闻/信息式标题	内容段落	旁　白	图　标

复习题

1. 什么叫布局图？其作用是什么？
2. 印刷广告的设计分几个步骤？
3. 哪种颜色叫空白？
4. 从本书中选择一条含有图像的广告。说明图像的作用是什么？如果你是该广告的美术指导，你如何改进图像？
5. 第 4 题所举的广告采用了哪种标题？创意小组对创意金字塔的遵循程度如何？请说明。
6. 挑选一条你不喜欢的广告，分别用三种不同的风格改写其标题。
7. 什么叫故事板？它有什么作用？
8. 分别举例说明八种电视广告形式。
9. 挑选一条你喜欢的国际广告，指出它的讯息战略是什么？你能说明其文案风格吗？你认为其文案和标题体现战略了吗？你喜欢该广告的哪些部分？为什么？
10. 设计外语广告要遵循哪些原则？

第 11 章

创意实施：印刷、电子及数字媒介的广告制作

目标　全面展示印刷、电子及数字媒介广告的制作过程。电脑对制作过程产生了巨大的影响，为当今的广告人节省资金、节省时间、提高制作水平提供了更多的机会。但为了控制成本，保证制作质量，广告人仍有必要对印刷媒介、广播媒介以及新型数字媒介的广告制作过程及方法有一个基本的了解。

阅读本章，你可以学会：

1. **认识**计算机在印刷广告制作过程中的作用。
2. **了解**印刷广告和宣传手册由构思到终期制作的全过程。
3. **了解**如何为新闻界所需的印刷准备材料。
4. **了解**电视广告和广播广告从最初构思到终期制作的全过程。
5. **掌握**电视广告的主要形式。
6. **了解**在广播和电视制作中节省资金的秘诀。
7. **了解**电视特技的可行性。
8. **认识**重要数字媒介对广告创作的作用。

广告制作过程的管理

对于广告从萌芽到结果所经历的错综复杂的技术过程，普通读者很少有概念，但有经验的广告人——尤其是美术指导、设计师、印刷制作经理和制片人——却深知个中详情。他们知道，正是因为对细节的精心处理，才使广告增添了魅力，更趋圆满。精心管理是确保广告制作成功的重要保障，因此，在详细探讨制作过程之前，我们还是先讨论一下制作过程所涉及的一些管理问题。

印刷制作经理和制片人的职能

出现在消费者眼前的每一条广告都标志着一个高度复杂的过程，这一过程包含着众多环节——诸如全色图像的复制、场面的拍摄与剪辑、字体精确规格的说明与版式、检查、认可、复制以及运送完稿、负片、磁带或胶片至各媒介（报纸、杂志、广播、电视，甚至网络出版公司）。

这些任务通常是**印刷制作经理**（print production manager，对印刷媒介而言）或**制片人**（producer，对电子媒介而言）的职责。他们要负责保证整个项目在计划内按预算顺利进行，同时，还要保证每一个制作环节都达到质量要求。

通常，制作经理和制片人发挥着四个管理作用：策划、组织、指挥和控制。例如，在盛世公司，约翰娜·里奥维里(Johanna Leovey）是印刷制作经理，她的职责是审查艺术构思；然后，策划用哪种制作过程来达到要求；再后，组织分配任务，决定轻重缓急，以便满足客户的媒介排期，再指挥制作人员完成美术制作的各部分；最后，为确保质量、经济和速度，她还必须发挥控制功能，认真检查每一个成员和下游公司的工作，征求上司和美术指导的反馈，确保整个创作小组都朝同一个方向努力。约翰娜的上司洛兰·阿尔珀·克雷默(Lorraine Alper Kramer）是盛世公司的印刷总监。

策划与组织

“时间分配”是管理的一个重要环节。一个项目的每一个阶段都是由众多任务构成的，因此，制作经理必须预测每一阶段有可能在什么地方发生意外。比方，完成一条动画广告大致需要五个阶段，但具体到每一条广告，各阶段所需的时间又各不相同（见图表 11–1)。

虽然读者只需 15 秒钟就可以看完丰田 Prius 这幅全国性广告，但大多数人都不知道，如此水准的广告从构思到完成需要三个星期到一个月，甚至更长的时间。创意产生、被否决，然后再小心谨慎地制作成广告成品，最终第一次公开登场亮相。在此之前要经历许多环节。

指导与控制

指导制作人员和下游公司的工作也是一个挑战。美工如果没有正确遵照美术指导的设计行事，就有可能毁掉广告的魅力、表现力和效果。印刷过程不当，纸张、油墨使用不当也会削弱广告形象的冲击力、增加成本，甚至导致推翻重印，浪费大量的时间。忘记反复检查印刷制作的细节和制作人员的工作，会导致印刷制作经理付出惨重的代价：可能为此而损失客户或公司的大量资金，甚至可能丢掉自己的饭碗。

洛兰指出，制作人还必须随时掌握印刷和电子媒介制作工艺上的任何技术变化，包括数字媒介（多媒体、互动媒介和在线网络）。此外，由于现在所有广告公司的员工几乎都在

图表 11–1

时间分配比较图。所有的项目都各有其特点，因此每个项目各环节所需的时间便不尽相同。虽然平均而言，所有项目的制作时间大约为 40%左右，但也有一些项目的制作时间更长（如项目 1），有一些更短（如项目 2）。

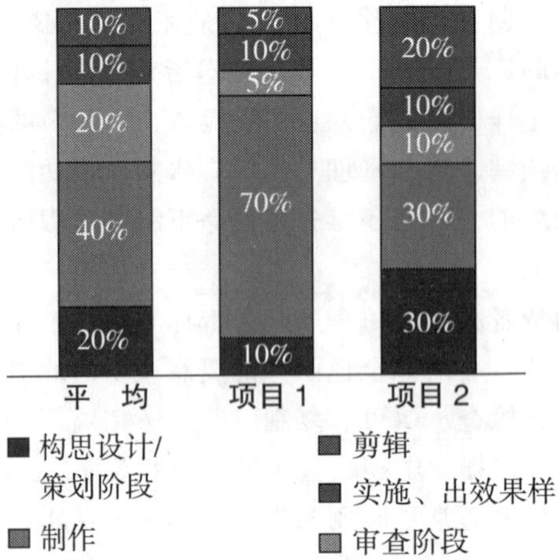

使用电脑，因此他们还必须了解电脑在制作过程中可以发挥什么作用，哪些软件程序的效果最好。

控制制作成本

在盛世公司接手 Prius 这个案子时，他们提交了一份制作费用预算清单，包括电脑设计和转包出去的工作，如摄影、复制以及送片的费用。两周后，等约翰娜拿到通过的美术构思时，她知道自己必须竭尽全力不让费用超出预算。

优秀的制作经理要随时监督每项工作所花的时间以及下游公司提交的费用申请，只有这样，才不会超出预算。制作经理必须花大力气控制计划外开支。

打破预算的常见因素

打破预算的常见因素有五个。第一项最多，是因策划不周和缺少准备而出现的成本超支；第二项是制作时的享受，比方，如果创意总监想用公司的钱请每位创作人员吃饭，以嘉奖大家的工作，他就应该先问问“预算里有这份钱吗?”；第三项是加班——夜间加班或周末加班，如果有可能，经理应准备几个备用方案，尽量避免加班；第四项是为追求特殊效果而使用特殊设备造成的成本猛增，超出预算，比方，使用异形电脑装置会比标准装置贵得多；第五项，由决策人、主管部门和律师组成的复杂梯队还有可能阻碍决策，引起不利争端，使过程中止。

国际广告主还必须认识到各国在制作成本征税规定上的巨大差异。例如，阿根廷对所有制作成本和媒介购买代理费征收 21%的一揽子增值税（VAT）。

各种媒介还有一些其他具体的预算问题。

印刷制作成本的控制

“印刷制作”这个概念指某一个已获得认可的设计从构思直至最后在某一印刷媒介（如杂志、报纸或宣传手册和直邮包装这类广告辅助材料）上发布的系统过程。

印刷广告制作中的一大块费用是制版，需要提供全部分色图、修版、清样和数字文件，因此许多制作经理宁愿让自己的印刷厂提供全部印前的制版服务(诸如从插图和磁盘上制作制版负片)。如今，绝大多数印厂内部都能提供数字制版服务，他们最清楚具体哪种制版工艺才能给自己的制版设备和印刷设备提供最合适的负片，而且他们的收费往往也比外面的服务公司低。当然，也有一些制作经理认为让一些高质量的制版中心制作负片更安全可靠，因为他们提供的专业化服务品质非常高，他们的人员在色彩还原方面技术非常娴熟，并且可以将材料准时准确地送达全国各地的媒介。此外，制作经理和美术指导还可以在印刷厂将材料送去制版（该过程叫“剥”）前，对负片或制版资料进行校对。

纸张成本也会影响预算，广告公司在印刷媒介上发布广告时，媒介将纸张成本一并计入广告费用中，因而广告公司并不会注意到这种转嫁成本。但是，如果广告公司要为客户印刷辅助材料，如数据本、样宣或包装，纸张成本就显现出来了。

针对 Prius 这个项目，盛世公司为车展和销售商准备了一条预热广告，希望在其他促销资料尚未制作完成之前激发人们对 Prius 的关注。他们将这条预热广告装在一个用上等皮纸制作的精致折页纸袋中。另外，盛世公司还用粗糙的齿孔纸制作了小型传单，在里面嵌入了一些种子。上面写着：“混合动力驱动：有时，变化的种子也会像汽车设计那样精巧，或者，就像这张卡片一样。”收到者只需将这张纸种下，然后等着这些种子绽放出美丽的花朵。盛世还设计了一个全球性的指南，指导各个国家的经销商组装印刷广告，并使之与美国的广告相呼应。在诸如此类的情况下，与纸张相关的成本就会远远大于印刷成本。

采用不同的印刷工艺，如平板印刷和大型轮转印刷，将对印刷用纸和油墨的选择产生影响，进而影响到印刷成本。

电子制作成本控制

电子制作（electronic production）这一概念指将脚本或故事板转换成供电台、电视台或数字媒介使用的成品广告的过程。虽然电子制作的整个流程与印刷制作差不多，但具体的工艺细节和成本却相去甚远，而且出来的结果不是印刷胶片或负片，而是音频或视频磁带、动画胶片或某种数字形式，如 CD-ROM、移动硬盘或 DVD。

广　播 广播是最便宜的电子媒介，因为它只需与声音打交道，设备与劳务费用比电视制作要低，无须发型师、化妆师或台词提示员，复制用的录音带也很便宜。

因此，制作广播广告要控制的主要费用是演员费与音乐制作费，特别是名演员的费用，可能很高。即便采用工会签约标准的演员，按合同规定的**最低合同工资**（scale）支付费用，如果是几个人或在几个市场播出，或要延长播出期限，其费用也会相当惊人。比方，广告主可能初步与演员签约，播出 4 周或 13 周，如果播出时间超过合同期限，广告主要再次付给演员**复映复播追加酬**

金 (residual fee)。

同样，原创音乐（作曲、配乐、编曲）的成本也会因演员和使用范围的不同而不同，有相当便宜的，也有很贵的。因此，许多客户——尤其是小型地方性广告主和区域性广告主——大多愿意选择录音棚录制的或电台预录的商业音乐片段作为广告音乐。

电 视 许多企业需要电视所能达到的广阔覆盖面和冲击力，不过，电视业容易受高额的设备成本和劳务成本的影响。

很多因素都会对电视广告的制作预算提出挑战，包括儿童演员与动物演员、超级明星和超级导演、强大演出阵容、动画、复杂图像、特技、逐格拍摄、外景与棚内拍摄同时运用、高价布景装饰或搭制、超期拍摄以及拍摄期间对脚本进行重大修改等。广告制片人必须对所有这些因素有所了解，并对此做出周密的安排。

数字媒介 计算机促使了一批全新数字媒介的产生，这使得广告公司制片人和创作人员的工作显得更为重要，同时也促使他们跟上新的录制工艺、复制工艺和特效技术的步伐。

过去，广告公司如果想向客户形象地展示自己的作品选辑，必须进行**多媒体演示**（multimedia presentation）——采用多台投影仪和声画同步录音装置进行快速幻灯表演。而如今，多媒体显像管只需将激光束瞄准屏幕，传感器便可以向一台移动计算机发送信号，隐去幻灯机，显出三色投影仪，然后，发出一组简短的模拟图像，再用电脑图形和特效加以完成。创意小组可以撰写这类多媒体销售演示，但制作经理和制片人一般要负责落实制作。要用经济合算的方

对于经常上网的人来说，在电脑中看见由其他电脑创作出的广告是司空见惯的事情。Pot 面的这条广告由于采用了非传统的表现手法而在戛纳斩获金狮奖。经过设计师之手，Pot 面的网站看起来像一个搞笑的论坛而非一条广告，网站以画廊、舆论调查、幽默文章以及互动游戏为主。（见彩插）

式完成上述工作并不那么简单。

从机场登机到商店购物，消费者已经习惯了触摸屏所提供的自助服务和**电脑亭**（kiosk）上的信用卡服务。广告公司正在为如何在这些数字化的服务设备中进行数字展示而忙碌，这将使得它们自动呈现在消费者的面前，为他们提供升级服务或成为他们新的选择。

印刷广告制作过程

在丰田的广告经理对丰田 Prius 的广告构思发出“开始”指令后，约翰娜便可以全力以赴了。她所采用的工作流程与任何其他印刷工作流程别无二致，无论是印刷宣传手册、招贴或是直邮用品，她的目标都一样，那就是尽量按照创意小组的意图完成工作。

印刷制作流程（print production process）主要包含四个阶段：*预备、制作、印前准备、印刷与发行*。图表 11–2 为一个简化流程模型。

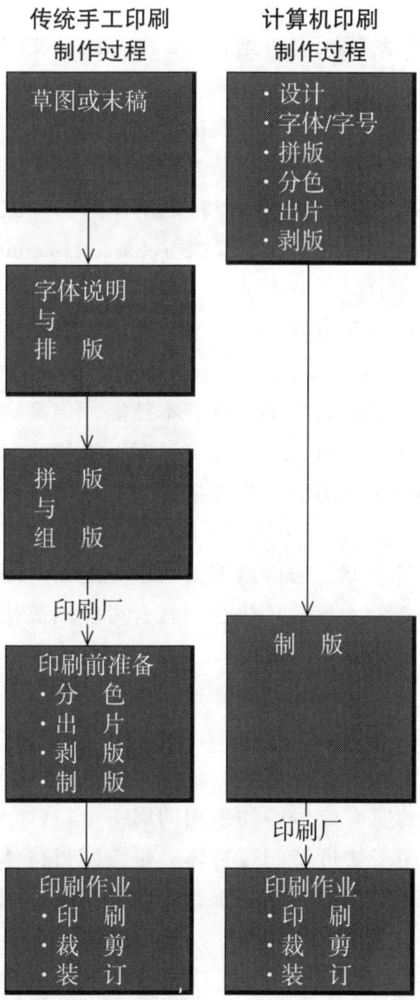

图表 11–2
印刷广告制作流程

预备阶段：策划项目

第一步，**预备**（preproduction）。当创作部将经过认可的创意构思——草图或末稿和文案——交给制作部时，第一步便开始了。制作经理的首要任务是与公司的调度部经理沟通，将项目纳入制作部的工作调度系统中，他们共同建立一个**任务夹**（job jacket），用它来储存制作过程中产生的各种作品和构思，然后仔细审查任务的一般性质，考虑如何经济有效地完成这些任务。不妨尝试提出一些问题，诸如：

- 需要哪种设备？
- 如何获得这些设备？（是否租赁另外的机器？）
- 哪些材料是必需的？（假设是印刷包装，我们计划在哪种材料上印刷：铝板、纸或卡板纸？）
- 需要哪些人力？（是否需要聘请摄影师或插图画家这类自由职业者？）
- 这些工作是否会产生任何特殊费用？（我们是否需要外景拍摄？比如，是否需要食品设计师的专业服务？）
- 需要多少制作美工？（假设截止期已经临近，我们是否必须动用后备军？）

上述这些大问题解决之后，制作经理才有可能认真考虑项目的一些具体需要。

从出版**截止期**（closing date，又叫 deadline）开始倒计时，调度部和制作经理要决定每一步工作必须在什么时候完成。截止期有长有短，长的几个月，短的只有几个小时。经理要给每一步稍许打出点富余时间，因为每个单词、美术元素和其他元素都有可能在最后一分钟修改。调度部经理的职责就是确保大家的工作不要错过截止期，确保及时获得确认文件。Prius 一案只给了盛世创作小组五天的时间。在这五天内，他们必须拍下所有印刷广告和辅助材料以及几条 15 秒广告要用的汽车素材。

排版与组排

美术指导挑选相应的字体风格，以突出产品的预期特性，使广告基调更加丰满。字体会影响到广告的外观、设计和可读性。选择的字体再好，但如果标题不好、正文糟糕或插图不当，也于事无补，不过可以激发兴趣，吸引读者。

制作经理和平面设计师必须熟知**排版工艺**（typography），即选择和编排字体的工艺。广告美工必须掌握常用的五种主要字体种类、字系中的每种艺术变体以及字体的结构，在选择字体时必须考虑以下四个问题：可读性、吻合性、和谐性或外观，以及重点。

计划外购字体设计的美工必须事先根据版面容量**组排**（copy cast，又叫 copyfit），按字体字母大小和比例计算出字体要占的整个空间。由于字体设计的售价较高，更换的代价也不少，因此，这是一件相当重要的工作。编排文案的方式有两种：单词计算式和字符计算式 。

单词计算式（word-count method）按指定的标准范围以特定字体风格和大小计算、分配每平方英寸内的文案单词数；**字符计算式**（character-count method）更准确一些，即计算文案中的所有字符（包括字母、单词间隔和标点符号），找出每种字体和规格的每派卡长度中平均能分布的字符数，然后确定文案要占多少字符数。

就在十几年前，排版技能还是所有美工必须具备的一种基本技能，但是现在，这项工作已经能由电脑在几分钟内完成。不过，为了避免后期发生排版问题，这项技能在预备阶段仍然有用。例如，某地方性广告主把正文交给广告公司制作印刷材料，希望美工能使字体显得“美观”一些，根本不管正文字符有多少，是否适合版面空间。因此，尽早计算文案，可以给美工留下充足的时间来决定是否建议修改正文。制作开始后再重写文案，广告公司就有可能因等待重写而失去时间，错过媒介的截稿期。

为了使自己的广告标新立异，有些广告主甚至愿意付钱让广告公司设计一套新的字体，有些则让自己的排版式样与广告即将发布的杂志和报纸的式样保持一致，使广告看上去更像社论文章，希望借此来增强广告的可信度（至少能引起兴趣）。为了保持一致，盛世在丰田的所有广告中均采用同属一个特殊字系的字体。比如 Prius 的广告，他们就采用了盛世特制哥特体，是特制哥特体的一种变形。但由于广告主和广告公司都想努力在广告中保持“新鲜”感，因此其“正式”字体的风格几乎每年都在变化。

项目策划

预备阶段的全部目的就是对工作进行周密的策划，要求在全面进入制作之前就做出一系列战略选择。比如，美术指导的创意草图是用彩色记号笔注明颜色的，与印刷油墨颜色之间有差距，因此，制作经理应当向美术指导咨询，然后依照色标系统（如潘东色标体系）提前正式选定一套颜色。

对于手册样宣的制作，还有选择哪种印刷流程和哪种印刷形式的问题。这将影响到预算，并决定在预备期和印前如何准备插图。

同样，美术指导和制作主管还必须注意纸张类型。广告一般采用三类纸：书写纸、课本纸和封面纸。例如，信函和小传单通常采用**书写纸**（writing paper)，纸质优良的书写纸最结实，因而最常用。手册样宣可以采用多种**课本纸**(text paper)，如新闻纸、仿古纸、机制加工纸、英国纸和铜版纸。其中新闻纸便宜、粗糙、透气，就像报纸用的那种；铜版纸光滑厚实、价格较高，如高档杂志、工业样宣和高级年度报告所用的纸。**封面纸**（cover paper）有多种加工工艺和纹理，用做软皮书封面、直邮邮品和样宣手册封面，因此，更厚、更结实，也更耐用。

最后，制作经理必须尽早做出决定：速度、质量和经济究竟哪一条最重要？一般说来，三者只能取其二，总要牺牲其中一个。这个问题决定着随后将采用哪种制作方法，聘请哪种人员。所有这些问题解决之后，便可以进入制作阶段了。

制作阶段：创作插图

在 Prius 广告的预备阶段完成之后，约翰娜·里奥维里便将广告的下一环节转交给洛兰·阿尔珀·克雷默美术工作室的制作人员，由他们为预定的印刷媒介制作实际的广告。从根本上讲，**制作阶段**（production phase）关系到插图组合、排版和完成其他相关元素，如插图和照片，然后将所有这些元素融合成一个可供印刷厂或出版单位使用的完整的图版。

图像的创作

除了文字以外，几乎每一条广告都会包含一定的图像元素，有些广告还会有好几幅图片。图像既可以是插图，也可以是照片，甚或两者的结合。但这些图片是从什么地方来的呢？

在和美术指导研究布局的时候，便要决定是采用插图还是照片，决定如何获得创意所需的图片。在大多数情况下，为了节省客户的资金，美术指导和制片人（甚至大型广告公司的美术采购人员）都会选择采用资料照片——支付合理的使用费从图片资料社购买一两幅现成的图片，付费标准一般是根据预计用途和使用时间的长短来确定。

请插图画家专门创作原创图像或请摄影师到外景地拍摄专用图片，这两种做法的费用都极为高昂，如果是到外地，则费用将更加高昂。在拍摄方面，有几个问题特别要加以考虑：一是用人问题，这取决于你所预定的拍摄风格。有些摄影师在新闻摄影方面的技巧非常娴熟，有些则在室内拍摄方面非常擅长，还有一些专门拍摄食品或时装。

其他考虑因素还包括是否需要特殊设备、照明、道具或布景，还有，是否能解决电源问题。在 Prius 广告的印刷工作中，创意小组在一个摄影棚里，将车安排在白色背景中拍摄。然后再添加视觉效果和文字，最后再完成广告的造型。创意小组面对着两大困难：一是单纯的时间问题，因为每个拍摄小组都必须在五天之内拍摄完毕。二是辅助视觉图像的问题，即图像背后的圆点——正是这些圆点赋予了图像现代感、未来感。每个圆点都是通过图形软件创作的，哪怕广告的外观稍做变动，整个背景层都必须随之进行调整，以免文字或图像割断这些小圆圈的流畅感。此外，为了制造出车的阴影，必须在每个圆圈中填出不同的灰色，形成色彩的过渡。这需要大量的时间进行颜色搭配，而所有这些都是靠工作室美工来完成的。

准备版面组合

在为广告、宣传册或包装设计的制作拼版时，制作美工一般先划出准备放置插图和字体的大小位置。过去，美工用手工拼版，用淡蓝笔在涂料纸板上划出大小位置。如今，计算机制版软件通过指令完成板块安排和说明，坐标可以使部件的空间安排和设计保持均匀一致。

然后，制作美工选定正文字体的具体风格和大小，将这些信息连带文案一同输入计算机。如果广告公司自己没有排版设备或计算机系统，美工就要指定具体的字体，以便排版公司理解美工的意图。字体可以由电脑直接植入，也可以先打印在纸上，再贴到版面所划定的位置上。

Prius 广告的基本设计非常简单，就是创作出来的广告必须像汽车广告：干净、现代、亲切。小灰点使白色背景变得不怎么刺眼，使小灰点、车、广告语以及**必需要件**（mandatory），如电话号码、网址等，和谐地融为一体。

约翰娜和工作室的其他美工一起对末稿进行了仔细研究，以便明确如何在拼版工艺和排版软件上逐层分离不同插图元素和文案元素。

每增加一种颜色，就要在同一个位置增加一块涂料纸板来体现这个新的图像。新图像可以贴在**透明胶片**（overlay）上，覆盖第一个图像（我们称之为**底图**，base art），然后，制作美工在底图的四角标上套准符号，将每张透明胶片上的套准线与底图上的套准线精确地重合，这样才能保证每一层的图像不走样。

印刷厂需要的分色图必须能够分别复制，因此，无论用手工还是用电脑，插图的各个美术元素都必须精确定位。最后，经层层重叠印刷，才能制出整个彩色图像。印刷厂必须对各分色层拍照，才能制出分色版，因此这项工艺叫做**照相排版术**（camera-ready art）。

有了计算机，这项工作现在比较容易完成，插图的各元素按操作者命名的层次分离，然后按需要从计算机中输出分色胶片或纸质清样。

印刷制作中的质量管理

无论处于印刷制作的哪个阶段，制作经理都必须核实印刷的质量。例如，报纸和杂志广告的插图必须是（不再改动可立即拍照制版的）照相原版。现在，许多广告公司只提供软盘，由出版单位将计算机图像转换成胶片，杂志社在自己送交的每份广告上注明特殊指令和尺寸大小。如果发现任何问题，制作经理必须与出版单位取得联系，核对原稿。

最后，在将广告送交出版社或将插图送交印厂之前，制作经理必须检查所有校样，检查是否有错，并征得公司和客户方主管的认可。校对是一件非常花时间的工作，但如果到了确认阶段却无人出面，那就非常糟糕。

为了确保制作过程进展顺利，每个与项目有关的人员都必须了解工作的流程与进度，错误发现得越晚，修改的代价就越高。修改一个句号的代价在文案排好后可能是 50 美元，胶片制好后是 500 美元，开印后则将达到 5 000 美元。

制作阶段的质量问题

质量管理工作从制作阶段就真正开始了，制作工艺用的打样必须经过仔细检查，所有的文字和图形一个也不能漏，确保不存在拼写错误、对线不齐、图形大小不当、裁切标志不准以及其他各种细小问题。这些工作没做好，就有可能给后面的工作造成麻烦。

印前质量问题

最后印好的东西上哪怕一个最微小的瑕疵，也有可能导致严重的后果，因此，制作经理必须在送交杂志社前对胶片一而再、再而三地进行检查。胶片的模拟校样或数码校样（如下所述）应该仔细检查，并随胶片一同送交。

校样印刷制作方法

如果是印制辅助材料或手册一类的小东西，制作经理要检查印厂提交的蓝图、色基、模拟校样或数码校样和清样。

***蓝图校样*　蓝图** (blueline) 是将光线透过胶片，在感光纸上曝光后得到校样，白色部分表现为蓝色。蓝图有助于暴露胶片上的划痕、瑕疵以及排版错误——如插图反向。蓝图一般要裁切、折叠和装订，就像成品一样，以便检查折压、装订记号是否都已准确标明。

***色基与模拟或数码校样*　模拟校样** (analog proof，又叫 Chromalin) 采用一套四张非常薄的透明胶片叠在一起，每一层胶片上的感光乳胶在特定光波曝光下转换成某种原色，然后共同生成一张完整的四色图像校样。**色基**（color key）是一种较低廉的模拟校样形式，所用的胶片相对厚一些，可以揭起来，产生的整个图像比完成件呈现出更灰的色调。**数码校样**（digiial proof，又叫 Iris）是最新的技术革新成果，它采用喷墨技术，既能保证准确性，又能降低成本、缩短工时。

清　样　开始印刷时，印刷机操作工“拉出”几张校样，核对机器，检查油墨的均匀度。此时，制作经理要在选定的一张校样上签字认可，作为操作工的操作指令，同时也可在日后出现印刷问题时为广告公司充当保护依据。

校样检查的内容

在检查校样时，制作经理和美术指导负责检查校样中是否有划痕、砂眼、瑕

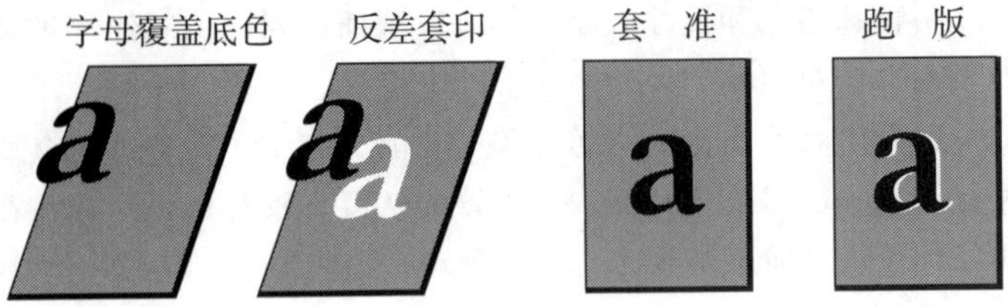

图表 11-3
黑色油墨可以覆盖底色（左一），但如果插图或正文选用的不是黑色而是其他颜色，它们下面就不应该再用底色。例如，假设在蓝底上印红色字母“a”，白底字形使蓝色不受红色的干扰（左二）；但如果红色字母与白底字形之间发生错位，或红色字母小于白底字形，均可能导致字母无法套准，白底就会从两种颜色之间露出来（右一）。

疵、污点或油墨浓淡不匀的现象。他们要用放大镜仔细查看网版的网目排列，确保色彩校正不出偏差，然后，再检查校样的套准与出血情况。

套　准　一种颜色或阴影的边缘与其毗邻的边缘毫厘不差地重叠，就叫**套准**（trap），这可以保证图形或字母底下的白底不至于露出来。如果美工制作的插图校样没有做到严丝合缝，印厂就有可能使某张胶片曝光稍为过度（有时称之为“过胖”），而又使另一张曝光不足（见图表 11–3）。

为了节省开支，避免发生套印不准的问题，设计师往往在设计时采用黑色油墨组排字体，将它套印在底色上。但如果采用彩色字体，底色又与字体颜色不同，底色上就必须留出空白字形，以免彩色字体的真实颜色遭到破坏，但这种**反差套印**（reverse knockout）对套准的要求非常高，要非常仔细。

如果是印刷四色广告，聪明的做法是用黑色套印正文。重新印刷广告或手册时，广告设计人员往往要更换字体，如果正文用黑色印刷，广告人员只需更换黑色阴图和印版即可；如果正文采用其他颜色印刷，则必须更换所有的阴图、“剥”版和印版。

出　血　最后，设计师还必须考虑**出血版**（bleeds）的问题——色彩、字体或图形一直延伸至版面边界。如果采用出血版，制作美工在所设计的整个区域图像以外至少要留出四分之一英寸的彩色富余，供印刷调整和裁切用。

广播广告制作过程

广播广告（spots）是制作起来最快、最简单、最便宜的广告之一。实际上，许多电台免费为地方性广告主制作广告。

有时电台用脚本或重点台词和预录音乐，让播音员直播广告。如果采用这种形式，素材的时间计算必须精确，直播广告的脚本要求大致为每分钟 130~150 个单词，这样才能保证播音员以一种平常口语的语速讲话。最好的办法是找一位著名主持人，让他/她即兴表演。这种办法娱乐性更强，而且也能使主持人的信用与产品结合起来。

直播广告的缺点是播音员无法保证自己每次播出的效果完全一致，音效也比较有限。只有录播广告才能达到统一的播音效果。录音广告的制作分为以下几个阶段：预备阶段、制作阶段和后期制作（或修饰）阶段（见图表 11–4）。

预备阶段

在**预备阶段**（preproduction phase），为了保证制作工作顺利、准时完成又不超支，广告主和广告公司要进行大量的准备工作。广告公司从自己的员工中指定一位制作人或从外面聘请自由制作人，再由制作人根据脚本挑选录音棚和

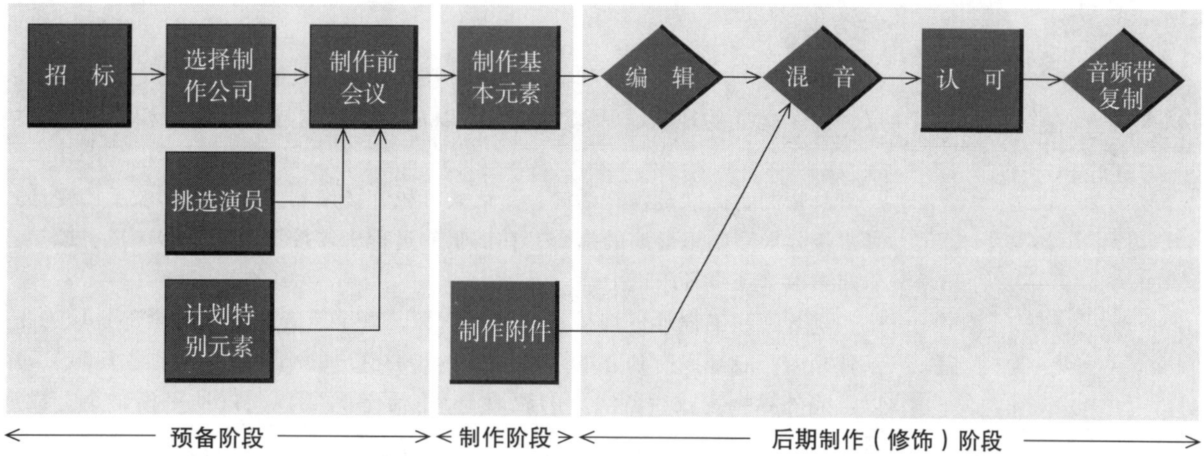

图表 11–4

广播广告有三个制作阶段，预备阶段和后期制作阶段一般最为复杂。预备阶段、后期剪辑和合成所需的时间往往超过实际录制的时间。

导演，决定演员，估算开支，并向广告主提出制作预算，征求他们的认可。

为了控制制作过程，获得最佳的音响效果，大多数广告公司都使用独立录音棚。这是因为好的录音棚都拥有经验丰富的音响导演、录音师和先进的录音设备，并与著名演员保持着密切的联系。

在预备阶段，制作人（或导演）负责物色合适的演员。演员的选择非常关键，因为演员是一种标志，象征着产品的形象。因此，在拍板之前，广告主和广告公司首先要考虑几个因素：演员的音调、演员的声音表现力与创造力、演员的知识结构与思维方式以及演员的声望。汤姆·博德特的声音风格为汽车旅馆 6 表现出的特殊魅力足以说明好演员的价值：在三年内，汽车旅馆 6 从近乎倒闭的状态进入令人惊异的盈利状态，最后竟然成了全美最大的经济型汽车连锁旅店。而这就是凭着广播和汤姆·博德特亲切和蔼的广告（“我们只收您 20 块钱，而且永远亮灯等您”）。

如果脚本要求配乐，制作人要决定是选用预录音乐还是请作曲家或配器师专门作曲。一般说来，制作人所需的任何音响效果都可以创作产生，大多也可以从预录资料带上获得。当然，采取哪种方式肯定会影响到预算，但它们所产生的效果也会极大地影响到广告的效果。

演员找好，音乐也准备妥当之后，**导演**（director）开始指挥排练，直至万事齐备可以录音为止。

制作：编辑

广告要用的所有元素——人声、音乐、音效——集中到一起，进行一场录制。广告的特点不同，录制**一场**（session）的时间长短也不同，短的半个小时，长的超过一天。由于录音棚以小时为单位收费，因此，预备阶段的排练就显得相当重要。

录音棚

在一场录音中，人声演员和音乐演员都在录音棚内表演。录音棚内有隔音板表层、铺了地毯的地板、话筒、导播窗以及将导播室与仪器设备相联的墙式插座。

录音棚的标准设备有话筒、受话式耳机和扬声器。播音员和歌手用受话式耳机接收导播室里导演的指令，在演唱的过程中监控预录的乐器声道，以免音乐声道被录到声音声道上。

录音师和工程师仔细挑选和调试话筒，直至能表现声音的全部音域为止。录音棚内一般都设有独立的录音间（一间带窗户的小屋或一个独立区域），用以阻隔外界噪音或后备演员的说话声，使录音师得以更好地平衡整个合成声音。

导播室

广告公司制作人、导演和录音工程师（往往还加上客户和客户主管）坐在**导播室**（control room）里，在那里监控录音棚里产生的所有声音。一个厚玻璃窗和几面隔音墙将导播室与录音区隔开，这样，监听的人既可以听到话筒里演员的声音，又可以同时讨论各场录音的效果。

导演和录音工程师借助一台**音控台**（audio console，又叫 board）控制录音，用中央“切换台”控制声音，然后将声音送至相应的录音设备上。在他们监控录音室输送过来的声音时，要保证声音的音调和强弱符合播出要求。

控制台还具备合成功能，可以将现场音响与预备音响混合，供直播或后期播出用。控制台与一大堆录音单元和重放单元相连，包括多声道录音机、盘式录音机、盒式录音机和 CD 机。

后期制作：修饰

广告经过多次录制之后，挑选出录得最好的一版。录音工程师一般分别录制音乐、音效和人声，然后在**后期制作阶段**（postproduction phase，又叫做修饰阶段）合成和润色。最后完成的录制品就是**母带**（master tape）。

工程师从母带上制作出**复制带**（dub），将它们录在四分之一英寸磁带上，然后送电台播出。

电视广告制作过程

在约翰娜为丰田 Prius 创作印刷广告的同时，另一组创意人员则在对面的一间办公室里忙着创作电视广告。创意人员已经想出了一个大创意，而且在战略上符合预算的要求，但要将这个创意转换成电视却并不容易，制作必须极其出色才能可信地传达出创意概念，与受众形成共鸣。也就是说，他们必须动用公司最好的电视制片人。于是他们决定将这个任务交给理查德·本狄蒂。

广告制作人的作用

如今，像本狄蒂这样的广告公司制片人必须是个通才，不仅能与各种技师合作将一条广告的创意精髓付诸实现，而且还要有控制预算、合理运用大宗开支的能力。

广告专业的学生应该了解一些电视广告制作方面的基本情况，这样才能了解如何制作广告，为什么制作一条广告费用那么高，如何在不牺牲质量与效果的条件下降低成本。

和广播广告的制作一样，电视广告的制作也分为三个阶段，如图表 11-5 所示：

1. 预备阶段：实际开拍前的全部工作。
2. 制作阶段：广告实际拍摄与录制阶段。
3. 后期制作（修饰）阶段：拍摄完成后的剪辑、修饰工作。

上述每个环节都会对广告的成本和质量产生重大的影响，如果想了解这三个环节对成品广告有着什么样的影响，可参见前文的广告档案：创作部：一条杂志广告和一条电视广告从概念到制作的诞生过程。

预备阶段

制作前的周密策划可以为广告主节省大量的资金，这正是**预备阶段**（preproduction phase）的目的。因此，制片人要做的第一件事就是仔细研究脚本和故事板，分析拍摄过程中要用到的制作技巧。目前有三大类制作技巧：实景真人、动画和特效。

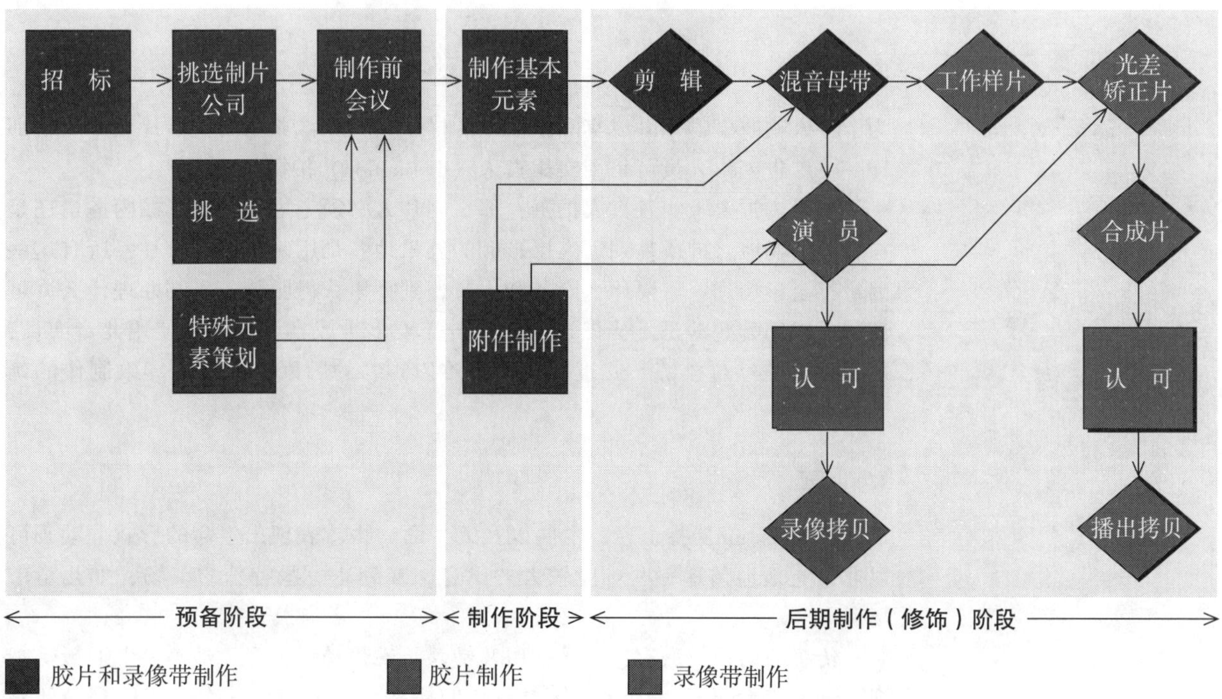

图表 11–5

电视广告制作流程与广播广告非常相似，其差别在于混音之后。计算机剪辑已大大提高了录像带的修饰速度。

在预备阶段，美术总监、文案和制片人要对拍摄 30 秒广告所需的每一个细节进行充分的讨论。在这一阶段，创作小组用速写的形式画出故事板，大致体现出广告要表述的内容。任何重大变动都应在这个阶段完成，因为开拍之后再在脚本或拍摄方向上出现变动，将会导致制作成本的大幅度上涨。

实景真人

为了将人物或事物刻画成实际生活中的样子——就像典型的生活片段型广告那样——广告创作人员可采用**实景真人**（live action）拍摄技法。

如果广告要求实景真人拍摄，那么制片人必须考虑是在摄影棚内搭景还是在外面的场地，抑或是到远离摄影棚的外景地？是用磁带还是胶片？所有这些因素都会影响到：需要什么设备和人员，到哪里获得服装，需要办理什么许可证，可以用哪些演员。当然还有，广告需要多少成本，如果要使用儿童演员，还必须事先经过排练，儿童和动物是难以预料的因素，经常会导致制作的延期。

动　画

动画（animation）指卡通、木偶以及无生命的物体表现出生命的形式。动画可以非常有效地传递一些难度较大的讯息，或到达一些特殊的市场，如儿童市场。

传统的动画技法有：卡通、图片动画、逐格拍摄和影像动画。卡通最受观众欢迎，寿命最长。因此，如果是长期播出，其每播出一次的费用是最便宜的。不过，卡通片的初期制作费用非常高，一条完全是动画的广告，其制作成本可能超过 200 000 美元。

特　效

如今，许多影像动画和绝大多数**特效**（special effect）——诸如移动字幕和旋转标志——都可以借助操纵杆来完成。几乎所有大型录像制作公司现在都有专用的**数字视频特效装置**（digital video effects unit，即 DVE unit），可以控制屏幕上的图形，如渐显/渐隐、划、变焦、旋转等。

特效能愉悦观众，而且也能为广告本身赢得奖赏。但如果销售讯息比较复杂，或逻辑性比较强，也许其他技巧效果更好。任何技法的运用都不可喧宾夺主，不能让观众对技法的注意超过对产品本身或重要讯息的注意。另外，花样或**助记手段**（mnemonic device）——如劲量小兔或绿巨人骄力——过多也可能混淆受众的视听。大卫·奥格威说，花样必须切合产品的诉求，并加以强调、突出，才能在观众脑海中留下最深刻的印象。

制作策划

广告是一项团队工作，这个创作团队包括一名文案人员、一名美术指导、一名制片人和一名导演，有时，还有一名编舞和作曲。广告公司的制片人负责项目按预算准时完成，他一般将故事板文案送到三家制作公司进行招标。

制作公司找好后，制片人和导演着手挑选演员和雇用播音员，然后搭建拍摄场地。在导演的指导下，摄制组人员进行排练。

对于很多广告来说，最重要的决策是聘请一个导演。Prius 的案子就是这样的。在盛世物色导演的时候，好几个人都告诉他们说给 Prius 的创意必须拍摄各自运动着的车和人，因而要动用大量的特技。盛世有点犹豫，他们想尽量少用特技来拍摄这条广告。于是他们最终选择了塔尔森。这不仅是因为塔尔森对 Prius 的创意有激情，还因为他同意尽量以最自然的方式来拍摄这条广告。

在制作预备阶段，总监、广告公司制片人、客户代表、文案、美术指导、广告导演，可能还有广告主以及其他重要成员之间要召开制作前会议，消除隐患，并最后敲定场景、演员和播音员。在此期间，他们要检查所有的元素——音乐、布景、动作、灯光以及拍摄角度等。一条拍好的 60 秒胶片广告只需 90 英尺胶片，但其拍摄却需要好几天，要用掉 3 000~5 000 英尺胶片。与磁带不同的是，胶片不能重复使用。（见广告实验室 11-A：胶片抑或磁带）

音频可以在实际制作前、后或期间录制。提前录制音频可以确保广告的长度正好合适，还有助于提示拍摄对象根据某个特定的音乐主题或节奏运动或跳舞。

制作：拍摄

实际拍摄日程可能又长又累。仅仅是为了按导演的要求布置灯光，拍摄小组就可能花上好几个小时。拿 Prius 广告那次拍摄来说，就在计划的两周内花了整整六天的时间。现在，制片人可以利用一些现代化技术控制音响、灯光和表演。

胶片抑或磁带

目前，直播电视广告还非常少见，即便那些看上去像直播的广告，实际上多半也是用录像带录制的，绝大多数全国性广告是用彩色胶片拍摄的。胶片能呈现一种柔和的肌理，而这是直播和录像带所不具备的。由于胶片拍摄是最传统的方式，因此，制片人有一大堆经验丰富的演员可供选择，此外，胶片的适应能力非常强，可以拍摄多种视觉效果、慢动作、长镜头、气氛镜头、快动作以及各种动画。虽然胶片比较贵，而且大多数的归宿都是剪辑室的地板，但复制胶片正片却比复制录像带拷贝便宜。

不过，录像带的画面更鲜艳，保真度更高，看上去更真实，更具"实况"味，而且，磁带在质量上比胶片更统一。磁带最大的优势在于它能倒带，可以趁着道具和演员还在现场就立即检查所拍的场景，在必要时重拍。此外，电脑技术已将剪辑的时间降低了90%。磁带几乎可以永久播放，而胶片广告只能放25次左右。

现在，很多导演为了表现画质和特殊感觉的气氛，先用胶片拍广告，然后将冲洗过的胶片复制到磁带上（胶转磁）进行剪辑，胶转磁的费用更高，但能提高修饰速度，而且当时就能看到视觉效果。不过，仍然有一些导演喜欢在胶片上剪辑，因为，胶片的表现力更宽广，创意性更高。

实验室应用

某些产品和某些广告用胶片拍摄效果更好，某些用磁带拍摄更好。请列出三种产品(或三个品牌）和三种广告，你认为每种产品和广告采用哪种媒介（胶片或磁带）效果更好？为什么？

音响：背景安静

录制和控制音乐与音效的程序与制作广播广告时差不多：话筒捕捉声音，录音机在磁带这类媒介上传输和保存声音，然后，借助一架多声道控制台，音响师按所需效果操纵声音，再把它们录制到胶片、录像带或与胶片同步的重播系统上。

但原始录音是成功的关键，原因有两个：第一，原始音频与原始视频以及演员表演的动作和感情是同步进行的，再创作无论如何也不可能与原版的速度和感觉一模一样。

第二，在作品未完成之前，原始录音经过一次一次的反复，每次难免要损失一点保真度，因此，必须用高质量的录音设备。

灯　光

导演和电影摄影师要处理各种光源，例如，一个人站在窗户旁边的场景大致需要三个光源：透过窗户进来的日光；照亮拍摄主体和室内景物的高强度室内光；充当道具的普通台灯。所有这些光源发出不同类型的光线，会对影像产生不利的影响。为了避免这种情况，灯光师必须对光线进行测量，根据脚本的特定要求调整灯光和风格。

经验丰富的**电影摄影师**（cinematographer）一般只需大致看看光源就能推测出光的范围和密度，但他们仍然要依靠曝光表来决定镜头**光圈**（aperture），即控制到达胶片或磁带的光线大小的孔径。如果想得到正确的色彩和亮度，所有光源必须保持协调。

灯光的布置——无论在摄影棚内，还是在制片厂内，或是在外景地——能营造出一种视觉气氛。来自一个光源的强光会产生生硬的效果，可以用来引起观众的好奇心。摄影师利用滤色镜、暖光、柔光网和反光板，可以营造出一种红红的、和谐的、柔和的影像和一种非常浪漫的情调。导演与美术指导、摄影师以及灯光师共同挑选出最合适的布光位置、类型和密度。

摄影机

拍摄电视广告的专业胶片摄影机采用 16mm、35mm 和 75mm 的胶片。这里的 16、35、75 指的是一帧胶片的对角线长度。

过去，地方性电视广告的制片人常常采用 16mm 的胶片，这种胶片颗粒较粗，比较便宜；全国性广告多采用 35mm 的胶片，以确保画质和精度；75mm 的胶片画质最好。胶片能营造特殊气氛，因而仍然广泛应用于全国性广告，不过，地方性广告现在大多使用录像带。

固定在带轮子的活动支架上的大型室内摄影机能随身配备许多附件，其中最重要的是固定在镜头上的**自动台词提示器**（teleprompter），这样，在讲话人读出反射在他们前面的活动文稿的同时，摄影师就可以通过双向玻璃观察他们。

与胶片摄影机不同的是，室内摄像机是通过大型电子电缆与导播室相连的。在导播室内，几台视频屏幕和音频频道通过电线与主控台连接，导演可以通过主控台，从一台摄像机切换到另一台摄像机，同时调整声音和图像的输入输出水平。主控台还配备有视频特效装置，可供创作人员在屏幕上生成图文。

表演：表演与演员

广告表演可以在封闭的摄影棚内进行，也可在制片场或外景地进行。当然，在棚内进行最好控制。

绝大多数制片厂或摄影棚都有完善的隔音装置，以避免外界的噪音，如汽笛声和飞机低空飞行的轰鸣声。摄影棚完全不透光，以便进行全面的灯光控制，特殊设备在摄影棚这种控制条件下更好使用。但是，室内灯光总会让画面产生人工的痕迹。

对那些要求大空间、历史建筑、独特建筑、自然风光和自然光效果的场景，制片场能达到最佳的控制效果，**制片场**（lot）是一块能隔绝杂音的室外场地，有利于美工搭建布景，并可以使布景保留不动，直至所有拍摄和重拍工作全部完成。

外景地 (location) 拍摄虽然能增加真实感，但对技术设备与后勤人员却是严峻的考验。每个外景地都有其自然的或人为的阻碍，例如，自然光会产生明亮的高光区，与阴影形成强烈的反差，如果想使曝光更均匀，就必须动用大型反光屏和高强光冲淡阴影，使曝光显得均匀。另外，灯光和设备所需的电源也可能不够，需要配备长电缆或便携式发电机。然而，由于不用搭建布景，外景拍摄不失为拍摄低成本广告的一种好方法。但是，自然条件，像风、雨、雾之类，都有可能导致拍摄中断，增加成本。

外景拍摄给使用摄像机的导演带来了特殊的挑战，他们必须动用卡车、货车、旅宿车或拖车，把它们与音像录制设备连接起来。在车中，一排电视监视器和一台多频道控制台负责指挥同时运行的几部摄像机。

无论是室内拍摄还是外景地拍摄，绝大多数场景都不会一次拍摄成功，总要反复试拍几次才能使**演播人员**（talent）找到最佳位置，有时，突然会冒出一个意想不到的阴影，这时就要重新调整灯光。每个场景都要分别从两三个不同的角度拍摄：一个用来表现人物；一个只拍说话人；另一个拍观众的反应。

场景不一定非按顺序拍摄，不需要同期声的场景一般放在最后，因为这时不需要全班人马都到现场。

镜头之间的转换需要较长的时间，移动摄像机、重新布置灯光、演员重新站位，以及表演声音和化妆与其他镜头的匹配与衔接，这些都需要时间。每一次表演都必须和其之前、之后的表演衔接得天衣无缝。支离破碎、毫不连贯的广告会破坏其可信度。

一旦所有场景都"进了胶片盒"，广告便进入后期制作（或修饰）阶段。

后期制作

在**后期制作阶段**（postproduction phase），剪辑师、混音师和导演共同完成广告的剪辑、混音和合成工作。

在电脑和录像技术的帮助下，剪辑师可以将胶片转换成磁带，并且增加一些特效，如划像和渐隐/显。虽然导演在磁带上编辑一条广告要花费若干个小时，但与在胶片上进行编辑相比，时间已经非常少了。

尽管如此，一些专业人员还是喜欢用胶片。广告的影像部分拍在一卷电影胶片上，不带渐隐、渐显、字幕或**叠**（super，即文字叠放在画面上）这类特效。音响部分配在另一卷电影胶片上，这就叫**工作样片**（work print，又叫粗剪片，英文"rough cut"或 "interlock"）。

然后，录制外界音响，如音乐、歌曲或旁白，可以外购录好的音乐素材，再合成到广告中。混音阶段还包括录制音效，如门铃声、关门声等。

音响部分剪辑完毕后，将完成的声音录到胶片上，再与接近完成状态的影像胶片合成，制作出**合成样片**（mixed interlock），再添加一些视觉效果和字幕等，制作出**合成片**（answer print），这就是最后的广告成品 ，如果得到客户的认可，不再修改，制片人便可以着手复制送电视台或联播网播出的**拷贝**（dupe，即 duplicate copy）。

数字媒介的广告制作

看过最近的奥斯卡金像奖颁奖典礼没有？在奢华的柯达剧场——自 2002 年以来的奥斯卡金像奖颁奖典礼场所，"媒体席位"设在乐团的中央，即主楼层。正是从这个位置，电视制作技术人员协调着那场一年一度的多媒体盛宴。在家观看的观众也可以参与到那个大型数字媒体事件中。如今，数字媒体优势使得 ABC 播出的奥斯卡颁奖典礼视频与音频只比现场晚几秒钟，其先进程度已不止是单纯地在播出前将粗口脏话抹去。其第一次投入使用是在 2004 年，是为了防止再发生类似于珍妮·杰克逊（Janet Jackson）“世界碗露点”风波(珍妮·杰克逊在 2004 年 CBS 播出的超级碗节目中突然爆出乳房，7 月 21 日联邦地区法院对此走光露点行为开出了 55 万美元的罚单。——译者注）那样的不幸事件，避免法律纠纷。奥斯卡颁奖典礼的现场直播往往因其流畅的剪辑、现场表现、舞台表演和观众反应镜头而给自己赢得了一座艾美奖。

数字媒介的兴起

这一新生事物的源头其实应该追溯到 35mm 摄影机和低成本的幻灯片。还记得你的邻居从巴黎回来向你们显摆他们拍的幻灯片的情形吗？

尽管幻灯令人乏味，但家庭幻灯这种新生事物还是很快被工商业界吸收，成为销售演示、企业股东会议和午餐会发言的固定套路。

一些商界人士认为，给幻灯加上点音乐或专业播音员的解说也许会使幻灯片更加生动活泼，于是，专业幻灯演示诞生了，一种新的广告媒介也诞生了。幻灯演示很快被销售人员接受，于是，为企业撰写、拍摄和制作高品质专业幻灯片的公司如雨后春笋般在全国涌现出来。

音响＋音乐＋动作＝多媒体

于是，大家便开始设想采用复联屏幕和复联投影仪，从一张幻灯片快速切换到另一张幻灯片，配上同步的音乐和音效，产生出活动画面的感觉。这就是**多媒体演示**（multimedia presentation）的诞生，实际就是指同时利用多个传播媒介传播信息或娱乐观众的形式。

很快，影像和动画也加进了这个组合。在一场多媒体演示中，观众可以在 2~12 个屏幕上同时看到幻灯和影像，加上专业化的解说、音乐和音效，非常有表现力。

多媒体＋电脑技术＝数字媒介

随着个人电脑的广泛应用、美国电话电报公司的解体、广播和有线电视业管制的撤销、DVD 技术和光导纤维的发展，媒介革命的舞台已然搭好，**数字媒介**(digital media) 应运而生。从本质上讲，数字媒介就是将多媒体的逻辑与电子系统的能力以及现代通信、电视和电脑的控制技术相结合的传播渠道，是电子媒介的一个分支。其实我们已经在很多场所见过它们的踪影了。

数字媒介的应用范围

今天的数字媒介应用场所是以受众规模来划分的，大致分为三大类：公共场所、私人场所和个人场所。

奥斯卡颁奖晚会是典型的**公共场所**（mass audience venue），成百上千的现场观众再加上几百万在家收看晚会的电视观众，这种多媒体表演获得了很高的到达率。多媒体还应用于重大体育赛事、奥运会开幕式、政治集会以及其他群体活动中。

许多数字媒介活动出现在**私人场所**（private audience venue），但这种私人数字媒介的产生要求创意人员具备一套全新的广告制作技术。美术指导和设计师必须了解如何将平面与影视融进一个单一的媒介中，而且还必须了解制作这类作品的计算机语言的特点以及局限。

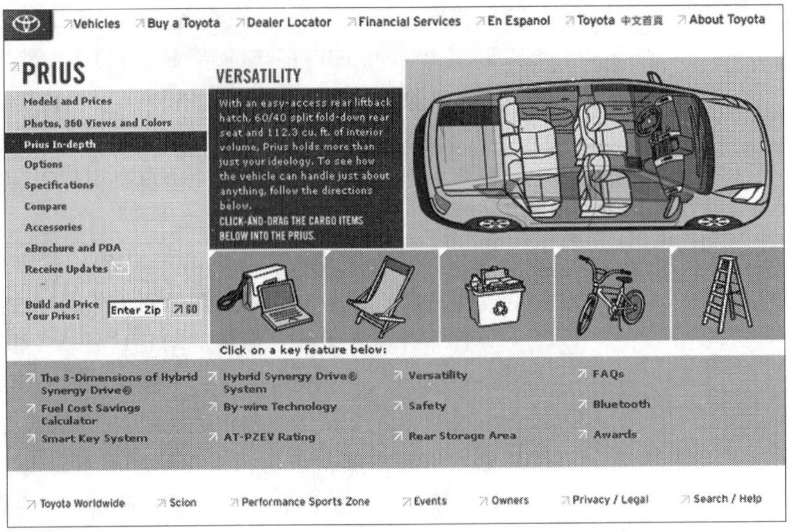

场所的规模有时也很大。大卖主的全国性销售会议、大型企业会议、有 10 名以上与会者的销售会议、培训大会、培训研讨会和地方信息中心等，都可以使用电脑化多媒体演示，并利用 *Powerpoint* 这类软件系统来告知、劝服、提醒和娱乐观众。

个人场所（personal audience venue）是当今发展最快的场所。一个人坐在个人电脑前面便可以从互联网上接收在线数据库服务公司（如雅虎或美国在线）提供的多媒体信息，或从商店购买的软件中获得多媒体信息。人们甚至还可以从网上下载媒体播放器（如 QuickTime，Adobe Acrcobat，Windows Media Player），利用幻灯和有限的动画，为自己创作一套迷你多媒体程序。

最后一点，**互动电视**（interactive TV）有可能成为另一种个人受众场所。在看电视的同时，人们可以通过遥控系统即时进入互联网，甚至（这种情况比较少见）按自己的喜好引导节目编排。往日最大的大众传播媒介——电视——现在变成了最具个人色彩的媒介，这真是一个讽刺。

数字媒介在广告中的作用

随着整合营销传播潮流的兴起，各种数字媒介为企业提供了到达受众、建立关系或改善与现有顾客关系的新途径。

有时，媒介本身就是广告，如多媒体销售演示或宣传某家公司商品信息的专用电脑亭。然而有时，数字媒介又是一种窄播的形式，广告主可以购买上面的时间和空间进行自己的广告宣传，广告多半就是一块刊有公司名称或品牌名称的电子海报。如果采用互联网广告，广告主可以在网上建一个虚拟门市部，也就是**网页**（Web page），或在其他企业的主页上放一块广告条幅。访客如果点击主页上的某一个“按钮”，屏幕上就会出现一个新的页面，上面有关于企业及其产品、方针或价格更详细的信息。我们又回到了出发点，这不就是活脱脱的幻灯片吗？不，实际上这是多媒体。科学技术的发展日新月异，每天都有更快、更好、更低廉、更引人入胜的技术产生。

对广告公司制片人来说，这无疑为他们提供了令人振奋的挑战和机遇。虽然目前还不能全部实现，但每个人都清楚自己会看到什么：触摸屏幕上的某个按钮，一条完整的影视广告或技术影片就会出现在眼前，再点击一个按钮，一个人就会出现在网上。新生事物产生的可能性永无止境，挑战也相生相伴。

数字媒介广告制作人

一些专家预言，随着创作人员对新媒介的掌握，他们所能提供的信息越来越多，表面富丽堂皇的东西会越来越少。在这种形势下，一场创意风格和创意效益的实质性革命看来势在必行。随着媒介载体的数量以超出人们现有想象力的倍数增长，制作经理和制作人的队伍将日益壮大，新头衔会突然出现在广告公司的花名册上，像多媒体制片人、多媒体导演、多媒体技师、互动策划人、互动文案、计算机程序员、系统设计师、电脑亭媒介采购员等。在盛世广告公司，内森·哈克斯托克（Nathan Hackstock）的头衔是整合营销部创意总监，和他共事的是一群专门为盛世的客户创作互动媒介广告的美术指导、文案和制片人。在广告公司以外，还有一批新的下游公司：电脑亭制作社、互动软件开发商、DVD 生产商和数字媒介购买公司等。

数字媒介广告制作过程

对数字媒介而言，其广告制作过程就是我们前面讲过的其他过程的混合体。这是因为，某些数字媒介像印刷和户外媒介（如电脑海报和主页），而另一些则与电视和广播紧密相联。

正如我们在本章所见，无论采用哪种媒介，制作经理或制片人都要有计划地展开各项活动：预备、制作和后期制作。预备阶段包括策划、计算成本和雇用人员、租用机器；制作阶段创作插图和影像、录制影像和声音、设计电脑程序；后期制作包括剪辑、复制和发行活动。数字媒介的差别只在于制作阶段和后期制作中的某些细节。

新的媒介自然会带来新的收费标准，其中之一便是**平台使用费**（platform licensing），即为获得进入某些计算机网络中多媒体程序的专门关键密码而支付给原始软件开发商的费用，还有购买和租赁新设备、制作或复制CD-ROM、软盘以及任何可供传递广告主讯息的新媒介的费用。

一个令人振奋的新世界正等待着我们，它不是即将出现，而是已然存在。

重要术语

印刷制作经理
制片人
电子制作
最低合同工资
复映复播追加酬金
多媒体演示
电脑亭
印刷制作流程
预备阶段
任务夹
截止期
加空铅
字 距
特排字体
正文字体
衬线字体
无衬线字体
字 系
一套铅字
排版工艺
组 排
单词计算式
字符计算式
书写纸
课本纸
封面纸
制作阶段
必需要件
透明胶片
底 图
照相排版术
蓝 图
模拟校样
色 基
数字校样
套 准
反差套印
出血版
广播广告
导 演
一 场
导播室
音控台
后期制作阶段
母 带
复制带
实景真人
动 画
特 效
数字视频特效装置
助记手段
电影摄影师
光 圈
自动台词提示器
制片场
外景地
演播人员
叠
工作样片
合成样片
合成片
拷 贝
数字媒介
公共场所
私人场所
个人场所
互动电视
网 页
平台使用费

复习题

1. 制作经理应该了解哪五种打破预算的因素？
2. 印刷制作经理的主要职责是什么？
3. 文案排印指什么？如何进行？
4. 什么叫网目版？网目版为什么重要？如何制作？
5. 如何印制彩色图片？彩色印刷中的潜在问题是什么？
6. 动画的优点和缺点是什么？
7. 导致电视广告制作中财力浪费的最大因素是什么？为什么？
8. 什么时候用胶片好？什么时候用录像带好？为什么？
9. 数字媒介最常见的形式有哪些？与传统媒介有什么区别？
10. 像麦当劳这类广告主会如何使用数字媒介来加强其整合营销传播计划？请解释。

第 12 章

印刷媒介的运用

目标 阐述印刷广告如何增强广告主的媒介组合。报纸和杂志具有独特的品质，可以补充广播、直邮和其他媒介的不足。印刷媒介如果运用得巧妙，广告主可以极大地提高广告活动的到达率和冲击力，同时又不会超出预算。

阅读本章，你可以学会：

1. **了解**杂志广告的优势和劣势。
2. **了解**如何分析杂志的发行量。
3. **掌握**报纸的分类方法。
4. **明确**报纸广告的主要类型。
5. **了解**报纸广告的优势和劣势。
6. **了解**印刷媒介的收费方法。
7. **掌握**一些印刷媒介数据的资料来源。

印刷媒介采购员的作用

一旦所有的战略营销、广告以及媒介策划活动完成，创意方面也明确了之后，广告人便可以着手进行实际排期与媒介购买的具体战术操作，到电台、电视台购买时间，到报社、杂志社购买版面。在媒介上发布广告是广告活动中最大的费用支出，因此，如果媒介购买操作得当，广告主的资金便可以发挥最大的作用。

负责与媒介进行谈判、签订合同的人被称为**媒介采购员**（media buyer），媒介采购员往往精于某一种媒介，因此，广告界内有印刷媒介采购员、独立电视台媒介采购员、网络媒介采购员等职位。至于他们专业化的程度，则取决于他们供职的广告主、广告公司或独立媒介购买公司的规模。例如，在小型广告公司，媒介采购员分工不那么细，他们什么媒介都买。

要想做一名成功的印刷媒介采购员，就必须具备广博的知识与能力。首先，媒介采购员必须对业内使用的所有不同印刷媒介的形式与术语有广泛而基本的了解。例如，他们必须知道杂志与报纸的分类方法，每种印刷媒介形式所具备的广告机会以及不同印刷媒介的利与弊。如今，他们还必须了解新技术对印刷媒介的影响。

其次，媒介采购员必须了解如何购买杂志与报纸版面，如何分析发行量，如何理解价目表，从哪里获得可靠的信息，如何进行谈判，买到最合算的媒介。

最后，媒介采购员将广告主的印刷媒介力量与其整个创意组合巧妙而天才地结合起来，发挥自己的创造力。

显而易见，这不是一件轻松的事。但对于那些有可能从媒介部门开始其职业生涯的广告专业学生来讲，对这些问题有一个基本的了解是很有必要的。本章（实际上整个第五编）的目的就是阐述这些问题。

杂志在创意组合中的运用

广告主在创意组合中运用杂志是出于多种考虑的。首先并且最重要的是，杂志可以让他们用高质量的表现力到达特定的目标受众。

杂志广告的利与弊

杂志为广告主提供了各种各样的好处。杂志还具备许多其他的特点，如：灵活的设计选择、声望、威信、可信度、长寿命等。杂志可以在咖啡桌上或书架上放上几个月，可以反复阅读，人们可以在闲暇时阅读杂志上的广告，可以认真审视图片中的细节，可以仔细品味文案所表现的信息。这些特点都使得杂志成为高关注度产品的理想媒介。

但是，和其他任何媒介一样，杂志也有不少缺陷（见对照表：杂志广告的利与弊）：它们价格不菲（以千人成本计），彩色广告尤其如此；而且，由于杂志一般一月（或一周）才出版一次，因此很难在短期内迅速建立到达率和频次。有鉴于此，许多广告主在运用杂志的同时，还运用其他媒介，如报纸（见广告实验室 12-A：杂志与创意组合），我们将在本章的后面部分对此进行讨论。

杂志广告的利与弊

利

____ **灵活性** 指读者和广告方面的灵活性。杂志涉及的潜在读者无所不包，在地域上既可以覆盖全国又可以只发行到某一地区，篇幅、厚薄、手法和编辑格调尽可花样百出。

____ **色彩** 色彩使读者得到视觉享受，尤其是那些华丽精美的杂志，彩色还原效果最好。色彩有助于突出形象、显现包装。简而言之，色彩有助于销售。

____ **权威性与可信性** 权威性与可信性可以增强商业讯息。广播电视和报纸能提供大量的信息，但缺乏读者需要的知识深度或意义深度，而杂志则三者兼具。

____ **耐久性** 杂志可以让读者细细品味广告，可以刊登较为复杂的教育性或销售性讯息，为传递企业的整体个性提供机会。

____ **声望** 在一些高档杂志或精品杂志中，如《建筑文摘》（*Architectural Digest*）、《鉴赏家》（*Connoisseur*）和《城市与乡村》（*Town and Country*）上发布产品广告，相应地也会显示出产品的档次和品质。

____ **受众针对性** 杂志的受众针对性比其他媒介（直邮除外）更准确。杂志鲜明而独特的文章内容自然会对有相同口味的读者具有号召力，更便于广告主集中自己的销售讯息。例如，在《高尔夫文摘》（*Golf Digest*）上发布针对高尔夫爱好者的广告，在《商业周刊》（*Business Week*）上发布针对工商界人士的广告，在《细节》（*Details*）上发布针对20来岁青年男性的广告，或在《十七岁》（*Seventeen*）上发布针对少女的广告。

____ **成本效益** 由于无效发行量已降至最低，因此，利用杂志做广告的效益比较好。如果广告主在两个或更多的出版网络上发布广告，就可以降低成本。

____ **销售力** 杂志的销售力早已被证实，其结果有目共睹，可以测定。

____ **读者忠诚** 读者对杂志的忠诚有时表现得近乎狂热。

____ **大批的二手读者** 订阅人读完杂志后再转给非订阅人看。

____ **销售支援** 广告主可以获得再版的机会和销售宣传材料，使他们的广告成本降低，收效增大。

弊

____ **不及时** 杂志不如广播和报纸那么迅速、及时。

____ **地域覆盖有限** 杂志不具备广播媒介那样的全国到达率。

____ **无法以低成本到达大批读者** 杂志到达大批受众的成本较高。

____ **无法实现高频次** 由于大多数杂志是一月或一周出版一次，因此，广告主只有按排期大量增加小范围受众杂志，才能提高频次，然后实现预期的到达率。

____ **较长的预备期** 插页广告的预备期较长，有时甚至长达两三个月。

____ **激烈的广告竞争** 发行量最大的杂志，一般文章占48%的篇幅，广告占52%的篇幅。

____ **千人成本较高** 全国性消费者杂志的黑白版千人成本平均为5~12美元或以上，有些针对性非常强的贸易刊物则高达50美元以上。

____ **发行量下降** 尤其是单册的销售量下降，此风已波及到整个杂志业，从而限制了广告主讯息的到达率。

杂志特殊的创意机会

媒介采购员应该知道，通过不同的技巧或组合特点，杂志可以为广告创作人员提供许多创意机会，包括出血、封面、插页、大折页和特殊尺寸——如小版与岛形半版等。

如果广告版面上的黑色或彩色背景一直扩展至版面的边缘，我们称之为**出血**（bleed）。绝大多数杂志都可以做出血版，不过收费要高10%~15%。出血版的优点在于广告创意表现的灵活性更大、印刷版面更大、更刺激。

如果企业计划在某一杂志上连续刊登广告，它可能希望买到抢手的**封面位置**（cover position）。很少有杂志愿意出售封面（通常称为封一）让人刊登广告，他们可以分别出售封二、封三和封底，一般来讲，这种广告位置的售价相

广告实验室 12-A

杂志与创意组合

参阅本章的对照表："杂志广告的利与弊"，看看你能否将表中所列的资料运用到以下情形中：

假设你在洛杉矶经营着一家优雅的法式餐馆，温馨的布置、优质的服务和可爱的室外花园庭院使餐馆声名远扬，现在，你希望通过促销餐馆的特殊情调来巩固你的业务。为了烘托餐馆的浪漫气氛，你打算每上一道主菜便奉送一枝长茎玫瑰和一杯香槟。你的主顾主要由富有而有教养的工商界领袖和名人构成。不过，近来，也有不少游客和偶尔外出度良宵的中产阶级夫妇光顾餐馆。

实验室应用

1. 杂志是宣传这一特色的最佳途径吗？如果不是，请说明原因；如果是，也请说明原因，并请指出哪种杂志最合适。
2. 杂志广告如何帮你树立餐馆的形象？

当高。

利用杂志版面花费又较少的一种做法是利用版面的特殊位置或跨页形式。**小单元**（junior unit）指安排在版面中央、四周围以文字内容的大型广告（占版面的 60%），与此相似的是**岛形半版**（island half），周围的文字内容更多。岛形半版的收费有时超过常规的半版，但由于这种安排占据了版面的主要位置，因此，很多广告主认为额外的花费物有所值。图表 12–1 为其他一些效果不错的版面花式组合。

有时，广告主不购买杂志的标准广告版面，而是利用插页。所谓**插页**（insert），指广告主先用优质纸印刷广告，以增加讯息的分量和效果，然后把广告成品送交给杂志社，杂志社收取特殊的价格，将广告插入杂志内。广告插页既可以专门为某一公司的产品进行宣传，也可以由杂志社提供，同时刊登几家企

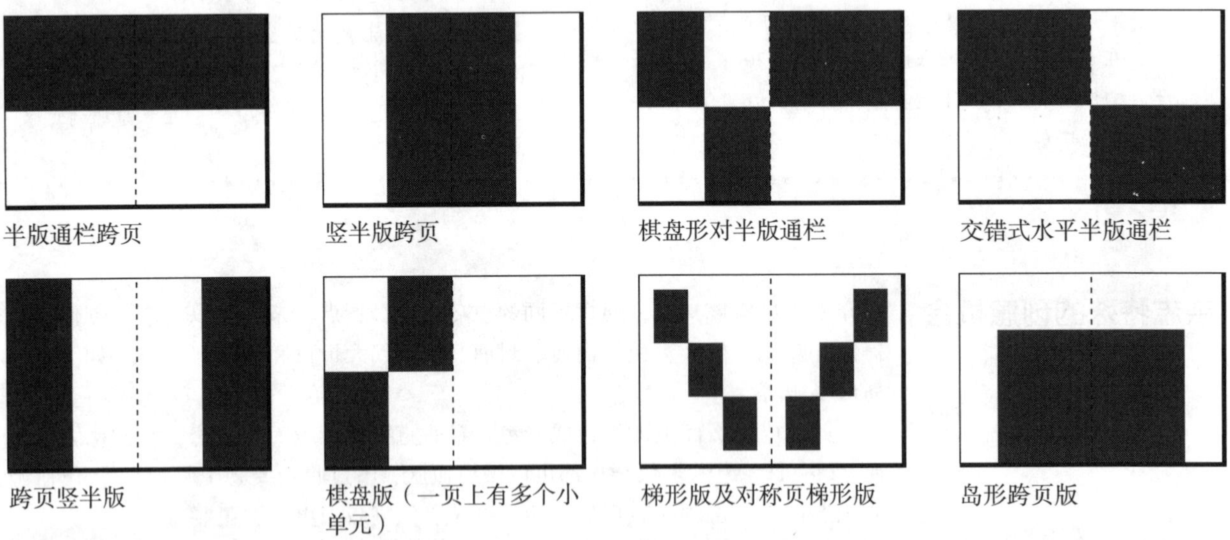

图表 12–1

广告的刊登位置会影响其效果，广告的大小和形状决定着它在版面上的位置。本例中列出的 8 幅跨页版位可以表明绝大多数广告刊登的位置。

业的广告，并刊登与杂志主体内容相符的专门评论文章。

大折页（gatefold）是插页的一种，但其版面大于正常的版面，为保持与其他页面的大小一致，要将多余出来的部分（或左或右）向钉口方向折叠。在读者打开杂志时，折叠的版面像一扇门一样自动打开，广告呈现在读者面前。但并非所有杂志都有大折页广告，而且大折页的版面收费通常也很高。

有些广告主创办了自己的**导购杂志**（custom magazine），这些杂志看上去与普通杂志无异，而且往往也由出版普通杂志的公司制作出版。但是，它们只不过是像杂志一样厚的广告，消费者一般会在报摊上购买它们。广告实验室 12–B 将讨论杂志广告的其他一些创新。

杂志的分类方法

按照专业行话，所有杂志都被称为“书籍”，媒介采购员一般按杂志的内容、地理分布和规格来划分它们。

内　容

出版界最大的发展之一便是出现了带特殊内容的杂志，从而使许多“书籍”的长远发展具有了美好的前景。按内容，杂志最宽泛的划分可以分为消费者杂志、农业杂志和行业杂志，每一类又可以细分为数百种。

- **消费者杂志**（consumer magazine），人们购买消费者杂志的目的是为了娱乐或寻求信息，或二者兼有，消费者杂志的对象是那些为个人消费而购买产品的消费者。
- **农业刊物**（farm publications）针对农场主及其家庭和生产，或经销农业用品、农业设备与服务的企业。
- **行业杂志**（business magazine）是迄今为止最大的一类杂志，针对工商业界读者，包括针对零售商、批发商以及其他分销商的贸易刊物；针对制造与服务行业工商人士的商业杂志和工业杂志以及面向律师、医生、建筑师和其他专业人士的专业期刊。

针对特定地理区域的杂志叫地区性杂志，大多数大都市都会发行面向该市的特殊杂志，就像这本《芝加哥》杂志（www.chicago-mag.com），针对当地人的兴趣刊登新闻、信息或事件报道。

地理分布

杂志还可按其地理分布划分为：地方性杂志、地区性杂志和全国性杂志。其读者对象一般是对当地艺术、时尚和工商业感兴趣的高层次专业人士。

地区性刊物（regional publication）针对某一特定的地区。全国性杂志有时也为特定地理区域发行特殊市场版，像《时代》和《体育画报》（*Sports Illustrated*），都允许广告主购买某一主要市场。

全国性杂志（national magazine）中既有发行量巨大的杂志，也有小型的、名不见经传的全国性杂志。

杂志广告的创新

在开发创意表现和产品展示的技术方面，杂志一直与广告人紧密地联系在一起，功不可没。正是通过双方的努力才产生了气味纸条、彩色纸条和弹启式立体广告这类创新。

气味纸条（fragrance strip）是香水广告主最钟爱的一种形式，读者一打开附在杂志上的封印插页，便可以从气味纸条嗅到特殊的香味。虽然也有一些消费者反对，但气味纸条最终还是广为流行。气味对其他一些产品也同样有用，例如，劳斯莱斯在《建筑文摘》上投放的一条广告就利用香味纸散发出真皮的气味。在圣芒果（St.Mungo，伦敦最大的无家可归者慈善机构）的一条广告中，盛世广告公司就利用了消费者以为气味纸条公司只会给奢侈品做广告的心理。散发出尿味的广告促使备受震动的读者访问芒果的网站，在那里，他们可以奉献自己的一份爱心。该广告活动荣获了戛纳节铜狮奖。

化妆品生产厂家在杂志上插入眼影、腮红、口红或其他化妆品的**彩色纸条**（color strip），读者可以马上试用。这种彩色纸条制作成本较高，但许多广告主认为值得为此付出代价。

另一种成本较高的创新是**弹启式广告**（pop-up ad），霍尼韦尔公司（Honeywell）、跨美国（TransAmerica）等企业是第一批尝试这种夺目广告的公司。随后，产品广告也开始利用这种形式，如道奇达科塔（Dodge Dokota）。

其他引人入胜的手段还有用三维玻璃制作的**三维广告**（3-D ad）、产品样品（如面巾纸或卫生纸）以及异形插页等。沙拉李（Sara Lee）奶酪饼的一条广告就采用了一幅独立的厚板纸版面，使之看上去就像从活生生的奶酪饼上咬下来的一口，而高伶牙膏（Gleem）的一幅半版广告插页则突出镜子金属般的光亮，配以广告语：“照照镜子。”

研究人员正在探索是否有可能让读者在经过页面上的某一机关时启动全息图或能讲话的广告。目前，我们已经有了会唱歌的广告：有些酒商在其 12 月份的杂志广告中加入集成电路，让广告大唱圣诞颂歌；骆驼香烟（Camel）的广告也在庆祝该品牌诞生 75 周年时高歌了一曲“祝你生日快乐”。

最近，全球商业集团（Global Commerce Group）发明了一种由聚脂薄膜制成的、名为网络解码器的透明装置，邀请接收者与网站上的某个形象进行互动。当参与互动的人将这个物件放到某个设计好的形象上时，隐藏着的单词、图标或句子就会显现出来。广告主可以根据其特定的促销需求——从折价券到即时兑奖——来设计自己的网络解码器。

这些创新手段不仅吸引了读者的注意，也使他们参与体验的器官超出了视觉器官的范围。

实验室应用

除了香水和汽车外，还有哪些产品可以利用气味纸条广告？

规　格

人们通常不会想到杂志还会有什么不同的形状和规格，但人们确实不妨设想一下，在大小不同的杂志上刊登广告，效果是否会一样呢？杂志的规格五花八门，要想设定什么统一的制作规格，那简直是难于上青天。以下为最常见的杂志规格。

规格分类	杂志名称	整版广告大致规格
大型	《唱片》、《访谈》	4 栏 × 170 行 ($9\frac{1}{2} \times 11\frac{1}{3}$ 英寸)
阔型	《时代》、《新闻周刊》	3 栏 × 140 行 (7 × 10 英寸)
标准型	《国家地理》	2 栏 × 119 行 ($6 \times 8\frac{1}{2}$ 英寸)
小型或袖珍型	《读者文摘》、《喷气机》	2 栏 × 91 行 ($4\frac{1}{2} \times 6\frac{1}{2}$ 英寸)

杂志版面的购买

在分析媒介载体时，媒介采购员必须考虑阅读率、成本、排版要求和广告截止期。为了使购买卓有成效，他们必须全面了解杂志的发行量和收费方面的情况。

了解杂志发行量

分析某一刊物潜在效益的第一步是评估其读者情况，媒介采购员必须研究杂志发行量的统计数字、初级与二级读者量、订阅与零售销售状况以及杂志的其他特殊销售服务。

基本发行量与实际发行量

杂志的收费标准取决于它的发行量。**收费基准**（rate base）指出版社确定其收费标准的发行数量。**基本发行量**（guaranteed circulation）指出版社预期达到的发行数量，可以保证广告主的广告能够到达一定数量的读者。出版社一旦未能达到它公布的这个发行量，则必须退款。基于这个原因，许多杂志社公布的基本发行量都比实际平均发行量低，以确保安全，但也并非全都如此。实际上，杂志社夸大发行量的情形比人们想象的要严重。

媒介采购员希望出版社能证实自己的发行量，为此，出版社每年要花费成千上万美元进行**发行量审核**（circulation audit），由发行量审核局这类机构对发行流程、销售点、读者以及其他因素进行全面分析。

初级读者与二级读者

初级发行量（primary circulation）能显示购买刊物——无论是订阅还是零买——的人数；**二级读者量**（secondary readership，又叫**传阅读者量**，pass-along readership）对杂志而言意义也很重大，有些杂志平均每册可有 6 个以上这样的读者！假设我们有 100 万订户，那么乘以二级读者的平均人数，该杂志的读者人数将远远超过其初级读者人数。

横向刊物与纵向刊物

行业刊物的读者划分为两种：横向和纵向。**纵向刊物**（vertical publication）涉及某一特定行业的各个方面。例如，《广告时代》杂志针对广告业所独有的各种问题。与横向刊物不同，《广告时代》不涉及各行各业所共有的某一岗位的职能，它的读者为广告行业中各个层次的人员。

与之相反，**横向刊物** (horizontal publication) 则涉及不同行业的某一特定岗位的职能，《采购》 (*Purchasing*) 的读者基本上都任职于各不同行业的采购管理部门。由于横向行业刊物的到达率一般比较高，阅读率也比较高，因而是非常好的广告载体。

订阅与零售

媒介采购员还必须弄清杂志的订阅与零售比率。如今，订阅一般占杂志销售的主要部分，报摊（包括连锁书店）仍然是单册销售的主要渠道，但每个报摊经销的杂志种类都只占杂志总数的一小部分。

从广告主的角度来看，在报摊上零购杂志的读者都是因为出于真实的需求而非订阅的惯性，这一点非常重要。

订阅发行量与赠阅发行量

行业刊物的发行方式有两种：订阅和赠阅。如果是订阅，订户必须付费才能收到杂志，《商业周刊》便是一种**订阅发行** (paid circulation) 的行业杂志。

如果是**赠阅发行** (controlled circulation)，则出版社免费将杂志寄给个人，赠阅对象一般是出版社认为对该杂志所宣传产品的销售具有影响力的人，例如，《财富》1000强的主管便会收到赠送的《战略+商业》杂志。为了证明自己是合适的赠阅对象，杂志的接收者必须以书面形式表示自己希望继续收到该杂志的愿望，并且注明自己的专业职务或职称。各种团体的会费交纳成员往往会获得免费的赠阅刊物。

发行订阅杂志的出版社宣称花钱订阅杂志的人比那些获得赠阅杂志的人更愿意阅读自己的杂志。但赠阅杂志为商品和服务进行广告宣传的前景更好。

推销服务：附加价值

杂志和报纸常常给自己的固定广告主提供大量的附加值服务，诸如：

- 商家的特别免费促销。
- 帮助读者发现当地零售店的营销服务。
- 供读者进一步索取宣传册或目录的回执卡。
- 在销售力量、批发商、中间商以及零售商会谈中给予支持。
- 在贸易开始前提前出版。
- 对品牌偏好、消费者态度以及市场环境进行调研。

如果刊物的基本因素——内容、发行量和读者——都比较好，那么，这些附加服务就可以增强广告的效果。由于杂志已经与自己的订户建立了某种联系，因此可以为关系营销提供很大的潜力。新增附加值服务包括运用杂志在出版、内容及制作方面的知识，以及它们的数据库，辅助客户制作录像、图书和网站，为品牌创造附加价值。

解读价目表

杂志价目都遵循一个标准形式，这有助于广告主明确成本、折扣、排版要求、截稿期、特刊以及特殊要求（如彩色、插页、出血版、分页或任选版位等）的额外费用。

有三个日期会影响到杂志广告版面的销售，第一为**封面日期**（cover date），即印在封面上的日期；第二为**上市日期**（on-sale date），即杂志真正发行的日期；第三为**截稿日期**（closing date），即某一期要刊登的所有广告材料必须送达出版社的日期。有些杂志的出版周期长达三个月。

价　目

我们在第 6 章已经讲过，衡量杂志是否合算的一种方法是按其刊登一次整版广告的收费标准，看到达一千人需要花多少钱，即**千人成本**（cost per th ousand，简称 CMP），千人成本的计算方式为整版价目除以千为单位的订户数，即：

$$\frac{\text{版面价目}}{(\text{发行量} \div 1\ 000)} = \text{CPM}$$

假设某杂志的黑白广告版价目为 10 000 美元，发行量为 500 000 份，则：

$$\frac{10\ 000\ \text{美元}}{(500\ 000 \div 1\ 000)} = \frac{10\ 000}{500} = 20\ \text{美元 CPM}$$

折　扣

杂志和报纸常常有折扣，**频率折扣**（frequency discount）的幅度取决于一年内广告主刊登广告插页的多寡；而**数量折扣**（volume discount）的幅度则取决于某一特定时期内广告主购买版面的数量。大多数杂志还向当场付款的广告主提供现金折扣（通常为 2%），有的则为在同一期上购买连续多个版面的广告主提供折扣优惠。

报纸在创意组合中的运用

当曼哈顿一家小规模的、命运未卜的报纸委托本市一家最新最热门的创意公司为其提高订户数而创作广告时，他们也不知道这家小小的、名字古怪的疯狗与英国人（Mad Dogs & Englishmen）广告公司能给他们做出些什么来。

《乡村之声》（*Village Voice*）报一贯广泛涉及社会、政治、媒介和文化方面的问题，借此敲打当局。因此，当疯狗与英国人公司采用该报自己的行文风格，创作出一系列看似荒谬、自嘲的广告时，人们也许并不会感到惊讶。

"去你的，我才不会因为贪图你赠送的五速搅拌器就去订你的高级破布浆，然后来污染我的家，"系列广告之一狠狠地数落道，"你们这些人以为纽约是世界上最该死的中心。"但紧接着第二段便来了一个出人意料的转变："没错，我要订一年的《乡村之声》"，随后还附有优惠券。

疯狗公司总裁尼克·科恩（Nick Cohen）说，他认为《乡村之声》报会喜

对照表

报纸广告的利与弊

利

- **大众媒介** 报纸是一种大众媒介，可以渗透到社会的各个细分群体，绝大多数消费者都会看报纸。
- **地方性媒介** 报纸还是一种到达范围广的地方性媒介，覆盖某一特定地区，该地区的市场和人口具有相同的关注点和兴趣。
- **内容广泛** 报纸涉及的内容特别广泛，几乎无所不包。
- **地理针对性** 报纸利用地区版，可以专门针对某一街道或社区。
- **时效性** 报纸主要报道当天的新闻，读者也在当天看到报纸。
- **可信度** 研究调查表明，报纸广告在可信度方面排名第一，远远超过第二名的电视广告。
- **兴趣的可选择性** 无论哪天，报纸广告都会引起一少部分潜在读者的主动注意，他们对广告主打算告知的讯息销售的产品比较感兴趣。
- **创意灵活性** 报纸广告的规格大小和形状可以按广告主的要求和目的进行变化，或占据主导位置，或增加重复次数。广告主可以采用黑白、彩色、周日杂志或定做插页的形式。
- **主动媒介** 报纸是一种主动媒介而非被动的媒介。读者会翻阅版面，剪下并保存优惠券，在空白处写写画画或将内容归类。
- **长久记录** 与电视和广播稍纵即逝的特性相反，报纸保存的时间比较长久。
- **价格合理**

弊

- **缺乏针对性** 对特定的社会经济群体缺乏针对性，大多数报纸的读者面广泛而又复杂，各种人都有，这就有可能与广告主的目标受众不相符。
- **寿命短** 除非读者将广告或优惠券剪下保存，否则报纸广告就再也无缘与读者见面。
- **还原质量较差** 新闻纸一般比较粗糙，制作出来的图像不如光滑的杂志纸那么引人注目，而且很多报纸无法印制彩色版。
- **庞杂** 每一条广告都必须与同处一个版面的文字内容和其他广告一起争夺读者的注意力。
- **缺少控制** 除非广告主支付指定版位的高价，否则，广告主无法控制广告的刊登位置。
- **重复** 有人读的报纸不止一份，广告主发布在这份报纸上的广告，读者有可能已在另一份报纸上看到过。

欢这套广告的，因为这家报纸非常诚实，“它真的维护作者的写作自由，哪怕他们批评报社的经营管理层”。

对《乡村之声》来讲，媒介的选择相对比较容易，因为有意订阅该报的人绝大多数就是现在的读者，因此，报社在自己的报纸上发布了一系列的广告。结果证明，这是一个明智的选择。在广告发布的第一年，《乡村之声》的订户基数便上升了30%，远远超过了预期。

报纸广告的利与弊

《乡村之声》的促销经历说明，预算少的小企业照样可以通过富有创意的报纸广告获得利益。即便是普通的印刷广告，如果选择的报纸独特，也同样可以为广告主表现自己的创造力提供一个独特而灵活的媒介——尤其是对那些依赖于当地顾客的企业。

报纸可以为广告主提供许多有利的东西，其中最重要的一点就是时效性：报纸广告可以很快就发布出来，有时当天即可办到。此外，报纸还有地域明确、市场广阔、收费合理等诸多优点。但报纸缺乏针对性，制作质量较差，而且内容庞杂。另外，读者还批评说报纸对重要事件和问题缺乏深度和后续报

广告实验室 12-C

报纸与创意组合

请认真研究对照表：“报纸广告的利与弊”，看看自己是否能够运用该表中的资料解决下列问题：

假设你是某重要品牌香皂的产品经理，你希望通过一条带优惠券的广告使自己的产品行销全国。

实验室应用

1. 哪种报纸最好？
   a. 周报　　b. 日报
2. 如果采用日报，你希望广告刊登在哪个栏目内？
3. 如果决定采用周日增刊，你会选择以下哪家？为什么？
   a.《洛杉矶阅兵杂志》　　b. 彩色优惠券增刊

道。

请借助对照表：“报纸广告的利与弊”，回答广告实验室 12-C“报纸与创意组合”中提出的问题。

报纸的分类

报纸可按其投递频率、规格或受众类型来分类。

按投递频率

日报（daily newspaper）分早报和晚报，每周至少出版 5 次，周一至周五。早报的地域覆盖面一般比较广，读者男性居多；晚报的读者女性居多。

周报（weekly newspaper）侧重于当地新闻和地方性广告，其读者对象一般是小城镇或郊区和农村地区的居民，是目前发展最快的一类报纸。周报的千人成本一般高于日报，但寿命长于日报，每一份的读者人数也更多。

按规格

报纸有两种基本规格：标准型和小报型。**标准型报纸**（standard-size newspaper）长约 22 英寸，宽约 13 英寸，分为六栏；**小报型报纸**（tabloid newspaper）一般长约 14 英寸，宽约 11 英寸。全国性小报，如《明星》（*Star*），常采用耸人听闻的新闻报道争夺零售市场。另有一些小报，如《纽约每日新闻》（*New York Daily News*），则偏重于严肃的新闻和特写。

按受众类型

有些日报和周报的服务对象是一些兴趣独特的受众，广告主绝不会对此视而不见。这类报纸刊登的广告一般都会迎合这些特殊受众的口味，这些报纸可能会有一些特殊的广告规定。

有些报纸的服务对象是某一族裔市场。专业报纸还为工商界和金融界读者服务。其他还有针对各种互助会、宗教团体、工会、专业组织或兴趣爱好者团体的报纸。

报纸的其他类型

日报的周日版。周日报一般结合了标准报的新闻内容，但同时又具备以下特殊功能。

- 增加分类广告的版面容量。
- 提高广告容量和新闻容量。
- 对商业、体育、房地产、文学艺术、娱乐以及旅游等进行深入报道或描写。
- 回顾和分析上周发生的事件。
- 扩大评论和观点栏目。

大多数周日报还发行**周日增刊**（Sunday supplement）杂志，有的还出版自己的刊物，如《洛杉矶时报》（*Los Angeles Times*）的《洛杉矶杂志》（*Los Angeles Magazine*）。

周日增刊一般纸张质量比较高级，更适合于彩色印刷。这对那些希望得到高品质彩色还原效果的全国性广告主更具吸引力。

另一类报纸为**独立购物指南**（independent shopping guide）或免费社区报，这类报纸在当地的渗透力极强，对广告主非常有利。这类报纸有时被称为廉价报，它们一般免费赠送，有大量的广告版面，而目标受众和日报基本一致——城区或郊区的读者，阅读率往往较高。出版社一般采用人工或直邮方式投递，以确保得到最高的渗透率。

报纸广告的分类

报纸广告主要分为图片广告、分类广告、公告和夹页广告。

图片广告

图片广告（display advertising）由文案、插图或照片、标题、优惠券以及其他视觉元素组成——如前面提到的《乡村之声》广告。图片广告有各种大小的规格，除社论版、讣告版、分类广告栏以及主要栏目的首页外，图片广告可以刊登在任何栏目内。

图片广告的一种常见变体是**阅读告示**（reading notice），看上去如同报纸上的一篇社论文章，其刊登费用有时高于普通图片广告。为了防止读者误将这类广告当做社论文章，在这类广告顶端要标明广告字样。

这幅广告故意设计成道奇 Viper 广告的样子，但实际上，这条巧妙的图片广告是为 Hotwheels 轿车的 1:18 比例车模而做的。

分类广告

分类广告（classified ad）为社区市场宣传各种形式的商品、服务以及机会：从房地产信息到新车销售乃至就业信息和商业信息。一般说来，报纸的收益取决于分类广告栏是否充足、是否健康。

分类广告一般在副标题下按商品种类或需求分栏刊登，大多数就业、房屋和汽车广告均可以做分类广告。为了推广《乡村之声》的分类广告版面，疯狗和英国人广告公司为《乡村之声》创作了一系列图片广告，以幽默的“情景征集”广告作为系列广告的主要视觉元素。

分类广告通常按其所占的行数和刊登次数收取费用，有些报纸可以接受**分类图片广告**（classified display ad），这种广告刊登在报纸的分类广告栏中，但字体或图片更大、空白更多，有图片或边界，有时还会印成彩色。

公　告

只需支付很少的费用，报纸就会刊登合法的有关业务更改、人事关系变动、政府报告、团体或公民个人启事以及财务报告这类**公告**（public notice）。这类广告通常采用预定的固定格式。

广告夹页

同杂志一样，报纸也可以附带广告主的**广告夹页**（preprinted insert）。广告主预先印好夹页，将其送到报社，由报社加插在特定版中。夹页的大小既可以采用报纸标准版面的大小，也可以是两张明信片的大小；形式则有目录、说明书、回执和齿孔优惠券。

一些大型都市日报还允许广告主指定广告夹页的发行地区。例如，有的零售商只希望到达自己经销覆盖区内的顾客，他们便可以只在该地区版上加插广告页。

广告主如何购买报纸版面

为了充分利用广告预算，媒介采购员必须充分了解报纸的读者特征，即典型读者的中位数年龄、性别、职业、收入、文化程度，以及购买习惯等。

了解读者与发行量

读者信息可以通过不同渠道获得，诸如西蒙斯市场调研局。绝大多数大型报纸也提供大量的读者数据。

广告主必须了解报纸的发行量究竟有多大。报纸的总发行量包括订户数、从报摊零买的人数和传阅读者数。

价目表

和杂志价目表一样，报纸**价目表**（rate card）也会列出广告价目、排版和文案要求、截稿期以及其他事项。由于各家报纸的价格差别很大，因此，广告主必须计算哪家报纸为他们到达的读者最多、人口统计因素对他们最有利。

地方性价格与全国性价格

绝大多数报纸对地方性广告主和全国性广告主采用不同的收费标准。**全国性价格**（national rate）平均高于地方性价格 75%，有的甚至高达 254%。之所以收费更高，是因为为全国性广告主服务会增加成本。

统一收费与折扣费

许多全国性报纸实行**统一价**（flat rate），即没有折扣；另有不少报纸对全国性广告主和地方性广告主实行统一收费标准。

有的报纸对批量购买版面的广告主实行折扣，他们采用**公开价**（open rate，指一次插页的最高报价）和**合同价**（contract rate）相结合的形式，如果一次签订的购买合同达到一定的频次或数量，地方性广告主就可以获得高至70%的折扣率；**批量折扣**（bulk discount）指广告主购买的版位越多，收费越低（按购买的英寸数量乘以每英寸成本计算），广告主如果在特定期限内反复发布任意一条广告，则可获得**频率折扣**（frequency discount）；同样，如果广告主全年的广告实际发布量增加，那么，他们有时还可以享受报纸追加的折扣——**实际收费**（earned rate）。

欠资收费

欠资价（short rate）指广告主签订了在一年内以一定折扣率购买一定数量版面的合同，但最终未能兑现而报纸对此实行的欠资收费制度，欠资数额正好是合同所定价格与实际发布版面应支付价格之间的差额。相反，如果广告主购买的版面超出其合同所定的数量，则可享受部分退款或信用累积，折扣的这部分广告版面的实际收费比较低。

混合收费

广告主如果把某一广告在（1）同一报纸的早报和晚报上发布；（2）同属一家报社的两种（或两种以上）报纸上发布；或（3）同属于某一报业辛迪加或报业集团的两家（或两家以上）报纸上发布，便可享受**混合价**（combination rate）的待遇。

任意版位与自选版位收费

任意版位价（run-of-paper/ROP advertising rate）指报社按自己的愿望给某一广告任意安排刊登位置（包括版面和具体的栏目）而实行的收费标准。不过，虽然广告主无法控制自己的广告在报上出现的位置，但大多数报纸都会尽力按广告主的要求，安排他们所希望的位置。

广告主如果想得到自己想要的版位，则可以通过支付较高的**自选版位价**（preferred-position rate）来实现这一目标。例如，某轮胎制造商就可以通过支付自选版位价的方式，保证自己得到体育栏目的版位。

即使在指定版面，也存在着自选版位的问题。靠近版面顶端或栏目顶端、靠近阅读材料的自选位置称为**黄金位**（full position），广告的四周一般被阅读材料所包围，这个位置的售价比任意版位要高出25%~50%；稍逊一等的位置是紧挨着阅读材料的位置（next to reading matter，简称NR），其费用一般比任意版位高出10%~20%。

彩印广告

现在，许多报纸都可以提供任意版位的彩印广告。由于报纸印刷速度快，纸张较薄，因此彩色印制的质量不高，于是，广告主常常采用高保真彩色印刷和光谱彩色印刷工艺预先印制好自己的广告。彩色广告的费用一般是在黑白广告的基准上，每多一种颜色加收一份费用。

多胞胎版

许多报纸（和杂志）都可以提供多胞胎版。**多胞胎版** (split runs) 指广告主同一天在同一家报纸或不同报纸上为同一产品发布大小相同，但内容相异的两条或多条广告。这种想法的初衷是为了尽量减少变量。广告主通过测试两条不同广告得到的拉动力效果，便可以对每条广告的效果加以比较和对照。报纸通常对这些服务加收费用，并设定最小版面要求。

加插通知与撕样

在广告主发布广告之时，他们会交给报社一份**加插通知** (insertion order)，说明广告将要刊登的日期、规格大小、希望的位置、费用以及广告作品类型等，连带订单一起送达报社。

加插通知的功能如同广告主（或其代理公司）与报社之间的合约，广告主若无法支付其广告代理公司，广告代理公司仍必须支付报社的媒介费用。有些报社拒绝接受带这种拒负责任书的订单，除非在送达订单的同时，款也一并送到。然而，仍然有许多广告公司接受这样的债务，也许，他们这么做是出于害怕因此而失去代理费或客户。

报纸将广告文案与美术部分创作完毕之后，交给客户一份**清样** (proof copy)，以供检查。与此相反，大多数全国性广告以照相印刷形式或通过电子邮件发送电子文档，将照相排版送到报社。为了证实报社已发布广告，报社将刊有广告的版面撕下，送交广告公司或广告主查验。

广告**撕样** (tearsheet) 送来后，广告主要进行仔细检查，确认广告确实是按照指令发布的——刊登在正确的栏目和版面位置上，还原正确。如果广告发布出现漏洞，广告公司或广告主通常会得到补偿——折扣或免费重新刊登一次。

印刷媒介：一种世界性媒介

每个国家都有为自己的民众服务的报纸或杂志。在外国市场活动的美国广告主通常会根据自己的战略目标和预定受众，分别采用国际性媒介或本地媒介。无论是面向国内还是面向国外，广告主都必须认真研究印刷媒介的受众，牢记印刷广告的基本原则。对照表“印刷广告中什么因素作用最大”列举了其中的一些原则。

印刷媒介与新技术

随着计算机的出现，媒介选择的机会也发生了革命性的变化，如互联网和CD-ROM，迫使传统印刷媒介和广告人不得不做出相应的改变。报纸与杂志纷纷急着与光缆公司、地区电话公司和在线服务公司联姻，以便在互联信息市场中争得一席之地。

例如，在过去五年内，几乎所有的都市新闻机构和全国性杂志都纷纷开办了电子服务业务，新闻机构一般信息资源丰富，而许多他们未曾刊登的专业信息又完全适合在线服务的狭窄对象群体。不过，如何将广告引入他们的新业

印刷广告中什么因素作用最大

____ **运用单一构图** 一幅大图案能赋予广告一个焦点，在较小的图案周围饰以正文效果也不错，但要避免同一版面上内容过于庞杂（风格与杂志文章接近的构图阅读率较高）。

____ **图片下附说明** 人们阅读图片说明的比例是正文的两倍，图片说明本身也可以充当广告。

____ **不怕文案长** 那些读完标题又接着往下读的读者无疑是理想的潜在消费者，如果你的产品比较昂贵，如汽车、休闲或生产资料产品，你的潜在消费者就会迫切地寻求有关产品的信息。因此，如果你有复杂的东西要讲，有众多的不同产品要点要说明或有贵重的产品或服务要卖，不妨考虑采用长文案。

____ **避免否定式标题**（除非是为疯狗与英国人公司工作） 绝大多数读者不会花心思去琢磨所读的内容，字面怎么讲，他们就怎么理解，容易记住否定的含义。因此，最好在广告中只推销产品的有利点，而不说“不会伤害”或“解决某些不便”等字样，利用一些能打动人心、促人行动的富有感情色彩的词语，如“免费”、“新颖”和“热爱”等。

____ **不怕标题长** 平均来讲，长标题的销售力超过短标题。

____ **利用情节诉求** 标题之后，配以震撼人心的图片是吸引读者注意力最有效的方法。尝试用图片进行情节诉求，促使读者思考：“接下来会怎么样？”

____ **照片效果比绘画好** 与绘图相比，读者对照片的回忆率平均高26%。

____ **将广告置于文章背景中检查** 将广告放到即将刊登的杂志中进行试验，如果是报纸的话，用报纸版面的相同格调进行影印。有些粘贴得很漂亮的草稿具有一定的欺骗性，读者看见的广告绝不是用高级腊光纸印好后贴在纸板上、四周空白很大的广告。这样看自己的广告，难免会误入歧途。

____ **采用统一的广告风格** 所有印刷广告均采用统一风格会增强广告的识别率。这一原则尤其对生产资料广告主和产业广告主具有特殊意义。统一风格可以使读者认为广告是出于一家大企业，而不是几家不同的小公司。

____ **照片效果比绘画好** 如果可能，利用照片进行比较：环境变化或产品优势展示。

____ **切忌使用反向字体** 反向字体看上去也许很迷人，但却会降低阅读率，同理，切勿将文案安排在图的上方。

____ **视每条广告为完整的销售工具** 标题必须包含广告需要传达的主要讯息，用读者的眼光去感受广告的整体印象。只有广告主和广告人才会看自己的全部广告，系列广告中的任何一条都应该能独立作战，完成销售。要假设这一条广告就是读者可能看到的有关你的产品的唯一广告。

务，他们也仍在探索中。目前，大多数电子广告仍旧是一些简单的条幅形式，但有兴趣的顾客可以点击条幅，然后进一步追索详细信息。对印刷媒介的广告客户来讲，这是一种增值服务。媒介专家与专栏作家乔治·吉尔德（George Gilder）坚信，报纸业正处在一个极为有利的时期，这是因为“文字与图像的结合必将导致一场广告革命，有针对性的讯息将引导着消费者一步步地实现交易”。

印刷媒介信息资源

出版社一般会提供有关自己读者情况、发行量、收费标准、广告政策以及内容宗旨等方面的信息，此外，媒介策划人员还可以参考许多信息资源。

广告主和媒介采购员如今在必要时可以通过互联网获得大量资料。目前，许多大型机构，如美国报业协会（网址：www.naa.org）在网上发布这类信息，媒介人员可以立即从网上获得重要信息。有些机构甚至提供网上直接信息购买和媒介版面购买交易服务。

重要术语

媒介采购员	基本发行量	日　报	统一价
出　血	发行量审核	周　报	公开价
封面位置	初级发行量	标准型报纸	合同价
小单元	二级（传阅）读者量	小报型报纸	批量折扣
岛形半版	纵向刊物	周日增刊	实际收费
插　页	横向刊物	独立购物指南	欠资价
阔页说明书	订阅发行	图片广告	混合价
导购杂志	赠阅发行	阅读告示	任意版位价
消费者杂志	封面日期	分类广告	自选版位价
农业刊物	上市日期	分类图片广告	黄金位
行业杂志	截稿日期	公　告	多胞胎版
地区性刊物	千人成本	广告夹页	加插通知
全国性杂志	频率折扣	价目表	清　样
收费基准	数量折扣	全国性价格	撕　样

复习题

1. 假设你在一家高档家具厂的广告部工作，你会建议采用杂志广告吗？为什么？
2. 假设你是一家针对老年人杂志的广告经理，你会对潜在广告主列举哪些优势？
3. 杂志广告对销售生产资料的广告主有什么好处？
4. 发行量审核局有什么意义？
5. 零售商为什么大量地在地方报纸上做广告？
6. 广告主如何提高报纸广告的针对性？
7. 在比较几家（地区性）报纸时（包括日报和周报），广告主应该考虑哪些因素？
8. 全国广告主应该比地方性广告主承担更高的广告费用吗？请举例说明你的观点。
9. 广告公司应该承担其客户的广告欠款吗？为什么？
10. 地方报纸如何利用在线（网络）数据服务或互联网来帮助自己或广告主？

第 13 章

电子媒介的运用：电视与广播

目标　说明广告人在考虑运用广播、电视媒介时如何权衡创意组合中的某些重要因素。每一种媒介都有自己的特点、优点和缺点，广告人必须能够比较它们的优势，了解如何才能做出最经济合算的广告时间购买。

阅读本章，你可以学会：

1. **认识**无线电视作为广告媒介的长处与短处。
2. **认识**有线电视作为广告媒介的长处与短处，了解有线电视和无线电视的区别。
3. **掌握**有线电视时间与无线电视时间的购买过程。
4. **评估**电视广告的不同类型。
5. **了解**电视受众测定的过程。
6. **掌握**购买电视时间时应考虑的主要因素。
7. **分析**在创意组合中运用广播的利与弊。
8. **了解**购买广播广告时间时所要考虑的主要因素。

电视媒介

如今，广告主有两种主要电视形式可供选择：无线电视和有线电视。**无线电视**(broadcast TV) 通过电磁波，在空中将信号传输到一定的地区，到达受众；**有线电视** (cable TV) 则通过连接在电话线插孔上的电缆或埋在地下的电缆到达受众。

无线电视

在互联网出现以前，无线电视的发展速度超过了历史上任何一种广告媒介。无论是作为一种新闻媒介还是娱乐媒介，它都能迅速抓住人们的兴趣。从第二次世界大战后诞生的那天起，无线电视迅速成长为唯一集声音、画面和动作于一身的媒介，人们可以呆在家中，但仍有电影可看。随着电视观众群体的扩大，大型全国性品牌的广告主很快发现他们可以非常有效地利用这个媒介将自己的销售扩展到全国，用前所未有的方式销售自己的产品。不仅如此，这种新媒介还是树立品牌形象的理想媒介——甚至比杂志还好，而过去杂志是树立形象的首选媒介。很快，生产厂家便纷纷将自己的广告预算从广播、报纸和杂志转向了电视。

不过，有线电视这个日益强大的竞争对手正在争夺全国联播节目的观众。为了减少损失，一些电视网也开始向有线电视系统投资，或开办自己的有线电视系统。

有线电视

起初，许多订户看中有线电视仅仅是因为它地区频道的全面覆盖能力和优质服务能力（如收看家庭娱乐台），但一旦这些新鲜感消失了，订户又想要更多的东西。于是，大量由广告支撑的专业有线网络很快如雨后春笋般地应运而生，它们播放艺术、历史、体育、新闻、喜剧节目以及各种付费节目和更多的地方节目。所有这一切都吸引了更多的订户，同时也使一些观众从庞大的无线电视网中分流出去。

电视受众趋势

若论到达大众受众，今天没有哪种媒介具备电视那样独特的创意能力：集声音、画面和动作于一身，为展示产品、运用特技、打动观众提供了机会，使观众有身临其境的真实感（见对照表：无线电视广告的利与弊）。如图表13–1 所示，一大半的观众相信电视是最权威的广告信息来源，与此相比，报纸只有23%，杂志 11.4%，广播 9.6%，网络 4.5%。不仅如此，电视还被评为最有影响力、说服力和最刺激的媒体。

从全世界来看，电视收看时间最长的是年龄大的妇女（美国、加拿大两国平均为每周 36 小时）。这使得电视成为某些广告主最青睐的媒体。

毫无疑问，媒介在我们的日常生活中发挥着日益重要的作用，但人们吸收广告的量毕竟有个极限，一旦达到那个限度，任何新出现的媒介便不得不彼此争夺市场份额，这便是受众日益分流和无线电视网受众数目暴跌的原因，也是媒介采购人员和媒介策划人员日益受重视的原因。现在的广告主都在努力捕捉逃避的受众，在媒介环境拥挤的状态下争夺受众份额。

无线电视广告的利与弊

利

现代无线电视为广告主提供了众多超过其他媒介的可资利用的媒介优势。

____ **大众覆盖** 美国98%的家庭拥有电视机（大多数不止一台），每户的平均收视时间已从1960年的约5小时/天上升到2004年的8个多小时/天。

____ **相对成本低** 虽然广告的初期制作费用与播出费用往往很高，但电视巨大的收视受众数却使其每千人暴露一次的费用只合2~10美元。

____ **一定的针对性** 每天不同的时段、每周的不同日子以及不同性质的节目，都会使收视的观众大不相同，因此，广告主可以只在潜在顾客收视节目的时间内播放广告。广告主还可以通过购买地方或区域性市场的方式到达指定区域内的受众。

____ **冲击力** 电视所具备的“贴近”感是其他形式的广告所不具备的。电视将声音和色彩全面展现在顾客眼前，逼真地表现和演示产品。

____ **创造性** 电视广告的各个组成元素——画面、声音、色彩和动作——为诉求提供了无限的创作与想象空间。

____ **声望** 由于大众普遍认为电视是最具权威性和影响力的媒介，因此，电视有助于提高广告主的威望。贺曼、施乐、可口可乐和IBM都通过定期赞助电视网播出的文化电视节目的方式提来高自己的声望。

____ **社会主流** 在北美，大多数35岁以下的人是在电视节目的陪伴下长大的，电视是他们了解社会的一个窗口。他们不断地为电视屏幕带给他们的奥运会、太空旅行、暗杀、战争以及政治丑闻而激动和震惊。

弊

尽管无线电视广告有诸多好处，但由于其较高的价格、缺乏受众针对性、固有的短小形式以及其他讯息的竞争，致使有时又无法进入创意组合。

____ **制作成本高昂** 无线电视最大的障碍就在于，若要制作一条高品质的广告，其成本是相当昂贵的。根据创意的不同，现在拍摄一条全国性电视广告的成本大约在20万~100多万美元之间。

____ **播出费用高昂** 联播网黄金档商业广告的平均播出费为20万~ 40万美元，在收费最高的黄金节目时段，播一次30秒商业广告的费用超过50万美元；而在特别事件（如超级碗）中间插播一次广告的费用则高达200万美元。即使是相对价格较低，大面积覆盖的代价也足以把中小广告主吓出这块市场。

____ **针对局限性** 对只想到达少部分特定受众的广告主，无线电视并不合算，而且，由于受众趋势的变化，无线电视的针对性正在逐渐降低。现在，越来越多的女性外出工作或收看有线电视，这大大挫伤了在联播肥皂剧节目中投播广告的广告主。

____ **短小** 调查研究显示，绝大多数电视观众记不住他们最近才收看过的电视广告中的产品或企业，即使5分钟之前刚看过的也记不住。广告越长，回忆率越高，人们对60秒广告的印象比30秒的深。

____ **庞杂** 电视广告通常都被台标、片头/片尾字幕、公益广告以及六七个其他广告所包围。所有这些讯息一同争夺观众的注意力，因此，观众时常感到气愤、迷惑，往往把产品弄混。

____ **跳跃换台** 有录像机的人在播放录制节目的过程中，往往跳过广告不看，这叫跳跃；而手中握有遥控器的人则在广告一开播就换台。

电视在整合营销传播中的运用

当今的电视无所不能，多年来，它一直是一种地道的大众媒介，为大众消费商品——卫生用品和化妆品、食品、家电、汽车——的生产厂家带来了很大的好处。但如今，由于有线电视具有窄播能力，电视也可以担当具有高度针对性的定向媒介的任务。例如，现在，在ESPN的障碍赛马锦标赛中就时常可以看到为纯种马和表演马做的广告。由于地方有线电视的出现，地方性小广告主也有能力利用电视了，这为他们在整合营销传播计划中运用电视提供了切实可行的选择机会。

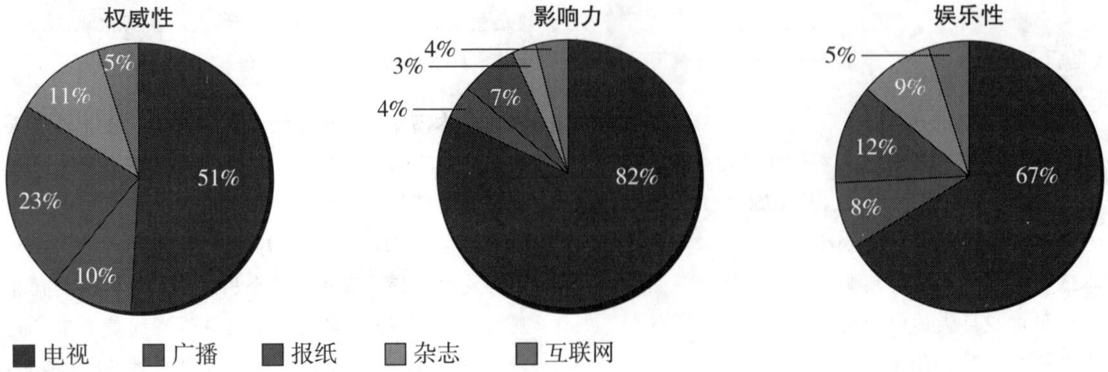

图表 13-1

2006 年，成年观众认为最有权威性、影响力和说服力的媒介是电视

虽然任何一个单一的节目都不可能再像从前那样到达大批受众，但电视仍然是向大批目标受众传递特定讯息最合算的途径。尤其是在创造知名度和树立形象方面，电视广告迄今仍然没有对手，在巩固品牌讯息方面也是如此。

由于营销整合者正在努力建立、培育、加强与众多利益相关者团体的关系，因此，电视还发挥着另一个有效功能：它可以同时面向许多不同的利益相关者——不单单是顾客。此外，借助其传递大创意的独特能力，电视还可以赋予品牌特定的意义（品牌的个性或象征意义），一方面引起人们对品牌的注意，另一方面巩固他们目前与品牌的关系。

电视还能发挥以少胜多的杠杆作用，也就是说，广告主可以利用电视相对较低的千人成本到达众多的潜在对象，通过他们对广告所做出的反应进一步识别他们，然后再利用价格低廉的一对一的或可寻址的媒介做后续宣传。

这其中最重要的一点是，电视的高度直观性迫使广告人不得不创作出吸引人的广告，并且广告要不断加强品牌的战略地位（请记住我们对杰出广告的定义）。成功的品牌都是最流行的品牌，而“广告喜好”与品牌流行程度有着密不可分的关系。

电视广告种类

广告主采取不同的战略购买无线电视和有线电视的时间。大型无线电视网为不同的观众提供大量不同的节目。因此，广告主可以依据每一个节目的观众来购买广告时间。

联播网广告

传统上，美国大型广告主主要购买某一全国性**广播电视网**（network，如美国广播公司、哥伦比亚广播公司、全国广播公司或福克斯）的时间。

由于联播网的讯息可以通过设在全国各地的众多联播台同时播出，因而可以为大型广告主提供方便，提高效益。而有线网一般到达更有针对性的少数受众。

对照表

有线电视广告的利与弊

利

____ **针对性** 有线电视为特定类型的观众提供专门的节目。有线电视的窄播特点使广告主能够选择到最符合自己目标顾客人口统计特征的节目。

____ **受众人口统计特征一致性** 有线电视订户较年轻、文化程度较高、较富有、职业层次较高、住房较大、更乐意尝试新产品和购买高档商品——诸如汽车、家电和高科技设备。

____ **低费用** 许多小型公司无须花费购买无线电视时间那么高的费用即可获得电视的贴近性与影响力。有线电视广告费有时甚至低得与广播一样。许多全国性广告主发现，赞助某个节目也相当不错，因为一套有线节目的制作费用有时还不到购买一次无线电视广告时间的费用。

____ **灵活性** 出于制作费用和播出费用方面的考虑，无线电视广告必须短小，但有线电视的广告长度却可以长达 2 分钟，如果是信息式广告，甚至可以更长，还可以根据节目条件进行剪裁。

____ **可测定性** 有线电视是进行试验的好地方，既可以测试新产品，又可以测试各种广告手段，如广告频次、文案影响力以及不同媒介组合等。

弊

和任何媒介一样，有线电视也有其自身的缺陷。

____ **到达有限性** 美国约有 23%的家庭没有有线电视，这是过去有线电视最主要的缺陷，不过现在已没有那么严重了。

____ **分流** 有线电视观众有 50 多个频道可供选择，因此，他们收看哪个节目的时间都不太多，若想到达某一特定市场的大部分有线电视受众，广告主就必须在许多有线台播出广告。

____ **质量** 有线电视台，尤其是地方有线电视台的节目制作质量，有时比不上无线电视台的质量，受欢迎程度较低。

____ **换台** 有线电视也存在着与无线电视相同的一些缺陷，包括观众换台或跳过广告。

广告主若同意负担某一节目的全部费用，这种行为便叫做**赞助**（sponsorship）。若是独家赞助，广告主不仅要负责节目的内容，还要负担其全部制作费用。赞助活动代价高昂，因此独家赞助通常只限于几家特殊企业。当然，赞助节目的企业至少能够获得两大好处：第一，由于赞助一流娱乐节目，企业的声望自

电视能赋予品牌特定的个性，有传递大创意的独特能力，同时可与众多的利益相关者进行沟通。雀巢奇巧（Kitkat）巧克力的这条广告用一种喜剧般的、近乎即兴的表现手法，讽刺性地模仿了模特代言人的做法，在戛纳广告节上一举夺得银狮奖。（见彩插）

然上升，因而大众也更容易识别其产品；第二，赞助人有权控制自己广告的插播位置与内容，在不违反联播网或电视台规章的情况下，广告可以按赞助人希望的位置和长度进行安排。此外，由于联播网是集中管理，广告主只需支付一次费用。

赞助活动能为广告主提供那么多的机会，因此，当热播电视连续剧《24小时》第二季开播时，其第一集就因为福特汽车公司的全面赞助而完全没有插播广告，但其中却不时闪现出福特汽车的身影。为了节省成本、降低风险，现在许多企业开始联手赞助电视节目，或一家一周地轮流赞助，或将节目划分为若干片段平均分摊赞助。

大部分电视网的广告时间以**协办**（participation basis）的方式出售，由几家广告主共同购买某一节目中的30秒或60秒广告时间板块，这使他们得以分散自己的广告预算，避免长期固定在某一个节目上。同时，这种做法还使得小广告主只需购买有限的时间，便同样能获得他们所需的全国覆盖的效果。

点播广告

全国性**点播广告**（spot announcement）指夹在两个节目之间播出的广告，这种广告的费用比协办节目低，又比电视网广告灵活，因为这类广告可以只针对某一地区集中播放。广告预算少、销路有限的广告主可以运用点播广告一次向一个地区推出新产品，或者，广告主也可以按不同的市场情况，制作不同讯息的广告，以适应促销的需要。

点播广告时间长度分别为10秒、15秒、30秒和60秒，可以购买全国范围，也可以只购买某一地区。购买点播广告要直接与各家电视台分别打交道，因此比购买电视网广告时间更麻烦。

点播广告只能安排在电视网的台标播出时间或电视网广告主购买剩余的时间段里。因此，点播广告有可能被淹没在其他讯息的汪洋大海之中，这也是点播广告收视率较低，在广告支出这个大蛋糕中只占一小块的缘故。

电视辛迪加

随着电视观众的分流，辛迪加节目正日益成为电视网广告的补充品或替代品。

所谓辛迪加，就是逐家电视台、逐个市场销售电视节目的方式。换句话说，也就是节目生产商（如华纳兄弟或迪斯尼）不通过电视网而通过某一销售公司直接与各台签订合同。这种高效的“工厂直销”形式为地方电视台提供了更多的节目控制权和更大的利润空间，同时，也使广告主得以买到点播广告**库存时间**（inventory，即广告时间），而这也许正是他们在电视网上得不到的东西，其价格也更为合理（见图表13–2）。

电视辛迪加有三种形式：下网辛迪加、首播辛迪加和交换辛迪加。**下网辛迪加**（off-network syndication）是将已经播出过的热播节目出售给各电视台重播，如《老友记》；**首播辛迪加**（first-run syndication）播放专为辛迪加市场制作的原创节目，如《奥普拉》；**交换辛迪加**（barter syndication）发展最快，这种

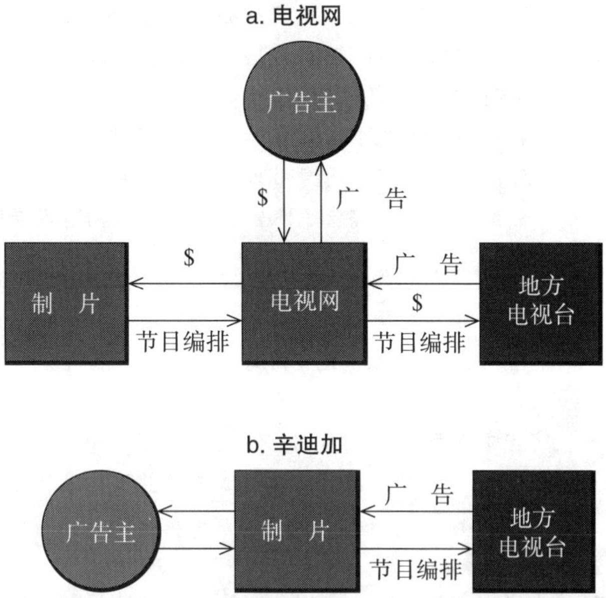

图表 13–2
电视网发行与辛迪加式发行
a. 电视网基本上充当中间人
b. 辛迪加往往在节目资金筹措和发行方面更有效

形式又叫*广告支撑型辛迪加*，首轮节目以免费或低价的方式播出，但要将一定量的广告时间（通常为 50%）预售给全国性广告主。

辛迪加是建立到达率的有力工具，广告主喜欢这种形式，因为他们可以借此与名牌节目挂上钩，尽可能地增加自己利用无线电视的机会，赢回他们以往通过电视网到达的大批受众。

节目式广告

1992 年秋季，独立总统候选人罗斯·佩罗（Ross Perot）坐在一架电视摄像机前，用自制的活动挂图和热情淳朴的语调发表了 30 分钟进军白宫的演说，吸引了 2 000 万电视观众，一个月后，他获得了可喜的 19%的选票。

佩罗将**节目式广告**［program-length advertisement，简称 PLA，又叫**信息式广告**（informercial）］引入公众注意中心的举动使他名垂广告史，他的举动还证明了那些制作和发布信息式广告的公司多年来的声明：长广告能够传递其他形式的广告无法传递的讯息。为此，《广告时代》提名佩罗为该报的“年度最佳广告人”。

信息式广告并不是什么新生事物，但其好名声却是近年才有的事情。在佩罗之前，大多数使用信息式广告的用户都是麦迪逊大道（Madison Avenue，位于纽约，美国著名广告公司大多集中在此地，业界用此来指代广告业的主流。——译者注）瞧不上眼的乌合之众，如一些手摇搅拌器、榨汁机或者汽车腊的生产厂家。现在，不少大卖主，如辉瑞、微软等也都开始涉足信息式广告这块阵地。这种突然之间迅猛发展的原因其实很简单：

1. 消费者关心并立刻有所反应。

2. 品牌经理想找到竞争不那么激烈的空间，赢得竞争优势。
3. 节目式广告能够实现某些讯息目标，如产品演示和品牌差别化表现，效果远比 30 秒的广告好。
4. 广告结果便于计算和测定。
5. 广告既可以为自身带来好处，又可以支援零售贸易。
6. 节目式广告综合了广告、直接反应和销售推广的威力。

除了上述因素外，信息式广告还具备制作成本低（尽管目前有所提高）、吸引力强、受众人口统计档次高等特点，从这些因素中不难看出为什么某些全国性广告主也要跳上节目式广告这辆宣传车。

电视受众测定

广告主注重效益，因此，他们会研究不同节目的受众情况，并对照其他媒介载体分析这些节目的影响力与成本效益，为此，他们必须掌握受众测量的方法与相应的术语。

视听率调查服务公司："圣经"

为广告主和广播、电视公司测定电视节目和广播节目受众的公司叫做**视听率调查服务公司**（rating service），他们从市场中选取具有代表性的样本，然后提供有关观众或听众规模与特征的资料。有些调查机构自行承担收集数据的费用，然后发表其调查结果，企业向这些机构订购调查报告，作为自己策划、购买或销售媒介广告的基础。

在美国，荷兰巨头 VNU 旗下的分支机构尼尔森媒介调查公司（Nielson Media Research）是一家重要的电视收视率调查公司，其拳头产品为《尼尔森电视索引》（Nielson Television Index，简称 NTI）。

索尼 PlayStation 这条名为"人山"的 30 秒电视广告在拍摄技巧和叙事风格上美轮美奂，产生了强烈的视觉效果，从而获得了戛纳广告节全场大奖。广告在巴西拍摄。画面一开始：一位年轻人紧盯着天空，而音响则伴以雪莉·坦帕演唱的经典歌曲 Get on Board Li'l Children，节拍越来越快。现在，画面上已经人头攒动，都在奔向什么东西，只是观众并不知道是什么东西。每一个镜头的处理都非常仔细、非常巧妙，色彩饱满、逼真。画面中，人越聚越多，人群最终变成了一座"人山"——而这种效果只有依靠摄影特技的帮助才可能实现。最后，出现字幕："大家齐开心。"（见彩插）

自 1993 年阿比创（Arbitron）公司停止在地方市场进行电视收视率调查以来，尼尔森实际上形成了垄断，但这种局面也许不会长久，许多广告主和广播电视台认为尼尔森的调查报告不稳定且不准确。

有线电视收视率

收集可靠的有线节目的数据更为困难，传统调查方法依据的样本量往往太小，不足以从统计上说明问题，因此，一些大型有线节目公司干脆自己提供日间各节目段及各节目的受众收视状况报告。因为媒介策划人员还要把来自其他不同渠道的众多信息加以综合，因此，理解有线电视收视率是一个复杂的过程。

电视市场的界定

电视收视率调查公司一般按地域划分电视市场，以期最大限度地减少电视信号重叠而引起的混乱。尼尔森的电视索引采用**指定市场区域**（designated market area，简称 DMA）一词来代表地方电视台收视率最高的地区（城市或县）。

时间段

广告主必须明确何时播放广告，在*哪个节目段*播放广告。与广播听众不同，电视观众忠实于电视节目而非电视台，某个节目能否继续播下去取决于该节目的*收视率*，即收看该节目的人口百分比，而节目播放的时间段也会影响到该节目的收视率。

（美国的）电视节目时间段划分如下：

	日间：	早 9:00~下午 4:00（东部标准时间）
合称傍晚时段	傍晚：	午 4:00~下午 5:30（东部标准时间）
	早新闻：	下午 5:00 或 5:30~晚 7:30（东部标准时间）
	黄金时段前：	晚 7:30~8:00（东部标准时间）
	黄金时段：	晚 8:00~11:00（东部标准时间）
合称深夜时段	晚新闻：	晚 11:00~11:30（东部标准时间）
	深夜：	晚 11:30~第二天早 1:00（东部标准时间）

黄金时段（prime time，指东部标准时间晚 8:00~11:00、中部标准时间晚 7:00~10:00）的收视率自然最高，在大多数市场的成年人中，深夜的收视率也比较高，日间段和傍晚段的收视观众主要是女性。媒介策划人员若想以最大的频次到达广告主目标受众的最大比例，便应根据收视率调查公司提供的电视使用水平报告决定采用哪种**时段组合**（daypart mix）。

受众测定

视听率调查公司和媒介策划人员运用多种名词来界定电台和电视台的受众、渗透率及效率。**电视家庭**（TV household，简称 TVHH）指拥有电视机的家庭数目。某一特定市场的电视家庭数使广告主对该市场的规模大小有个感觉，同样，电视家庭中收看某一节目的户数也有助于广告主估算该节目的受欢迎程度以及某条广告可能到达的人数。

开机家庭（household using TV，简称 HUT）指某一指定地区内在任意特定时间内开着一台或多台电视机的家庭百分数。假设在被调查地区有 1 000 台电视机，其中 500 台开着，则开机家庭为 50%。

节目收视率（program rating）指某一地区电视家庭中收看某一具体节目的百分数，计算如下：

$$收视率 = \frac{收看特定节目的电视家庭户数}{该地区电视家庭总户数}$$

电视网自然希望获得高收视率，因为这表明某一节目大受欢迎，节目越受欢迎，广告收费就可以越高。地方电视台常常以改变自己节目编排——如购买多家辛迪加节目——的方式来提高自己的知名度，进而提高自己的收视率（和收益）。

受众占有率（audience share）指开机家庭中收看某一特定节目的百分比数。只有 500 名观众的节目受众占有率也可以达到 50%，条件是当时的开机家庭只有 1 000 户。与此相反，收视率测定的是受众占该地区电视家庭总数的百分数，无论其电视机打开与否。

受众总数（total audience）指某节目的某一部分到达的受众人数总和，该数字一般被分解成不同的项目，以便清楚地确定**受众构成**（audience composition）——受众的人口统计分类分布。

毛评点

在测定电视时，**毛评点**（gross rating point，简称 GRP）指某一特定电视媒介排期在一定时期内获得的总收视率。如我们在第 9 章所言，假设 5 次广告排期 1 周，其平均家庭收视率为 20，那么，其毛评点则为 100。请回想一下 GRP 计算方法如下：

$$到达率（平均收视率）\times 频次 = 毛评点$$

毛评点使广告人借助可供比较的广告成分对不同的市场进行测评，对广告可到达的不同市场做出一个比较明确的总结。不过，GRP 无法反映市场的大小。比方，某广告在诺克斯维尔地区和夏洛特地区的毛评点虽然一样，但在两地的到达率却可能截然不同：

	电视家庭（千户）	平均点播费/次	平均收视率	点播次数	GRP
诺克斯维尔	1 002	1 500 美元	15	5	75
夏洛特	638	1 250 美元	15	5	75

为了更好地判断电视广告市场的相对值，还可以运用其他一些测评方法，诸如单位成本法（CPP）和千人成本法（CPM）。

电视时间的购买

购买电视广告时间的过程有时很长，而且，由于要购买多家电视台的时间，因此投入的精力也相当大。无论是广告主还是媒介采购员都必须：

- 决定以哪种价格购买哪个节目。
- 分析不同节目的效益。

- 就价格与电视台代表谈判。
- 判断这些电视台的到达率和频次。
- 签订播出合同。
- 检查执行保证书，确保广告以双方确认的方式播出。

这些过程如此复杂，因此，大部分大型广告主干脆把这些事委托给广告公司或媒介购买公司处理，专业购买公司通过谈判以稍低的价格批量购买电视台的俏销时段，因而有条件向客户收取较低的费用，为他们节省资金，他们也由此而得到广告主的认可。地方广告主一般依靠电视台代表使自己的资金用在刀刃上。

申请时间

为了了解电视台有哪些节目时间可卖，媒介购买人员会联系电视台的销售代表，即地方电视台的销售人员、在各市场中为某家电视台进行销售的全国性媒介代理组织或电视网的销售代表。媒介购买人员向销售人员提出广告主在媒介目标和目标受众方面的要求，然后要求电视台代表提供一份**可售时间表**（avail，即可供出售的时段），连同广告价目表和预期收视率。许多媒介购买人员也求助于根据尼尔森最新两三期报告得出的信息，查看某一节目的收视率是持平、上升还是下降。

节目购买选择

媒介购买人员运用**单位成本**（cost per rating point，简称 CPP）和**千人成本**(cost per thousand，简称 CPM) 来计算每个节目的效益，选出最合算的节目。单位成本和千人成本的计算方式如下：

$$\text{CPP} = \frac{\text{成本}}{\text{收视率}} \qquad \text{CPM} = \frac{\text{成本}}{\text{千人人数}}$$

比方，假设“CSI”节目的收视率为 25，在主要目标市场的到达人数为 200 000，在乔治亚州奥尔巴尼市的 WALB 电视台投放广告，基本收视率不变，一条 30 秒点播广告的费用为 2 000 美元，则：

$$\text{CPP} = \frac{2\ 000\ \text{美元}}{25} = 80\ \text{美元} \qquad \text{CPM} = \frac{2\ 000\ \text{美元}}{(200\ 000 \div 1\ 000)} = 10\ \text{美元}$$

通过计算单位成本，媒介采购人员便可以比较不同节目之间或电视网之间的收视点成本，这些信息对谈判非常有利。但收视点又与整个市场密切相关，而真正重要的数据应该是到达目标市场的千人成本。因此，千人成本应该与目标受众规模而不是整个市场对比起来计算。目标市场千人成本越低，节目到达真正目标的效益就越好。

媒介购买人员自然会用效益好的节目取代效益差的节目，以便使自己有限的预算得到最充分的利用。

协商价格与签订合同

电视台和有线电视公司定期公布自己的广告时间销售价目表，不过，由于电视台总是以最佳状态估算电视观众人数，因而电视台代表总要在价格上和媒介采购员谈判一番。

媒介采购员接洽电视台的销售代表，向他说明广告主所要求的传播效果和CPM效果。购买人员有多种方法可以协商到较低的价格：（1）套装购买；（2）接受电视台的指定时间；（3）利用占位价格。**占位价格**（preemption rate）低的原因是广告主同意在另有人出更高的价——非占位价——的情况下出让播出时间。

在签署广告合同前，媒介购买人员必须仔细阅读合同。合同应说明广告的播出日期、播出次数、插播的节目、广告片长、每次播出的费用以及广告费总计，合同背面则为付款条件及广告主、广告公司和电视台各方的责任界定。广告播出后，电视台向广告主或广告公司返回一份经签字和公证的**执行证明书**(affidavit of performance)，执行证明书要说明何时播出了广告以及广告主或广告公司可享有什么赔偿条件。**赔偿条件** (makegood) 指广告主因电视台漏播或播出错误或电视台实际收视率明显低于其基本收视率而获得的电视台赠送的广告时间。

广播媒介

广播是一种个人化、一对一的媒介，人们一般都是单独收听广播。收音机可以移动，人们可以一边开车，一边走路，一边收听；人们既可以在家中收听，也可以在户外收听。因此，广播最适宜于上下班乘车的人收听。

此外，广播还能配合各种气氛：早晨，人们也许乐意听点新闻、流行音乐或有趣的闲聊；而到下午，人们也许又想放松自己，听听古典音乐或轻松的音乐。

广播在整合营销传播中的运用

电视是一种被动媒介，人们只能观看，而广播则不然，人们在收听广播时会积极地参与；他们会有意识地收听自己喜爱的人物的节目、打热线电话提出请求、参加比赛、参加讨论；他们动用耳朵和想象来弥补看不见的部分。大多数人忠实地收听两三家节目编排风格不同的电台，这就意味着聪明的广告主可以利用这种媒介与消费者和其他利益相关者建立亲密而直接的关系。这使得广播成了一种理想的整合营销传播媒介。

有了广播，全国性企业便可以与某一地方市场发生联系，瞄准自己想到达的具体人口群。最重要的是，广播使广告主得以通过**形象移植**（imagery transfer）的方式成功地使自己的广告费收到事半功倍的效果，并保持广告活动的一致性。调查表明，如果广告主在电视上播放一段时间广告之后再将声音部分移植到广播广告中，75%的消费者会在听到广播广告的时候，在脑海中重现电视广告的画面，这在无形中以极低的代价延长了电视广告的寿命，赋予了它更强的冲击力。在整合营销传播活动中，广告讯息一致是首要目标，而这正是广播非常突出的一个重要特点。

出于同样原因，广播媒介也深受地方零售商的欢迎，另外，他们还可以根据自己的需要剪裁广告。广播具有特定的受众，其回忆特征与电视相似，零售商可以通过自己发布的广告为自己创造一种识别标志。最后一点，由于收音机灵活机动，可以随身携带，因此，零售商可以在潜在对象正要购买之前到达他们。

广播节目编排与受众

为了到达特定市场，尽可能多地抓住听众，电台必须小心地策划自己的节目编排。电台的受众越多，收取的广告费就可以越高。因此，无论是广播节目编排还是节目更换，都要进行大量的策划和调研。

电台既可以采用经试验证明切实可行的节目编排形式，也可以订购联播网或辛迪加的节目，或者采用某种独特的手段。电台采用的波段（调幅或调频）会在很大程度上影响电台的节目编排。调频的音质保真度较好、广告干扰较少、节目更丰富多彩。

广告主在购买广播时间时，看重的往往是电台的**节目编排风格**（programming format）而非节目。每一种风格都针对特定的人口群。

广播时间的购买

广告主若想使自己购买的广播时间卓有成效，就必须对这个媒介有一个基本的了解，如可供广告主使用的广告时间有哪些类型，广播术语的基本涵义，准备广播排期有哪些步骤等。

广播广告类型

广告主可以购买联播、点播或地方广播时间。虽然地方性广播广告占了全部售出广告时间的 80%，但全国性点播广告所占的份额却正在飞速扩大。[55] 广告主喜欢广播的到达率、频次、针对性和高效益（见对照表：广播广告的利与弊）。

联　播

广告主可以订购某一全国性广播网联播电台的时间，同时向整个全国市场传播自己的讯息。

广播网只能为全国性广告主和区域性广告主提供简单的管理，电台的纯成本效益较低。广播网的缺点包括：无法灵活选择联播电台、广播网名单上的电台数量有限以及订购广告时间所需的预备期较长。

独立电台

独立电台（spot radio）在市场选择、电台选择、播出时效选择以及文案选择上为全国性广告主提供了更大的灵活性，它们可以迅速播出广告——有些电台的预备时间甚至可以短至 20 分钟，并且广告主可以借助电台的地方特色快速赢得当地听众的认可。

地方电台

地方时间（local time）指地方性广告主或广告公司购买的独立电台的广告时间，其购买程序与购买全国性点播时间一样。

广播广告的播出既可以采用直播方式，也可以采用录播方式。大多数电台采用录播节目与直播新闻报道相结合的方式，同样，几乎所有的广播广告都采用预录方式，以求降低成本，保证播出质量。

广播术语

大部分广播术语和其他媒介使用的术语相同，但有些术语是广播专用术语，其

对照表

广播广告的利与弊

利

广播的主要优势在于它较高的到达率、频次、成本效益和较强的针对性。

- **到达率与频次** 广播的联合到达率和频次较高。美国成年人平均每天收听广播的时间超过三个小时，因此，广播能迅速培养一大批受众，正常的广告排期便可以轻松地反复影响听众。
- **针对性** 电台一般都有各自的节目风格，有预定的受众和覆盖范围，因而广告主可以选择自己想到达的市场：某一特定的年龄组、性别、种族、宗教、收入、职业、文化水平或特殊兴趣等。
- **成本效益** 广播可以在千人成本最低的情况下达到预定的到达率、频次和针对性，而且广播广告的制作成本也不高。全国性点播广告的制作费大约只相当于电视广告的十分之一，有的地方电台还经常免费为广告主制作地方点播广告。
- **其他** 此外，广播还具有及时、贴近、切合当地实际以及创意灵活等优点。

弊

虽然广播具有上述优点，但它也有自身的局限：它只是一种口头媒介、其受众细分程度很高，广告寿命短，而且往往只有一半被人听到，每条广告还必须与其他广告争夺听众。

- **仅限于声** 广播只能听不能看，如果产品用于必须通过视觉才能让人了解的种类，那么，广播的局限性便会暴露无遗。有些广告公司认为广播限制了他们的创意空间。
- **受众分散** 如果有大批电台同时竞争同一批受众，那么，想覆盖这块市场的广告主就不得不购买多家电台，这样一来，广播原来的高效益优势也就不复存在。
- **寿命短、广告收听不完整** 广播广告稍纵即逝，无法像报纸杂志广告那样保存；而且，广播还必须与其他节目争夺注意力，未必每次都会成功。
- **庞杂** 对广告主最具魅力的电台自然广告也比较多，因此广告主必须制作别具一格的广告才能出奇制胜。

中最常用的概念有“时段”、“一刻钟平均听众数”和“累积听众数”。

时　段

广播时间分为五个时段：

上午 6:00~10:00	早上班车
上午 10:00~下午 3:00	日间
下午 3:00~晚上 7:00	下午班车或晚班车
晚上 7:00~午夜	夜间
午夜~早上 6:00	深夜

收视率调查公司一般只对前四个时段的受众进行测定，因为深夜节目的听众非常有限，竞争也不激烈，收听率最高的时段为周一至周五的**班车时间**（drive time，早 6:00~10:00 和下午 3:00~晚 7:00），此时许多听众正乘车来往于上下班途中或上学和放学途中。

电台根据时段来制定广告主所需时段的广告收费标准，但广告收费标准又可以根据指定时段的供需状况进行协商。广告主若采用**电台指定时段**（run-of-station，简称 ROS，相当于报纸的 ROP），便可享受最低广告费标准。但这样一来，广告主的广告播出时段便完全任由电台处置，因此，大多数电台又提供一种**总体受众计划**（total audience plan，简称 TAP）套装价格，如果广告主购买了总体套装时间，电台要保证在较好时段为其安排一定比例的广告。

一刻钟平均听众数

一刻钟平均听众数（average quarter-hour audience/AQH persons）指在任意时段中的 15 分钟时间内收听某一电台至少达 5 分钟的平均听众数。比方，KKDA 台的一刻钟平均听众数为 33 800，这就等于在任何一天，在下午 3:00~7:00 的任意 15 分钟内，约有 33 800 名年龄在 12 岁以上的听众在收听 KKDA 台的节目。

一刻钟平均收听率（average quarter-hour rating）则是用百分数对一刻钟平均听众数的表示。假设 KKDA 台所在地区的人口为 3 072 727，它的一刻钟平均听众数换算成一刻平均收听率为 1.1，换算公式如下：

$$\frac{\text{一刻钟平均听众数}}{\text{人口}} \times 100 = \text{一刻钟平均收听率}$$

即：

$$\frac{33\ 800}{3\ 072\ 727} \times 100 = 1.1\%$$

同样的意思还可以用**一刻钟平均占有率**（average quarter-hour share）这个概念来表示，即指某电台在该地区的听众总数中所占的百分比。假设所有电台的一刻钟平均听众总人数为 676 000，那么 KKDA 台的一刻平均占有率则为 5%，计算如下：

$$\frac{\text{电台的一刻钟平均听众数}}{\text{所有电台的一刻钟平均听众数}} \times 100 = \text{一刻钟平均占有率}$$

即：

$$\frac{33\ 800}{676\ 000} \times 100 = 5\%$$

电台的排期**毛评点**（gross rating point）指用百分数表示的电台某一排期节目所达到的收听率总数，或总人口中的听众总人次即“总印象”（见第9 章）。

一刻钟平均收听率 × 广告数 = 毛评点

即：

$$1.1 \times 24 = 26.4$$

或

$$\frac{\text{总印象（听众总人次）}}{\text{人口}} \times 100 = \text{毛评点}$$

$$\frac{33\ 800 \times 24}{3\ 072\ 727} \times 100 = 26.4$$

累积听众估算

累积听众数（cume persons）指在指定时段 15 分钟内收听某一广播电台时间不少于 5 分钟的不同个体人数的总和，累积听众数又叫非重复听众数。

比如我们的广告从 KKDA 台可以得到的听众总人次为 811 200，这并不等于有 811 200 名不同的听众听见过我们的广告，许多人可能听见过 3 次、4 次或 5 次，通过测定收听 KKDA 台的不同个体累积数，就可以得出我们排期的真正到达潜力，在此，假设我们的累积听众数为 167 800 人。

累积收听率（cume rating）是累积听众数占总人口数的百分数表示，计算如下：

$$\frac{167\ 800 \times 100}{3\ 072\ 727} = 5.5$$

准备广播排期的七个步骤

广告主准备广播排期的程序与准备电视排期的程序相差无几：

1. 确定最符合广告主目标受众人口统计要求（如男性和女性，年龄 35~49 岁）的累积听众率最高的电台。
2. 确定哪家电台的节目风格最能吸引有购买潜力的消费者。
3. 判断这些电台的哪个时段能吸引最有潜力（一刻钟平均）的消费者。
4. 根据电台的价目表，编制最佳时段组合排期，这时，最好向电台销售代表提出广告主的媒介目标以及可行的广告预算数额，然后从他们那里了解依照这个预算电台可以提供些什么。这是媒介购买人员分析成本、协商购买过程的开端。
5. 按到达率和频次评估购买提案。
6. 判断各电台到达每 1 000 个目标听众的成本，关键在于“目标”二字。电台的受众总数对媒介采购员没有意义。
7. 协商并购买。

重要术语

无线电视
有线电视
广播电视网
赞　助
协　办
点播广告
库存时间
下网辛迪加
首播辛迪加
交换辛迪加
节目式广告
信息式广告
视听率调查服务公司
指定市场区域
黄金时段
时段组合
电视家庭
开机家庭
节目收视率
受众占有率
受众总数
受众构成
毛评点
可售时间表
单位成本
千人成本
占位价格
执行证明书
赔偿条件
形象移植
节目编排风格
独立电台
地方时间
班车时间
电台指定时段
总体受众计划
一刻钟平均听众数
一刻钟平均收听率
一刻钟平均占有率
累积听众数
累积收听率

复习题

1. 对于牛奶这类产品，无线电视广告具有哪些优势？
2. 广告主可以采取哪些手段防止自己的广告被观众跳过或换台？
3. 为什么近年来电视网的时间不如从前抢手？
4. 有线电视的针对性有什么优势？有什么缺陷？
5. 购买无线电视时间的方法有哪些？
6. 如何在整合营销传播方案中最有效地运用电视？
7. 如何在整合营销传播方案中最有效地运用广播？
8. 你最爱听哪种风格的电台？你能描绘出该电台目标受众的人口统计特征吗？
9. 一刻钟平均听众数与累积听众数有什么区别？哪个更好？
10. 广播广告时段和电视广告时段具有什么意义？它们各自的最佳时段是哪一段？

第 14 章

数字互动媒介与直邮的运用

目标 探究广告主在权衡数字互动媒介和直邮媒介时应考虑的主要因素。每种媒介都有各自的特点、优势和劣势，广告主必须具备比较它们各自优劣势的能力，只有这样才可能了解在媒介组合中哪种购买方式效益最好。

阅读本章，你可以学会：

1. 认识新型数字互动媒介给我们带来的各种机遇与挑战。
2. 了解互动媒介的变革过程。
3. 认识互联网作为广告媒介的利与弊。
4. 界定各种互联网广告。
5. 了解网络的受众以及测定他们所面临的挑战。
6. 了解互联网广告版面的销售方式及其价格。
7. 认识直邮广告的不同种类。
8. 了解各类直邮广告的成本。
9. 掌握如何挑选最佳邮寄名录。

数字互动媒介

今天，我们正在亲身参与一场新型媒介革命，不可思议的通信技术成果引发了这场革命。当然，我们在此所指的新型媒介就是**数字互动媒介**（digital interactive media），包括互联网这个有史以来发展最快的媒体。

通过个人电脑，你可以很方便地在电脑上进行在线银行业务，购买汽车或漂亮的艺术品，炒股，预订机票、音乐会门票或从你最喜欢的百货店订购一整套新衣柜，你甚至可以购买一周所需的日用物品，并让他们送货上门。

互联网还改变了我们发送邮件的方式，如果你想与在柏林的兄弟通信，现在也无须再盖外国邮戳了。你可以舒舒服服地坐在家里查阅图书馆的书籍，也可以在家工作，然后向全世界推销你的产品。

数字互动媒介使我们绕了一圈之后又回到了大众媒介出现以前买方掌握买卖主动权的年代。巴诺网上书店（www.nb.com）这类网站使消费者具备了互动参与的能力，这是其他任何广告媒介都无法比拟的。该网站不仅是一家以互联网为基础的邮购零售商，而且也为顾客提供广泛的调查和书评，并针对每一位消费者购买的书籍、电子图书、杂志、录像带、软件等提供建议。

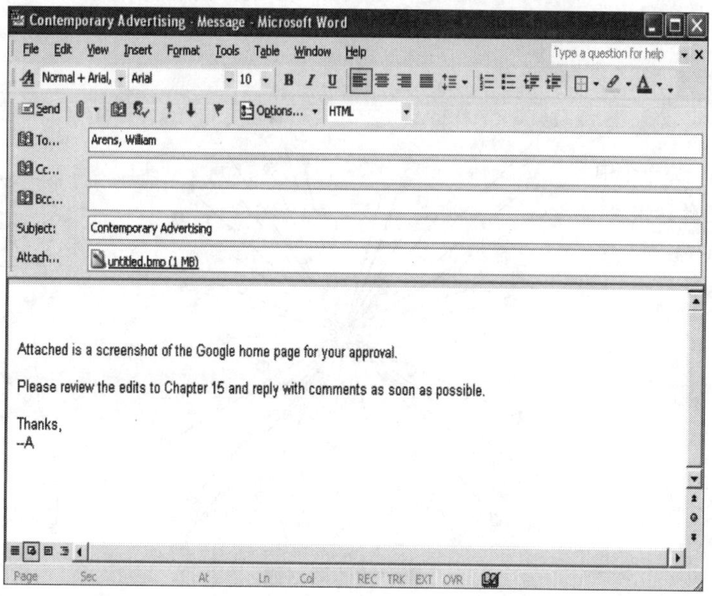

电脑和互联网正在以飞快的速度发展着，以满足越来越多的技术型消费者的需求。虽然互联网的消费者到达渗透比率低于广播或电视，但却是大众媒介传播历史上发展最快的单一媒介。数字信息、在线商务以及通过电子邮件进行的全球沟通，所有这一切构成了互联网这个媒体。这些都势必成为我们技术驱动型经济的支柱。

新媒介对我们的日常生活产生了革命性的影响，对生产商也一样。

新媒介能够给用户提供真正的互动机会，从而能使企业和其他组织在全球范围内以极低的成本与自己的顾客、其他利益相关者之间建立并培育良好的关系，而这在过去是绝对做不到的。

当今的新媒介包括互联网以及所有与网络相关的在线服务、数字目录和杂志、移动电话系统和互动电视，其中前景最好的是互联网，这也是我们本章将其作为重点的原因。尽管互联网作为商业媒体的历史只有 10 年多一点，但它已经成长为广告和其他传播活动的大众论坛。由于它有目共睹的蓬勃发展，我们有必要了解该媒介的性质、它的组织方式、人们获得它的方法及广告主购买并在其营销计划中运用它的方法。在此之后，我们还要简要介绍一些其他新媒介，最后，我们会看到可寻址媒介中最有前途的一种形式：直邮。

作为媒介的互联网

过去，媒介内容历来是通过**集中式网络**（centralized network）来发布，即由一个中心，如电视台、报社或有线电视公司将内容传送给众多接收者（见图表 14-1）。在集中式系统的情形下，如果该中心关闭，接收者就无法接收任何信息；但**分散式网络**（distributed network）的特点则是有众多不同的中心并彼此相连，如果其中的某些连接停止工作，传播仍然可以继续进行。

互联网和传统媒介之间至少还有两大区别：第一，时间成本或空间成本。在传统媒介中，广播或电视的时间和印刷媒介的空间都是宝贵且有限的资源，电视网广告的平均时间为 30 秒，只是给人打开了一扇小小的窗户，而这个小窗户的代价却极其高昂。与此相反，互联网上拥有巨大的空间，而且成本低廉。营销网站通常能储存企业希望分享的所有信息，对于那些希望在做出购买决策前充分了解情况的消费者来说，这无疑非常有帮助。

传统媒介与互联网之间的第二个区别在于内容创建者与消费者之间的关系。传统媒介基本上本身就是内容的创建者，受众则是内容的消费者。比如，

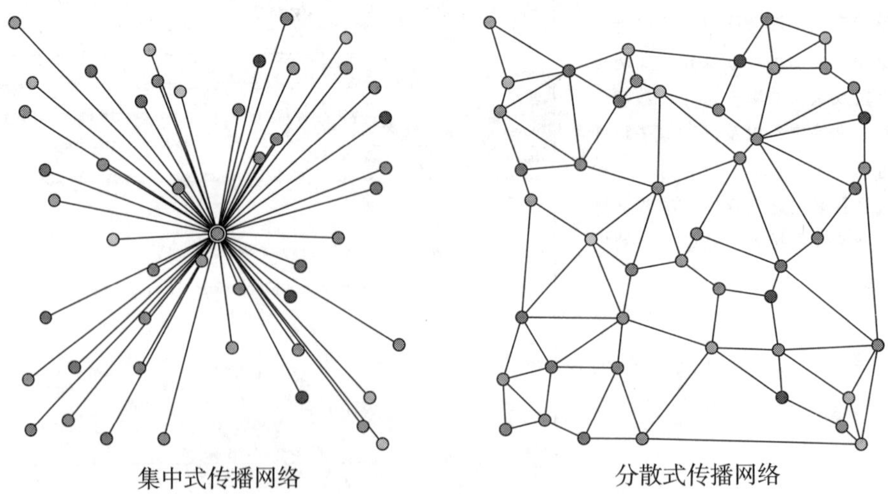

图表 14-1
在集中式传播网络，由一个中心向众多的接收者传送内容，而分散式网络中则存在着众多不同的中心和链接。

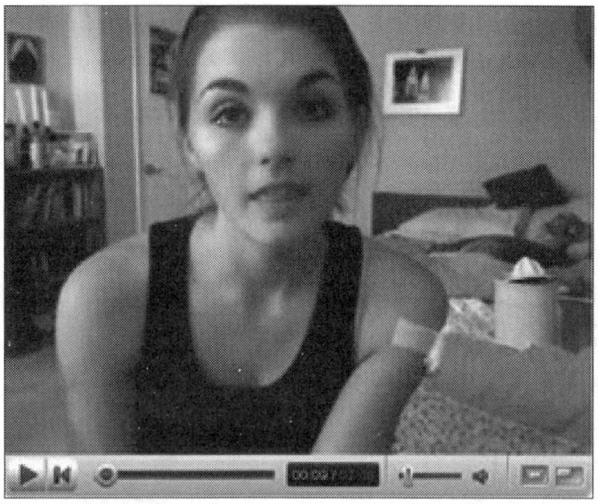

观看“孤独女孩 15”视频日记的人数超过 1500 万人次，对她在 YouTube 上的争议甚至登上了《纽约时报》。

NBC 制作播出了一个节目，如果你喜欢这个节目，你便在每周固定的同一个时间坐下来收看，因此 NBC 是创建者而你是消费者。但互联网从一开始便具有*互动*的性质，从而打乱了内容提供者与消费者之间的界限。互联网的受众不仅仅消费在线内容，他们还与之互动，并参与内容创建。比如说，假设一个少年向 YouTube 上传一个视频，那么这个少年便既是（其视频或网站）内容的创建者，（在观看其他的视频时）又是消费者。此外，互联网还使得该少年能够以极低的成本轻松地传播自己的视频，比如他可以向自己的朋友发送电子邮件，邀请他们观看自己的视频，或者在首页上链接该视频。如果他的朋友也喜欢这个视频，便可以向 del.icio.us 或 Digg 这类社交网站上的其他人推荐，邀请更多的人观看。结果，很多人便有可能看到这段视频，虽然其造价低廉。2006 年就确实出现过这样的事情：有人将一个年轻女性的视频日记贴到了著名网站 YouTube 上，表明的身份是“孤独女孩 15”。视频表现的是一个表情丰富的女孩对自己父母、男友以及日常生活的看法，非常典型。最初收看的人向他人推荐了这个短小的视频，结果，观看“孤独女孩 15”的人次累计达到了 1 500 万，相当于收看电视网排名前 20 位节目的人数。

互联网的受众

在过去几年中，一直源源不断地有人从电视机屏幕前转移到电脑屏幕前，尼尔森/网络调查公司 2006 年实施的一项调查显示，一些网络用户收看电视的时间减少了 25%。根据尼尔森负责产品营销与调查的副总裁梅因纳克·马祖穆达 (Mainak Mazumdar) 的说法，“并不是说人们放弃了电视而转向网络，他们有时两者都看，但我们一天只有 24 小时……对于媒介消费来说，（那点）时间就太有限了”。

谁在使用互联网

媒介资金向来非常在意效果，既然受众转移了，媒介资金自然也会随之而转移，结果，互联网的广告媒介收入突飞猛进。从营销人员的角度看，互联网最大的魅力之一就是它的人口统计构成。

那么，这些网络用户都在干什么？根据 Pew 互联网投射公司（Pew Internet Project）调查，一天当中，美国有 7 000 万人上网，其中有近 5 800 万人会使用电子邮件，3 500 万人查看新闻，2 500 万人查看天气。调查还发现，一天当中，有 1 900 万网络用户在购买产品之前通常会先上网研究这个产品，有1 500 万人发送即时讯息，有 1 000 万人查找旅游信息，700 万人查找医药卫生信息。每一天，会有 400 万网络用户购买一件产品，另有 400 万人参加一项在线调查。调查指出，所有这些数字在这个 21 世纪之初都有了极大的提高。

互联网广告的种类

互联网上的广告具有多种不同的形式，随着互联网的不断成熟，它的广告形式也在不断增加。如今，它的大多数广告可以分为网站、旗帜、按钮、赞助、插播广告、搜索引擎营销、分类广告以及电子邮件广告，下面我们就逐一进行简要的介绍。

网　站

有些企业把自己的整个网站视为一条广告，从某种意义上讲，也确实如此。但网站实际上远不止是一条广告——它其实就是另一个“门市”，顾客、潜在顾客和其他利益相关者可以在此找到更多有关该企业、其产品与服务以及其立场的信息。

有些企业将网站当做宣传手册的延伸，达到促销产品与服务的目的；而有些企业则扮演着信息出版人和娱乐节目发行人的角色，试图制造一种宽松的氛围，便于人们经常访问；还有一些企业把自己的网站当做一种在线目录店铺，干脆直接在互联网上进行商务活动。因此，除了在用做手册的时候，互联网站并不完全是一条广告，而是一条“披着广告外衣的地址”。

与此相似，制药企业现在也开始越来越多地将资金投到自己的网站上，将它们变成庞大的“产品信息门户”，以帮助医生了解新药品的功效。互联网能提供高品质的画面和海量的信息，而这是任何一个销售代表都无法做到的。

互联网站一般由一面主页和不定数的内容页组成，供用户访问查询进一步的信息。**网页**（Web page）这个概念不等同于 8.5×11（英寸）大小这个页面，而是指单独一页 HTML（超文本标记语言）文件，在用浏览器浏览时，一页可能长达几屏。一家大型网站可能有上百网页的信息，这就意味着这个网站包含着上百个长度不一的不同文件（从 1 屏到 10 屏或更多），而且每个文件的主题也许都不相同。

旗帜广告虽然只在电脑屏幕上占有极小的空间，但在过去的几年中却有了长足的进步。惠普(www.hp.com) 的这条广告将访客吸引到一个网站上，让他们在那里制作自己个性化的母亲节贺卡。该广告获戛纳广告节金狮奖。(见彩插)

旗帜与按钮

网络广告中最常见的基本形式是旗帜广告，**旗帜**（banner）也就是横跨网页上方或下方的小公告牌。当用户点击旗帜时，鼠标就会将他们带到广告主的网站或缓冲储存页中。广告旗帜的标准大小为 468 像素宽×60 像素高，这就是说，在标准的 8.5×11（英寸）的版面上，旗帜只能占 4.5 英寸宽×0.5 英寸高那么大的位置。

按钮（button）与旗帜相似，其实就是旗帜的小型版，看起来像一个图标，通常会链接到广告主的**登录页**（landing page），是一种营销工具，能将人导入购买或建立关系的过程中。由于按钮占用的空间比旗帜小，因而其费用也较低。

如今，出现了大量新的软件技术——如 dHTML(dynamic hypertext markup language，动态超文本标记语言)、Java 和 Flash，极大地促进了曾经停滞不前的旗帜广告和按钮广告。例如，全动态和动漫现在已成为司空见惯的东西。事实上，最近发展最快的一个领域是**富媒介广告**（rich-media advertising），包括

广告以几个不同动物的动画及其相应英语名称为主，意在引起人们对提高英语水平的关注。该广告获戛纳广告节金狮奖。（见彩插）

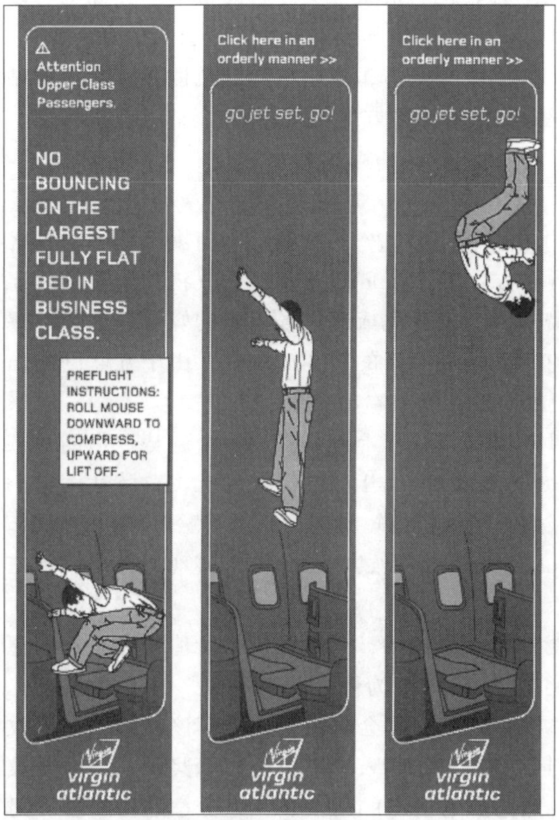

CP+B 为维珍航空公司（www.virgin-atlantic.com）创作的网络广告在金铅笔广告奖中勇夺一枝金铅笔（一个珍贵的广告奖项）。轻松的旗帜广告充分显示了维珍航空服务的利益，从而使该品牌保持了一种幽默、愉悦的情调。（见彩插）

叠加在或浮在网页上面、含有音画元素的图像动漫和广告。由于每一条富媒介广告都可以显示 15 秒钟的动画，因而它们当中的许多对 IAB 推荐的标准旗帜广告而言无疑是一个有益的补充。

更常见的富媒介广告形式包括动漫旗帜广告、插播广告、超插播广告以及富邮件。**插播广告**（interstitial）* 指在一个网站的两个网页之间插入的网页广告，当用户点击某一网站下载内容时，插播广告会自动在屏幕上弹出。无论是哪种形式的插播广告，其点阅率和品牌回忆度都表现得比较好，而这正是广告主关心的焦点所在。

富邮件（rich mail）允许在邮件中包含图片和声画元素。当你打开一封富邮件，你的邮件客户机程序便会自动激活网络链接，在你的邮件窗口给你发送一份 HTML 页面；如果邮件客户机程序不在线，在你下次打开链接时，它便会邀请你点击链接；如果你的客户机程序不支持图像，你便只能收到纯文本格式的邮件。随着技术的不断进步，我们有望在这些广告中看到更多的声音和动漫。

赞助与增值套装

互联网上日趋流行的一种广告形式是对网页的**赞助**（sponsorship），即企业赞助某一发行人网页的完整部分，或在一定时期内赞助几页（通常以月为计算单位），作为交换条件，企业会在网站上得到充分的表现，从而扩大知名度。有时，网站设计者将广告主的品牌与发行人

* interstitial：俗称“插播广告”。我国互联网络信息中心将其定义为“空隙页面”，指在一个网站的两个网页出现的空间中插入的网页广告，就像电视节目中出现在两集影片中间的广告一样。插播广告有不同的出现方式，有的出现在浏览器主窗口，有的新开一个小窗口，有的可以创建多个广告，也有一些是尺寸较小、可以快速下载内容的广告。

插播广告在网站打开前启动，意味着上网者有可能面对屏幕上的一片空白，而超插播广告在网站打开后才启动，相比之下，显然超插播广告更具亲合力。——译者注

GRAACC（Group of Support to Adolescents and Children with Cancer，青少年及儿童癌症患者援助团体）创作了一条令人难忘的网络广告。广告中，一个孩子在几秒钟之内便由孩子变成老人，意在提醒人们：捐献一点点善款或时间便可以帮助一个年轻的生命活得更长久。

的内容相结合，发挥评论式广告的作用，或与广告旗帜和按钮相结合，做成增值套装。

分类广告

互联网广告主使用得越来越多的另一种广告形式是形形色色的**分类广告网站**（classifiedad Web site），这也是地方性广告主施展拳脚的大好天地。许多分类广告网站给广告主提供免费刊登分类广告的机会，因为它们本身一般都是由其他旗帜广告主支撑的。在风格上，网络分类广告与我们平时熟悉的报纸分类广告非常相似，你也可以在上面查找房屋、汽车、工作、电脑设备、商业机会等信息，而且，搜索的范围窄可以到你居住的城市，宽则可以到全世界。许多网站是由搜索引擎本身或全国各地的地方报纸赞助的。

电子邮件广告

据弗莱斯特调查公司的调查，有77%的营销厂家向提出要求的顾客发送**电子邮件广告**（e-mail advertising）。直邮广告（将在本章的后半部分讨论）是产生需求、引发并完成销售最有效的媒介。如果以曝光单位成本计算，直邮也是最昂贵的媒体。现在，由于互联网的出现，直邮广告变得更加有效，而成本却大大降低。

现在，电子邮件的确是互联网上最热门的一个趋势。借助病毒式营销，亚马逊，eBay以及Hotmail都已经在网上飞黄腾达，它们中的大多数都以极低的营销预算在短时期内获得了意想不到的成就。**病毒式营销**（viral marketing）是通过电子邮件来实现的，是口传广告在互联网上的翻版。

病毒式营销成功的第一个关键，就是提供的价值必须是人们愿意与他人分享并真正能感知的。以Audible为例，Audible是一家以数字书籍为特色的网站，他们采用一种推荐程序：其会员向他人推荐该网站，如果收到推荐的人注册成为会员，则免费赠送推荐人一本书，以示奖励。如果会员们非常欣赏这个网站，他们自然愿意与自己的朋友和家人分享这份快乐。另一个成功的例子便是汉堡王的网站www.subservientchicken.com，这个网站从诞生伊始就赢得了大量的追捧者。

互联网作为广告媒介的问题

与所有的媒介一样，互联网也有其不足的地方。它不是传统意义中的大众媒介，也许永远都无法产生大众媒介那样的效益（见对照表：互联网广告的利与弊）。有些广告主也许会觉得互联网太麻烦、太复杂、太拥挤，或不值得花那么多的时间和精力。

由于它不受任何一家实体的控制，因此没有人对可靠与否负责。虽然现在其安全性（指网上信用卡购物）已经有所提高，但对有些人而言仍然是一个问题。互联网具有一切尚未经过时间考验的新生媒介的通病，播放像电视那样高

互联网广告的利与弊

利

____ **真正的互动媒介** 与其他任何媒介相比，互联网都赋予了消费者更多直接与广告主进行互动活动、进而建立未来关系的能力。

____ **大量的受众** 互联网的全球受众数约为 8 亿，是唯一真正可以使世界各地的人即时接收到信息与商务服务的全球性媒介。

____ **即时反应** 互联网的反应快速性无可比拟，仅次于人员推销，消费者需要什么产品和信息，一经提出，反馈便能立即到达广告主那里。

____ **高度针对性** 任何媒介都无法与之相比。广告主可以通过购买关键字和运用“小甜饼”的形式，在潜在消费者置身于市场正打算购买时到达他们。

____ **贴近购买** 这可能是网络广告最重要的优点。它可以在购买者所处的地点、在他正打算购买的时候瞄准他们。

____ **市场购买力强** 67%的互联网用户年收入超过 50 000 美元，而美国人口中只有 51%的人达到了这个水平；69%的互联网用户受过大学教育，而美国人口中受过大学教育的人为 51%。由此可见，这是一个富裕的市场。

____ **提供深度信息** 互联网广告可以提供有关企业和/或产品的深度信息。除了发送电子邮件以外，互联网的大部分活动均涉及到信息的收集与调查。商务网站向渴望信息的消费者提供详细的产品信息或服务信息。

____ **飞速成长的行业** 互联网为精明的直复营销厂家提供了大量的商机，而且互联网还有望在一段时间内继续以惊人的速度发展下去，尤其当如今这些伴随着互联网技术长大的孩子成为明天的消费者的时候。

____ **到达工业品用户** 在工业品用户正在工作时，电视广告和广播广告往往无法到达他们；然而在网上，即便是消费品广告，也可以在工业品用户工作时到达他们。

____ **社论式广告** 网络社论式广告是广告主的得力工具，他们常把社论式广告与万维网刊物融为一体。广告主可以把自己的名称编进广告文章中，借此建立信用，扩大接触面。如果运用得当，这些社论式广告可以进行各方面的宣传，从产品使用的小窍门到土特产食谱等等。

____ **虚拟门市** 目录邮购公司充分体现了直邮广告活动的赢利机会，将目录邮购公司的做法体现在互联网上就是网页。如今通过在线交易买卖的商品主要包括电脑产品、旅行安排和与娱乐有关的产品。

弊

____ **媒介尚未标准化** 互联网仍然是一个新生事物，在互联网广告的效果和市场调研的准确度，在互联网广告的暴露度和定价体系方面还存在着许多有待解决的问题。因此，虽然这个媒介拥有巨大的商机，但许多未知的因素却阻碍了广告主向在线广告活动进行大量投入。

____ **瞄准成本昂贵** 与其他媒体相比，它的瞄准价格最为昂贵，这与它高水平的定位有关，但是这并非不可忍受。

____ **下载速度缓慢** 主要由带宽引起，这导致了许多用户无法全面利用在线服务，不过，宽带 DSL 和有线调制解调器正在普及。要想使网络广告的潜力得到充分体现，就必须大幅度降低数据的传输时间。所幸的是，互联网技术本身正处在永无止境的发展与成长状态中。

____ **安全与隐私** 这两方面的顾虑阻碍了许多人参与在线购物活动。当然，随着时间的推移，这种顾虑也许会逐步减轻。但在互联网证明自己是财务交往的安全地点之前，小心谨慎的公众恐怕还难以把它作为一种可行的商务媒介来看待。

____ **全球性营销局限** 互联网在其他国家的发展速度并不亚于美国，但在许多国家，高昂的本地电话服务费用却阻碍了互联网的发展，而一些发展中国家则根本缺乏向公众提供互联网服务的技术基础结构。

质量画面的技术尚不成熟，而全面加入互联网的长期成本也是一个未知数。最后的一个缺陷也是互联网最吸引人的一个特点：互联网是一种最民主的媒介，任何人都可以参与，说点什么，或做点什么。这也好也不好。

互联网在整合营销传播中的应用

要想成功地制定整合营销传播计划，关键在于加强企业与其利益相关者之间有目的的对话，这才是互动活动的真正含义，也是互联网最具潜力的地方。

顾客和其他利益相关者有史以来第一次可以利用企业促销的同一条渠道，真正及时地对企业的媒介传播活动做出反应。这就意味着，即使是偶然闯入某企业网站的顾客，如果她觉得有什么东西使她感到好奇，她就可以立即与该企业进行对话（建立关系）。当然，这也意味着，如果这个网站触发了她对这家企业不满经历的记忆，她也可以利用这同一手段进行投诉。但这实际上对企业大有好处，因为投诉的顾客一般也比较关心这个企业，而且投诉也给企业创造了改正错误、扭转局面的机会，还给企业提供了如何改进的信息，成熟的企业都视投诉为宝贵的财富。

虽然这一切都不错，但也给当今的卖主带来了一个新的问题。在只有大众媒介广告的黄金岁月里，生产厂家只要把自己的广告拿到电视网上发布，便可以继续埋头进行生产经营，由零售商去对付顾客，生产厂家实际上不必真正去关注顾客。然而，在这个新的整合营销传播时代，那种局面已不复存在。不错，零售商依然存在，但“消费者太太”却不想和他们谈，她很精明，知道是谁在生产产品，也深知如果自己要投诉，就应该向生产厂家投诉。因此，如果企业只顾在互联网站上设立一个漂亮的网站，然后不再理会它，其结果就会大为不妙。网站必须有人照应——天天如此，而且内容也必须天天更新。假如你星期天上午在网上查阅当地报纸网站头一天的棒球赛得分，你大概不愿仍旧看到自己钟情的球队在星期五晚上被击败的消息——你昨天就已经看过了。但这种现象似乎显而易见。事实上，这种问题仍在不断发生。这样一来，企业为顾客访问而设立的互动场所的意义势必会受到一定影响。意识到这一点后，现在终于有企业开始充实自己的网站人力。但这项工作的成本非常高，往往会导致企业将自己的互联网预算增加为原来的 2~3 倍，而广告暴露度却不会有任何增长。因此，是否要在整合营销传播中采用互联网，是一个重大决策，绝对不可掉以轻心。

测定互联网受众

当卖主和媒介刚开始大肆宣扬互联网的诸多好处时，他们很快便注意到了互联网的巨大人口潜力。如今，仅美国一地就有 2 亿人上网，全世界的网民人数已达几亿。

寻求标准化

尽管麦迪逊大道非常希望网络的测量能尽量接近传统的媒介测量，但互联网实际上做不到这一点。

最简单、也是争议最大的一个测定标准，是**广告印象**（ad impression）。按互联网广告局的定义，一次广告印象即“将一个广告元素传递给某网站访问者的一次机会”。当互联网用户下载带有广告的网页时，浏览器会将广告从主服务器中调出，然后以旗帜、按钮或插播广告的形式显现在电脑屏幕上，收到的广告请求数则被转换成我们熟悉的千人成本形式。从广告主和广告代理公司的角度来看，这种定义的问题在于，网络无法向广告主保证用户一定看到了广告。人们经常在所申请的广告打开之前就已经点击进入了其他网站。

第二种测定标准是互联网独有的，叫做**点击率**（click rate）或*点阅率*（click-through rate）。当一位访问者将鼠标移到某一网络连接点，然后“点击”进入下一页时，点击数为一，点击率是点击广告的数量除以广告请求的数量。从根本上讲，广告主想要测定的是用户通过点击某一广告获得某一产品附加信息的频率，因此，点击率可以被制成千人成本形式的表格，以便测定广告的成本效益。

加强跟踪的保障

虽然有不少工作仍旧靠着推测来完成，但当今的软件已可以提供一些最准确的目标定向工具。事实上，每当你进入互联网，便有某一台电脑在监视你的动向。采用 HTTP（超文本传输协议）的软件与名为**小甜饼**（cookies）——访问某个网站时存储在网络浏览器中的小块信息——的信息块发生相互作用，这些小甜饼可以追踪某一用户是否访问过某一特定的网站，这使得网站可以根据他们是否为回头客而提供不同的信息。小甜饼可以辨别用户的访问频率、上次访问的时间以及他们访问的域名，还可以使广告主对用户的互联网服务供应商、电话区号代码等数据做出有根有据的推断。

另有一些更高级的技术为广告主提供有关消费者的额外信息。电脑首先给每位用户分配了一个匿名编码身份号，以便进行跟踪；然后根据用户阅读的内容、搜索时使用的关键词、阅读网页的时间与日期、收看广告的频率、收看广告的顺序、用户的电脑操作系统、浏览器类型以及 IP 地址等资料，建立用户档案。通过上述资料，广告主的电脑又可以推测出用户的互联网服务供应商、电话区号等，然后将这些资料与在别处收集来的人口统计信息进行对照，编制出迄今为止最为清晰的消费行为画像。

不过，跟踪人们上网行为的这种新能力已经引起了轩然大波，虽然软件开发商声称他们跟踪的用户只不过是匿名身份代码，但隐私保护者仍然认为这种营销手段过于侵扰了消费者的生活。

互联网时间与版面的购买

企业购买新型数字媒介的方式多种多样，但因为所选的特定载体必须适合企业的整体营销与媒介战略，所以企业大都处理谨慎。不过，媒介策划人员不能将这些新型载体当做大众媒介来对待，网络媒介是*个人受众场所*（见第 11 章），也就是说，是一对一的媒介。因此，千人成本、收视率和受众占有率这类概念在网络媒介这个世界里毫无意义。有了网络媒介，我们就不是在建立销售规模，而是在培养关系网络，一次一个顾客。那些有心购买和开发自己的网络计划，并使之与自己的大众媒介计划相结合的企业将来必定会获得全盘胜利。

目前，虽然顶尖的全国性广告主在网络媒介上的支出还只占他们营销传播活动的很小一部分，但增长速度却是最快的。一些优秀的广告主正在进行大量的试验，这意味着他们愿意暂时承担一些损失，当然，这对大多数广告主或广告公司来讲并不那么令人振奋。许多直销广告主目前正在试探在线目录的深浅。

企业在互联网上发布广告的最大难题之一就是成本。互联网的广告收费标准近年来一直在上调，但广告主却还没有找到完全令人满意的网络版面购买方法。这毫不奇怪，毕竟，绝对的商业广告是到了 1996 年左右才真正走上互联网的。

定价方法

我们在前面已经提到，在万维网上购买广告版面方法有几种，其中最常见的方法是旗帜广告，一般按网页查询数得来的千人成本收费。在绝大多数网页上，旗帜广告基价指购买任意选定的广告轮流在网上亮相次数的价格。

实际上，网络真正的营销威力还在于它能用一种传统媒介绝不可能有的方式瞄准特定的接受对象。除了常见的旗帜广告以外，媒介采购员还可以选择更具有针对性的版面，例如，可以在门户网站的信息目录和子目录——诸如金融、新闻、旅游或游戏——中购买广告版面。目录不同，价格也不同，购买者瞄准的受众越有针对性，价格就越高。

除了普通的旗帜购买之外，还有一种可供补充的方法，即**关键词**（keyword）购买，这在重要的搜索引擎上都可以实现。广告主可以买下具体的关键词，当用户的搜索查询包含这些关键词时，搜索引擎便会把广告主的广告带出来。计入搜索引擎信息目录和子目录的关键词既可以单个购买，也可以套装购买。早在万维网出现的初期阶段，便有一些关键词开发商抢先在搜索引擎中买下了一批关键词，然后将这些词的使用权转卖给第三方，获取丰厚的利润。不过，这种模式现在已经变成一种竞标模式，从而有效地遏制了一些关键词“企业家”。

有的发行人按**点阅率**（click-through）来收取客户的费用，也就是说按用户真正点击某一广告旗帜并访问其登录页的次数收取费用。虽然这种收费制的千人成本已经大幅度下降，但这种方法目前在发行人中间仍然不够普及，因为广告主是依据每一次点击来付费，这有可能使用户看到广告主的旗帜讯息而发行人却无法对这部分服务收取费用。

瞄准受众的成本

在额外追加费用的情况下，互联网的针对性可以与前面描述过的跟踪技术相结合，为广告主制定出高度针对性的广告。

但是，互联网的消费者定向成本非常高。每天确实有几百万人在网上漫游，但要找出并到达你所希望的特定消费者，仍旧是一件困难的事。

提高资金利用率

大多数网络广告主面临的一个问题是如何让自己的网络广告到达足够多的消费者。使用大型搜索引擎的用户很多，这使得网站对广告主颇具魅力。然而，网络浏览器每天浏览的网页达数百万之多，其中不少也可能是发布有效广告的地方，而与所有这些网站进行联络并协商广告合同又几乎是不可能的事情。

出于这种原因，大多数广告主通过**广告网络**（ad networks）进行工作，广告网络扮演着广告主与网站之间经纪人的角色。广告网络将几百甚至几千个网页集中到一起，然后在这些网页上添加上广告。这种做法的好处是，广告主可以覆盖最少的网站而达到最大的暴露度；缺点是这种广告更难以监控，广告主必须监视每个网站的访问人数和内容，在计算成本时会产生问题。

直邮广告：可寻址媒介

所有通过国营、私营或电子邮递服务公司直接送达潜在顾客的广告形式都叫做**直邮广告**（direct-mail advertising）。如果按广告费支出计算，直邮是当今排名第三的广告媒介，仅次于报纸和电视。

无论是大型企业还是小型企业都会用到直邮。新企业往往把直邮当做自己的第一个广告媒介。理由很明显：在所有媒介中，直邮广告达到预定客户的路径最短。成千上万的邮箱被目录、信用卡办卡邀请和音乐俱乐部的包裹塞满，从而使得今天不胜广告之烦的消费者更加难以到达。在如此市场上，直邮如何才能实现投资回报（ROI）？

直邮的发展

最近十年，无论是直接广告方法和直接销售方法都得到了飞速发展，直邮的成功率高有两个原因：首先，它迎合了人们现代生活方式的快节奏，家庭成员的闲暇时间更少了，所以邮购就显得非常方便；其次，直邮能最有效地引起直接结果。

卖家每月都往自己的积分卡声明中注入一些诱人的邮购奖励许诺，借此增加利润。目前，利用邮购的主要产品是电脑与电子产品、办公用品以及其他一些产品和服务。

直邮广告的种类

直邮广告形式繁多，既有手写式明信片，也有立体邮件；短的讯息只有一句话，长的则可达几十页。而在每一种形式中——小至折扣券，大到邮寄目录以及赠品——创意空间都是无限的。除立体直邮以外，直邮还有以下形式：

电子邮件（e-mail），如前文所述，电子邮件是一种重要的直邮工具，最适用于顾客维护和关系管理。在卖主第一次征求消费者的邮件许可时，这种方法效果最好。换言之，广告主必须给消费者一个接收或拒绝邮件广告的选择机会。

销售信函（sales letter）是最常见的直邮形式，通常随手册、价目表或回执卡和回邮信封一同邮寄给收件人。**明信片**（postcard）多用于公布减价信息、折扣信息或用于增加客流量。邮政服务公司对明信片的格式和厚薄大小通常有一些规定，有些广告主采用对折式明信片，既可以传递广告讯息，也可以让收件人自由做出反应，当做回执卡使用。如果收件人希望得到产品或服务，只需撕下回执部分寄回广告主即可。为了促使收件人做出反应，有些广告主还采用**商业回邮件**（business reply mail），让收件人在不付邮资的情况下做出反应，但广告主必须得到专门一级的邮件许可，并在回执卡或信封正面打印上数字。在收到回件时，广告主支付邮资再加上几分钱的手续费。这种邮资减免邮件一般都能提高潜在对象的反应率。

折页（folder）和**手册**（brochure）一般都采用彩色印刷，带照片或插图，纸张比较高级，图片或其他插图的还原效果较好。**阔页说明书**（broadside）比折页更大，有时可以充当商店的橱窗陈列或招贴，阔页说明书一般折叠起来用邮袋寄送。

邮简（self-mailer），指任何一种无须信封的直邮函件，通常是折叠式的，靠钉书钉或封签封口，在函件上有特定的空白处供填写收件人的地址与姓名。

公告书（statement stuffer）是装在百货公司、银行或石油公司每月发布的顾客公告中的广告，顾客填写信用卡号码，在回执卡上签上名便可以订购产品。

内部刊物（house organ）由某家协会或商业机构出版的内部出版物，如利益相关者报告、通讯简报、消费者杂志和经销商出版物等。

目录（catalog）一般列出或描述某生产厂家、批发商、零售商所售的产品，往往还配有相应的照片。随着越来越多的高收人家庭在家购物，专业名录变得越来越普及。有些邮购公司专门发行某一类商品的目录，如户外服装和装备。

直邮在媒介组合中的运用

直邮是一种高效经济的销售媒介和商业促销媒介（见对照表：直邮广告的利与弊），因此才有那么多企业、慈善机构、服务机构和个人使用直邮，直邮还可以提高其他媒介广告的效益。

但是，直邮有两个重大缺陷：成本高以及“垃圾邮件”的形象，而这两点又几乎无法避免。其千人成本之高，只有人员销售和互联网上的消费者定向才能与之相比。

有些大广告主不主动邮寄直邮广告，他们采用别的直接反映媒介来选取潜在对象，然后再运用直邮对潜在对象的查询做出反应。此时，由于直邮对象几乎全部合乎自己的要求，因而可以节省资金，减少不必要的浪费，可以运用品质更高的直邮材料，树立起良好的形象，提高与潜在消费者之间建立宝贵关系的机会。

直邮广告的购买

直邮广告有三个基本成本：名录获取成本、创意制作成本和发行成本。

获取直邮名录

直邮方案的核心是邮寄名录，每一个名录实际上就代表着一个细分市场。直邮广告主采用三种名录：*专属名录、邮件反应名录和编辑名录*。

专属名录 企业现有顾客、新添顾客、老顾客和潜在顾客的相关数据构成该企业直邮活动的**专属名录**（house list）。顾客是企业最重要的财富，因而每个企业都应花大力气建立充分的现有顾客与潜在顾客的数据库。企业可以采用多种方法建立自己的专属名录，如开办信用活动，提供有用信息，或与其他服务于同类顾客的企业交换名录。

消费用品企业往往在产品中附带一份用户登记表，收集用户的信息。在回邮登记表上，该产品的购买人要填写姓名、住址、电话号码、生日、职业、收入水平、信用卡种类、户主身份、子女数目、爱好、兴趣（诸如高尔夫球、国外旅游、摄影或保龄球等项内容），企业既可以自用这些信息，也可以将其出

直邮广告的利与弊

利

____ **针对性强** 直邮有助于广告主直接与最有购物动机的消费者进行交流，电脑化的邮寄名录将人们按职业、地区、收入或其他特征进行分类。

____ **覆盖集中、到达广泛** 人人都设有信箱，因此，广告主可以利用直邮百分之百地到达指定地区内的家庭。

____ **灵活** 直邮广告的创意空间独一无二，只受广告主的才能、预算和邮政法规的约束。直邮广告的制作与发行都非常快。

____ **便于控制** 预先印制的直邮邮件使广告主能够控制发行量和还原质量。

____ **人性化力量** 广告主可根据特定受众的个人需求、欲望和希望设计直邮而又不冒犯其他潜在消费者或现有顾客。

____ **专一性** 不受其他竞争对手广告的干扰。

____ **反应率高** 在所有广告媒介中，直邮的反应率最高，约15%的反应在第一周内出现，因此，广告主能够迅速判断广告是否成功。

____ **可测定性** 直邮有利于测试收件人对产品的接受程度，以及对定价、优惠、文案、销售说明等的反应程度。

弊

____ **成本高** 在所有主流媒介中，直邮的单位成本最高，约为普通杂志和报纸广告的14倍。

____ **投递问题** 大众媒介有精确的发布时间，但邮政服务对三类邮件不保证投递时间，高达10%的直邮因收件人搬迁而无法投递。

____ **缺少内容支持** 直邮必须在没有评论内容和娱乐内容的情况下抓住并保持读者的注意力。

____ **针对性问题** 直邮广告是否有效取决于目标受众的选择是否准确、名录是否正确。有些潜在顾客群，譬如医生，收到的直邮件太多了，他们反倒对直邮广告不予理会。

____ **态度消极** 很多消费者把直邮广告看成垃圾，自然而然地把它们弃之一旁；不仅如此，他们还认为邮购的商品退货太难。

____ **环保问题** 有些消费者认为，直邮广告不过是为垃圾填埋场再增加一点材料而已。于是，有些直接营销公司（如L.L.比恩）便把自己的目录印制在再生纸上。现在的新型抗墨设备可以使绝大多数目录达到回收再利用的标准。

____ **反垃圾邮件法律** 《CAN-SPAM法案》以及类似法律制定了很多规定，使得卖家更难以通过电子手段在潜在对象未提出查询申请时发送营销材料。

售给其他直邮广告主。

邮件反应名录 广告主的第二个重要对象是那些对其他公司的直邮广告做出反应的人，尤其是对生产配套产品或相关服务的公司做出反应的人。**邮件反应名录**（mail response list）其实就是其他直邮广告主的专属名录，但可以从他们那里按各种人口统计因素租借。

编辑名录 **编辑名录**（compiled list）是某些机构按不同原因加以编辑，然后出租或出售的名录，如车主名录、新购房业主名录、企业主名录等，是最现成的名录。编辑名录的反应率一般最低，因此，专家建议最好同时利用多种资料，通过电脑将邮件反应名录、专属名录和这类名录混在一起，剔除其中的重复姓名，筛选出合适的姓名。

直邮名录既可以租借，也可以购买。买来的名录在使用上不受任何限制，但租借的名录有的只允许使用一次。为此，有些名录公司专门安插了一些暗计姓名，以确保租借方使用的次数不超过一次。

有些名录公司付给**名录经纪人**（list broker）一定的佣金，由他们去处理具体的租借细节。广告主除了支付应付的名录租金外，不必再额外支付任何费用，他们凭借名录经纪人的知识得到高质量的名录并从中获益。

广告主可以讨价还价，或与名录公司或其他没有竞争关系的企业交换名录。他们可以专门按照顾客的住址（邮政编码）、人口因素（如年龄、性别、收入、信用卡情况）或消费心态特征（如个性和生活方式）来编制名录。

邮寄名录的质量差别很大，劣质名录中会含有失效的地址或住得极远、根本不使用广告产品或买不起广告产品的人的姓名、住址。名录质量不同，价格也不同，广告主的标准越严格，名录的价格就越高，但省下来的无效邮件和邮资的费用却足以抵消这部分高出的价格。

名录内容每年平均有40%要更新，因为人们可能搬迁、调换工作、结婚或死亡，因此，要不断补充、更换新内容（*刷新*），以确保其时效性和正确性。广告主还可以测试某一指定名录的真实性与时效性，其方法是在名目上的每N个单位名字中租借或购买一个，然后按选取的对象发送直邮。如果结果良好，就可以购买或租借余下的名录，一般都以千人为单位购买。

制作与处理

广告主可以利用专属人员、广告公司或自由设计师和文案人员为自己创作直邮邮件。有些广告代理公司专门从事直邮广告的创作。

直邮广告的创作程序与其他印刷媒介的广告创作程序完全相同。邮件的大小、形状、种类、插图、色彩等，都会影响到直邮的印刷成本。特技处理，如蓝墨水仿真签名、卡纸弹起式广告、异形扎花等都会增加制作成本。不过，印刷量（或发布量）越大，单位制作成本就越低。（见广告实验室14-A：制作有效的直邮邮件）

余下的制作工作和处理工作可以由当地的**信件公司**（letter shop）或*邮递公司*承担，或者由广告主自行承担。信件公司以千为单位收取手续费，负责装信封、封信封、贴标签、计算邮资、分类、打包。有些信件公司也提供创意服务。如果广告主采用三类大宗邮件方式，那么，信件公司就将邮件按邮政编码分类，捆成包，使之符合邮资低廉的大宗邮件的要求，然后，信件公司再将邮件送达邮局。

发　行

发行成本主要依据邮件重量和投递方式来计算。直邮广告到达的日期最好为周二、周三和周四，这样投递的效率最高。

广告实验室 14-A

制作有效的直邮邮件

出色的直邮广告有助于广告主与自己的顾客建立关系，而作为一种广告，直邮的效力又在很大程度上取决于其讯息与整体外观。

塑造讯息

当法国航空公司希望到达一批有价值的顾客时，法航的广告代理公司——纽约的旺德曼·凯托·约翰逊（Wunderman Cato Johnson）——为它创作了下图所示的这套直邮广告。广告的战略是借《巴黎酒吧烹饪》（*Paris Bistro Cooking*）画册和《才干》（*Savoir Faire*）简报突出广告的卓越设计风格，使收件人感到作为法航顾客的确身价不凡。

对于直邮讯息元素的制作，专家们一再告诫要运用几种技巧：强调利益；反复声明你所提供的服务；提出奖励；提出保证；不用担心文案长；文案难度不要超过读者的理解力；为顾客提供多种反应途径。

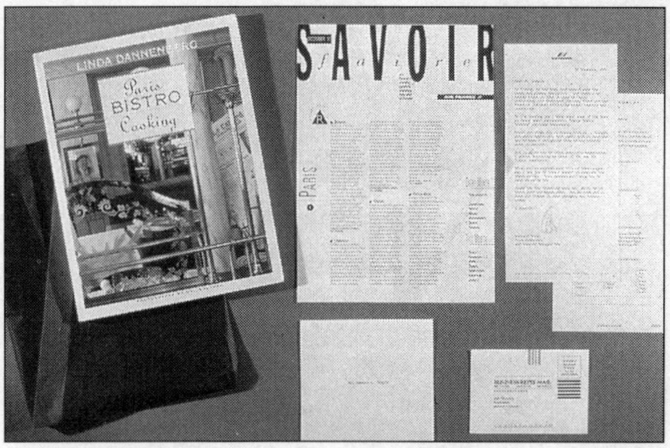

这组精美的三维邮件是法航寄给贵宾的，以期得到对他们的有利认识，同时又维护法航的高贵形象。目标市场收到了一封人性化的附信、一份月报、一份旅游调查表和一本画册《巴黎酒吧烹饪》。法航的这组直邮获得了极大的反响，其中还有不少感谢信。

融讯息与直邮邮件为一体

创作直邮广告涉及到如何使讯息适应直邮邮件的重要物理因素。第 13 章所阐述的创意金字塔的五个步骤（注意、兴趣、信用、欲望和行动）也可作为创作直邮讯息的指导原则，然后，将这一原则贯穿于直邮邮件的方方面面——如信封、销售信函、彩页或小册子和反应工具。

《巴黎酒吧烹饪》与《才干》的大字体和色彩一下就引起了人们的**注意**；销售信函的彩色标志和签名则抓住了收件人的目光，使他们对信函及其内容保持**兴趣**。

信函和与之配套的旅游调查表中的具体内容提供了有益于购买决策的信息，从而建立了直邮的**信用**，其具体内容包括产品的特点与好处、法航的优惠截止期和价值以及供收件人使用的说明。

烹调书则以形象为重点，说明法航将如何使收件人与优质生活产生联系，激发收件人购买法航产品的**欲望**。

最后，免邮商业回执卡和电话号码、传真号码为收件人采取**行动**——购买产品——提供了方便条件。

直邮小秘诀

调查显示，不少直邮技巧有助于提高反应率，如缩格排印；左边齐头，右边参差不齐；避免颠倒行文；注明具体的优惠数额而非百分比；在文章中使用第二人称“你”；说明如此定价的理由（大家几乎都这么做）；不要把标签贴到旧地址上；使用新的材料。

实验室应用

1. 找出一份具有绝大多数直邮邮件所具备的四种常见元素的直邮件，说明创意金字塔的各元素在其中的体现。
2. 检查你所找到的直邮件的文案写作方式，并指出有几种本实验室所提到的技巧在邮包上得到了体现，是否可以改进？

重要术语

数字互动媒介	富邮件	关键词	邮　简
分散式网络	分类广告网站	广告网络	公告书
集中式网络	电子邮件广告	直邮广告	内部刊物
MSN 电视	垃圾邮件	电子邮件	目　录
网　页	客户维护和客户关系管理	销售信函	专属名录
旗　帜	病毒式营销	明信片	邮件反应名录
按　钮	广告印象	商业回邮件	编辑名录
登录页	点击率	折　页	名录经纪人
富媒介广告	点阅率	手　册	信件公司
插播广告	小甜饼	阔页说明书	

复习题

1. 互联网是如何发展成目前这种广告媒介的？
2. 哪些企业在互联网上得到的广告收入最多？为什么？
3. 在互联网上做广告的不同途径有哪些？
4. 什么叫小甜饼，它们的用途是什么？
5. 网络发行人采取什么不同方式收取网络广告费？
6. 与传统广告媒介相比，互联网给广告主提供的最大好处是什么？
7. 网络的受众测定工作与传统媒介的受众测定工作有什么区别？
8. 对于小广告主，新型互动媒介具有什么重要意义？
9. 你如何在整合营销传播方案中运用直邮？请举例说明。
10. 哪些因素对直邮广告活动的成败影响最大？

第 15 章

户外媒介、陈列媒介和辅助媒介的运用

目标 了解广告主在权衡各种户外媒介、陈列媒介和辅助媒介时应考虑的因素。许多广告主利用这些媒介完善或取代印刷媒介和电子媒介，因此，有必要了解广告主如何购买这些媒介以及这些媒介各自的优势和劣势。

阅读本章，你可以学会：

1. **了解**户外广告的利弊。
2. **认识**户外媒介暴露率的测定方法。
3. **掌握**标准户外广告的结构类型。
4. **认识**交通工具广告的各种选择。
5. **了解**影响交通工具媒介和其他户外媒介成本的因素。
6. **认识**陈列媒介在企业营销组合中的重要性。
7. **了解**广告主在考虑更改包装时所面临的问题。
8. **认识**几种辅助媒介。

户外媒介

在广告潜在对象的住宅外到达他们的媒介——如户外广告、公共汽车广告、出租车广告、地铁广告和站台广告，均属于**户外媒介**（out-of-home media）的范畴（见图表 15-1）。目前，约有 30 多种不同的户外媒介。最常见的是安装在屋顶上促销商品或服务，或标明经营场所的*屋顶标牌*（on-premise sign），麦当劳连锁店的金色 M 便是一个典型的例子。屋顶标牌有助于我们寻找某一经营场所，但这并是说它能覆盖所有的市场，而且，它也不像标准的户外广告业那么规范。

我们从主要媒介种类的最后堡垒——规范的户外媒介——开始讲起，这些媒介包括标准户外广告与交通工具广告。我们还将简要介绍其他一些户外广告载体，如：流动标牌、电子标牌、电子陈列以及电话亭和泊车计价器上的广告，这些广告媒介现在越来越普及。

然后，我们将探讨我们称之为*陈列媒介*的那类媒介，包括产品包装和商业展品。最后我们还会讲到广告主常用来补充其他广告活动的一些媒介——诸如促销产品（礼品广告）、名录、黄页——以及一些正引起广告主注意的新生媒介。

户外广告

作为一种全国性和全球性媒介，户外广告已取得了巨大的成功。其实，户外广告可能是人类有史以来使用的第一种广告媒介，可以追溯到 5 000 多年前刻在方尖塔上指引行人的象形文字。到中世纪，招贴已成为欧洲流行的广告形式，而到 19 世纪，由于马奈（Manet）和图卢兹·劳特瑞克（Toulouse-Lautrec）的招贴绘画，招贴便演变成了一种严肃的艺术形式。

如今，在全球范围内，地方性广告主和全国性广告主都在利用户外媒介：以重要媒介中最低的千人成本，用当地语言迅速而不断地向大批受众传递简洁的讯息或形象。

现在，电视观众有数百个频道可供选择，因此，全国性广告主很难向大批受众宣传自己了。但仍然有一种媒介每周 7 天、每天 24 小时，昼夜不间断地传播广告主的讯息，绝不会被人关掉、快进或删除，被弃之一旁或不被翻开，

图表 15-1
户外媒介分解

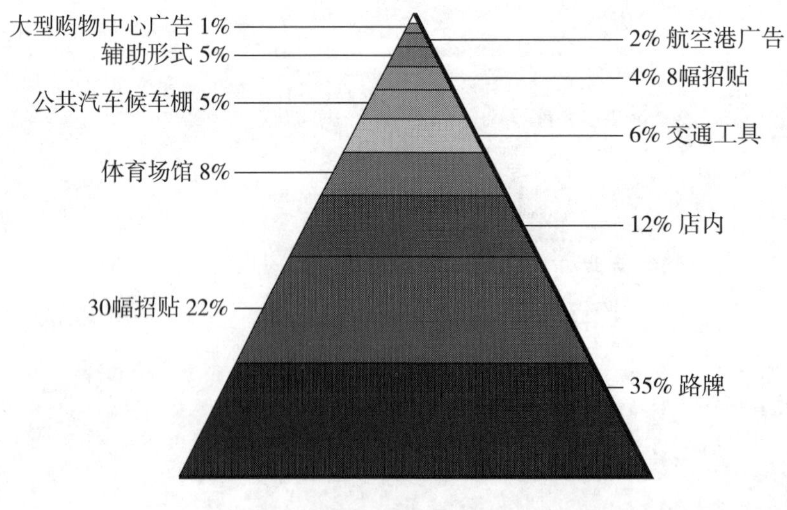

奥美广告公司为摩托罗拉创作了这条别出心裁的户外广告，在圣保罗，路过它的人想不看它都难。

而且体形庞大，这就是户外广告。正因为如此，不少广告专家现在将路牌视为大众媒介的最后堡垒。

户外广告可以用于不同的目的，比如，在给驾驶员充当指示性媒介方面，没有哪种媒介可以与之媲美。而在整合营销传播活动中，户外广告还可以合理的成本给广告主的核心讯息增添极大的光彩。

户外广告业的标准化

标准户外广告（standardized outdoor advertising）采用科学安装、严格布局的形式，向世界各地的市场传递广告主的讯息。

户外广告经营机构找到适宜的位置后（通常集中在工商业区），或租或买下这块地皮，然后申请必要的法律许可证，再按当地的建筑法规修建这些路牌，然后再与广告主签订合同，向他们出租位置，替他们张贴海报或绘制广告。户外广告公司还负责维护户外广告建筑，保持其环境清洁迷人。

户外广告公司也可能拥有自己的美术人员，为地方性广告主提供创意服务；而广告代理公司一般为全国性广告主提供创意服务。传统上最大的户外广告主分布于休闲娱乐行业，第二大类是本地零售业。通常的情形是，市场越少，地方广告主所占的比例越大。

户外广告的种类

如果想卓有成效地购买户外广告媒介，媒介策划人员就必须了解各种户外广告建筑的优势与劣势（见对照表：户外广告的利与弊）。标准户外建筑有三种基本形式：路牌、30 幅招贴和 8 幅招贴，也有一些公司利用非标准看板增强效果。

路 牌

广告主发现，在交通密集、视野较好的地段，**路牌**（bulletin structure）的效果最好，尤其是长期使用的效果最好。路牌既可以绘制，也可以印刷，大小

户外广告的利与弊

利

____ **便捷性** 户外广告一天 24 小时从不间断地负载讯息，受众不可能将它快进、跳跃或关掉。

____ **到达率** 按同样的金额计算，在同一城市针对同一目标受众时，与点播广告（76.5%）、广播广告（72.3%）、报纸广告（72.2%）相比，户外广告的到达率为 86.4%；受众绝大多数年轻、有文化、富裕而且有车。对全国性广告主来说，这也是很有诱惑力的一个目标。

____ **频次** 在毛评点 100 的节目所到达的观众中，十分之九的人在 30 天的时间内平均每人会看到 29 次户外广告。

____ **地理灵活性** 户外广告主可以在全北美洲 9 000 多个市场任选投放范围（全国、区域成本地区）和位置。

____ **人口灵活性** 可以侧重于按人口分布特点投放讯息，如年轻人经常光顾、来往的地区；高收入人群经常光顾、来往的地区或某个民族聚居的地区。随着电脑的出现，户外广告受众的特点选取（年龄、性别、收入以及生活方式等）已可深入到街道这个层次。

____ **成本** 在所有重要广告媒介中，户外广告的单位暴露成本最低。当然，市场的大小不同、密度不同，收费标准也不同，但毛评点体系使广告主能够对各个市场的成本进行对比。

____ **影响力** 由于户外广告可以迅速累积毛评点，因此，对那些发布简单、短小和命令式讯息的广告主来说，它不失为一种理想的媒介。

____ **创意灵活性** 户外广告展示面巨大，而看板则具备灯光、动画和艳丽色彩等特点，新的光纤、大屏幕和背后照明陈列技术又给广告人提供了更加广阔的创意空间。

____ **位置** 户外广告可以按人们活动的类型瞄准消费者，到达购物途中的顾客、上班途中的工商人士或赶赴机场的旅客，在他们做出购买决策之前对他们施加影响。

弊

____ **讯息短促** 顾客经过户外广告的时间很短，广告必须强攻才会有效。设计和文案必须精练、干脆，一字千金。

____ **环境影响** 户外广告会受其环境的影响，在破败的地区安置广告只会削弱该产品的形象。

____ **受众难以测定** 户外广告受众的人口统计因素难以测定，因为并非每一个经过广告的人都会看广告，为此，有些买主很怀疑媒介卖主所提供的到达率估算数字。

____ **控制** 与印刷广告和广播广告不同，广告主很难逐一检查每一块户外路牌。

____ **策划与成本** 户外讯息一般需要 6~8 周的印制和张贴预备期。较高的启动费用吓退了不少地方性广告主；而对全国性广告主来说，户外广告的购买过程又太过复杂，一个市场中可能会有 30 家广告公司在销售广告位置。

____ **供不应求** 使用户外媒介的广告主大多，以致广告位置供不应求。

____ **视觉污染** 有人反对户外广告，认为这是一种视觉污染。他们会对使用户外广告的广告主做出不利的反应。

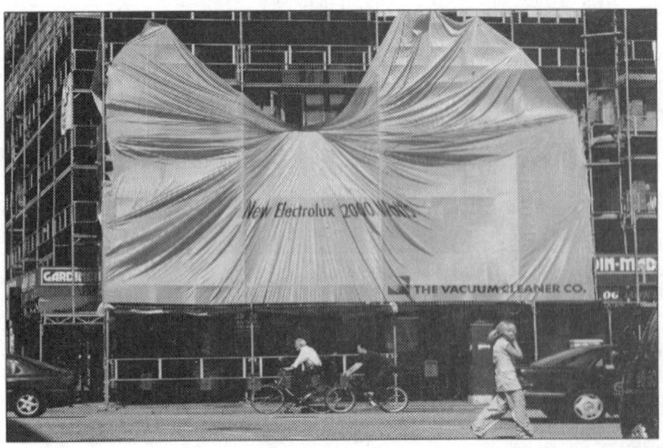

在采用路牌广告活动时，成功的广告主会将文案保持在最低限度。Electronlux 吸尘器的这幅广告的讯息非常简洁，但却给人留下了非常深刻的印象。该广告获戛纳广告节金狮奖。（见彩插）

户外广告如何运用字体与色彩

人们一般从 100~500 英尺远的距离、在自身运动着的状态下观看户外广告，因此，户外广告必须简洁清晰，容易辨认。大型图案、明亮色彩、简单背景、清楚的产品识别标志和容易辨认的字母排列，均有助于受众理解广告主的讯息。

字体粗细与间隔

户外文案最好不要超过七个单词。字体太粗会显得模糊一团，太细又看不清，太花哨又显得复杂。简单的罗马体效果最好。字母与字母、单词与单词之间应该有间隔，以免彼此混淆。

色彩对比与色值

在户外广告中，所有色彩都可以做到生动、真实的还原。大型招贴运用明亮的红色、绿色、黄色和蓝色所产生的效果是其他媒介所无法比拟的。

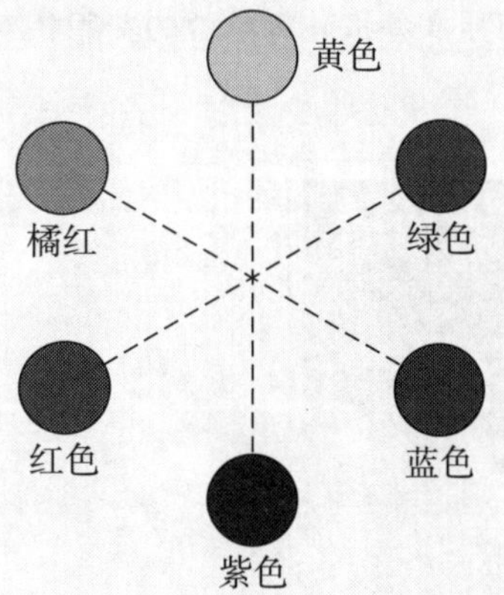

a.

在为户外广告选择颜色时，设计师最好选择色调（如红、绿、黄）和明暗（即色彩的深浅）都形成高度反差的颜色，这样才能使广告易于辨认。对比色从远距离观看效果最佳，在色调和明暗上没有反差的颜色搭配容易互相融合，进而妨碍人们对讯息的理解。

调色盘充分显示了色调对比和明暗对比的必要性。例如，红与绿是一组对比色，因而是互补的颜色，在色调上反差很大。但是，如果双方的明暗差不多，则会产生刺眼的感觉，蓝色与橘红的效果也如此。

蓝色和绿色、橘黄与红色的组合效果极差，因为这两组颜色在色调和明暗上都比较接近。黄色与紫色（无论在色调与明暗上都有差异）能够产生强烈而有效的户外对比效果。白色与任何深色搭配效果都不错，而黑色与浅色搭配效果很好。

清晰度好	清晰度差
Upper & Lower Case	ALL UPPER CASE
Regular Kerning	Tight Kerning
Bold Face	**Light Face**
Uniform Thicknesses	Too Thick & Thin

b.

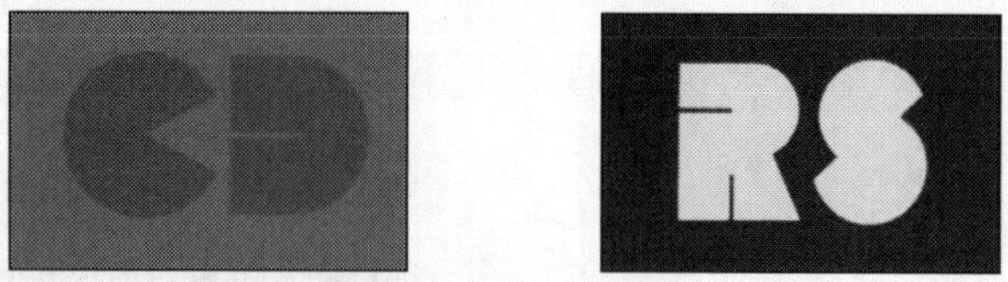

c.

色彩效果

在下图所示的色彩组合中，组合 1（左上角）中的字母清晰度最高，然后逐渐减弱，组合 18（右下角）最低。

d.

实验室应用

1. 本章中哪幅户外广告的色彩运用效果最好?为什么?
2. 在你所见过的户外广告中，哪幅的色彩运用最为糟糕?你建议如何改进?

多乐士油漆广告将这些树上的鲜花烘托得更加美丽。利用现成环境来突出广告的这种创意手法令人过目不忘，使该广告荣获了戛纳广告节金狮奖。(见彩插)

为 14×48 英尺，可以无限延伸。路牌一般在户外广告公司的加工场预先做好，再运到发布现场，在那里安装或悬挂。

手绘讯息的色彩一般会因日晒雨淋而变浅，因此每年都需重刷好几遍。色彩对广告讯息的易读性至关重要(见广告实验室 15-A)。有些路牌被做成立体的或装有伸出边框的外延物，式样有字体外延、背面照明、动态讯息和电子时间、天气显示器等。手绘路牌的成本较高，于是有些广告主在市场的不同地点轮流投放手绘路牌，每 60 天或 90 天轮换一次，借此降低手绘路牌的费用，扩大覆盖范围。经过一段时间以后，这种做法给广告主带来的覆盖面会远远大于他们实际支付的广告费所应覆盖的范围。正如加西亚酒吧一例所表明的，路牌的醒目性决定了它们值得广告主为此多付出成本——尤其是在小型市场。

招　贴

30 幅招贴架（30-sheet poster panel，即标准海报）每单位的费用相对较低，是

巴西高档社区的居民根本无法拒绝奥美广告巴西公司为贝卡国际(Beka)美发沙龙创作的这些招贴。创意的灵感来自该社区茂盛的绿色植物，于是他们决定用模特和植物共同打造自己的精彩广告。(见彩插)

一种基本的户外广告单位，由空白框架镶板组成，面积与边框都是标准的。其讯息首先经平版或网版印制在大幅纸张上，然后经手工固定在框架上。

招贴的大小以“幅”为单位，招贴广告固定在一个总面积为 12×25 英尺的框架上，一般 30 天更换一次。

有些广告主采用现成的 30 幅招贴，以较低的费用得到高品质的户外广告。这类**成品招贴**（stock poster）的数量可多可少，往往都是一流艺术家和平版印刷工的作品。当地的花店、奶制品店、银行或面包房只需在使用时将自己的名字填在适当的位置即可。

8 幅招贴

日杂产品生产厂商和许多地方性广告主常常采用规格较小的招贴——**8 幅招贴**（eight-sheet poster，又叫小招贴）。这种招贴外沿为 6×12 英尺，印刷面积为 5×11 英尺，一般集中设置在市区范围内，以便到达行人和乘客。在整合营销传播活动中，8 幅招贴是在售点附近进行覆盖的一种优质媒介。

看　板

纽约时代广场以其多姿多彩的**看板**（spectacular）而闻名于世。看板是一种大型的电子路牌，集动作、色彩和闪烁的图案于一身，安置在交通繁忙的地段，以吸引人们的注意。

户外广告的购买

广告主出于各种目的而使用户外广告。比如，向市场推出某种新产品或宣布其包装设计的变化，此时，广告主就需要渗透市场，而户外广告甚至可以在一夜之间就使其讯息得到广泛的传播。以土星汽车为例，它只动用了其媒介总预算的一小部分，便买下了 400 块路牌，一举在重要的加州市场中占领了户外媒介

看板成本高，绚丽多姿，带有动画，主要集中在大城市的中心地区。看板集动作、色彩和闪烁的图案于一身，一般设置在人流较多的路段，以引起人们的注意。（见彩插）

主导地位，大力进行土星车的推广宣传。加州是进口车主最多的地区，自然是土星的主要争取目标。

路牌或招贴的基本销售单位是 100 毛评点/日，或 100 **露出数**（100 showing)，毛评点等于某市场人口总数的 1%，因此，购买 100 毛评点并不等于购买 100 块招贴或路牌，而是购买理论意义上讯息每日到达该市场人口总数所需的路牌或招贴数。实际上，100 毛评点的 1 次露出在 30 天里得到的日到达率约为该市场成年人的 88.1%。

广告主如果不打算彻底渗透市场，则可以将销售单位表示为基本单位的分数，如 75、50 或 25 毛评点。假设 1 次露出在某一人口为 100 万的市场中的日接触人次为 75 万，那么，其毛评点就为 75/日，以 30 天为周期，该露出数可产生 2 250 个毛评点（30×75）。

位置、位置、位置

如同房地产一样，位置是户外广告的生命线。广告主如果打算进一步渗透市场，可以将招贴的数目增多或购买更好的发布位置，这样可以使日毛评点增加到 200 点或 300 点。图表 15-2 中的地图显示的是路易斯安那州巴腾鲁基市 (Baton Rouge) 的路牌坐落位置，日毛评点可达 100 点甚至更高。为了使巴腾

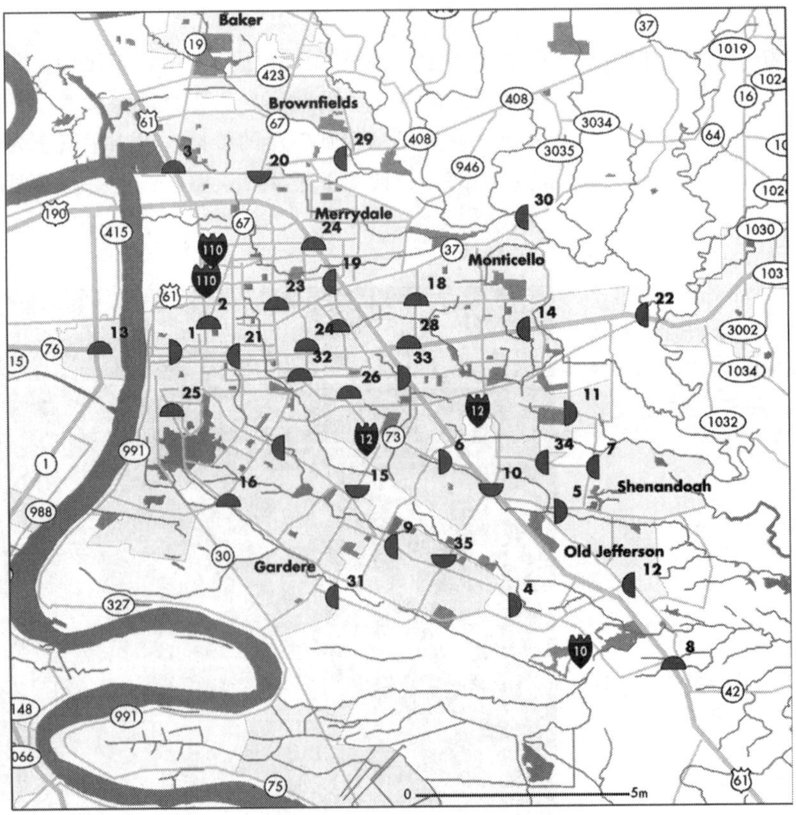

图表 15-2
巴腾鲁基市 30 天内日毛评点至少达 100 点的招贴位置。半圆的朝向表示招贴的朝向。本招贴地图显示了露出数达到 100 的一些典型位置。

鲁基的露出数达到100，拉玛尔户外广告公司（Lamar Outdoor Advertising）将在该市的所有重要交通路段设置30幅路牌，并使之面朝两个方向。自然，由于地段租金不同、劳动力成本不同、市场规模不同，各市场户外广告的收费标准也大不相同。

交通工具广告

交通工具广告（transit advertising）是户外广告的一种，包括公共汽车广告、出租车广告及车站候车棚招贴、站台招贴与地铁招贴。如今，虽然大部分广告从业人员不把交通工具广告当做重要媒介，但凭着标准化的生产、更先进的调查、更多的统计数据和准确的发行量，交通工具广告对全国性广告主的吸引力也很大。服装设计和电影这两类全国性生产厂家就是交通工具广告的两大用户，它们正在逐步取代传统的交通工具广告大户，如石油制品、金融服务和专利药品等。

对于到达大批受众而言，交通工具广告是一条非常合算的途径。公共汽车和出租车每天都要在最繁忙的大街上往返数次，因而能产生很高的暴露度。

交通工具广告在地方性广告主中同样普及，零售商不用花过多的代价便可以扩大自己的到达范围，而且往往能够得到全国性厂家的合作支持；而全国性生产厂家则通过地方性广告而受益（见对照表：交通工具广告的利与弊）。

交通工具广告的种类

交通工具广告的对象主要是数以百万计的利用经济型交通工具（公共汽车、地铁、高架列车、通勤列车、电车和飞机）的人，外加行人和汽车乘客。交通工具广告形式多样，有车站候车棚、车站招贴、站台招贴、终点站招贴、车内广告牌以及公共汽车和出租车车体广告。

车站候车棚

在拥有大众交通系统的城市，广告主可以买到车站候车棚和车站座椅背面的位置。**车站候车棚广告**（transit shelter advertising）是一种相对较新的户外广告形式，已经取得了巨大的成功，几乎可以到达所有在户外活动的人：小车乘客、行人、公共汽车乘客、摩托车驾驶员、骑自行车的人，等等。在某些限制使用路牌的商业区和居民区，车站候车棚广告自然是一种极为低廉、便捷的广告媒介。事实上，车站候车棚广告有时也是唯一得到许可的户外广告形式，是对户外招贴和广告牌的补充，可以使户外广告活动收到全面覆盖市场的效果。

终点站招贴

在许多公共汽车站、地铁站和通勤列车站，广告面积以一、二或三幅**终点站招贴**（terminal poster）为单位出售，大型列车终点站和航空港都有特殊的广告形式，如落地陈列、岛形展示、灯箱、微型立体景观以及装有特殊灯光和活动讯息的电子钟等。

耐克公司曾在巴黎利用终点站广告制造了一起轰动事件。当时正值法国

对照表

交通工具广告的利与弊

利

____ **暴露时间长** 平均每位乘客的搭乘时间为 25 分钟。

____ **重复率高** 许多人日复一日地乘坐相同路线。

____ **讯息阅读率高** 乘客百无聊赖，多半会找点东西看看，因此，交通工具广告的阅读率较高，广告回忆率平均达 55%。

____ **成本低** 交通工具广告的成本低于其他任何媒介。

____ **创作灵活** 可以用相对较低的成本制作特殊形状和色彩效果。

____ **满足需求** 交通工具广告可以瞄准乘客的需求。比方，在夏季放冷饮广告；而食品广告对下班回家、正盘算晚餐的乘客也很有吸引力。

____ **适应环保要求** 随着利用公共交通工具的社会呼声日益强大，交通工具广告无疑将占据未来媒介的有利地位。

弊

____ **地位低下** 交通工具广告缺乏像印刷媒介和电波媒介那样的主流广告媒介的身份。

____ **环境拥挤** 上下班高峰的拥挤限制了乘客阅读的机会和条件，而且，如果交通工具本身较脏，还会损害产品的形象。

____ **针对性差** 交通工具广告无法选择所到达的受众，因而可能无法满足某些广告主的需求。

____ **庞杂** 车内广告牌林立，模样大同小异，因而容易混淆，难以记忆。

____ **位置不利** 如果商场位置偏僻，很少会有人愿意长途跋涉去购物。

____ **创作限制** 虽然交通工具广告容纳的讯息长于路牌广告，但文案的长度仍然有限。

网球公开赛时期，耐克的一位竞争对手买断了在体育馆内发布广告的权利，于是耐克便买下了公开赛期间近 2500 辆公共汽车上的广告牌位，覆盖全巴黎。最后，耐克又给了对手致命的一击，买断了巴黎地铁靠近体育馆各站的所有广告牌位，将地铁站变成了耐克展示世界各地著名球星的终点站招贴陈列馆。

车内车外广告牌与招贴

车内广告牌（inside card）放置在车窗上方。精打细算的广告主会在广告牌两面都印上广告，翻过来就可以更换广告讯息，从而节省纸张费和运费。车内**尾**

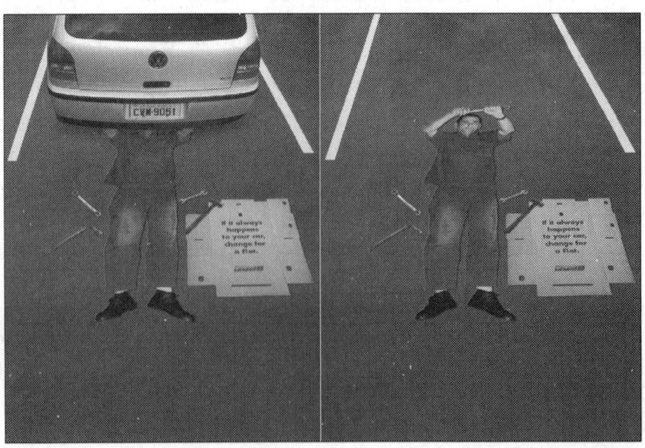

户外广告不光只有路牌一种，到停车场取车的消费者完全有可能在那里碰到菲亚特如此具有创意的广告。广告采用了照片粘贴画，使广告人物栩栩如生。你能想象得出这对那些确实想发动车的人会产生什么作用吗？广告的天才创意为自己赢得了戛纳广告节铜狮奖。（见彩插）

国家地理频道的这组公共汽车广告设计充分体现了对交通工具广告别出心裁而又十分贴切的运用。设计者巧妙地利用车门的开合创造出奇妙的视觉效果，从而成为大家的话题。该广告获戛纳广告节铜狮奖。（见彩插）

部招贴（car-end poster）的体积一般要大些，但尺寸各不相同。车尾和车两侧的位置收费最高。

车体招贴（outside poster）通常印在高级卡纸上，为防风雨还要刷上油漆，最常见的车体招贴位置包括车的两侧、尾部和车头。

广告主还可以购买**出租车外壳**（taxicab exterior）上的空间，周期一般以 30 天计算。可以在出租车车顶放置双面发亮的招贴画，也可以在车门或车尾上刷上广告。

总部设在洛杉矶的广告舰队广告公司（Adfleet）甚至还销售出租车轮毂上的广告空间，他们将一种特制的碟片装在轮毂上，从而保证即使轮子转动，广告画面也保持不动。

交通工具广告的购买

交通工具广告的销售单位以一次**露出**（showing）计算，又叫一次投放或一次服务。**全面露出**（full showing）又叫 100 露出，指广告主购买的一块广告牌将会出现在他所购买的某一系列的每一辆车上。他也可以按半露出（50）或四分之一露出（25）购买。

收费标准一般按 30 天为单位计算，签订 3 个月、6 个月、9 个月和 12 个月合同的广告主可享受一定幅度的折扣。广告主自行负担广告牌的制作与运输

中国香港一家保险公司利用一幅巧妙的地铁招贴推出自己具有价格优势的保险计划，宣称“一点也不痛”。

费用，但交通工具广告公司可以协助进行设计和制作。

交通工具广告的成本视投放时间长短、投放密度和广告牌位的大小而有所不同，收费标准则主要依据各交通系列的规模而定，差别很大。广告主应该从各地的交通工具广告公司了解某一具体市场的收费标准。

车内特殊广告牌位的购买

在某些城市，广告主可以买下**基本巴士单位**（basic bus），即某一组公共汽车上的所有车内牌位，全面控制这条线上的广告，如果再追加一些费用，广告主还可以在车内广告上附加商业回执卡或**优惠赠券**（take-ones），供乘客查询详情、回邮申请表或索取其他优惠。

特殊车体广告购买

有些交通公司提供**超大广告牌**（bus-o-rama signs），这是一种背后有荧光灯管照明、贯穿公共汽车两侧的大号彩色透明广告，公共汽车上共有两块这样的位置，一侧一块。广告主还可买下**整车牌位**（total bus），即买下车的整个外部，包括车头、车尾、车顶及两则的全部空间。

多年来，纽约的地铁中一直跑着**品牌列车**（brand train），即某一列地铁的全部车厢冠以某个品牌的名字。然而，随着2004年7月独家列车系统的启动，拉斯维加斯又将这个概念往前推进了一步。这个城市的耀眼光环延伸到了公共交通系统：九列独家列车的每一列以及七个车站都有各自的企业赞助商，许多广告都体现出精巧的**浸泡式广告**（immersive advertising）主题。

其他户外媒介

我们在前面已经提到，户外媒介形式种类繁多，有些还很新，尚未经过时间的检验。不过，有些好像正越来越流行。从中我们可以看出，广告主为了使消费大众看到自己的讯息，尽了很大的努力。

流动路牌

流动路牌（mobile billboard）是传统路牌与交通工具广告的结合体，最初安装在牵引式拖车的两侧。现在，在某些城市可以见到一些特制的平板货车，载着长长的路牌在繁忙的市区干道上来往穿梭。在旧金山、洛杉矶和西雅图，我们都可以看见这样的流动路牌。

电子显示屏与广告看板

电子显示屏（electronic sign）表现文字和图案讯息的方式与体育场馆内的大屏幕相差无几。电子屏向零售店传输商业讯息，让店内的顾客看见。零售店无须为此支付任何费用，相反，倒可以得到25%的广告收入。在加拿大蒙特利尔，电视传讯公司（Telecite）采用其新型的视频通信网络（VCN）技术，在地铁车厢上安装电子显示板，从而使广告主得到了价格低廉、收效良好、灵活以及受众人数庞大集中的媒介；交通主管部门得到了一套现代化的、自负盈亏的应急系统与公共信息系统；而地铁乘客则在途中有了消磨时光的东西。

泊车计时器与公用电话

幸好有几个敢于创新的公司，现在的广告主有了在泊车计时器和公用电话上做广告的机会。美国电话广告公司有 20 个市场细分，包括饭店、餐馆、机场、大学校园和便民店。

陈列媒介

有些媒介是专门设计来吸引顾客对产品的注意的，这类陈列媒介往往在售点或接近售点的地方使用，这些**陈列媒介**（exhibitive media）包括*产品包装*、*交易会展台*和*陈列品*等。如果运用得当，陈列媒介与其他媒介协同产生的增效作用足以使产品或品牌知名度提高 500%。

产品包装

由于高达 70%的购买决定是在售点做出的，因而包装在广告和销售中发挥着相当重要的作用。在这个整合营销传播的世界，包装不仅是消费者在购买产品前看到的最后一条"广告"，也是他们在使用产品时看到的唯一"广告"。因此，包装不仅是又一条*计划内讯息*，而且也是产品概念的一部分，影响着*产品讯息*。

包装（packaging）环绕着容器的外表展开，包含着设计、色彩、形状、标志和材质等因素。包装发挥着四大功能：保护、保存、告知和促销。虽然包装的保护和保存功能可以降低由损坏、偷盗和损耗而引起的损失，但是，它的告知功能和促销功能也绝不可低估。迷人的包装立即能在顾客与产品之间架起一座桥梁，影响顾客的现场购物决策，有助于产品与其他竞争对手形成区别，并告诉顾客产品的特点与好处。

设计师在设计包装时要考虑三个方面的问题：产品的独特诉求；诉求如何从图案和文字上进行沟通；广告主期望树立什么样的声誉或形象。

消费者对包装的反应完全凭直觉，因此，包装设计在树立产品品牌形象上与广告同样重要。包装可以在售点建立和巩固品牌的个性与声望，因此，如果包装设计的目标是树立形象，包装设计师就必须认真考虑消费者心目中的声望标准，尤其是所谓的非理性产品——如香水、化妆品、体育用品、精美礼品和某些豪华产品。顾客选购这类产品往往是出于好玩、冲动或神秘，而不是出于理性。

要想将商品推销出去，包装可以利用形状、颜色、大小、趣味图形甚至包装材质来传递营销讯息，提供产品信息，表明用途。在消费者购买它们后，包装还会在消费者的家中继续促销产品，巩固品牌形象。因此，包装应便于打开、闭合和使用。

购买包装包括两个方面：*概念*和*制作*。*概念化过程*涉及五大群体：消费者、生产者、营销环节、消费者保护组织和政府机构。各群体各自关心的内容会对包装特性产生巨大的影响（见图表 15–3）。

消费者	生产厂家	营销环节（零售商/批发商）	消协组织	政府机构
简单（使用与储存）	坚 固	坚固（容器及外包装）	包装安全	无欺诈行为
方 便	柔 韧	方便搬运	—操作	对生态无害
成分清单	迷 人	抗震能力	—使用	可降解
指导说明	安全（对用户和产品）	醒目，可识别	环保安全性（可降解性等）	对健康无害
产品寿命	成本：	安全性（用户与产品）		全面安全性
处理方法	—材料费	易于：	对健康无害	—搬运安全性
应急免费电话号码	—制造费	—保存	自我说明能力	—使用安全
性能保障	—工资	—码放	—成分表	正确标识
安全保障	—仓储费	—盘存（电脑作业）	—指导说明	—成分表
环保安全	—运输费	价签空间	—处理方法	—营养指导
（可降解性）	—保管费		—应急免费电话号码	某些产品的保质期
重复使用	更换需求		—担保	回 收
回 收	减轻分量（安全）		—保质期	合法性
	抗震能力		回 收	
	包装规格（促销空间相对于材料费和环保安全）		合法性	
	材料供应能力			

图表 15-3
包装设计过程中各方面关注的焦点与期望

包装是一种极为重要的媒介，因为它通常是消费者在将产品带回家之前看到的最后一条广告。此外，包装设计在人们对产品品质的感觉上扮演着重要的角色。出色的包装往往能促使消费者购买产品。上图中的包装由莫斯科的 WPF Depot 设计，分别为英语版和俄语版。

包装中的环保问题

随着生产厂家逐步采用有利于环保安全的包装设计，他们的原材料成本也在逐年上升。事实上，消费者希望从绿色包装中得到的东西未必是生产厂家一贯提供的东西，也未必是营销环节愿意采用的东西。

但是，随着人们对环保的日益关注，尤其是国际市场对环保的关注，可以回收利用的马口铁和铝制包装品正在重新赢得商家和民众的青睐。由于欧洲国家人口密度大，因此政府对环保性包装的管理法规要比北美洲国家的法规更加严厉。由于这些法规会增加海外作业的成本，因此生产厂家必须对这些因素加以考虑。

包装制作

包装有很多形式：软纸包装、卡板包装、盒子、柳条箱、铁罐、玻璃瓶、广口瓶、软管、桶、筒以及托盘等，而且包装用料丰富，从纸到铁（如铁罐头），乃至木头、玻璃和麻布。新型包装材料还有塑

包装袋不仅仅是用来装产品的，精明的商家已经意识到，由于购物者往往整天都带着袋子，因此设计精美的袋子可以使营销预算发挥更大、更有效的作用。

封纸、陶、金属箔，甚至稻草等。此外，包装设计上的改进还包括：用黄绿色玻璃瓶防止日光损害内容物；用结实耐磨的灰色软盘封套阻隔热量、保护软盘；食品所用的塑料袋已取代了铁罐，而且更为轻便和结实；对于药品，消费者更愿意选用塑料容器。

包装设计的第二个层面是生产环节，涉及到众多包装专业人员：包装工程专家（包装盒设计师、包装材料顾问和包装设备构造专家）、平面设计人员(设计师、制作/电脑美工、插图画家和摄影师)、标志制作人（印刷工和标志制作人）、特制包装轧型工和包装仓储公司（预制包装批发商和包装制作商。

广告公司一般不参与包装的决策工作，这项任务一般由专家承担，但广告公司经常会对包装标志或包装设计提出意见，有些广告公司甚至还会准备包装上面的文字材料。如果采用整合营销传播方案，广告公司可以将这项工作与整个广告活动主题协调起来，使自己发挥更大的作用。

通常说来，包装设计以简洁为佳，原因有三个：传统包装材料（如瓦楞纸板）不支持高分辨率的印刷；复杂精细的折叠与打孔可能价格不菲；要求精确折叠和组装的包装往往要支付额外的组装费用，而且对包装结构也是个挑战，大多数物美价廉的包装都无法达到这个要求。

什么情况下应该更换包装

更换包装的原因很多：产品转型或改进；包装材料更新；竞争压力；环保意识；法规变化或增强品牌识别度等，这些都可以作为更换包装的理由。

广告主投入上百万的资金进行新形象的研究与推广，因此，包装所反映出的品牌形象必须随时跟上消费者不断变化的感觉与欲望。不过，营销人员必须时刻小心从事，为此，设计师常常采用逐步改变包装的方法，以免将消费者搞糊涂。

交易会展台与陈列品

各大工业行业每年都要参加**商业展示会**（trade show），生产商、经销商和采购人员云集一地，或展示自己的产品，或洽谈业务。商业展示会对全球性卖主非常重要，只有展示会才能给广告主提供同时与众多潜在的重要国际客户相遇的机会。

展台（booth）与**陈列品**（exhibit）的布置已成为销售推广计划中的重点。为了让参观者在自己的展台前驻足停留，展台应该简洁迷人、照明良好、图像清晰，还应为买卖双方营造适宜交谈的舒适气氛。

在设计展台时，管理者应当考虑以下几个因素：策划、预算、推广、人员

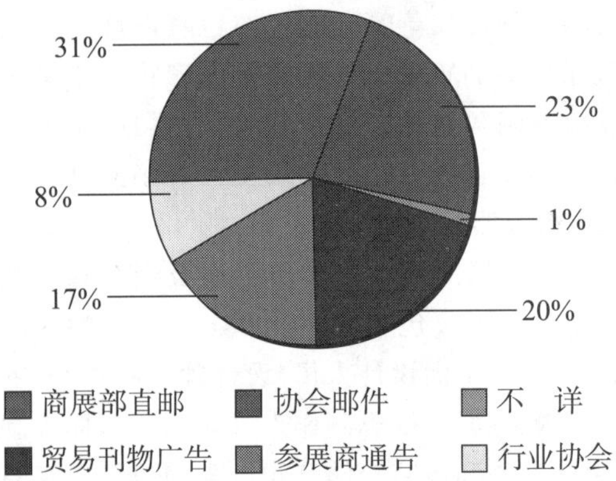

图表 15-4
顾客获悉商展信息的途径

以及生产力。

策 划

策划围绕着四个主要问题展开：预算、公司/品牌形象、展示频率和展台配置灵活性。在策划实际陈列品或展台时，广告主还必须考虑其他许多因素，如：空间大小与位置；陈列的预期形象和印象；运输、安装与拆卸的难度；展示的产品数量；是否需要保存和分发资料；预演广告与推广的应用以及上述所有因素的成本。

预 算

商展的代价不低，而且近十年来一直处于上升趋势。仅大公司参加一次展示会的展台费用就可能达百万之巨，再加上员工的差旅费、住宿费、工资和预展推广费等等。目前，到达每位参观者的平均费用已超过 195 美元。虽然费用很高，但如果以到达的销售对象计算，商展仍不失为一种合算的方法。

推 广

为了给展台或陈列品带来客流量，营销人员会采取发放个人邀请、邮寄直邮广告、在贸易刊物上刊登广告、举办新闻发布会或电话营销等手段。图表15-4表明了顾客获知商展消息的典型渠道。

到了展示会场，展台活动和推广材料本身（如宣传材料、手册、赠送礼品、兑奖物件等）均可以刺激参观者的兴趣，提高产品亮相的机会。3M 公司的电信产品部在开展前向 6 000 位潜在参观者寄送了一份快马邮递主题折页，邀请他们开展时到展台领取一份路线图。路线图引导着参观者（快马邮递乘

为了从其他展位中脱颖而出，太平洋圆顶屋（Pacific Domes，www.pacificdomes.com）公司为这次《指环王》商业展示会制作了这个独特的球形圆顶屋。（见彩插）

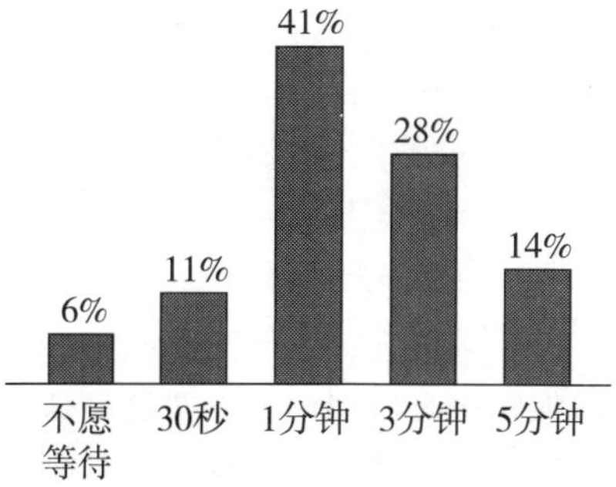

图表 15-5

参观者愿意在展台等待销售代表的时间

客）通过设在同一个大展厅内由大家分享的一连串驿站。待参观者的地图盖上各驿站的印章后，他们便可以得到一份“红包”，里面装有几枚 1850 年的仿真硬币和商品兑奖证明。

人 员

充当展台工作人员的企业代表会体现出参观者期望得到的服务水平和服务方式。因此，他们应该口齿伶俐、热情大方、善于倾听、乐于与人打交道，并具备丰富的产品知识。

展台的主要目的是为企业与合格的潜在对象之间进行面对面的交流提供舞台。然而，调查显示，58%光顾展台的人在与展台代表见面之前，愿意等待的时间不会超过一分钟（见图表 15-5）。理想的做法是，销售人员 80%的时间应该用于倾听，20%用于解说。

生产力

企业在商展中的努力会因对潜在参观者的名录收集不当和组织不当而前功尽弃。对每个人选，都要按其乐意进行下一次接触的预期打出等级（A：现在；B：2 周；C：6 个月；D：永不），卓有成效的预期名录与未来的销售息息相关，并能扩大企业潜在对象的数据库。

辅助媒介

有许多促销媒介因其专门用途而难以归类。这类辅助性媒介包括广告礼品、名录与黄页以及各种新生的替代媒介。

广告礼品

国际促销品协会（Promotional Products Association International，简称PPAI）对广告礼品的定义是：**广告礼品**（advertising specialty）是一种促销用品，通常印刻有广告主的名称、讯息或标志，作为营销传播活动的一部分免费分发。现在，几乎所有的企业都在运用广告礼品，种类繁多，从咖啡垫到圆珠笔、钥匙链，乃至 T 恤衫。

广告礼品有别于**奖品**（premium）。奖品也属促销用品，一般比广告礼品更值钱，多半不带广告讯息。但是，消费者要想得到奖品，就必须购买某一产品或交回奖券，或参观某个产品演示，或采取某种对广告主有利的行为；而广告礼品则是作为一种信物免费赠送的。有些礼品会被接受者保存多年，变成一种关于广告主企业长久亲切的友情提示物。企业往往花费巨资制作、赠送这类信物推动自己的业务。调查显示，这种投资肯定能得到回报：L.J.市场调查公司的一次大型调查发现，促销物品引起的产品回忆度高于印刷广告，75%的礼品接收者能回忆起几年前的促销礼品上的广告主名称，相对于此，只有 53%的人能回忆起一周前印刷广告上的广告主名称。

消费者礼品

消费者习惯于将礼品的质量与送礼企业的产品/服务质量挂钩，因此，不少企业倾向于向消费者赠送价格稍高的礼物而非廉价的钥匙链或铅笔，价值 3~5 美元的礼物比较常见。礼品如果与其他营销或服务战略相结合，效果会更好。不过，像银行、储蓄和贷款这类行业，必须遵守政府的法规，其礼物价值不得超过规定的界限。

企业礼品

在企业对企业这个领域里，各企业采用的礼品促销更有规划性，以便使自己的信誉胜过对手。在 L.J.市场调查公司实施的调查中，超过一半的被调查对象说他们在收到广告主的礼品后，对该广告主形成“稍微”或“明显”更好的印象。

礼品的价格并不重要，送礼本身才是根本。在一项试验中，一组房地产经纪人得到的是价值 1.49 美元、印有一家抵押公司名称的圆珠笔；一组得到的是价值 10 美元的体育用品袋（也印有同样内容）；另一组什么也没有。在随访中发现，没收到礼品的房地产经纪人中推荐广告产品的人数最少，但圆珠笔组和体育用品袋组则做出了同样有利的反应。显然，礼品接受者觉得有必要回报对方，但礼品本身的价值无关紧要。因此，对于广告主来说，1.49 美元的笔的投资回报率当然更高。

不过，无论东西是贵是贱，礼品不对路都有可能给广告主带来适得其反的后果。有的对象也许会认为价值太高的礼品是一种贿赂，但低廉的小礼品又有可能使原本注重质量的企业显得小家子气。

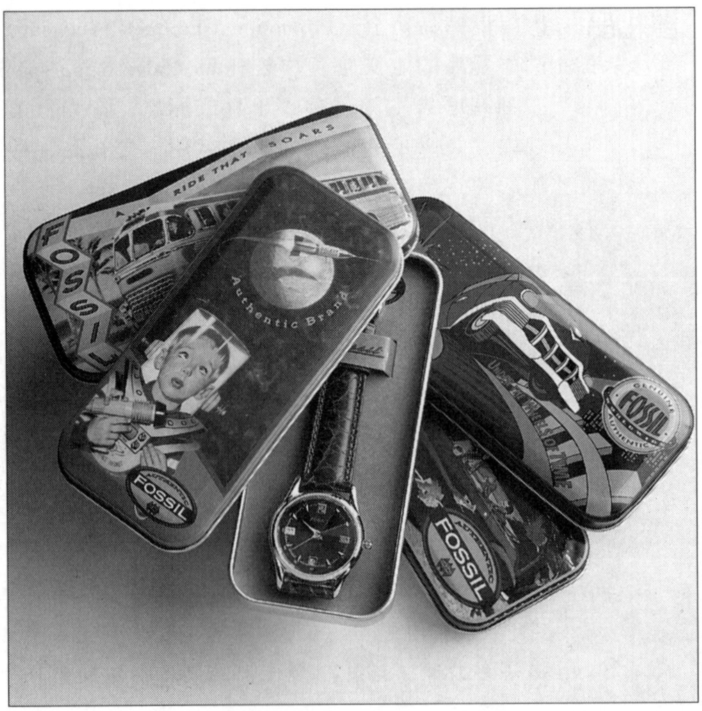

化石手表（www.fossil.com）将这种特制礼品包装作为礼品赠送给消费者。包装盒模仿了一种自动盒罐，而且可以重复使用。这种新奇的礼物比一般的钥匙链或铅笔更有吸引力。外壳上的文字说明了里面手表的品质和风格。对于拿到礼品的人，这种包装发挥着提示的作用；而对于看到这种包装的人，它又发挥着广告的作用。（见彩插）

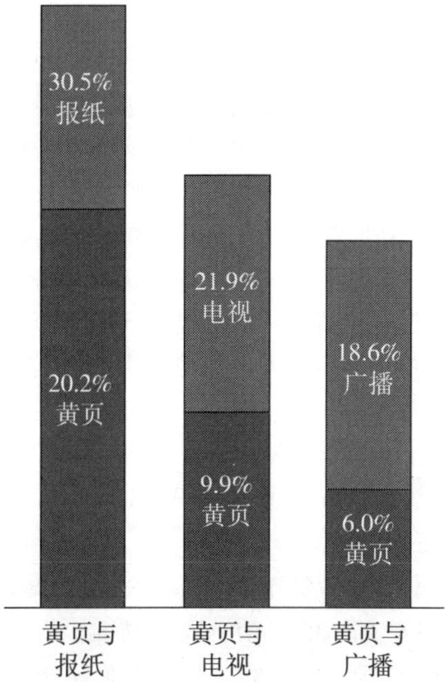

图表 15-6
媒介结合后的总体广告到达率。当黄页与其他媒介配合使用时，到达率显著提高。

名录与黄页

每年，电话公司、行业协会、工商团体和其他机构都要出版大量**名录**（directory），它们主要发挥指示地址、购物指南和邮寄名录的功用，但是也刊登针对某些特殊领域的广告。黄页广告如果与其他媒介相结合，到达率会明显提高，如图表 15-6 所示。在黄页广告中，内容最为重要，广告应告诉人们购物的方式而非购物的原因。和绝大多数广告媒介一样，广告越大，引起的关注越多。

激烈的竞争迫使电话公司和名录公司不得不在自己的黄页中增加一些辅助性的、大众关心的信息，使黄页更接近用户，独树一帜。他们所采用的手段有以下几种：

- 按字母顺序排列索引，按消费者对产品的描述划分相关类别。
- 按品牌名称排列类别索引，在类别下可找到具体的品牌名称。
- 按科目排列索引，如汽车、娱乐、休闲、卫生与保健、儿童、宠物等。
- 增加资料页，包括当地地图、公园资料、事件资料、社区服务资料、交通情况和购物情况等。
- 免费互动式声讯服务（声频文本），采用新技术将电话与电脑主机相连，可以很方便地查询信息。

现在，越来越多的名录出版公司还为区域性广告主和全国性广告主提供“搭便车”（ride-along）服务，在发行白页名录和黄页名录的同时，附带发送他们的优惠券、赠品或产品样品。

新生媒介

由于传统广告媒介的售价日渐升高，受众又日趋分散，于是许多广告主开始寻求新的途径到达自己的客户。目前，他们已开发出几种可行的替代媒介。

电影贴片广告

电影贴片广告（cinema advertising）有上升的趋势，但也引起了不少争议，虽然有些到影院看电影的观众对电影贴片广告深恶痛绝，但电影贴片广告却越来越受到商家的欢迎。“和传统媒介不同，我们不必争取观众的眼球，他们根本没有机会选择频道”，电影贴片广告委员会（Cinema Advertising Council）主席兼总裁鲍勃·马丁（Bob Martin）如是说。尽管如此，有些院线还是由于害怕得罪观众而禁止电影贴片广告。

产品植入

到达电影观众的另一种办法是付钱给编剧，把广告主的产品编进电影情节中，这种**产品植入**（product placement）的做法现在很普遍，当然，引起的争议也很多。下次看电影时，不妨观察一下影片中有没有这种明显的产品植入，有多

产品植入作为一种消费品的广告方式已越来越多。比如，在《美国偶像》中，可口可乐标志与裁判一同出现在镜头中，从而保证了观众记住品牌名称——哪怕他们跳过广告。

少这样的镜头。

产品植入使产值达数十亿美元的电影业日益成为一种重要的广告媒介，广告主让自己的品牌在电影中出现或担当某个角色，借这种与大片或大牌明星发生关系的做法使自己获得不少好处。诺基亚就靠这种技巧大获其利：他们的手机在1999年版的《星球大战》中非常抢眼，以至于31%的电影观众认为2003年《星球大战》续集中的角色用的仍然是诺基亚的电话，而实际上他们已经换成了三星的电话。

福特和可口可乐也在电视节目《美国偶像》中有过上佳表现：裁判用可口可乐的红色杯子喝可乐，而参赛者则在福特汽车内进行表演。

自动取款机

既然现在自动取款机（ATM）的货币支付量已达数万笔，其可观的受众自然会被花样翻新的促销手段所瞄准。舰队金融集团（Fleet Financial Group）利用ATM技术在ATM客户凭条背面印制零售商优惠券。

ATM的一项技术革新是由电子数据系统公司 (Electronic Data System Corp.) 发明的，在顾客等待取款的那段时间内，取款机屏幕上会显示出完全活动的广告录像，诸如用圣迭戈市7-Eleven店的15秒广告来代替以往屏幕上出现的“交易处理中”或“请稍候”等讯息。最初的广告曾促销过福克斯公司探照灯制片厂 (Searchlight) 的电影《冰暴》 (the Ice Storm) 和《大获全胜》 (*The Full Monty*，港译《光猪六壮士》。——译者注)。

商家很快用广告填满了每一个空间，让消费者防不胜防。从充气飞艇到录像节目，再到泊车计时器，消费者在哪里聚集，广告主便跟到哪里。今天，我们甚至可以在全国各地的某些自动取款机上看到广告视频片段。

重要术语

户外媒介
标准户外广告
路牌
30 幅招贴架
成品招贴
8 幅招贴
看板
100 露出数
交通工具广告
车站候车棚广告
终点站招贴
车内广告牌
尾部招贴
车体招贴
出租车外壳
露出
全面露出
基本巴士单位
优惠赠券
超大广告牌
整车牌位
品牌列车
浸泡式广告
流动路牌
电子显示屏
陈列媒介
包装
商业展示会
展台
陈列品
广告礼品
奖品
名录
视频手册
电影贴片广告
产品植入

复习题

1. 户外广告与户外媒介有什么区别？
2. 为什么有人说户外广告是最后的大众媒介？
3. 户外媒介最适宜于哪种广告目标？
4. 户外广告媒介适合地方政党候选人吗？为什么？
5. 户外媒介的毛评点与电子媒介的毛评点有什么不同？
6. 交通工具广告主要有哪几种？
7. 什么叫品牌列车？与其他相对便宜的交通工具广告形式相比，它有什么优势？
8. 哪些媒介属于陈列媒介？为什么叫陈列媒介？
9. 商业展示会与陈列主要有什么好处？
10. 礼品广告与奖品有什么区别？假设有家地方电脑店，它应该如何利用这些媒介，哪种更好？

附录A

营销计划大纲

日期：
公司名称：
品牌或服务项目：

用不超过两三页的篇幅对整个营销计划进行概述，供主管审查。

Ⅰ. 概述
- A. 形势分析概述
- B. 营销目标概述
- C. 营销战略概述
- D. 预算概述

对“公司现在所处的地位”以及“为何在此地位”做出说明，见对照表：形势分析（工具库5-1）。

Ⅱ. 形势分析
- A. 行业状况
  - 1. 行业和公司业务界定
  - 2. 行业发展史
    - a. 技术进步
    - b. 发展趋势
  - 3. 业界发展模式
    - a. 需求曲线
    - b. 人均消费量
    - c. 成长潜力
  - 4. 行业特点
    - a. 分销模式和传统渠道
    - b. 业内规章与管理制度
    - c. 典型促销活动
    - d. 地理特征
    - e. 赢利模式

本公司经营何种业务，整个行业有何特点。可以从行业贸易刊物、行业协会简报、消费者信息以及商业部的刊物中获取到相关信息。

- B. 公司
  - 1. 发展简史
  - 2. 业务范围
  - 3. 目前规模、成长情况、利润状况
  - 4. 声誉
  - 5. 在不同领域的竞争力
    - a. 优势
    - b. 劣势

有关公司及其实力、机会和问题的全部相关信息。此类信息可以从年度报告、销售记录、保修记录、顾客反馈以及销售人员报告中获得。

- C. 产品/服务
  - 1.产品描述
    - a. 发展与历史沿革
    - b. 产品所处的生命周期阶段
      - (1) 导入期

有关产品/服务组合、销售以及优势劣势的完整描述和全部相关信息。可以参考销售宣传材料、销售报告、经销商反馈等。

(2) 成长期
(3) 成熟期
(4) 衰退期
c. 品质因素
d. 设计因素
e. 商品划分
(1) 消费者商品或工业商品
(2) 耐用商品/非耐用商品/服务
(3) 方便商品、大件商品或特制品
(4) 包装商品、硬商品、软商品、服务
f. 包装
g. 价格结构
h. 用途
(1) 基本的
(2) 二级的
(3) 潜在的
i. 形象与声誉
j. 产品/服务强势
k. 产品/服务弱势
2. 产品销售特点
a. 差别因素
(1) 观念上的、非观念上的或感觉上的
(2) 专卖或非专卖
b. 在顾客心目中的地位
c. 优势、劣势(顾客感觉)
3. 产品研发
a. 技术突破
b. 预期改进
c. 技术或服务问题
4. 销售记录
a. 销售及销售成本
(1) 按产品/服务计算
(2) 按款式/型号计算
(3) 按地区计算
(4) 按市场计算
b. 同一因素的利润记录
5. 市场份额
a. 按市场计算的行业销售
b. 以金额和件数计算的市场份额
c. 市场潜力和趋势

组成企业产品或服务的现有和潜在市场的人与机构的所有相关信息。见市场调查报告、消费者刊物/商业刊物、贸易出版物、生产厂家普查报告和贸易协会报告。

D. 市场
1. 市场界定和市场位置
a. 明确的市场细分
(1) 过去的
(2) 潜在的

b. 市场需求与欲望
c. 市场特征
(1) 地理的
(2) 人口统计学的
(3) 消费心态的
(4) 行为上的
d. 典型购买模式
(1) 购买模式
(2) 重度用户/轻度用户
(3) 购买频率
e. 对市场的购买影响力
2. 本公司顾客界定
a. 现在、过去和未来
b. 特征
(1) 与其余市场共有的特征
(2) 本公司顾客特有的特征
c. 他们喜欢本公司或本公司产品的哪些因素
d. 不喜欢哪些因素
3. 消费者诉求
a. 以往广告的诉求
(1) 哪些有效
(2) 哪些无效，什么原因
b. 将来可能的诉求
4. 市场与顾客调研结果

本公司目前和将要面临的竞争状态、竞争者、竞争环境以及机遇和挑战的全面信息，见 SEC 10-Ks 表，消费者刊物/商业刊物文章以及穆迪工业手册、标准普尔报告、邓百氏报告和 Thomas Register of American Corporations

E. 竞争状况
1. 竞争对手的界定
a. 主要竞争对手
b. 次要竞争对手
c. 产品/服务描述
d. 竞争对手的成长与规模
e. 竞争对手的市场份额
2. 竞争对手的实力
a. 产品质量
b. 销售特点
c. 价格、分销、促销
3. 竞争对手的弱点
a. 产品特点
b. 消费者态度
c. 价格、分销、促销
4. 竞争对手的营销活动
a. 产品定位
b. 定价战略
c. 分销
d. 销售力量
e. 广告、宣传

f. 估计预算

对企业产品/服务如何进行分销和销售、哪些渠道可以利用以及渠道成员的特征进行全面讨论。请参考经销商与分销商的反馈、销售人员报告、广告报告及贸易刊物等。

F. 分销战略
1. 采用的流通网络类型
a. 发展史
b. 趋势
2. 分销完成情况评估
3. 与分销渠道成员共同评估与描述
4. 与分销渠道成员的促销关系
a. 贸易广告和津贴
b. 联合广告
c. 经销商或中间商的促销使用状况
d. 售点陈列、宣传材料
e. 经销商激励活动
5. 分销体系的优势/劣势
6. 与分销相关的机遇/威胁

本企业定价政策和战略以及其他选择所依据的背景和推理。请研究销售报告、分销渠道成员反馈、顾客反馈、竞争信息。

G. 定价政策
1. 价格记录
a. 趋势
b. 可行性
c. 竞争
2. 以往的价格目标和战略
a. 管理层态度
b. 购买者态度
c. 分销渠道态度
3. 与定价相关的机遇/威胁

写入涉及本企业人员销售工作情况和效益的全部信息，对本企业运用广告、公共关系和销售推广活动的情况进行探讨，请认真研究销售报告、广告报告、《广告时代》上的文章、《营销传播》杂志、企业内部有关广告以及销售和培训方面的资料。

H. 传播战略
1. 以往的促销方针
a. 人员销售与非人员销售
（1）销售力量使用情况
（2）广告、公共关系、销售推广使用情况
b. 过去方针的成败之处
2. 销售力量
a. 规模
b. 范畴
c. 能力/培训
d. 单位销售成本
3. 广告活动
a. 成败
b. 战略、主题、广告活动、运用的媒介
c. 诉求、定位等
d. 支出
（1）以往预算
（2）资金分配方法
（3）竞争对手的预算
（4）趋势

4. 与传播相关的机遇/威胁

提出本企业无法控制但对企业业务有影响的环境因素。可参考政府报告与公告、消费者出版物或商业出版物、同业协会刊物等。

I. 环境因素
  1. 经济
    a. 现行经济状况
    b. 商业展望和经济预测
  2. 政治形势
  3. 社会问题
  4. 技术影响

摘引管理层人员的相关态度和指示，因为他们关系到公司的营销努力与广告努力。有关信息可以从企业业务计划、管理报告、内部参考和指导方针方面获得。

J. 企业目标和战略
  1. 利润
    a. 销售收入
    b. 降低成本
  2. 投资回报
  3. 股票价格
  4. 股东资产
  5. 社会形象
  6. 新产品开发
  7. 技术领先情况
  8. 兼并/收购
  9. 企业总体使命

指出或总结影响本企业营销成败的最严重问题。

K. 潜在营销问题

对那些有助于企业成功的最大潜在机会进行概述。本企业打算满足哪些普通的和具体的需求。通过形势因素调研和管理层讨论以及面访做出决定。

L. 潜在营销机会

Ⅲ. 营销目标
  A. 市场需求目标
    1. 满足市场需求的目标
    2. 满足社会需求的目标
    3. 满足企业需求的目标

按目标市场、区域、部门或其他项目界定整个企业或产品种类的销售目标。这些目标必须是在调查研究了本企业的能力、资金和目标的前提下提出的，必须具体、实际。

  B. 销售目标
    1. 销售量
      a. 金额
      b. 单位
      c. 地区
      d. 市场
    2. 市场份额
    3. 分销扩展
    4. 其他

本企业计划达到上述目标而采用的方法。

Ⅳ. 营销战略

对本企业计划采用的营销战略种类进行大致的描述。

  A. 总体营销战略
    1. 定位战略
    2. 产品差别化战略
    3. 价格/质量差别化战略
    4. 任务营销战略

详细描述本企业为实现这些目标而计划采用的营销组合。

  B. 具体市场战略
    1. 目标市场 A
      a. 产品

b. 价格
c. 分销
d. 传播
(1) 人员销售
(2) 广告
(3) 直复营销
(4) 销售推广
(5) 公共关系
2. 目标市场 B
a. 产品
b. 价格
c. 分销
d. 传播
(1) 人员销售
(2) 广告
(3) 直复营销
(4) 销售推广
(5) 公共关系

实施企业营销组合要素的详细战术计划。

Ⅴ. 行动方案（战术）
A. 产品计划
B. 定价计划
C. 分销计划
D. 传播计划
1. 销售计划
2. 广告计划
3. 直复营销计划
4. 销售推广计划
5. 公共关系计划
E. 任务营销计划
F. 互动计划

描述本企业在实现营销目标的过程中将要采用的评估、审查和控制方法。

Ⅵ. 评估、审查与控制
A. 组织结构
B. 审查及评估的方法
C. 互动监控

确定实施营销努力所需的资金、预算比例以及各种项目分配额度。

Ⅶ. 营销预算
A. 资金分配方案
B. 营销成本分解
1. 新产品研发
2. 市场营销调查
3. 销售支出
4. 广告、直复营销、销售推广、公共关系

提出详细、具体的信息、二级数据或专项调查报告，以供营销策划之用。

Ⅷ. 附件
A. 销售报告
B. 市场调研报告
C. 期刊或杂志复印件
D. 其他支持性文件

附录B

广告计划大纲

日期：

企业（品牌/服务）名称：

用不超过两三页的篇幅对整个广告计划进行概述，供主管审查。

Ⅰ. 概述

A. 前提——营销计划所提供的信息概述

B. 广告目标概述

C. 广告战略概述

D. 预算概述

对营销计划中提到的相关因素进行简要评述。

Ⅱ. 形势分析

A. 企业（或产品）目前的营销形势

1. 商业或行业信息
2. 企业、产品或服务描述
   a. 产品生命周期阶段
   b. 产品分类
   c. 竞争或市场定位
3. 本市场的总体描述
4. 销售记录和市场份额
5. 消费者购买过程描述
6. 分销方法
7. 采用的定价战略
8. 营销调查结果
9. 传播纪录

B. 目标市场描述

1. 确认的市场细分
2. 主要市场
3. 次要市场
4. 市场特征
   a. 地理的
   b. 人口统计学的
   c. 消费心态的
   d. 行为的

C. 营销目标

1. 满足需求的目标
2. 长期/短期销售目标

D. 各目标市场的营销组合——营销计划概述

1. 产品
2. 价格
3. 分销
4. 传播

E. 广告在传播组合中的预定角色
F. 上面未提及的各种信息

分析、陈述广告计划要完成什么，见对照表“制定广告目标”（工具库5-3）。

Ⅲ. 广告目标
A. 主要或次要需求
B. 直接或间接行为
C. 按以下条件表述的目标：
1. 广告金字塔
2. 购买行为
3. 其他
D. 对目标的量化表述
1. 具体的数量或百分比
2. 实现目标所需的时间长度
3. 其他衡量方法
a. 查询
b. 订货规模增长
c. 信心的树立
d. 其他

企业预定的整体创意组合配置，每一个产品或每一个目标市场的创意组合配置。

Ⅳ. 广告（创意）战略
A. 产品概念——广告如何从以下方面表现产品：
1. 产品或市场定位
2. 产品差别化
3. 生命周期
4. 分类、包装、品牌
5. 金洛购买决策坐标
a. 高/低思维活动
b. 高/低感觉活动
B. 目标受众——广告将要针对的具体人群
1. 目标受众详细描述
a. 目标受众与目标市场的关系
b. 潜在顾客的购买影响
c. 追求的利益/广告诉求
d. 人口统计
e. 消费心态
f. 行为
2. 目标受众排序
a. 主要的
b. 次要的
c. 补充的

选择将广告讯息传递给目标受众的不同媒介载体的战略，见第5章、第9至第11章。

C. 传播媒介
1. 界定媒介目标
a. 到达率
b. 频次
c. 毛评点
d. 一致性/起伏式/脉冲式
2. 明确哪种媒介到达目标受众的效果最好
a. 传统大众媒介

(1) 广播
(2) 电视
(3) 报纸
(4) 杂志
(5) 户外
b. 其他媒介
(1) 直邮
(2) 网络/数字媒介
(3) 宣传
c. 补充媒介
(1) 商业展览
(2) 销售推广手段
(3) 其他媒介
(4) 非常规媒介
3. 与购买模式有关的媒介可行性
4. 传播效益的潜力
5. 成本因素
a. 规模/讯息单位拼版因素
b. 相对于目标受众而言的媒介计划成本效率
c. 制作成本
6. 与创意组合其他元素之间的关联性
7. 媒介计划范围
8. 预定媒介载体的暴露值/注意值/动机值

企业打算如何从文字和非文字上表达自己要说的内容，见第7章至第8章。

D. 广告讯息
1. 文案元素
a. 广告诉求
b. 文案大纲
c. 关键消费者利益
d. 利益支持点或巩固点
e. 产品个性或形象
2. 艺术元素
a. 视觉诉求
(1) 广告中的
(2) 包装上的
(3) 在售点和销售材料上的
b. 艺术大纲
(1) 布局
(2) 设计
(3) 插图风格
3. 制作元素
a. 广告制作过程中的拼版因素
(1) 色彩
(2) 大小
(3) 风格
b. 所追求的制作价值
(1) 版式

(2) 印刷
(3) 色彩还原
(4) 照片/插图
(5) 纸张
(6) 电子特技
(7) 动画
(8) 胶片或录像带
(9) 音效
(10) 音乐

分配给广告的资金额度及预定分配方法，见第 4 章和第 14 章。

V. 广告预算
A. 营销形势对资金分配方法的影响
1. 新产品、老产品
2. 对该产品种类的主要需求曲线
3. 竞争形势
4 营销目标与营销战略
5. 利润因素或成长因素
6. 广告与销售和利润之间的关系
7. 实践经验
B. 资金分配方法
1. 销售百分比法或利润法
2. 市场份额法
3. 目标/任务法
4. 销售单位法
5. 竞争对抗法

用来创作广告并评估其效果的调查技巧。见第 4 章。

VI. 测定与评估
A. 实施的广告调查
1. 战略确定
2. 概念发展
B. 事前测定与事后测定
1. 测定项目
a. 市场
b. 动机
c. 讯息
d. 媒介
e. 预算
f. 排期
2. 方法
a. 中心地点测试法
b. 销售试验法
c. 生理测试法
d. 辅助回忆测试法
e. 无辅助回忆测试法
f. 态度测试法
g. 查询测试法
h. 销售测度法
i. 其他
3. 测试成本

专业术语表

客户联络
account executive (AE) The liaison between the agency and the client. The account executive is responsible both for managing all the agency's services for the benefit of the client and for representing the agency's point of view to the client.

客户策划
account planning A hybrid discipline that bridges the gap between traditional research, account management, and creative direction whereby agency people represent the view of the consumer in order to better define and plan the client's advertising program.

行动广告
action advertising Advertising intended to bring about immediate action on the part of the reader or viewer.

行动方案
action programs See *tactics.*

实际消费者
actual consumers The people in the real world who comprise an ad's target audience. They are the people to whom the sponsor's message is ultimately directed.

广告网络
ad networks The Internet equivalent of a media rep firm, *ad networks* act as brokers for advertisers and Web sites. Ad networks pool hundreds or even thousands of Web pages together and facilitate advertising across these pages, thereby allowing advertisers to gain maximum exposure by covering even the small sites.

广告查询
ad request An opportunity to deliver an advertising element to a Web site visitor.

AdSense程序
AdSense Google program that allows Web sites to share space with the search engine in exchange for a portion of ad revenue.

广　告
advertising The structured and composed nonpersonal communication of information, usually paid for and usually persuasive in nature, about products (goods and services) or ideas by identified sponsors through various media.

广告津贴
advertising allowance Either a percentage of gross purchases or a flat fee paid to the retailer for advertising the manufacturer's product.

广告印象
advertising impression A possible exposure of the advertising message to one audience member; see *opportunity to see (OTS).*

广告讯息
advertising message An element of the creative mix comprising what the company plans to say in its advertisements and how it plans to say it—verbally or nonverbally.

广告计划
advertising plan The plan that directs the company's advertising effort. A natural outgrowth of the marketing plan, it analyzes the situation, sets advertising objectives, and lays out a specific strategy from which ads and campaigns are created.

广告调查
advertising research The systematic gathering and analysis of information specifically to facilitate the development or evaluation of advertising strategies, ads and commercials, and media campaigns.

广告反应曲线
advertising response curve Studies of this indicate that incremental response to advertising actually diminishes—rather than builds—with repeated exposure.

广告礼品
advertising specialty A promotional product, usually imprinted with an advertiser's name, message, or logo, that is distributed free as part of a marketing communications program.

广告战略
advertising strategy The methodology advertisers use to achieve their advertising objectives. The strategy is determined by the particular creative mix of advertising elements the advertiser selects, namely: target audience; product concept; communications media; and advertising message. Also called the *creative mix.*

广告战略调查
advertising strategy research Used to help define the product concept or to assist in the selection of target markets, advertising messages, or media vehicles.

社论式广告
advertorial An ad that is half advertising, half editorial, aimed at swaying public opinion rather than selling products.

倡导广告
advocacy advertising Advertising used to communicate an organization's views on issues that affect society or business.

AdWords程序
AdWords Google program that allows advertisers to bid on search terms in an effort to secure high sponsored listings.

执行证明书
affidavit of performance A signed and notarized form sent by a television station to an advertiser or agency indicating what spots ran and when. It is the station's legal proof that the advertiser got what was paid for.

农业广告
agricultural advertising See *farm advertising.*

伏击式营销
ambush marketing A promotional strategy utilized by nonsponsors to capitalize on the popularity or prestige of an event or property by giving the false impression that they are sponsors, such as by buying up all the billboard space around an athletic stadium. Often employed by the competitors of the property's official sponsor.

模拟校样
analog proof See *Chromalin proof.*

样　片
animatic A rough television commercial produced by photographing storyboard sketches on a film strip or video with the audio portion synchronized on tape. It is used primarily for testing purposes.

动　画
animation The use of cartoons, puppet characters, or demonstrations of inanimate characters come to life in television commercials; often used

for communicating difficult messages or for reaching specialized markets, such as children.

合成片
answer print The final print of a filmed commercial, along with all the required optical effects and titles, used for review and approval before duplicating.

光 圈
aperture The opening in a camera that determines the amount of light that reaches the film or videotape. To a media planner it refers to the place and time that a target audience is ready to attend to an ad message.

艺 术
art The whole visual presentation of a commercial or advertisement—the body language of an ad. Art also refers to the style of photography or illustration employed, the way color is used, and the arrangement of elements in an ad so that they relate to one another in size and proportion.

艺术方向
art direction The act or process of managing the visual presentation of an ad or commercial.

美术总监
art director Along with graphic designers and production artists, determines how the ad's verbal and visual symbols will fit together.

美术工作室
art studio Company that designs and produces artwork and illustrations for advertisements, brochures, and other communication devices.

艺术家
Artist role A role in the creative process that experiments and plays with a variety of approaches, looking for an original idea.

注意值
attention value A consideration in selecting media based on the degree of attention paid to ads in particular media by those exposed to them. Attention value relates to the advertising message and copy just as much as to the medium.

态 度
attitude The acquired mental position—positive or negative—regarding some idea or object.

态度测试法
attitude test A type of posttest that usually seeks to measure the effectiveness of an advertising campaign in creating a favorable image for a company, its brand, or its products.

受 众
audience The total number of people exposed to a particular medium.

受众构成
audience composition The distribution of an audience into demographic or other categories.

受众目标
audience objectives Definitions of the specific types of people the advertiser wants to reach.

音 频
audio The sound portion of a commercial. Also, the right side of a script for a television commercial, indicating spoken copy, sound effects, and music.

音控台
audio console In a sound studio control room, the board that channels sound to the appropriate recording devices and that blends both live and prerecorded sounds for immediate or delayed broadcast.

视听材料
audiovisual materials Slides, films, filmstrips, and videocassettes that may be used for training, sales, or public relations activities.

作 者
author In Stern's communication model, a copywriter, an art director, or a creative group at the agency that is commissioned by the sponsor to create advertising messages.

自传式讯息
autobiographical messages A style of advertising that utilizes the first person "I" to tell a story to the audience, "You."

可售时间表
avails An abbreviated term referring to the TV time slots that are *available* to an advertiser.

一刻钟平均听众数
average quarter-hour audience (AQH persons) A radio term referring to the average number of people who are listening to a specific station for at least 5 minutes during a 15-minute period of any given daypart.

一刻钟平均收听率
average quarter-hour rating The average quarter-hour persons estimate expressed as a percentage of the estimated population.

一刻钟平均占有率
average quarter-hour share The radio station's audience (AQH persons) expressed as a percentage of the total radio listening audience in the area.

知晓广告
awareness advertising Advertising that attempts to build the image of a product or familiarity with the name and package.

艾耶1号式
Ayer No. 1 See *poster-style format.*

旗帜广告
banner Part of a Web site reserved for an advertising message. Clicking a banner normally redirects an Internet user to the advertiser's Web site.

交换辛迪加
barter syndication Marketing of first-run television programs to local stations free or for a reduced rate because some of the ad space has been presold to national advertisers.

底 图
base art The first image on an artboard on which an overlay may be placed.

基 带
baseband A type of digital data transmission in which each wire carries only one signal, or channel, at a time.

基本巴士单位
basic bus In transit advertising, all the inside space on a group of buses, which thereby gives the advertiser complete domination.

行为细分
behavioristic segmentation Method of determining market segments by grouping consumers into product-related groups based on their purchase behavior.

利益式标题
benefit headline Type of headline that makes a direct promise to the reader.

利 益
benefit The particular product attributes offered to customers, such as high quality, low price, status, speed, sex appeal, good taste, and so on.

利益细分
benefit segmentation Method of segmenting consumers based on the benefits being sought.

大创意
big idea The flash of creative insight—the bold advertising initiative—that captures the essence of the strategy in an imaginative, involving way and brings the subject to life to make the reader stop, look, and listen.

超大广告牌
billboard See *30-sheet poster panel.*

出 血
bleed Colors, type, or visuals that run all the way to the edge of the page.

间歇式排期
blinking A scheduling technique in which the advertiser floods the airwaves for one day on both cable and network channels to make it virtually impossible to miss the ads.

蓝 图
blueline A proof created by shining light through the negatives and exposing a light-sensitive paper that turns from white to blue; it helps reveal scratches and flaws in the negatives.

音控台
board See *audio console.*

正 文
body copy The text of an advertisement that tells the complete story and attempts to close the sale. It is a logical continuation of the headline and subheads and is usually set in a smaller type size than headlines or subheads.

黑 体
boldface Heavier type.

展 台
booth At trade shows, a major factor in sales promotion plans. To stop traffic, it must be simple and attractive and have good lighting and a large visual.

自下而上式营销
bottom-up marketing The opposite of standard, top-down marketing planning, bottom-up marketing focuses on one specific tactic and develops it into an overall strategy.

头脑风暴法
brainstorming A process in which two or more people get together to generate new ideas; often a source of sudden inspiration.

品 牌
brand That combination of name, words, symbols, or design that identifies the product and its source and distinguishes it from competing products—the fundamental differentiating device for all products.

品牌开发指数
brand development index (BDI) The percentage of a brand's total sales in an area divided by the total population in the area; it indicates the sales potential of a particular brand in a specific market area.

品牌资产
brand equity The totality of what consumers, distributors, dealers, and competitors feel and think about a brand over an extended period of time; in short, it is the value of the brand's capital.

品牌兴趣
brand interest An individual's openness or curiosity about a brand.

品牌忠诚度
brand loyalty The consumer's conscious or unconscious decision—expressed through intention or behavior—to repurchase a brand continually. This occurs because the consumer perceives that the brand has the right product features, image, quality, or relationship at the right price.

品牌列车
brand train An advertising program under which all the advertising in and on a train is from a single advertiser. This advertising concept was first used in subway trains in New York City and is being used on the Las Vegas monorail.

宽 带
broadband A type of digital data transmission that enables a single wire to carry multiple signals simultaneously.

无线电视
broadcast TV Television sent over airwaves as opposed to over cables.

阔页说明书
broadside A form of direct-mail advertisement, larger than a folder and sometimes used as a window display or wall poster in stores. It can be folded to a compact size and fitted into a mailer.

手 册
brochure Sales materials printed on heavier paper and featuring color photographs, illustrations, typography. See also *folders.*

预算累进法
budget buildup method See *objective/task method.*

批量折扣
bulk discount Newspapers offer advertisers decreasing rates (calculated by multiplying the number of inches by the cost per inch) as they use more inches.

集中式排期
bursting A media scheduling method for promoting high-ticket items that require careful consideration, such as running the same commercial every half-hour on the same network in prime time.

工业品广告
business advertising Advertising directed at people who buy or specify goods and services for business use. Also called *business-to-business advertising.*

行业杂志
business magazine The largest category of magazines, they target business readers and include: *trade publications* for retailers, wholesalers, and other distributors; *industrial magazines* for businesspeople involved in manufacturing and services; and *professional journals* for lawyers, physicians, architects, and other professionals.

工业品市场
business market Organizations that buy natural resources, component products, and services that they resell, use to conduct their business, or use to manufacture another product.

商业回邮件
business reply mail A type of mail that enables the recipient of direct-mail advertising to respond without paying postage.

工业品广告（企业对企业广告）
business-to-business (B2B) advertising See *business advertising.*

超大广告牌
bus-o-rama sign In transit advertising, a jumbo roof sign, which is actually a full-color transparency backlighted by fluorescent tubes, running the length of the bus.

按 钮
button In Internet advertising, buttons are small versions of a banner and sometimes look like an icon, and they usually provide a link to an advertiser's home page. Because buttons take up less space than banners, they also cost less.

回购津贴
buyback allowance A manufacturer's offer to pay for an old product so that it will be taken off the shelf to make room for a new product.

有线电视
cable TV Television signals carried to households by cable and paid by subscription.

照相制版
camera-ready art A finished ad that is ready for the printer's camera to shoot—to make negatives or plates—according to the publication's specifications.

尾部招贴
car-end poster Transit advertisements of varying sizes, positioned in the bulkhead.

表演纲要
casting brief A detailed, written description of the characters' personalities to serve as guides in casting sessions when actors audition for the roles.

目 录
catalog Reference books mailed to prospective customers that list, describe, and often picture the products sold by a manufacturer, wholesaler, jobber, or retailer.

品类开发指数
category development index (CDI) The percent of a product category's total U.S. sales in an area divided by the percent of total U.S. population in the area.

制度压缩记忆光盘
CD-ROM Acronym for compact disk-read only memory; computer storage disk that offers a large amount of storage space and a high concentration of data, combined with full-motion video and high-quality audio.

影响中心
center of influence Customers, prospective customers, or opinion leaders whose opinions and actions are respected by others.

中心场所测试法
central location test A type of pretest in which videotapes of test commercials are shown to respondents on a one-to-one basis, usually in shopping center locations.

有意劝服路径
central route to persuasion One of two ways researchers Petty, Cacioppo, and Schumann theorize that marketers can persuade consumers. When consumers have a high level of involvement with the product or the message, they are motivated to pay attention to the central, product-related information in an ad, such as product attributes and benefits, or demonstrations of positive functional or psychological consequences; see *elaboration likelihood model.*

减价促销
cents-off promotion A short-term reduction in the price of a product designed to induce trial and usage. Cents-off promotions take various forms, including basic cents-off packages, one-cent sales, free offers, and box-top refunds.

渠 道
channel Any medium through which an encoded message is sent to a receiver, including oral communication, print media, television, and the Internet.

分销渠道
channels of distribution See *distribution channels.*

字符计算式
character-count method A method of copy casting in which an actual count is made of the number of characters in the copy.

电影贴片广告
cinema advertising Advertising in movie theaters.

电影摄影师
cinematographer A motion picture photographer.

发行量
circulation A statistical measure of a print medium's audience; includes subscription and vendor sales and primary and secondary readership.

发行量审核
circulation audit Thorough analysis of circulation procedures, distribution outlets, and other distribution factors by a company such as the Audit Bureau of Circulations (ABC).

花哨式布局
circus layout A layout style filled with multiple illustrations, oversized type, reverse blocks, tilts, or other gimmicks to bring an ad alive and make it interesting.

专做地理学调查的第二大调查公司
Claritas Large secondary research company specializing in geographics.

纽约分类广告网络
Classified Advertising Network of New York (CANNY) A statewide affiliation of daily newspapers that enables advertisers to place classified ads in daily newspapers throughout the state easily and inexpensively.

分类广告网站
classified ad Web site Web sites that specialize in providing classified advertisements, often provided for free. Many classified ad Web sites are supported by ad banners of other advertisers.

分类图片广告
classified display ads Ads that run in the classified section of the newspaper but have larger-size type, photos, art borders, abundant white space, and sometimes color.

点击率
click rate In Internet advertising, the number of "clicks" on an advertisement divided by the number of ad requests. A method by which marketers can measure the frequency with which users try to obtain additional information about a product by clicking on an advertisement. Also called *click-through rate.*

点 阅
click-through A term used in reference to when a World Wide Web user clicks on an ad banner to visit the advertiser's site. Some Web publishers charge advertisers according to the number of click-throughs on a given ad banner.

结 尾
close That part of an advertisement or commercial that asks customers to do something and tells them how to do it—the action step in the ad's copy.

截止期
closing date A publication's final deadline for supplying printing material for an advertisement.

混杂测试法
clutter test Method of pretesting in which commercials are grouped with noncompetitive control commercials and shown to prospective customers to measure their effectiveness in gaining attention, increasing brand awareness and comprehension, and causing attitude shifts.

认 知
cognition The mental processes involved in perception, thinking, recognition, memory, and decision making.

认知失调
cognitive dissonance See *theory of cognitive dissonance.*

认知理论
cognitive theory An approach that views learning as a mental process of memory, thinking, and the rational application of knowledge to practical problem solving.

辅助材料
collateral material All the accessory nonmedia advertising materials prepared by manufacturers to help dealers sell a product—booklets, catalogs, brochures, films, trade-show exhibits, sales kits, and so on.

色 基
color key A color proof that is a less-expensive form of the Chromalin, with thicker plastic sheets that can be lifted up.

分 色
color separation Four separate continuous-tone negatives produced by photographing artwork through color filters that eliminate all the colors but one. The negatives are used to make four printing plates—one each for yellow, magenta, cyan, and black—for reproducing the color artwork.

栏 寸
column inch The basic unit by which publishers bill for advertising. It is one vertical inch of a column. Until 1984, the column width in newspapers varied greatly. In 1984, the industry introduced the standard advertising unit (SAU) system, which standardized newspaper column width, page sizes, and ad sizes. Today, most newspapers—and virtually all dailies—have converted to the SAU system. A SAU column inch is 2 1/16 inches wide by 1 inch deep.

套装赠送
combination offer A sales promotion device in which two related products are packaged together at a special price, such as a razor and a package of blades. Sometimes a combination offer may be used to introduce a new product by tying its purchase to an established product at a special price.

混合价
combination rates Special newspaper advertising rates offered for placing a given ad in (1) morning and evening editions of the same newspaper; (2) two or more newspapers owned by the same publisher; or (3) two or more newspapers affiliated in a syndicate or newspaper group.

组合式布局
combo layout A layout style that combines two or more other layout types to make an ad look more interesting.

命令式标题
command headline A type of headline that orders the reader to do something.

传播要素
communication element Includes all marketing-related communications between the seller and the buyer.

传播媒介
communications media An element of the creative mix, comprising the various methods or vehicles that will be used to transmit the advertiser's message.

传播组合
communications mix A variety of marketing communications tools, grouped into personal and nonpersonal selling activities.

社会参与
community involvement A local public relations activity in which companies sponsor or participate in a local activity or supply a location for an event.

公司大会与经销商聚会
company convention and dealer meeting Events held by manufacturers to introduce new products, sales promotion programs, or advertising campaigns.

编辑名录
compiled list A type of direct-mail list that has been compiled by another source, such as lists of automobile owners, new home purchasers, business owners, union members, and so forth. It is the most readily available type of list but offers the lowest response expectation.

末 稿
comprehensive layout A facsimile of a finished ad with copy set in type and pasted into position along with proposed illustrations. The "comp" is prepared so the advertiser can gauge the effect of the final ad.

概念化
conceptualization See *visualization.*

条件理论
conditioning theory The theory that learning is a trial-and-error process. Also called *stimulus-response theory.*

消费者广告
consumer advertising Advertising directed at the ultimate consumer of the product, or at the person who will buy the product for someone else's personal use.

消费者行为
consumer behavior The activities, actions, and influences of people who purchase and use goods and services to satisfy their personal or household needs and wants.

消费者决策过程
consumer decision process The series of steps a consumer goes through in deciding to make a purchase.

消费者杂志
consumer magazine Information- or entertainmentoriented periodicals directed toward people who buy products for their own consumption.

消费者，消费者市场
consumer, consumer market People who buy products and services for their own, or someone else's, personal use.

消费者销售推广
consumer sales promotion Marketing, advertising, and sales promotion activities aimed at inducing trial, purchase, and repurchase by the consumer. Also called *pull strategy.*

竞 赛
contest A sales promotion device for creating consumer involvement in which prizes are offered based on the skill of the entrants.

持续性
continuity The duration of an advertising message or campaign over a given period of time.

持续式排期
continuous schedule A method of scheduling media in which advertising runs steadily with little variation.

合同价
contract rate A special rate for newspaper advertising usually offered to local advertisers who sign an annual contract for frequent or bulk-space purchases.

赠阅发行
controlled circulation A free publication mailed to a select list of individuals the publisher feels are in a unique position to influence the purchase of advertised products.

导播室
control room In a recording studio, the place where the producer, director, and sound engineer sit, monitoring and controlling all the sounds generated in the sound studio.

联合广告
cooperative (co-op) advertising The sharing of advertising costs by the manufacturer and the distributor or retailer. The manufacturer may repay 50 or 100 percent of the dealer's advertising costs or some other amount based on sales. See also *horizontal cooperative advertising, vertical cooperative advertising.*

文 案
copy The words that make up the headline and message of an advertisement or commercial.

组 排
copy cast To forecast the total block of space the type in an ad will occupy in relation to the typeface's letter size and proportions.

长文案式布局
copy-heavy layout A layout style used when the advertiser has a lot to say and visuals won't say it. Typically, a large dominant headline will run above or below the copy or even be framed by it.

文案要点
copy point Copywriting themes in a product's advertising.

版 权
copyright An exclusive right granted by the Copyright Act to authors and artists to protect their original work from being plagiarized, sold, or used by another without their express consent.

文案人员
copywriter People who create the words and concepts for ads and commercials.

企业广告
corporate advertising The broad area of nonproduct advertising aimed specifically at enhancing a company's image and increasing lagging awareness.

企业识别广告
corporate identity advertising Advertising a corporation creates to familiarize the public with its name, logos, trademarks, or corporate signatures, especially after any of these elements are changed.

企业目标
corporate objective Goals of the company stated in terms of profit or return on investment. Objectives may also be stated in terms of net worth, earnings ratios, growth, or corporate reputation.

成本效益
cost efficiency The cost of reaching the target audience through a particular medium as opposed to the cost of reaching the medium's total circulation.

单位成本
cost per rating point (CPP) A simple computation used by media buyers to determine which broadcast programs are the most efficient in relation to the target audience. The CPP is determined by dividing the cost of the show by the show's expected rating against the target audience.

千人成本
cost per thousand (CPM) A common term describing the cost of reaching 1,000 people in a medium's audience. It is used by media planners to compare the cost of various media vehicles.

优惠券
coupon A certificate with a stated value that is presented to a retail store for a price reduction on a specified item.

封面日期
cover date The date printed on the cover of a publication.

封面纸
cover paper Paper used on soft book covers, direct-mail pieces, and brochure covers that are thicker, tougher, and more durable than text paper.

封面位置
cover position Advertising space on the front inside, back inside, and back cover pages of a publication which is usually sold at a premium price.

创意纲要
creative brief A written statement that serves as the creative team's guide for writing and producing an ad. It describes the most important issues that should be considered in the development of the ad (the who, why, what, where, and when), including a definition and description of the target audience; the rational and emotional appeals to be used; the product features that will satisfy the customer's needs; the style, approach, or tone that will be used in the copy; and, generally, what the copy will say.

创意总监
creative director Heads a creative team of agency copywriters and artists that is assigned to a client's business; is ultimately responsible for the creative product—the form the final ad takes.

创意组合
creative mix Those advertising elements the company controls to achieve its advertising objectives, including the target audience, the product concept, the communications media, and the advertising message. See also *advertising strategy.*

创意过程
creative process The step-by-step procedure used to discover original ideas and reorganize existing concepts in new ways.

创意金字塔
creative pyramid A five-step model to help the creative team convert advertising strategy and the big idea into the actual physical ad or commercial. The five elements are: attention, interest, credibility, desire, and action.

创意人员
creative The people who work in the creative department, regardless of their specialty.

创造力
creativity Involves combining two or more previously unconnected objects or ideas into something new.

危机管理
crisis management A company's plan for handling news and public relations during crises.

文 化
culture A homogeneous group's whole set of beliefs, attitudes, and ways of doing things, typically handed down from generation to generation.

累积听众数
cume persons The total number of different people listening to a radio station for at least one 15-minute segment over the course of a given week, day, or daypart.

累积收听率
cume rating The estimated number of cume persons expressed as a percentage of the total market population.

现有顾客
current customer People who have already bought something from a business and who may buy it regularly.

顾客终身价值
customer lifetime value (LTV) The total sales or profit value of a customer to a marketer over the course of that customer's lifetime.

顾 客
customer The people or organizations who consume goods and services. See also *centers of influence, current customers,* and *prospective customers.*

导购杂志
custom magazine Magazine-length ads that look like regular magazines but are created by advertisers. They are sold at newsstands and produced by the same companies that publish traditional magazines.

客户维护和客户关系管理
customer retention and relationship management (CRM) A promotional program that focuses on existing clients rather than prospecting for new clients. Due to negative reaction to spam (unsolicited e-mail), e-mail programs are often focused on customer retention and relationship management (CRM) rather than prospecting.

日 报
daily newspaper Often called *dailies,* these newspapers are published at least five times a week, in either morning or evening editions.

数据接入
data access Characteristic of a database that enables marketers to manipulate, analyze, and rank all the information they possess in order to make better marketing decisions.

数据库
database The corporate memory of all important customer information: name and address, telephone number, NAIC code (if a business firm), source of inquiry, cost of inquiry, history of purchases, and so on. It should record every transaction across all points of contact with both channel members and customers.

数据库营销
database marketing Tracking and analyzing the purchasing patterns of specific customers in a computer database and then targeting advertising to their needs.

数据管理
data management The process of gathering, consolidating, updating, and enhancing the information about customers and prospects that resides in a company's database.

时段组合
daypart mix A media scheduling strategy based on the TV usage levels reported by the rating services.

分散制
decentralized system The establishment of advertising departments by products or brands or in various divisions, subsidiaries, countries, regions, or other categories that suit the firm's needs, which operate with a major degree of independence.

衰退期
decline stage The stage in the product life cycle when sales begin to decline due to obsolescence, new technology, or changing consumer tastes.

解 码
decoding The interpretation of a message by the receiver.

人口统计特征
demographic The statistical characteristics of the population.

人口统计细分
demographic segmentation Based on a population's statistical characteristics such as sex, age, ethnicity, education, occupation, income, or other quantifiable factors.

演 示
demonstration A type of TV commercial in which the product is shown in use.

设 计
design Visual pattern or composition of artistic elements chosen and structured by the graphic artist.

指定市场区域
designated market area (DMA) The geographical areas in which TV stations attract most of their viewers.

发展期
development stage In the agency-client relationship, the honeymoon period when both agency and client are at the peak of their optimism and are most eager to quickly develop a mutually profitable mechanism for working together.

技巧式正文
device copy Advertising copy that relies on wordplay, humor, poetry, rhymes, great exaggeration, gags, and other tricks or gimmicks.

对白/独白式正文
dialogue/monologue copy A type of body copy in which the characters illustrated in the advertisement do the selling in their own words either through a quasi-testimonial technique or through a comic strip panel.

数字互动媒介
digital interactive media Electronic channels of communication—including online databases, the Internet, CD-ROMs, and stand-alone kiosks—with which the audience can participate actively and immediately.

数字媒介
digital media Channels of communication that join the logic of multimedia formats with the electronic system capabilities and controls of modern telephone, television, and computer technologies.

数码校样
digital proof A prepress proof that uses inkjet technology and offers accuracy, lower cost, and speed. Also called an *Iris.*

数字视频特效装置
digital video effects (DVE) unit In video, special-effects equipment for manipulating graphics on the screen to produce fades, wipes, zooms, rotations, and so on.

直接电脑
DirecPC Satellite-based system to connect with the Internet that offers very fast downloading—faster even than cable—but is still very expensive and requires a dial-up modem and separate phone line for sending material.

直接分销法
direct distribution The method of marketing in which the manufacturer sells directly to customers without the use of retailers.

直邮广告
direct-mail advertising All forms of advertising sent directly to prospective customers without using one of the commercial media forms.

直复营销
direct marketing A system of marketing in which companies build their own database of customers and use a variety of media to communicate with them directly such as through ads and catalogs.

导 演
director The director supervises preproduction, production, and postproduction of radio and television commercials.

直接提问法
direct questioning A method of pretesting designed to elicit a full range of responses to the advertising. It is especially effective for testing alternative advertisements in the early stages of development.

直接反应广告
direct-response advertising An advertising message that asks the reader, listener, or viewer to respond to the sender. Direct-response advertising can take the form of direct mail, or it can use a wide range of other media, from matchbook covers or magazines to radio, TV, or billboards.

直接销售策略
direct sales strategy Strategy where representatives sell to customers directly at home or work rather than through a retail establishment or other intermediary.

直接销售
direct selling Face-to-face selling away from a fixed retail location. Usually refers to a method of marketing consumer goods—everything from encyclopedias and insurance to cosmetics and nutritional products.

图片广告
display advertising Type of newspaper advertising that includes copy, illustrations or photographs, headlines, coupons, and other visual components.

陈列津贴
display allowance Fees paid to retailers to make room for and set up manufacturers' displays.

特排字体
display type A style of typeface used in advertising that is larger and heavier than normal text type. Display type is often used in headlines, subheads, logos, and addresses, and for emphasis.

分销渠道
distribution channel The network of all the firms and individuals that take title, or assist in taking title, to the product as it moves from the producer to the consumer.

分销要素
distribution element How and where customers will buy a company's product; either direct or indirect distribution.

分布目标
distribution objective Where, when, and how advertising should appear.

念 白
donut When writing a jingle, a hole left for spoken copy.

戏剧式讯息
drama message One of the three literary forms of advertising messages in which the characters act out events directly in front of an imagined empathetic audience.

班车时间
drive time Radio use Monday through Friday at 6–10 a.m. and 3–7 p.m.

复制带
dub Duplicates of radio commercials made from the master tape and sent to stations for broadcast.

样 本
dummy A three-dimensional, handmade layout of a brochure or other multipage advertising piece put together, page for page, just like the finished product will eventually appear.

拷 贝
dupe Copies of a finished television commercial that are delivered to the networks or TV stations for airing.

实际收费
earned rate A discount applied retroactively as the volume of advertising increases through the year.

有效频次
effective frequency The average number of times a person must see or hear a message before it becomes effective.

有效到达率
effective reach Term used to describe the quality of exposure. It measures the number or percentage of the audience who receive enough exposures for the message to truly be received.

8 幅招贴
eight-sheet-foot poster A type of outdoor advertising offering a 5-foot by 11-foot printing area on a panel surface 6 feet tall by 12 feet wide.

详尽可能性模型
Elaboration Likelihood Model A theory of how persuasion occurs due to promotion communication. Psychologists Petty, Cacioppo, and Schumann theorize that the method of persuasion depends on the consumer's level of involvement with the product and the message. When consumers have a higher level of involvement with the product or the message, they will tend to comprehend product-related information, such as product attributes and benefits or demonstrations, at deeper, more elaborate levels. This can lead to product beliefs, positive brand attitudes, and purchase intention. On the other hand, people who have low involvement with the product or the message have little or no reason to pay attention to it or to comprehend the central message of the ad. As a result, direct persuasion is also low, and consumers form few if any brand beliefs, attitudes, or purchase intentions. However, these consumers might attend to some peripheral aspects of the ad or commercial—say, the pictures in the ad or the actors in a commercial—for their entertainment value. And whatever they feel or think about these peripheral, nonproduct aspects might integrate into a positive attitude toward the ad. See also *central route to persuasion* and *peripheral route to persuasion*.

电子优惠券
electronic couponing In supermarkets, the use of frequent-shopper cards that automatically credit cardholders with coupon discounts when they check out. Also using touch-screen videos at the point of purchase, instant-print discounts, rebates, and offers to try new brands.

电子媒介
electronic media Radio and television, which may be transmitted electronically through wires or broadcast through the air.

电子制作
electronic production The process of converting a script or storyboard into a finished commercial for use on radio, TV, or digital media.

电子显示屏
electronic sign Large displays that provide text and graphic messages, similar to those found in sports stadiums.

电子邮件广告
e-mail advertising Has become one of the fastest growing and most effective ways to provide direct mail.

感性诉求
emotional appeal Marketing appeals that are directed at the consumer's psychological, social, or symbolic needs.

通道末端促销
endcap promotion A merchandizing method that uses special displays on shelving at the end of aisles in a store. Endcap promotions usually highlight sale merchandise or new products. Such promotions are often one part of a large promotion program that includes coupons, discounts, or other enticements.

编 码
encoding Translating an idea or message into words, symbols, and illustrations.

推 荐
endorsement See *testimonial.*

娱 乐
entertainment The second largest area of sponsorship, which includes things like concert tours, attractions, and theme parks.

环境因素
environment Surroundings that can affect the purchase decision.

对多个备选方案的评估
evaluation of alternatives Choosing among brands, sizes, styles, and colors.

评估标准
evaluative criteria The standards a consumer uses for judging the features and benefits of alternative products.

参考组
evoked set The particular group of alternative goods or services a consumer considers when making a buying decision.

交 换
exchange The trading of one thing of value for another thing of value.

独家分销
exclusive distribution The strategy of limiting the number of wholesalers or retailers who can sell a product in order to gain a prestige image, maintain premium prices, or protect other dealers in a geographic region.

陈列媒介
exhibitive media Media designed specifically to help bring customers eyeball-to-eyeball with the product. These media include product packaging and trade show booths and exhibits.

陈列品
exhibit A marketing or public relations approach that involves preparing displays that tell about an organization or its products; exhibits may be used at fairs, colleges and universities, or trade shows.

试验法
experimental method A method of scientific investigation in which a researcher alters the stimulus received by a test group or groups and compares the results with those of a control group that did not receive the altered stimulus.

试调查
exploratory research See *informal research.*

探险家
explorer A role in the creative process that searches for new information, paying attention to unusual patterns.

暴露值
exposure value The value of a medium determined by how well it exposes an ad to the target audience. In other words, how many people an ad "sees" rather than the other way around.

事实型思维
fact-based thinking A style of thinking that tends to fragment concepts into components and to analyze situations to discover the one best solution.

家族品牌
family brand The marketing of various products under the same umbrella name.

农场广告
farm advertising Advertising directed to farmers as businesspeople and to others in the agricultural business. Also called *agricultural advertising.*

农业刊物
farm publication Magazines directed to farmers and their families or to companies that manufacture or sell agricultural equipment, supplies, and services.

特 写
feature article Soft news about companies, products, or services that may be written by a PR person, the publication's staff, or a third party.

手续费—代理费混合制
fee-commission combination A pricing system in which an advertising agency charges the client a basic monthly fee for its services and also retains any media commissions earned.

反 馈
feedback A message that acknowledges or responds to an initial message.

首播辛迪加
first-run syndication Programs produced specifically for the syndication market.

市场、资金、媒介、组合、方法
five Ms The elements of the media mix that include markets, money, media, mechanics, and methodology.

均一价
flat rate A standard newspaper advertising rate with no discount allowance for large or repeated space buys.

起伏式排期
flighting An intermittent media scheduling pattern in which periods of advertising are alternated with periods of no advertising at all.

小组访谈
focus group A qualitative method of research in which four or more people, typical of the target market, are invited to a group session to discuss the product, the service, or the marketing situation for an hour or more.

折 页
folder Large, heavy-stock fliers, often folded and sent out as self-mailers.

一套铅字
font A uniquely designed set of capital, small capital, and lowercase letters, usually including numerals and punctuation marks.

外国媒介
foreign media The local media of each country used by advertisers for campaigns targeted to consumers or businesses within a single country.

正式调查
formal research Collecting primary data directly from the marketplace using qualitative or quantitative methods.

产品、价格、渠道、促销
four Ps See *marketing mix.*

特许经营
franchising A type of vertical marketing system in which dealers pay a fee to operate under the guidelines and direction of the parent company or manufacturer.

广告夹页
freestanding insert (FSI) Coupons distributed through inserts in newspapers.

频 次
frequency The number of times the same person or household is exposed to a vehicle in a specified time span. Across a total audience, frequency is calculated as the average number of times individuals or homes are exposed to the vehicle.

频率折扣
frequency discount In newspapers, advertisers earn this discount by running an ad repeatedly in a specific time period.

黄金位
full position In newspaper advertising, the preferred position near the top of a page or on the top of a column next to reading matter. It is usually surrounded by editorial text and may cost the advertiser 25 to 50 percent more than ROP rates.

全面露出
full showing A unit of purchase in transit advertising where one card will appear in each vehicle in the system.

游 戏
game A sales promotion activity in which prizes are offered based on chance. The big marketing advantage of games is that customers must make repeat visits to the dealer to continue playing.

门式折页
gatefold A magazine cover or page extended and folded over to fit into the magazine. The gatefold may be a fraction of a page or two or more pages, and it is always sold at a premium.

地理人口细分
geodemographic segmentation Combining demographics with geographic segmentation to select target markets in advertising.

地理细分
geographic segmentation A method of segmenting markets by geographic regions based on the shared characteristics, needs, or wants of people within the region.

全球性广告
global advertising Advertising used by companies that market their products, goods, or services throughout various countries around the world with messages that remain consistent.

商 品
goods Tangible products such as suits, soap, and soft drinks.

政府市场
government market Governmental bodies that buy products for the successful coordination of municipal, state, federal, or other government activities.

总印象
gross impression The total of all the audiences delivered by a media plan.

毛评点
gross rating point (GRP) The total audience delivery or weight of a specific media schedule. It is computed by dividing the total number of impressions by the size of the target population and multiplying by 100, or by multiplying the reach, expressed as a percentage of the population, by the average frequency. In television, gross rating points are the total rating points achieved by a particular media schedule over a specific period. For example, a weekly schedule of five commercials with an average household rating of 20 would yield 100 GRPs. In outdoor advertising, a 100 gross rating point showing (also called a number 100 showing) covers a market fully by reaching 9 out of 10 adults daily over a 30-day period.

集团系统
group system System in which an ad agency is divided into a number of little agencies or groups, each composed of an account supervisor, account executives, copywriters, art directors, a media director, and any other specialists required to meet the needs of the particular clients being served by the group.

成长期
growth stage The period in a product life cycle that is marked by market expansion as more and more customers make their first purchases while others are already making their second and third purchases.

基本发行量
guaranteed circulation The number of copies of a magazine that the publisher expects to sell. If this figure is not reached, the publisher must give a refund to advertisers.

习 惯
habit An acquired or developed behavior pattern that has become nearly or completely involuntary.

网 屏
halftone screen A glass or plastic screen, crisscrossed with fine black lines at right angles like a window screen, which breaks continuous-tone artwork into dots so that it can be reproduced.

晕轮效应
halo effect In ad pretesting, the fact that consumers are likely to rate the one or two ads that make the best first impression as the highest in all categories.

标 题
headline The words in the leading position of an advertisement—the words that will be read first or that are positioned to draw the most attention.

隐性差异
hidden difference Imperceptible but existing differences that may greatly affect the desirability of a product.

需要层次
hierarchy of needs Maslow's theory that the lower biological or survival needs are dominant in human behavior and must be satisfied before higher, socially acquired needs become meaningful.

主 页
home page In Internet advertising, an advertiser's virtual storefront or gateway to more specific information about the company and its products.

吸引技巧
hook The part of a jingle that sticks in your memory.

横向刊物
horizontal publication Business publications targeted at people with particular job functions that cut across industry lines, such as *Purchasing* magazine.

开机家庭
households using TV (HUT) The percentage of homes in a given area that have one or more TV sets tuned on at any particular time. If 1,000 TV sets are in the survey area and 500 are turned on, the HUT figure is 50 percent.

专属名录
house list A company's most important and valuable direct-mail list, which may contain current, recent, and long-past customers or future prospects.

内部刊物
house organ Internal and external publications produced by business organizations, including stockholder reports, newsletters, consumer magazines, and dealer publications. Most are produced by a company's advertising or public relations department or by its agency.

图 标
icon A pictorial image that represents an idea or thing.

观 点
idea Economic, political, religious, or social viewpoints that advertising may attempt to sell.

插图画家
illustrator The artists who paint, sketch, or draw the pictures we see in advertising.

形象广告
image advertising Type of advertising intended to create a particular perception of the company or personality for the brand.

形象移植
imagery transfer When advertisers run a schedule on TV and then convert the audio portion to radio commercials, fully 75 percent of consumers replay the video in their minds when they hear the radio spot.

浸泡式广告
immersive advertising Proprietary technique developed by Neopets.com for integrating an advertiser's products or services into the Web site experience.

假定消费者
implied consumer The consumers who are addressed by the ad's persona. They are not real, but rather imagined by the ad's creators to be ideal consumers—acquiescing in whatever beliefs the text requires. They are, in effect, part of the drama of the ad.

奖励制
incentive system A form of compensation in which the agency shares in the client's success when a campaign attains specific, agreed-upon goals.

独立制作社
independent production house Supplier company that specializes in film or video production or both.

独立调查公司
independent research company Research firms that work outside of an agency. They may come in all sizes and specialties, and they employ staff statisticians, field interviewers, and computer programmers, as well as analysts with degrees in psychology, sociology, and marketing.

独立购物指南
independent shopping guide Weekly local ad vehicles that may or may not contain editorial matter. They can be segmented into highly select market areas.

深度访谈
in-depth interview An intensive interview technique that uses carefully planned but loosely structured questions to probe respondents' deeper feelings.

独立品牌
individual brand Assigning a unique name to each product a manufacturer produces.

诱导性差异
induced difference Distinguishing characteristics of products effected through unique branding, packaging, distribution, merchandising, and advertising.

工业市场
industrial markets Individuals or companies that buy products needed for the production of other goods or services such as plant equipment and telephone systems.

信息式广告
infomercial A long TV commercial that gives consumers detailed information about a product or service; see also *program-length advertisement.*

非正式调查
informal research The second step in the research process, designed to explore a problem by reviewing secondary data and interviewing a few key people with the most information to share. Also called *exploratory research.*

信息性动机
informational motive The negatively originated motives, such as problem removal or problem avoidance, that are the most common energizers of consumer behavior.

专属广告公司
in-house agency Agency wholly owned by an advertiser and set up and staffed to do all the work of an independent full-service agency.

以货代款
in kind The donation of goods and services as payment for some service such as a sponsorship.

查询测试法
inquiry test A form of test in which consumer responses to an ad for information or free samples are tabulated.

插 页
insert An ad or brochure which the advertiser prints and ships to the publisher for insertion into a magazine or newspaper.

加插通知
insertion order A form submitted to a newspaper or magazine when an advertiser wants to run an advertisement. This form states the date(s) on which the ad is to run, its size, the requested position, and the rate.

车内广告牌
inside card A transit advertisement, normally 11 by 28 inches, placed in a wall rack above the windows of a bus.

企业形象式正文
institutional copy A type of body copy in which the advertiser tries to sell an idea or the merits of the organization or service rather than the sales features of a particular product.

店内样品试用
in-store sampling The handing out of free product samples to passing shoppers.

整合广告
integrated commercial A straight radio announcement, usually delivered by one person, woven into a show or tailored to a given program to avoid any perceptible interruption.

密集分销
intensive distribution A distribution strategy based on making the product available to consumers at every possible location so that consumers can buy with a minimum of effort.

深度调查技术
intensive technique Qualitative research aimed at probing the deepest feelings, attitudes, and beliefs of respondents through direct questioning. Typical methods include in-depth interviews and focus groups.

互相连接
interconnect Groups of cable systems joined together for advertising purposes.

内容段落
interior paragraph Text within the body copy of an ad where the credibility and desire steps of the message are presented.

国际广告
international advertising Advertising aimed at foreign markets.

国际媒介
international media Media serving several countries, usually without change, available to an international audience.

互联网服务供应商
Internet service provider (ISP) Companies which offer consumer and business access to the Internet.

人际影响
interpersonal influence Social influences on the consumer decision-making process, including family, society, and cultural environment.

插播广告
interstitial Animated screens, often advertisements, which pop up momentarily as the computer searches for and downloads information for a requested Web page. Also known as *splash pages*.

采 访
interview See *in-depth interview*.

引入期
introductory phase The initial phase of the product life cycle (also called the *pioneering phase*) when a new product is introduced, costs are highest, and profits are lowest.

库存时间
inventory Commercial time for advertisers.

岛形半版
island half A half-page of magazine space that is surrounded on two or more sides by editorial matter. This type of ad is designed to dominate a page and is therefore sold at a premium price.

斜 体
italic A style of printing type with letters that generally slant to the right.

歌谣式
jingle A musical commercial, usually sung with the sales message in the verse.

任务夹
job jacket In the preproduction phase, a place to store the various pieces of artwork and ideas that will be generated throughout the process.

裁 判
judge A role in the creative process that evaluates the results of experimentation and decides which approach is more practical.

小单元
junior unit A large magazine advertisement (60 percent of the page) placed in the middle of a page and surrounded by editorial matter.

字 距
kerning The measurement of the space between individual letters of text.

关键词
keyword A single word that a user inputs into an Internet search engine to request information that is similar in subject matter to that word. Advertisers may buy keywords from search engines so that their advertisements appear when a user inputs the purchased word.

肩 题
kicker A subhead that appears above the headline. Also known as *overline*.

布局图
layout An orderly formation of all the parts of an advertisement. In print, it refers to the arrangement of the headline, subheads, visuals, copy, picture captions, trademarks, slogans, and signature. In television, it refers to the placement of characters, props, scenery, and product elements, the location and angle of the camera, and the use of lighting. See also *design*.

加空铅
leading The measurement of the space between separate lines of text (pronounced *ledding*).

导引段落
lead-in paragraph In print ads, a bridge between the headlines, the subheads, and the sales ideas presented in the text. It transfers reader interest to product interest.

认 知
learning A relatively permanent change in thought processes or behavior that occurs as a result of reinforced experience.

信件公司
letter shop A firm that stuffs envelopes, affixes labels, calculates postage, sorts pieces into stacks or bundles, and otherwise prepares items for mailing.

特许品牌
licensed brand Brand names that other companies can buy the right to use.

生活方式式技法
lifestyle technique Type of commercial in which the user is presented rather than the product. Typically used by clothing and soft drink advertisers to affiliate their brands with the trendy lifestyles of their consumers.

顾客终身价值
lifetime customer value (LTCV) A measurement of a consumer's economic value to a company over the course of his or her entire lifetime which comes from developing lasting relationships.

联络媒介
linkage media In direct marketing, media that help prospects and customers link up with a company.

名录经纪人
list broker An intermediary who handles rental of mailing lists for list owners on a commission basis.

实景真人
live action The basic production technique in television that portrays real people and settings, as opposed to animation.

游 说
lobbying Informing government officials and persuading them to support or thwart administrative action or legislation in the interests of some client.

地方性广告
local advertising Advertising by businesses within a city or county directed toward customers within the same geographical area.

地方时间
local time Radio spots purchased by a local advertiser.

外景地
location Shooting away from the studio. Location shooting adds realism but can also be a technical and logistical nightmare, often adding cost and many other potential problems.

标 志
logotype Special design of the advertiser's name (or product name) that appears in all advertisements. Also called a signature cut, it is like a trademark because it gives the advertiser individuality and provides quick recognition at the point of purchase.

特价广告
loss-leader advertising Advertising that promotes drastically discounted goods to create an impression of storewide low prices and thereby increases traffic in the store. Loss-leader merchandise may be offered at or below retailer cost in order to encourage the sales of more profitable merchandise.

制片场
lot Acreage outside a studio that is shielded from stray, off-site sounds.

杂志出版者协会
Magazine Publishers Association (MPA) A trade group made up of more than 230 publishers who represent 1,200 magazines. It compiles circulation figures on ABC member magazines and promotes greater and more effective use of magazine advertising.

邮件反应名录
mail-response list A type of direct-mail list, composed of people who have responded to the direct-mail solicitations of other companies, especially those whose efforts are complementary to the advertiser's.

维持期
maintenance stage In the client-agency relationship, the day-to-day interaction that, when successful, may go on for years.

补 偿
makegood TV spots that are aired to compensate for spots that were missed or run incorrectly.

经营/客户总监
management (account) supervisor Managers who supervise account executives and who report to the agency's director of account services.

必需要件/规定
mandatory The address, phone number, Web address, etc., that the advertiser usually insists be included within an ad to give the consumer adequate information.

市 场
market A group of potential customers who share a common interest, need, or desire; who can use the offered good or service to some advantage; and who can afford or are willing to pay the purchase price. Also, an element of the media mix referring to the various targets of a media plan.

卖 主
marketer Any person or organization that has products, services, or ideas to sell.

营 销
marketing The process of planning and executing the conception, pricing, promotion, and distribution of ideas, goods, and services to create exchanges that satisfy the perceived needs, wants, and objectives of individuals and organizations.

营销传播
marketing communication The various efforts and tools companies use to initiate and maintain communication with customers and prospects, including solicitation letters, newspaper ads, event sponsorships, publicity, telemarketing, statement stuffers, and coupons, to mention just a few.

营销信息系统
marketing information system (MIS) A set of procedures for generating an orderly flow of pertinent information for use in making market decisions.

营销组合
marketing mix Four elements, called the 4Ps (product, price, place, and promotion), that every company has the option of adding, subtracting, or modifying in order to create a desired marketing strategy.

营销目标
marketing objective Goals of the marketing effort that may be expressed in terms of the needs of specific target markets and specific sales objectives.

营销计划书
marketing plan The plan that directs the company's marketing effort. First, it assembles all the pertinent facts about the organization, the markets it serves, and its products, services, customers, and competition. Second, it forces the functional managers within the company to work together—product development, production, selling, advertising, credit, transportation—to focus efficiently on the customer. Third, it sets goals and objectives to be attained within specified periods of time and lays out the precise strategies that will be used to achieve them.

营销公关
marketing public relation (MPR) The use of public relations activities as a marketing tool.

营销调查
marketing research The systematic gathering, recording, and analysis of information to help managers make marketing decisions.

营销战略
marketing strategy The statement of how the company is going to accomplish its marketing objectives. The strategy is the total directional thrust of the company, that is, the how-to of the marketing plan, and is determined by the particular blend of the marketing mix elements (the 4 Ps) which the company can control.

前期市场企业广告
market prep corporate advertising Corporate advertising that is used to set the company up for future sales; it simultaneously communicates messages about the products and the company.

市场细分
market segmentation Strategy of identifying groups of people or organizations with certain shared needs and characteristics within the broad markets for consumer or business products and aggregating these groups into larger market segments according to their mutual interest in the product's utility.

附加费
markup A source of agency income gained by adding some amount to a supplier's bill, usually 17.65 percent.

公共场所
mass audience venue One category of digital media based on audience size, where hundreds of people are in the live audience and millions more are watching at home.

大众媒介
mass media Print or broadcast media that reach very large audiences. Mass media include radio, television, newspapers, magazines, and billboards.

母 带
master tape The final recording of a radio commercial, with all the music, sound, and vocals mixed, from which dubs (duplicates) are recorded and sent to radio stations for broadcast.

成熟期
maturity stage That point in the product life cycle when the market has become saturated with products, the number of new customers has dwindled, and competition is most intense.

版面组合
mechanical The set type and illustrations or photographs pasted into the exact position in which they will appear in the final ad. Also called a *pasteup,* this is then used as the basis for the next step in the reproduction process.

配 置
mechanic One of the five Ms of the media mix; dealing creatively with the available advertising media options.

媒 介
media A plural form of *medium,* referring to communications vehicles paid to present an advertisement to its target audience. Most often used to refer to radio and television networks, stations that have news reporters, and publications that carry news and advertising.

媒介采购员
media buyer Person responsible for negotiating and contracting the purchase of advertisement space and time in various media.

媒介种类
media classe Broad media categories of electronic, print, outdoor, and direct mail.

媒介标尺调查有限公司
Mediamark Research, Inc. (MRI) MRI conducts personal interviews to determine readership patterns, reports the audience and demographics for leading magazines and newspapers, and publishes annual studies on markets and decision makers.

媒介策划
media planning The process that directs advertising messages to the right people in the right place at the right time.

媒介调查
media research The systematic gathering and analysis of information on the reach and effectiveness of media vehicles.

媒介细分
media subclass Smaller divisions of media classes, such as radio, TV, magazines, newspapers, and so on.

媒介单位
media unit Specific units of advertising in each type of medium, such as half-page magazine ads, 30-second spots, and so on.

媒介载体
media vehicle Particular media programs or publications.

大脑档案
medium An instrument or communications vehicle that carries or helps transfer a message from the sender to the receiver. Plural is media. See also *media.*

大脑档案
mental file Stored memories in the consumer's mind.

商 品
merchandise Synonymous with *product concept* when used in reference to the 5Ms of advertising testing.

讯 息
message In oral communication, the idea formulated and encoded by the source and sent to the receiver.

讯息战略
message strategy The specific determination of what a company wants to say and how it wants to say it. The elements of the message strategy include verbal, nonverbal, and technical components; also called *rationale.*

讯息力度
message weight The total size of the audience for a set of ads or an entire campaign.

寄生广告
meta ad An advertisement displayed on the results page of a search, specific to the searched term.

方 法
methodology The overall strategy of selecting and scheduling media vehicles to achieve the desired reach, frequency, and continuity objectives.

合成样片
mixed interlock The edited version of a filmed television commercial mixed with the finished sound track. Used for initial review and approval prior to being duplicated for airing.

组合媒介法
mixed-media approach Using a combination of advertising media vehicles in a single advertising campaign.

助记手段
mnemonic device A gimmick used to dramatize the product benefit and make it memorable, such as the Imperial Margarine crown or the Avon doorbell.

流动路牌
mobile billboard A cross between traditional billboards and transit advertising; some specially designed flatbed trucks carry long billboards up and down busy thoroughfares.

蒙德里安坐标式布局
Mondrian grid layout A layout style that uses a series of vertical and horizontal lines, rectangles, and squares within a predetermined grid to give geometric proportion to an ad.

资 金
money In media planning, one of the five elements in the media mix.

蒙太奇式布局
montage layout Similar to the circus layout, the montage layout brings multiple illustrations together and arranges them by superimposing or overlapping them to make a single composition.

动 机
motivation The underlying drives that stem from the conscious or unconscious needs of the consumer and contribute to the individual consumer's purchasing actions.

驱动值
motivation value A consideration in selecting media based on the medium's ability to motivate people to act. Positive factors include prestige, good quality reproduction, timeliness, and editorial relevance.

动 机
motives Emotions, desires, physiological needs, or similar impulses that may incite consumers to action.

MSN电视
MSN TV A service offered by Microsoft that allows individuals to access Internet services (such as e-mail and traditional Web pages) using special hardware and a typical television set instead of a computer.

多媒体演示
multimedia presentation Presenting information or entertainment using several communications media simultaneously.

音乐式广告
musical commercial See *jingle.*

音乐标志
musical logo A jingle that becomes associated with a product or company through consistent use.

叙述式正文
narrative copy A type of body copy that tells a story. It sets up a problem and then creates a solution using the particular sales features of the product or service as the key to the solution.

叙述式讯息
narrative message Advertising in which a third person tells a story about others to an imagined audience.

窄 带
narrowband A type of digital data transmission in which wires carry only one signal (channel) at a time. Examples of narrowband transmission include many telephone calls and most transmissions between computers and peripheral devices such as printers.

全国性广告
national advertising Advertising used by companies that market their products, goods, or services in several geographic regions or throughout the country.

全国性品牌
national brand Product brands that are marketed in several regions of the country.

全国性杂志
national magazine Magazines that are distributed throughout a country.

全国性价格
national rate A newspaper advertising rate that is higher, attributed to the added costs of serving national advertisers.

需 要
need The basic, often instinctive, human forces that motivate us to do something.

需要满足式目标
need-satisfying objective A marketing objective that shifts management's view of the organization from a producer of products or services to a satisfier of target market needs.

被动生成动机
negatively originated motive Consumer purchase and usage based on problem removal or problem avoidance. To relieve such feelings, consumers actively seek a new or replacement product.

网络营销
network marketing A method of direct distribution in which individuals act as independent distributors for a manufacturer or private-label marketer.

广播电视网
networks Any of the national television or radio broadcasting chains or companies such as ABC, CBS, NBC, or Fox. Networks offer the large advertiser convenience and efficiency because the message can be broadcast simultaneously throughout the country.

新闻/信息式标题
news/information headline A type of headline that includes many of the "how-to" headlines as well as headlines that seek to gain identification for their sponsors by announcing some news or providing some promise of information.

报纸版面库
Newspaper Space Bank (NSB) An online database service through which advertisers can buy canceled, unsold, or remnant space in major market newspapers at deeply discounted rates after normal closings.

新闻简报
news release A typewritten sheet of information (usually $8^1/2$ by 11 inches) issued to print and broadcast outlets to generate publicity or shed light on a subject of interest. Also called *press release.*

噪 音
noise The sender's advertising message competing daily with hundreds of other commercial and noncommercial messages.

非商业广告
noncommercial advertising Advertising sponsored by or for a charitable institution, civic group, religious order, political organization, or some other nonprofit group to stimulate donations, persuade people to vote one way or another, or bring attention to social causes.

非人员传播
nonpersonal communication Marketing activities that use some medium as an intermediary for communication, including advertising, direct marketing, public relations, collateral materials, and sales promotion.

非人员影响
nonpersonal influence Factors influencing the consumer decision-making process that are often out of the consumer's control, such as time, place, and environment.

非概率销售
nonpersonal selling All selling activities that use some medium as an intermediary for communication, including advertising, public relations, sales promotion, and collateral materials.

非产品抽样
nonprobability sample Research samples that do not provide every unit in the population with an equal chance of being included. As a result, there is no guarantee that the sample will be representative.

非产品广告
nonproduct advertising Advertising designed to sell ideas or a philosophy rather than products or services.

非文字部分
nonverbal Communication other than through the use of words, normally visual.

目 标
objective See *marketing objectives.*

目标/任务法
objective/task method A method of determining advertising allocations, also referred to as the *budget-buildup method,* that defines objectives and how advertising is to be used to accomplish them. It has three steps: defining the objectives, determining strategy, and estimating the cost.

观察法
observation method A method of research used when researchers actually monitor people's actions.

下网辛迪加
off-network syndication The availability of programs that originally appeared on networks to individual stations for rebroadcast.

出 镜
on camera Actually seen by the camera, as an announcer, a spokesperson, or actor playing out a scene.

100露出数
100 showing The basic unit of sale for billboards or posters is 100 gross rating points daily. One rating point equals 1 percent of a particular market's population.

上市日期
on-sale date The date a magazine is actually issued.

公开价
open rate The highest rate for a one-time insertion in a newspaper.

舆论领袖
opinion leader Someone whose beliefs or attitudes are respected by people who share an interest in some specific activity.

意见抽样
opinion sampling A form of public relations research in which consumers provide feedback via interviews, toll-free phone lines, focus groups, and similar methods.

看见机会
opportunity to see (OTS) A possible exposure of an advertising message to one audience member. Also called an *advertising impression*. Effective frequency is considered to be three or more opportunities-to-see over a four-week period; but no magic number works for every commercial and every product.

户外广告
outdoor advertising An out-of-home medium in the form of billboards.

户外媒介
out-of-home media Media such as outdoor advertising (billboards) and transit advertising (bus and car cards) that reach prospects outside their homes.

车体招贴
outside poster The variety of transit advertisements appearing on the outside of buses, including king size, queen size, traveling display, rear of bus, and front of bus.

透明胶片
overlay On a pasteup, a piece of clear plastic containing a second image from which a second printing plate can be made for color printing.

肩 题
overline See *kicker*.

包 装
packaging The container for a product—encompassing the physical appearance of the container and including the design, color, shape, labeling, and materials used.

谷歌网页排序
PageRank Google algorithm for determining how to rank order Web sites in response to a search query.

订阅发行
paid circulation The total number of copies of an average issue of a newspaper or magazine that is distributed through subscriptions and newsstand sales.

彩绘路牌
painted bulletin A type of outdoor advertising meant for long-term use and that works best where traffic is heavy and visibility is good. They carry printed or painted messages, are created in sections, and are brought to the site where they are assembled and hung on the billboard structure.

协办
participation basis The basis on which most network television advertising is sold, with advertisers buying 30- or 60-second segments within the program. This allows the advertiser to spread out the budget and makes it easier to get in and out of a program without a long-term commitment.

拼 版
pasteup See *mechanical*.

专 利
patent A grant made by the government that confers upon the creator of an invention the sole right to make, use, and sell that invention for a set period of time.

销售百分比法
percentage-of-sales method A method of advertising budget allocation based on a percentage of the previous year's sales, the anticipated sales for the next year, or a combination of the two.

显性差异
perceptible difference Differences between products that are visibly apparent to the consumer.

感 知
perception Our personalized way of sensing and comprehending stimuli.

感知过滤层
perceptual screen The physiological or psychological perceptual filters that messages must pass through.

无意劝服路径
peripheral route to persuasion One of two ways researchers Petty, Cacioppo, and Schumann theorize that marketers can persuade consumers. People who have low involvement with the product or message have little or no reason to pay attention to it or to comprehend the central message of the ad. However, these consumers might attend to some peripheral aspects of an ad or commercial for their entertainment value. Whatever they feel or think about these peripheral, nonproduct aspects might integrate into a positive attitude toward the ad. At some later date, these ad-related meanings could be activated to form some brand attitude or purchase intention. Typical of advertising for many everyday low-involvement purchases such as many consumer packaged goods: soap, cereal, toothpaste, and chewing gum. See also *Elaboration Likelihood Model*.

人 物
persona A real or imaginary spokesperson who lends some voice or tone to an advertisement or commercial.

个人场所
personal audience venue A category of digital media based on audience size; where one person in front of a personal computer can receive multimedia information.

人员传播
personal communication Marketing activities that include all person-to-person contact with customers.

个人过程
personal processes The three internal, human operations—perception, learning, and motivation—that govern the way consumers discern raw data (stimuli) and translate them into feelings, thoughts, beliefs, and actions.

人员推销
personal selling A sales method based on person-to-person contact, such as by a salesperson at a retail establishment or by a telephone solicitor.

劝 服
persuasion A change in thought process or behavior that occurs when the change in belief, attitude, or behavioral intention is caused by promotion communication (such as advertising or personal selling).

慈善行为
philanthropy Support for a cause without any commercial incentive.

摄影师
photographer The artists who use cameras to create visuals for advertisements.

生理过滤层
physiological screen The perceptual screens that use the five senses—sight, hearing, touch, taste, and smell—to detect incoming data and measure the dimension and intensity of the physical stimulus.

图片说明式正文
picture-caption copy A type of body copy in which the story is told through a series of illustrations and captions rather than through the use of a copy block alone.

方框图片式布局
picture-window layout Layout that employs a single, dominant visual that occupies between 60 and 70 percent of an advertisement's total area. Also known as *poster-style format* or *Ayer No. 1*.

平台使用费
platform licensing A fee paid to original software developers for the special key codes that access multimedia programs on certain computer networks.

点
point In retailing, the place of business. In typography, the measurement of the size and height of a text character. There are 72 points to an inch.

售点广告
point-of-purchase (P-O-P) advertising Materials set up at a retail location to build traffic, advertise the product, and promote impulse buying. Materials may include window displays, counter displays, floor and wall displays, streamers, and posters.

什锦袋装样品
polybagging Samples are delivered in plastic bags with the daily newspaper or a monthly magazine.

门 户
portal Large Web site that seeks to attract large Internet audiences by providing a range of services and information.

定 位
position The way in which a product is ranked in the consumer's mind by the benefits it offers, by the way it is classified or differentiated from the competition, or by its relationship to certain target markets.

定位战略
positioning strategy An effective way to separate a particular brand from its competitors by associating that brand with a particular set of customer needs.

主动生成动机
positively originated motive Consumer's motivation to purchase and use a product based on a positive bonus that the product promises, such as sensory gratification, intellectual stimulation, or social approval.

明信片
postcard Cards sent by advertisers to announce sales, offer discounts, or otherwise generate consumer traffic.

招 贴
poster For public relations purposes, signs that impart product information or other news of interest to consumers, or that are aimed at employee behavior, such as safety, courtesy, or waste reduction.

招贴式格式
poster-style format Layout that employs a single, dominant visual that occupies between 60 and 70 percent of an advertisement's total area. Also known as *picture-window layout* and *Ayer No. 1*.

后期制作阶段
postproduction phase The finishing phase in commercial production—the period after recording and shooting when a radio or TV commercial is edited and sweetened with music and sound effects.

购买后失调
postpurchase dissonance See *theory of cognitive dis-sonance*.

购买后评价
postpurchase evaluation Determining whether a purchase has been a satisfactory or unsatisfactory one.

事后测试
posttesting Testing the effectiveness of an advertisement after it has been run.

占位价格
preemption rate Lower TV advertising rate that stations charge when the advertiser agrees to allow the station to sell its time to another advertiser willing to pay a higher rate.

自选版位费
preferred position rate A choice position for a newspaper or magazine ad for which a higher rate is charged.

奖励，奖品
premium An item offered free or at a bargain price to encourage the consumer to buy an advertised product.

广告插页
preprinted insert Newspaper advertisements printed in advance by the advertiser and then delivered to the newspaper plant to be inserted into a specific edition. Preprints are inserted into the fold of the newspaper and look like a separate, smaller section of the paper.

预备阶段
preproduction phase The period of time before the actual recording or shooting of a commercial—the planning phase in commercial production.

关系预备期
prerelationship stage The initial stage in the client-agency relationship before they officially do business.

主持人式广告
presenter commercial A commercial format in which one person or character presents the product and sales message.

媒体炒作
press agentry The planning of activities and the staging of events to attract attention to new products or services and to generate publicity about the company or organization that will be of interest to the media.

媒介素材
press kit A package of publicity materials used to give information to the press at staged events such as press conferences or open houses. Also, a package of sales material promoting a specific media vehicle. Also called a *media kit*.

新闻发布会
press release See *news release*.

事前测试
pretesting Testing the effectiveness of an advertisement for gaps or flaws in message content before recommending it to clients, often conducted through focus groups.

价格因素
price element In the marketing mix, the amount charged for the good or service—including deals, discounts, terms, warranties, and so on. The factors affecting price are market demand, cost of production and distribution, competition, and corporate objectives.

初级发行量
primary circulation The number of people who receive a publication, whether through direct purchase or subscription.

初级信息
primary data Research information gained directly from the marketplace.

初级需求
primary demand Consumer demand for a whole product category.

主要需求趋势
primary demand trend The projection of future consumer demand for a whole product category based on past demand and other market influences.

首要动机
primary motivation The pattern of attitudes and activities that help people reinforce, sustain, or modify their social and self-image. An understanding of the primary motivation of individuals helps advertisers promote and sell goods and services.

黄金时段
prime time Highest level of TV viewing (8 P.M. to 11 P.M. EST).

印刷厂
printer Business that employs or contracts with highly trained specialists who prepare artwork for reproduction, operate digital scanning machines to make color separations and plates, operate presses and collating machines, and run binderies.

印刷媒介
print media Any commercially published, printed medium, such as newspapers and magazines, that sells advertising space to a variety of advertisers.

印刷制作经理
print production manager Manager who oversees the entire production process, including reproduction of visuals in full color, shooting and editing of scenes, precise specification and placement of type, and the checking, approving, duplicating, and shipping of final art, negatives, tape, or film to the communication media.

印刷制作流程
print production process The systematic process a layout for an ad or a brochure goes through from concept to final printing. The four major phases are preproduction, production, prepress, and printing and distribution.

私人场所
private audience venue A category of digital media based on audience size; where meetings, conferences, and seminars use computer-driven multimedia presentations to inform, persuade, remind, and entertain people.

自有标牌
private label Personalized brands applied by distributors or dealers to products supplied by manufacturers. Private brands are typically sold at lower prices in large retail chain stores.

过 程
process A planned series of actions or methods that take place sequentially, such as developing products, pricing them strategically, making them available to customers through a distribution network, and promoting them through sales and advertising activities.

制片人
producer For electronic media, the person responsible for keeping the project moving smoothly and under budget, while maintaining the required level of quality through every step of the production process.

产 品
product The particular good or service a company sells. See also *product concept.*

产品广告
product advertising Advertising intended to promote goods and services; also a functional classification of advertising.

产品概念
product concept The consumer's perception of a product as a "bundle" of utilitarian and symbolic values that satisfy functional, social, psychological, and other wants and needs. Also, as an element of the creative mix used by advertisers to develop advertising strategy, it is the bundle of product values the advertiser presents to the consumer.

产品要素
product element The most important element of the marketing mix: the good or service being offered and the values associated with it—including the way the product is designed and classified, positioned, branded, and packaged.

制作阶段
production phase An element of creative strategy. The whole physical process of producing ads and commercials; also the particular phase in the process when the recording and shooting of commercials is done.

产品生命周期
product life cycle Progressive stages in the life of a product—including introduction, growth, maturity, and decline—that affect the way a product is marketed and advertised.

产品植入
product placement Paying a fee to have a product included in a movie.

专业广告
professional advertising Advertising directed at individuals who are normally licensed to operate under a code of ethics or set of professional standards.

节目式广告
program-length advertisement (PLA) A long-form television commercial that may run as long as an hour; also called an *infomercial.*

节目编排风格
programming format The genre of music or other programming style that characterizes and differentiates radio stations from each other (i.e., contemporary hit radio, country, rock, etc.).

节目收视率
program rating The percentage of TV households in an area that are tuned in to a specific program.

投射技术
projective technique In marketing research, asking indirect questions or otherwise involving consumers in a situation where they can express feelings about the problem or product. The purpose is to get an understanding of people's underlying or subconscious feelings, attitudes, opinions, needs, and motives.

清 样
proof copy A copy of the completed advertisement that is used to check for final errors and corrections.

潜在顾客
prospective customer People who are about to make an exchange or are considering it.

启发式标题
provocative headline A type of headline written to provoke the reader's curiosity so that, to learn more, the reader will read the body copy.

消费心态法
psychographic The grouping of consumers into market segments on the basis of psychological makeup—values, attitudes, personality, and lifestyle.

消费心态细分
psychographic segmentation Method of defining consumer markets based on psychological variables including values, attitudes, personality, and lifestyle.

心理过滤层
psychological screen The perceptual screens consumers use to evaluate, filter, and personalize information according to subjective standards, primarily emotions and personality.

公共事务
public affair All activities related to the community citizenship of an organization, including dealing with community officials and working with regulatory bodies and legislative groups.

宣 传
publicity The generation of news about a person, product, or service that appears in broadcast or print media.

公 告
public notice For a nominal fee, newspapers carry these legal changes in business, personal relationships, public governmental reports, notices by private citizens and organizations, and financial reports.

公共关系
public relation (PR) The management function that focuses on the relationships and communications that individuals and organizations have with other groups (called *publics*) for the purpose of creating mutual goodwill. The primary role of public relations is to manage a company's reputation and help build public consent for its enterprises.

公共关系活动
public relations activity Publicity, press agentry, sponsorships, special events, and public relations advertising used to create public awareness and credibility—at low cost—for the firm.

公共关系广告
public relations advertising Advertising that attempts to improve a company's relationship with its publics (labor, government, customers, suppliers, etc.).

公 众
public In PR terminology, employees, customers, stockholders, competitors, suppliers, or general population of customers are all considered one of the organization's publics.

夸 大
puffery Exaggerated, subjective claims that can't be proven true or false such as "the best," "premier," or "the only way to fly."

拉式战略
pull strategy Marketing, advertising, and sales promotion activities aimed at inducing trial purchase and repurchase by consumers.

脉冲式排期
pulsing Mixing continuity and flighting strategies in media scheduling.

购买时机
purchase occasion A method of segmenting markets on the basis of *when* consumers buy and use a good or service.

推销奖金
push money (PM) A monetary inducement for retail salespeople to push the sale of particular products. Also called *spiffs*.

推式战略
push strategy Marketing, advertising, and sales promotion activities aimed at getting products into the dealer pipeline and accelerating sales by offering inducements to dealers, retailers, and salespeople. Inducements might include introductory price allowances, distribution allowances, and advertising dollar allowances to stock the product and set up displays.

定性调查
qualitative research Research that tries to determine market variables according to unquantifiable criteria such as attitudes, beliefs, and lifestyle.

定量调查
quantitative research Research that tries to determine market variables according to reliable, hard statistics about specific market conditions or situations.

疑问式标题
question headline A type of headline that asks the reader a question.

广播名人
radio personality A disk jockey or talk show host.

随机概率抽样
random probability samples A sampling method in which every unit in the population universe is given an equal chance of being selected for the research.

收费基准
rate base With magazines, the circulation figure on which the publisher bases its rates.

价目表
rate card A printed information form listing a publication's advertising rates, mechanical and copy requirements, advertising deadlines, and other information the advertiser needs to know before placing an order.

视听率
rating The percentage of homes or individuals exposed to an advertising medium.

视听率调查服务公司
rating services These services measure the program audiences of TV and radio stations for advertisers and broadcasters by picking a representative sample of the market and furnishing data on the size and characteristics of the viewers or listeners.

理性诉求
rational appeal Marketing appeals that are directed at the consumer's practical, functional need for the product or service.

讯息战略
rationale See *message strategy*.

到达率
reach The total number of *different* people or households exposed to an advertising schedule during a given time, usually four weeks. Reach measures the *unduplicated* extent of audience exposure to a media vehicle and may be expressed either as a percentage of the total market or as a raw number.

每册读者数
readers per copy (RPC) Variable used to determine the total reach of a given print medium. RPC is multiplied by the number of vendor and subscription sales to determine the total audience size.

阅读告示
reading notice A variation of a display ad designed to look like editorial matter. It is sometimes charged at a higher space rate than normal display advertising, and the law requires that the word *advertisement* appear at the top.

部分退款
rebates Cash refunds on items from cars to household appliances.

加快测试法
recall test Posttesting methods used to determine the extent to which an advertisement and its message have been noticed, read, or watched.

受 者
receiver In oral communication, this party decodes the message to understand it and responds by formulating a new idea, encodes it, and sends it back.

招聘广告
recruitment advertising A special type of advertising, most frequently found in the classified sections of daily newspapers and typically the responsibility of a personnel department aimed at attracting employment applications.

参照人群
reference group People we try to emulate or whose approval concerns us.

区域性广告
regional advertising Advertising used by companies that market their products, goods, or services in a limited geographic region.

地区性刊物
regional publication Magazines targeted to a specific area of the country, such as the West or the South.

关系营销
relationship marketing Creating, maintaining, and enhancing long-term relationships with customers and other stakeholders that result in exchanges of information and other things of mutual value.

信 度
reliability An important characteristic of research test results. For a test to be reliable, it must be repeatable, producing the same result each time it is administered.

声望管理
reputation management In public relations, the name of the long-term strategic process to manage the standing of the firm with various publics.

经营商市场
reseller market Individuals or companies that buy products for the purpose of reselling them.

转卖商
reseller Businesses that buy products from manufacturers or wholesalers and then resell the merchandise to consumers or other buyers; also called *middlemen*. These businesses do not change or modify the goods before they resell them. Resellers make their profits by selling the goods they buy for more than they paid. The most common examples of resellers are retail stores and catalog retailers. Internet retailers comprise a growing portion of the reseller business segment.

复映复播追加酬金
residual fee Payment to the talent if the commercial is extended beyond its initially contracted run.

资源轴
resources axis A term in the Values and Lifestyles (VALS) typology relating to the range of psychological, physical, demographic, and material capacities that consumers can draw upon. The resources axis includes education, income, self-confidence, health, eagerness to buy, and energy level.

零售广告
retail advertising Advertising sponsored by retail stores and businesses.

直接（截留）费制
retainer method See *straight-fee method.*

反差套印
reverse knockout Area within a field of printed color on a page that is free of ink and allows the paper's surface to show.

近期、频次、货币方程
RFM formula The RFM formula is a mathematical model that provides marketers with a method to determine the most reliable customers in a company's database, according to Recency, Frequency, and Monetary variables.

富邮件
rich mail Technology that allows graphics, video, and audio to be included in an e-mail message.

富媒介广告
rich media ad The graphical animations and ads with audio and video elements that overlay the Web page or even float over the page. Most common types include animated banners, interstitials, superstitials, and rich mail.

路障式排期
roadblocking Buying simultaneous airtime on all four television networks.

任意版位价
ROP advertising rate Run of paper. A term referring to a newspaper's normal discretionary right to place a given ad on any page or in any position it desires—in other words, where space permits. Most newspapers make an effort to place an ad in the position requested by the advertiser.

初 稿
rough Penciled sketch of a proposed design or layout.

任意版位价
run of paper See *ROP advertising rates.*

电台指定时段
run of station (ROS) Leaving placement of radio spots up to the station in order to achieve a lower ad rate.

销售信函
sales letter The most common form of direct mail. Sales letters may be typewritten, typeset and printed, printed with a computer insert (such as your name), or fully computer typed.

销售推广
sales promotion A direct inducement offering extra incentives all along the marketing route—from manufacturers through distribution channels to customers—to accelerate the movement of the product from the producer to the consumer.

销售推广部
sales promotion department In larger agencies, a staff to produce dealer ads, window posters, point-of-purchase displays, and dealer sales material.

销售定向式目标
sales-target objective Marketing objectives that relate to a company's sales. They should be specific as to product and market, quantified as to time and amount, and realistic. They may be expressed in terms of total sales volume; sales by product, market segment, or customer type; market share; growth rate of sales volume; or gross profit.

销售测试法
sales test A useful measure of advertising effectiveness when advertising is the dominant element, or the only variable, in the company's marketing plan. Sales tests are more suited for gauging the effectiveness of campaigns than of individual ads or components of ads.

样 本
sample A portion of the population selected by market researchers to represent the appropriate targeted population. Also, a free trial of a product.

样本单位
sample unit The actual individuals chosen to be surveyed or studied.

抽 样
sampling Offering consumers a free trial of the product, hoping to convert them to habitual use.

无衬线字体
sans serif A type group that is characterized by a lack of serifs.

最低合同工资
scale The regular charge for talent and music agreed to in the union contract.

脚 本
script Format for radio and television copywriting resembling a two-column list showing dialog and/or visuals.

证 章
seal A type of certification mark offered by such organizations as the Good Housekeeping Institute and Underwriters' Laboratories when a product meets standards established by these institutions. Seals provide an independent, valued endorsement for the advertised product.

二级信息
secondary data Information that has previously been collected or published.

二级（传阅）读者量
secondary (pass-along) readership The number of people who read a publication in addition to the primary purchasers.

选择性需求
selective demand Consumer demand for the particular advantages of one brand over another.

选择性分销
selective distribution Strategy of limiting the distribution of a product to select outlets in order to reduce distribution and promotion costs.

选择性感知
selective perception The ability of humans to select from the many sensations bombarding their central processing unit those sensations that fit well with their current or previous experiences, needs, desires, attitudes, and beliefs, focusing attention on some things and ignoring others.

自我意识
self-concept The images we carry in our minds of the type of person we are and who we desire to be.

邮 简
self-mailer Any type of direct-mail piece that can travel by mail without an envelope. Usually folded and secured by a staple or a seal, self-mailers have a special blank space for the prospect's name and address.

衬线字体
serif The most popular type group that is distinguished by smaller lines or tails called serifs that finish the ends of the main character strokes and by variations in the thickness of the strokes.

服 务
services A bundle of benefits that may or may not be physical, that are temporary in nature, and that come from the completion of a task.

一 场
session The time when the recording and mixing of a radio commercial takes place.

份 额
share The percentage of homes with TV sets in use (HUT) tuned to a specific program.

市场份额法/广告份额法
share-of-market/share-of-voice method A method of allocating advertising funds based on determining the firm's goals for a certain share of the market and then applying a slightly higher percentage of industry advertising dollars to the firm's budget.

欠资价
short rate The rate charged to advertisers who, during the year, fail to fulfill the amount of space for which they have contracted. This is computed by determining the difference between the standard rate for the lines run and the discount rate contracted.

露 出
showing A traditional term referring to the relative number of outdoor posters used during a contract period, indicating the intensity of market coverage. For example, a 100 showing provides an even and thorough coverage of the entire market.

签 名
signature cut See *logotype*.

西蒙斯市场调查局
Simmons Market Research Bureau (SMRB) A syndicated research organization that publishes magazine readership studies.

形势分析
situation analysis A factual statement of the organization's current situation and how it got there. It includes relevant facts about the company's history, growth, products and services, sales volume, share of market, competitive status, market served, distribution system, past advertising programs, results of market research studies, company capabilities, and strengths and weaknesses.

生活片段式
slice of life A type of commercial consisting of a dramatization of a real-life situation in which the product is tried and becomes the solution to a problem.

广告语
slogan A standard company statement (also called a *tagline* or a *themeline*) for advertisements, salespeople, and company employees. Slogans have two basic purposes: to provide continuity for a campaign and to reduce a key theme or idea to a brief, memorable positioning statement.

货位津贴
slotting allowance Fees that manufacturers pay to retailers for the privilege of obtaining shelf or floor space for a new product.

社会阶层
social classe Traditional divisions in societies by sociologists—upper, upper-middle, lower-middle, and so on—who believed that people in the same social class tended toward similar attitudes, status symbols, and spending patterns.

信 源
source In oral communication, this party formulates the idea, encodes it as a message, and sends it via some channel to the receiver.

垃圾邮件
spam Unsolicited, mass e-mail advertising for a product or service that is sent by an unknown entity to a purchased mailing list or newsgroup.

特 效
special effect Unusual visual effects created for commercials.

特别事件
special event Scheduled meetings, parties, and demonstrations aimed at creating awareness and understanding for a product or company.

看 板
spectacular Giant electronic signs that usually incorporate movement, color, and flashy graphics to grab the attention of viewers in high-traffic areas.

推测性提案
speculative presentation An agency's presentation of the advertisement it proposes using in the event it is hired. It is usually made at the request of a prospective client and is often not paid for by the client.

撰写演讲稿
speechwriting Function of a public relations practitioner to write speeches for stockholder meetings, conferences, conventions, etc.

推销奖金
spiff See *push money.*

外溢媒介
spillover media Foreign media aimed at a national population that are inadvertently received by a substantial number of the consumers in a neighboring country.

多胞胎版
split run A feature of many newspapers (and magazines) that allows advertisers to test the comparative effectiveness of two different advertising approaches by running two different ads of identical size, but different content, in the same or different press runs on the same day.

出资人
sponsor The company or organization ultimately responsible for the message and distribution of an advertisement. Although the sponsor is often not the author, the sponsor typically pays for the creation of the ad and its distribution.

资助性消费者
sponsorial consumer A group of decision makers at the sponsor's company or organization who decide if an ad will run or not, typically composed of executives and managers who have the responsibility for approving and funding a campaign.

赞 助
sponsorship The presentation of a radio or TV program, or an event, or even a Web site by a sole advertiser. The advertiser is often responsible for the program content and the cost of production as well as the advertising. This is generally so costly that single sponsorships are usually limited to TV specials.

点播广告
spot announcement An individual commercial message run between programs but having no relationship to either. Spots may be sold nationally or locally. They must be purchased by contacting individual stations directly.

独立电台
spot radio National advertisers' purchase of airtime on individual stations. Buying spot radio affords advertisers great flexibility in their choice of markets, stations, airtime, and copy.

利益相关者
stakeholder In relationship marketing, customers, employees, centers of influence, stockholders, the financial community, and the press. Different stakeholders require different types of relationships.

标准户外广告
standardized outdoor advertising Specialized system of outdoor advertising structures located scientifically to deliver an advertiser's message to an entire market.

标准收费与数据服务公司
Standard Rate and Data Service (SRDS) A publisher of media information directories that eliminate the necessity for advertisers and their agencies to obtain rate cards for every publication.

标准型报纸
standard-size newspaper The standard newspaper size, measuring approximately 22 inches deep and 13 inches wide and is divided into six columns.

邮寄广告
statement stuffer Advertisements enclosed in the monthly customer statements mailed by department stores, banks, utilities, or oil companies.

刺 激
stimulus Physical data that can be received through the senses.

刺激反应学说
stimulus-response theory Also called conditioning theory. Some stimulus triggers a consumer's need or want, and this in turn creates a need to respond.

成品招贴
stock poster A type of outdoor advertising consisting of ready-made 30-sheet posters, available in any quantity and often featuring the work of first-class artists and lithographers.

故事板
storyboard A sheet preprinted with a series of 8 to 20 blank frames in the shape of TV screens, which includes text of the commercial, sound effects, and camera views.

故事板草图
storyboard rough A rough layout of a television commercial in storyboard form.

直截了当式
straight announcement The oldest type of radio or television commercial, in which an announcer delivers a sales message directly into the microphone or on-camera or does so off-screen while a slide or film is shown on-screen.

直接（截留）费制
straight-fee (retainer) method A method of compensation for ad agency services in which a straight fee, or *retainer,* is based on a cost-plus-fixed-fees formula. Under this system, the agency estimates the amount of personnel time required by the client, determines the cost of that personnel, and multiplies by some factor.

直接推销式正文
straight-sell copy A type of body copy in which the text immediately explains or develops the headline and visual in a straightforward attempt to sell the product.

剥 版
stripping Assembling line and halftone negatives into one single negative, which is then used to produce a combination plate.

亚文化
subculture A segment within a culture that shares a set of meanings, values, or activities that differ in certain respects from those of the overall culture.

副标题
subhead Secondary headline in advertisements that may appear above or below the headline or in the text of the ad. Subheads are usually set in a type size smaller than the headline but larger than the body copy or text type size. They may also appear in boldface type or in a different ink color.

证 据
substantiation Evidence that backs up cited survey findings or scientific studies that the FTC may request from a suspected advertising violator.

周日增刊
Sunday supplement A newspaper-distributed Sunday magazine. Sunday supplements are distinct from other sections of the newspaper since they are printed by rotogravure on smoother paper stock.

叠
super Words superimposed on the picture in a television commercial.

下游公司
supplier People and organizations that assist both advertisers and agencies in the preparation of advertising materials, such as photography, illustration, printing, and production.

全面调查法
survey A basic method of quantitative research. To get people's opinions, surveys may be conducted in person, by mail, on the telephone, or via the Internet.

抽 奖
sweepstake A sales promotion activity in which prizes are offered based on a chance drawing of entrants' names. The purpose is to encourage consumption of the product by creating consumer involvement.

优/劣势、机遇/威胁分析
SWOT analysis An acronym for internal *strengths* and *weaknesses* and external *opportunities* and *threats,* which represent the four categories used by advertising managers when reviewing a marketing plan. The SWOT analysis briefly restates the company's current situation, reviews the target market segments, itemizes the long- and short-term marketing objectives, and cites decisions regarding market positioning and the marketing mix.

辛迪加
syndication See *barter syndication, first-run syndication, off-network syndication.*

协同效应
synergy An effect achieved when the sum of the parts is greater than that expected from simply adding together the individual components.

小报型报纸
tabloid newspaper A newspaper sized generally about half as deep as a standard-sized newspaper; it is usually about 14 inches deep and 11 inches wide.

战术（行动）纲领
tactic The precise details of a company's marketing strategy that determine the specific short-term actions that will be used to achieve its marketing objectives.

标题句
tagline See *slogan.*

优惠赠券
take-ones In transit advertising, pads of business reply cards or coupons, affixed to interior advertisements for an extra charge, that allow passengers to request more detailed information, send in application blanks, or receive some other product benefit.

演播人员
talent The actors in commercials.

目标受众
target audience The specific group of individuals to whom the advertising message is directed.

目标市场
target market The market segment or group within the market segment toward which all marketing activities will be directed.

目标营销过程
target marketing process The sequence of activities aimed at assessing various market segments, designating certain ones as the focus of marketing activities, and designing marketing mixes to communicate with and make sales to these targets.

出租车外壳
taxicab exterior In transit advertising, internally illuminated, two-sided posters positioned on the roofs of taxis. Some advertising also appears on the doors or rear.

撕 样
tearsheet The printed ad cut out and sent by the publisher to the advertiser as a proof of the ad's print quality and that it was published.

技 巧
technical One of the three components of message strategy, it refers to the preferred execution approach and mechanical outcome including budget and scheduling limitations.

电话营销
telemarketing Selling products and services by using the telephone to contact prospective customers.

电话营销
telephone sales See *telemarketing.*

自动台词提示器
teleprompter A two-way mirror mounted on the front of a studio video camera that reflects moving text to be read by the speaker being taped.

电视家庭
television households (TVHH) Households with TV sets.

终点站招贴
terminal poster One-sheet, two-sheet, and three-sheet posters in many bus, subway, and commuter train stations as well as in major train and airline terminals. They are usually custom designed and include such attention getters as floor displays, island showcases, illuminated signs, dioramas (three-dimensional scenes), and clocks with special lighting and moving messages.

终结期
termination stage The ending of a client-agency relationship.

证 言
testimonial The use of satisfied customers and celebrities to endorse a product in advertising.

试验市场
test market An isolated geographic area used to introduce and test the effectiveness of a product, ad campaign, or promotional campaign, prior to a national rollout.

正 文
text See *body copy.*

课本纸
text paper Range of less expensive papers that are lightweight. More porous versions are used in printing newspapers and finer, glossier versions are used for quality printed materials like magazines and brochures.

正文字体
text type The smaller type used in the body copy of an advertisement.

主题句
themeline See *slogan.*

认知失调学说
theory of cognitive dissonance The theory that people try to justify their behavior by reducing the degree to which their impressions or beliefs are inconsistent with reality.

30幅招贴架
30-sheet poster panel The basic outdoor advertising structure; it consists of blank panels with a standardized size and border. Its message is first printed on large sheets of paper and then mounted by hand on the panel.

小 样
thumbnail A rough, rapidly produced pencil sketch that is used for trying out ideas.

自上而下式营销
top-down marketing The traditional planning process with four main elements: situation analysis, marketing objectives, marketing strategy, and tactics or action programs.

受众总数
total audience The total number of homes reached by some portion of a TV program. This figure is normally broken down to determine the distribution of the audience into demographic categories.

总体受众计划
total audience plan (TAP) A radio advertising package rate that guarantees a certain percentage of spots in the better dayparts.

整车牌位
total bus A special transit advertising buy that covers the entire exterior of a bus, including the front, rear, sides, and top.

同业广告，贸易广告
trade advertising The advertising of goods and services to middlemen to stimulate wholesalers and retailers to buy goods for resale to their customers or for use in their own businesses.

贸易集中
trade concentration More products being sold by fewer retailers.

贸易折扣
trade deal Short-term dealer discounts on the cost of a product or other dollar inducements to sell a product.

商 标
trademark Any word, name, symbol, device, or any combination thereof adopted and used by manufacturers or merchants to identify their goods and distinguish them from those manufactured or sold by others.

贸易推广
trade promotion See *push strategy.*

商业展示会
trade show Exhibitions where manufacturers, dealers, and buyers of an industry's products can get together for demonstrations and discussion; expose new products, literature, and samples to customers; and meet potential new dealers for their products.

转换性动机
transformational motive Positively originated motives that promise to "transform" the consumer through sensory gratification, intellectual stimulation, and social approval. Also called *reward motives.*

交通工具广告
transit advertising An out-of-home medium that actually includes three separate media forms: inside cards; outside posters; and station, platform, and terminal posters.

车站候车棚广告
transit shelter advertising A newer form of out-of-home media, where advertisers can buy space on bus shelters and on the backs of bus-stop seats.

国际/全球市场
transnational (global) markets Consumer, business, and government markets located in foreign countries.

套 准
trap Where, in the printing process, one color overlays the edge of another to keep the paper from showing through.

收 尾
trial close In ad copy, requests for the order that are made before the close in the ad.

电视家庭
TV households (TVHH) The number of households in a market area that own television sets.

字 系
type families Related typefaces in which the basic design remains the same but in which variations occur in the proportion, weight, and slant of the characters. Variations commonly include light, medium, bold, extra bold, condensed, extended, and italic.

排版工艺
typography The art of selecting, setting, and arranging type.

通用产品代码
Universal Product Code (UPC) An identifying series of vertical bars with a 12-digit number that adorns every consumer packaged good.

母 体
universe An entire target population.

使用率
usage rate The extent to which consumers use a product: light, medium, or heavy.

用户身份
user status Six categories into which consumers can be placed, which reflect varying degrees of loyalties to certain brands and products. The categories are *sole users, semisole users, discount users, aware nontriers, trial/rejectors,* and *repertoire users.*

效 用
utility A product's ability to provide both symbolic or psychological want satisfaction and functional satisfaction. A product's problem-solving potential may include form, time, place, or possession utility.

效 度
validity An important characteristic of a research test. For a test to be valid, it must reflect the true status of the market.

价 值
value The ratio of perceived benefits to the price of the product.

价值型思维
value-based thinking A style of thinking where decisions are based on intuition, values, and ethical judgments.

赛场营销
venue marketing A form of sponsorship that links a sponsor to a physical site such as a stadium, arena, auditorium, or racetrack.

文字部分
verbal Words, written or spoken.

垂直营销体系
vertical marketing system (VMS) A centrally programmed and managed system that supplies or otherwise serves a group of stores or other businesses.

纵向刊物
vertical publication Business publications aimed at people within a specific industry; for example, Restaurants & Institutions.

新闻报道录像
video news release (VNR) A news or feature story prepared in video form and offered free to TV stations.

病毒式营销
viral marketing The Internet version of word-of-mouth advertising e-mail.

形象化
visualization The creative point in advertising where the search for the "big idea" takes place. It includes the task of analyzing the problem, assembling any and all pertinent information, and developing some verbal or visual concept of how to communicate what needs to be said.

图形部分
visuals All of the picture elements that are placed into an advertisement.

旁 白
voice-over In television advertising, the spoken copy or dialogue delivered by an announcer who is not seen but whose voice is heard.

数量折扣
volume discount Discount given to advertisers for purchasing print space or broadcast time in bulk quantities.

用量细分
volume segmentation Defining consumers as light, medium, or heavy users of products.

欲 望
wants Needs learned during a person's lifetime.

战 士
warrior A role in the creative process that overcomes excuses, idea killers, setbacks, and obstacles to bring a creative concept to realization.

网站设计社
Web design house Art/computer studios that employ specialists who understand the intricacies of HTML and Java programming languages and can design ads and Internet Web pages that are both effective and cost efficient.

网 页
Web page A single page out of an online publication of the World Wide Web, known as a Web site. Web sites are made up of one or more Web pages and allow individuals or companies to provide information and services with the public through the Internet.

网 站
Web site On the Internet, a place where a company or organization is located.

周 报
weekly newspaper Newspapers that are published once a week and characteristically serve readers in small urban or suburban areas or farm communities with exclusive emphasis on local news and advertising.

单词计算式
word-count method A method of copy casting in which all the words in the copy are counted and then divided by the number of words per square inch that can be set in a particular type style and size, as given in a standard table.

工作样片
work print The first visual portion of a filmed commercial assembled without the extra effects or dissolves, titles, or supers. At this time, scenes may be substituted, music and sound effects added, or other changes made.

书写纸
writing paper Form of plain, lightweight paper commonly used for printing fliers and for letterhead.